Pin Yathay · »Du mußt überleben, mein Sohn!«

Pin Yathay

»Du mußt überleben, mein Sohn!«

Bericht einer Flucht aus dem Inferno Kambodschas
Unter Mitarbeit von John Man

Aus dem Englischen
von Dieter Vogel

Mit einem Nachwort von Winfried Scharlau

Piper
München Zürich

Die Originalausgabe in englischer Sprache erschien bei
Bloomsbury Publishing Ltd., London 1987.

ISBN 3-492-03135-8
© Pin Yathay 1987
Deutsche Ausgabe
mit Genehmigung von I. B. Tauris & Co. Ltd., London
© R. Piper GmbH & Co. KG, München 1987
Gesetzt aus der Baskerville-Antiqua
Gesamtherstellung: Mühlberger, Augsburg
Printed in Germany

Inhalt

1	Revolution	7
2	Die Evakuierung	31
3	Die befreiten Gebiete	52
4	Der Beginn der »Läuterung«	76
5	Die Geisterstadt	94
6	Der Dschungel der Sterbenden	110
7	Die Geißel Angka	148
8	Flucht aus Don Ey	186
9	Das Feuer der Feindschaft schüren	217
10	In die Wälder	237
11	Allein	272
12	In Freiheit	294
	Epilog	319
	Danksagung	324
	Winfried Scharlau: Nachwort	327

1 Revolution

Geräusche des Krieges weckten mich. Granaten heulten und schlugen ein. Ich lag da und unterschied nun auch andere Laute: laufende Motoren stehender Fahrzeuge, quietschende Ochsenkarren, dazwischen Rufe. Auf meiner Armbanduhr war es 5 Uhr. Ich schlüpfte aus dem Bett, trat zum Fenster und sah zu meinem Erstaunen im fahlen Morgengrauen einen Strom von Menschen und Fahrzeugen vorbeiziehen. Das ganze Land schien in die Stadt zu drängen. Es war der 17. April 1975, und ich wußte nun, daß der Bürgerkrieg bald zu Ende sein würde.

»Thay, mein Schatz!« Auch Any war wach geworden und lag reglos in der Dunkelheit. Sie mußte mich beobachtet und meine Reaktion abgewartet haben.

»Rasch, Any.« Ich war innerlich angespannt, doch nicht aus Angst: Es war höchste Zeit zu handeln. Wir mußten schnell sein und den Kämpfen aus dem Weg gehen. »Nun ist alles vorbei. Die Roten Khmer werden bald hier sein.«

Any stimmte wortlos zu und stand auf. Es sah elegant aus, wie sie sich in Windeseile anzog. Mit wenigen Kopfbewegungen ordnete sie ihr schulterlanges Haar. »Und was geschieht jetzt?« fragte sie dann.

»Mach dir darum keine Sorgen«, sagte ich und lief hastig ins Wohnzimmer, um zusammenzupacken. »Die nächste Zeit wird schwierig sein, dann aber wird alles wie gewohnt weitergehen.« Unsere Stimmen weckten die Kinder. Sudath und Nawath, unsere beiden Großen, neun und sieben Jahre alt, starteten ihre übliche Verfolgungsjagd durch unsere Zweizimmerwohnung im Haus der Schwiegereltern. »Die Kinder sollen sich jetzt anziehen, und dann fahren wir so schnell wie möglich ins Stadtzentrum, bevor die Truppen anrücken.«

»Nawath!« Der balgte sich mit Sudath auf einem der Betten und reagierte überhaupt nicht. »Nawath, du kommst, wenn man es dir sagt!« Das klang schon eindringlicher. Manchmal hatte ich die Befürchtung, Any fasse die beiden etwas zu hart an; aber Kinder, die so lebhaft waren, mußten eine feste Hand spüren. Mit einem Satz hatte sie den davonrennenden Nawath erwischt und konnte ihn ankleiden. Staud, unser Jüngster, hatte sich gähnend aufgesetzt und blickte verschlafen in die Runde. »Sudath, los, mach schon«, sagte ich, »siehst du nicht, daß wir es eilig haben?«

Das Wenige, was wir brauchten, war rasch zusammengepackt. Seit dem Abzug der Amerikaner, der eine Woche zurücklag, war uns klar: Der schon fünf Jahre anhaltende, immer erbitterter geführte Kampf zwischen Kambodschas aufständischen Roten Khmer und der Republik des Marschalls Lon Nol näherte sich seinem Ende. Ungewiß blieb lediglich, wann und aus welcher Richtung die Roten Khmer einmarschieren würden. Vor zwei Tagen hatten wir in Anbetracht des heranrückenden Gefechtslärms schon einmal eine vorübergehende Evakuierung ins Auge gefaßt, da unser Haus getroffen werden könnte. Ich war bei meinen Eltern gewesen und hatte mit ihnen ausgemacht: Sollte es ganz schlimm kommen, würde sich die gesamte Familie im Haus Oans treffen, eines Verwandten, der nicht weit vom Zentrum wohnte. Die Autos waren vollgetankt, und wir mußten nur noch die beiden Kleiderkoffer packen und Anys Schmuck, unser Erspartes und meine Devisen – 3000 Dollar in 100-Dollar-Noten – einstecken. Ein kleines Radio (für Nachrichten), ein Kasettenrecorder mit Ersatzbatterien sowie ein paar Utensilien, die mir beruflich nützen könnten, wanderten ebenfalls in die Koffer: Bücher über Bewässerung und Terrassierung, ein Französisch-Englisch-Wörterbuch, Schreibzeug und Papier.

Any bemühte sich unterdessen, dem strampelnden Nawath Schuhe über die Füße zu stülpen. In diesem Moment stürzte ihre ältere Schwester Anyung herein, um zu melden, die Eltern seien aufbruchbereit. Dann half sie Staud, der bis vor nicht allzu langer Zeit noch in den Windeln gelegen hatte, in ein T-Shirt und kurze Hosen, während Any Kekse und Bonbons für die Kinder zusammensuchte. Hatte ich auch nichts vergessen? Bücher, Uhr, Papiere, Radio, Kassettenrecorder, alles war da. Bei meinem letzten Rundgang überlegte ich, ob es nicht doch besser gewesen wäre, die Familie ins Ausland zu bringen. Nein, entschied ich, war ich doch wie alle anderen gegen das korrupte Lon-Nol-Regime gewesen und hatte daher von den Roten Khmer nichts zu befürchten.

Ich trieb die Familie zur Eile an; draußen warteten bereits Anys Eltern in ihrem Austin 1100. Um mich beim Verstauen des Gepäcks verständlich zu machen, mußte ich gegen den Lärm einer im Chaos versinkenden Stadt anschreien: gegen das Knattern der Maschinengewehre, das Dröhnen ferner Granaten, das Brummen und Aufheulen der Motoren. Im Schrittempo ließ ich unseren Fiat 124 durch die Einfahrt rollen.

Die Straße, einer der vielen breiten Boulevards von Phnom Penh, hatte sich in einen reißenden Strom von Menschen, Autos, Rikschas, Fahrrädern, Lastwagen, Motorrädern und einigen wenigen Ochsenkarren verwandelt, die über und über mit Menschen und ihren Habseligkeiten beladen waren und im Dämmerlicht an uns vorüberzogen. Die Väter schoben Fahrräder, auf denen sie Hab und Gut verstaut hatten, die Mütter trugen die Kleinsten in Tüchern, die sie sich um die Hüfte gebunden hatten. Man sah viele Gesichter, die stumme Besorgnis ausdrückten. Die Geduld der Fahrer mutete fast schon unnatürlich an. Mühsam mußten sie sich Meter um Meter vorarbeiten, aber niemand dachte daran zu hupen – unvorstellbar für den, der noch wenige Tage zuvor das hektische Verkehrsgewühl in Phnom Penhs Straßen erlebt hatte. Gruppen versprengter Soldaten jener Lon-Nol-Republik, die nun nicht mehr bestand, spazierten durch die Straßen, die Gewehre lässig geschultert. Sie scherzten miteinander, sichtlich froh über das Ende des Krieges. Angst war ihnen nicht anzumerken.

Wir waren rund 100 Meter wie Strandgut im Strom der Menschen mitgetrieben, als ich eine Explosion hörte. Zu meiner Rechten, hinter unserem Haus, stieg eine riesige Rauchsäule zum Himmel. Minuten später kreuzten Krankenwagen und ein Feuerwehrfahrzeug mit Sirene und Blaulicht unseren Weg und zwangen uns anzuhalten.

Obwohl den vielen Menschen um uns die Bedrängnis anzusehen war und in unserer Nähe noch gekämpft wurde, hatte ich nie das Gefühl, wir seien ernsthaft in Gefahr. Trotz des jahrelangen Bürgerkrieges und ungeachtet der beharrlichen Warnungen meines Vaters vor der Gefährlichkeit der Roten Khmer war ich davon überzeugt, daß alles wieder so werden würde wie in dem Kambodscha, das mir aus der Zeit vor dem Bürgerkrieg vertraut war.

Mein Heimatort Oudong liegt etwa 40 Kilometer nördlich von Phnom Penh. Mein Vater Chhor betrieb dort ein kleines Geschäft. Reich wurde er damit nicht. Unser mit roten Ziegeln gedecktes Haus hatte nur drei Zimmer; die blanke, festgetretene Erde bildete den Fußboden. Mein Vater und meine Mutter Loan legten dennoch Wert darauf, daß aus mir, dem ältesten von fünf Kindern, etwas wurde. Sie schickten mich nach Phnom Penh, wo ich eine gute höhere Schule besuchen konnte. Ich war ein sehr guter Schüler und erhielt mit 17 eine Auszeichnung als landesweit bester Mathematiker meines Jahrgangs.

Politik interessierte mich damals nicht. Verglichen mit dem, was folgen sollte, waren meine Schülerjahre eine ruhige, goldene Zeit. Kambodscha war neutral, unser Staatschef Prinz Sihanouk beim Volk beliebt, das Land konnte sich anscheinend krisenfrei entwickeln. Der Krieg in Vietnam war als fernes Rauschen zu vernehmen, von einem Eingreifen der USA in Südostasien sprach noch niemand.

Ich qualifizierte mich für ein staatlich gefördertes Auslandsstudium. Normalerweise wurden kambodschanische Studenten nach Frankreich geschickt, doch ich bekam mit mehreren anderen einen Studienplatz in Montreal, da Frankreich zum Zentrum der Sihanouk-Opposition geworden war. Ich wollte Ingenieur werden.

1965 kehrte ich nach Kambodscha zurück und wurde vom Ministerium für Öffentliche Arbeiten angestellt. Ein neuer Lebensabschnitt begann. Ich heiratete meine erste Frau Thary und zog mit ihr, wie es sich für Jungvermählte gehörte, zu den Schwiegereltern, die ein großes Haus besaßen. Tharys Vater hatte einen gut dotierten Posten im Finanzministerium. 1967 kam unser Sohn Sudath zur Welt – eine Familie mit glänzender Zukunft, wie man meinen sollte.

Heute weiß ich, daß es Anzeichen von Unruhen schon damals gab. Sihanouk gebärdete sich als selbsternannter Vater der Nation, und schon kursierten Gerüchte über Vetternwirtschaft und Korruption. Hinzu kam, daß der Vietnamkrieg seinen Höhepunkt erreicht hatte. Sihanouk, dem an guten Beziehungen zu seinem mächtigen Nachbarn gelegen war, gab Nordvietnam stillschweigend freie Hand, Menschen und Material über den entlegenen Osten Kambodschas nach Südvietnam zu transportieren. Dies wiederum rief die USA auf den Plan. Die traditionelle Neutralität Kambodschas stand auf dem Spiel.

Diese Entwicklungen hatten zur Folge, daß die Roten Khmer, ursprünglich eine winzige Schar aufständischer Untergrundkämpfer, deren Anführer zum großen Teil in Frankreich studiert hatten, bei unzufriedenen Kambodschanern immer größeren Zuspruch fanden.

Unser Leben war davon wenig berührt. Ich hatte genug private Sorgen. 1969 traf mich ein harter Schicksalsschlag. Wir freuten uns gerade auf die Geburt unseres zweiten Kindes, als Thary, gerade 24 geworden, an Hepatitis erkrankte und sich nicht mehr davon erholte. Mutter und Kind überlebten die Geburt nicht. Ein Jahr lang trauerte ich um Thary. In dieser Zeit versorgten ihre jüngeren Schwestern, die 21jährige Anyung und besonders die 19jährige Any, unseren Sohn Sudath, wenn ich bei der Arbeit war.

Als wäre es die natürlichste Sache der Welt, verliebte ich mich schließlich in Any. Sie liebte Sudath wie ihr eigenes Kind. Any war mit ihrem schulterlangen Haar und ihrer schlanken Figur im Gegensatz zur pummeligen kleinen Anyung ein schönes Mädchen. Trotz ihrer 20 Jahre war sie gern bereit, die Lasten des Familienlebens auf sich zu nehmen. Wir heirateten, und 1971 wurde unser Sohn Nawath geboren. 1973 kam Staud auf die Welt.

Im Laufe der siebziger Jahre brachte ich es bis zum Leiter der Abteilung für neue Bauten und Anlagen im Ministerium. Meine Stellung schützte mich und die Familie gegen die politischen und wirtschaftlichen Folgen des sich verschärfenden Bürgerkriegs. Any war nie von zu Hause weggekommen und verließ sich in politischen Fragen ganz auf mein Urteil. Vermutlich waren wir wie fast alle unsere Bekannten allzu selbstzufrieden.

Sihanouks Politik, es jedermann recht zu machen, hatte inzwischen jeden Anschein von Neutralität zerstört. In Kambodscha hielten sich viele Nordvietnamesen auf – man schätzte ihre Zahl auf 40 000 –, und Präsident Nixon sah sich veranlaßt, ihre Bombardierung anzuordnen, eine verschleierte Ausdehnung des Krieges, die für ihn wie für uns verheerende Folgen haben sollte. Die Luftangriffe bewirkten genau das Gegenteil dessen, was beabsichtigt war: Sie trieben die Kommunisten nur noch tiefer nach Kambodscha hinein.

Im Jahre 1970 wurde Sihanouk unter allgemeinem Beifall vom Ministerpräsidenten und Stabschef der Armee, Lon Nol, gestürzt. Dieser versprach, die Korruption auszurotten und die Vietnamesen zu vertreiben. Sihanouk floh nach Peking, wo er sich überraschend auf die Seite der Guerillas der Roten Khmer, seiner früheren Feinde, stellte. Diese bewaffneten Rebellen, denen sich immer mehr Bauern anschlossen, bezeichnete er jetzt als Befreier und spielte die politische Bedeutung ihrer kommunistischen Ideologie herunter.

Wir setzten zunächst unsere ganze Hoffnung auf Lon Nol. Es wurde jedoch immer deutlicher, daß er seiner Aufgabe nicht gewachsen war. Nach einem Schlaganfall war er teilweise gelähmt. Der Staatsapparat und die Streitkräfte steckten nach wie vor tief im Sumpf der Korruption und der Selbstzufriedenheit. Die Armee richtete trotz Unterstützung durch die USA weder gegen die Nordvietnamesen noch gegen die Roten Khmer etwas aus. Die

Roten Khmer, von China unterstützt, zogen Nutzen daraus. Das Land versank im totalen Bürgerkrieg; die Inflation nahm katastrophale Ausmaße an. Wer von uns ins Ausland reisen konnte, sah sich gezwungen, Devisenvorräte anzulegen (vor allem in Dollar). 1970 war der Dollar noch für 60 Riel zu haben; 1975 kostete er 2000 Riel.

Es mutet seltsam an, aber auch wir in Phnom Penh – gemeint sind vor allem Akademiker und Intellektuelle – neigten nun aufgrund des Versagens von Lon Nol der Auffassung Sihanouks zu, die Untergrundkämpfer seien eher Nationalisten als Kommunisten. In ihrem Programm, das sich Sihanouks »Nationale Einheitsfront von Kampuchea« in Peking zu eigen gemacht hatte, war der Kommunismus nicht einmal erwähnt. Statt dessen war viel die Rede von »kambodschanischem Volk«, von »nationaler Unabhängigkeit«, »Frieden«, »Neutralität«, »Freiheit« und »Demokratie«.

Auch ich schloß mich der Opposition gegen Lon Nol an und war an der Gründung des »Bees Club« beteiligt, der einem Personenkreis von gleichgesinnten Akademikern – Beamten, Universitätsdozenten, Offizieren und einigen wenigen Politikern der Opposition – eine Plattform bot. Wir lehnten den Totalitarismus ebenso ab wie den Kommunismus und das Lon-Nol-Regime, unterstützten aber keine bestimmte politische Gruppierung. Die Amerikaner betrachteten wir mit gemischten Gefühlen. Sie waren zwar auch antikommunistisch, gewährten aber Lon Nol, der sich längst als unfähig erwiesen hatte, großzügige Hilfe. Wir traten für eine Regierung der nationalen Versöhnung ein, eine Koalitionsregierung also, die möglichst auch die Roten Khmer einschließen sollte.

Ich war der festen Meinung, die Roten Khmer seien nichts als Patrioten. Viele, die sie unterstützten, und einige, die sich ihrer Organisation angeschlossen hatten, kannte ich persönlich. Mein Vater, der zahllosen Flüchtlingen begegnet war, bevor er 1972 mit dem Rest der Familie in die Stadt übersiedelte, wurde nicht müde, mich zu warnen. Ich hielt ihm entgegen, er sei viel zu pessimistisch und folge blindlings der Regierungspropaganda.

Sihanouk habe schließlich auch seine Leute bei der Guerilla, und er würde doch mit niemand zusammengehen, der seine Landsleute umbrachte und Pagoden zerstörte. Es seien wohl Kommunisten darunter, räumte ich ein, aber diese seien zuallererst Kambodschaner wie wir auch.

Anfang März rechnete man mit einem baldigen Regierungswechsel; die Roten Khmer schienen kurz davor, Lon Nol zu stürzen. Wir glaubten immer noch, damit wäre der Weg für die ordnungsgemäße Einsetzung einer neuen Regierung frei. Irgendwie, dachte ich, würde auch Sihanouk an der politischen Lösung beteiligt sein, wie immer sie aussehen mochte.

Man sah allerdings viele, die ihre Sachen packten und das Land verließen – wer unter Lon Nol hohe Posten bekleidete, hatte auch einigen Grund zur Angst.

Am 1. April ließ sich Lon Nol zum Rücktritt bewegen und beseitigte damit das letzte Hindernis für eine Verhandlungslösung. Nomineller Regierungschef war nun Long Boret. Nachdem das alte Regime so gut wie erledigt war, wußte ich, daß ich nichts mehr zu befürchten hatte. Ich war nichts weiter als ein Ingenieur, und es gab für uns keinen triftigen Grund, das Land zu verlassen. Ich freute mich auf das Ende des Krieges und auf die Rolle, die ich im neuen Kambodscha zu spielen gedachte.

Die Fahrt in den Stadtteil Psar Silep – ein exklusives Wohnviertel, das sich zum Fluß hin erstreckt – nahm zwei qualvolle Stunden in Anspruch, da wir, eingezwängt in die Menschenmassen, die drei Kilometer nur langsam vorankamen. Hier war der eigentliche Stadtkern, in dem sich Phnom Penh mit breiten Alleen und freistehenden Villen im französischen Kolonialstil von seiner besten Seite zeigte. Die ganze Innenstadt ist großzügig angelegt und bietet viel Raum für Bäume und Gartenanlagen zwischen den eintönigen Häuserblocks aus Glas und Beton. Hier also wohnte mein Verwandter Oan in einem schmucken zweistöckigen Haus, das von einer Ziegelmauer mit Metalltor umgeben war. Dieses große Haus eignete sich als Treffpunkt, weil Oan es damals allein bewohnte. Frau und Sohn hatten mit den Schwiegereltern einige Wochen zuvor das Land verlassen.

Während meine Schwiegereltern und Anyung eine Straße weiter fuhren, um im Haus einer Tante Zuflucht zu nehmen, lenkte ich den Fiat in die Seitenstraße, in der Oan wohnte. Zu meiner Überraschung war die Verwandtschaft schon fast vollzählig versammelt. Ich sah Oan mit seinen beiden Schwestern und deren Familien, meine beiden Schwestern und meine beiden Brüder, deren Familien sowie meine Eltern, insgesamt etwa 30 Leute. Alle drängten sich um uns und zeigten ihre Erleichterung darüber, daß wir endlich gekommen waren. Etwa eine Stunde hatten sie schon gewartet und sich Sorgen um uns gemacht.

Die Kinder liefen in den Garten hinaus und spielten, die Frauen mit Ausnahme meiner Schwester Vuoch, die im Zimmer blieb, um sich am Gespräch der Männer zu beteiligen, machten sich in der Küche daran, etwas zu essen zu bereiten. Die 21jährige Vuoch war die Intellektuelle der Familie; sie studierte im dritten Jahr an der Universität Ingenieurwesen – für kambodschanische Mädchen ein ungewöhnliches Fach. Vuoch setzte meist eine ernste Miene auf, ihre Kleidung war betont schmucklos. Sie schien entschlossen, aus der Rolle, die den Frauen in unserem Land seit alters zugedacht ist, auszubrechen und sich in der Welt der Männer zu behaupten. Wenn sie mit meiner Mutter, mit Any oder auch mit den Kindern redete, war sie so warmherzig wie meine ältere Schwester Keng; zweifellos war sie jedoch leichter abzulenken: Sobald irgendwo ein politischer Satz fiel, ließ sie alles liegen und stehen und versprach lächelnd, in ein paar Minuten wieder zurück zu sein.

Auf einem Abstelltisch lief ein Radio, aber es kamen keine Nachrichten; ununterbrochen schmetterten Militärkapellen laute Marschmusik. Mein Bruder Theng fragte, mit einer lässigen Handbewegung auf das Radio deutend, was nach meiner Meinung in der Stadt eigentlich vorgehe. Theng, nur zwei Jahre jünger als ich, war verheiratet und hatte zwei Buben und ein Mädchen. In politischen Fragen verließ er sich jedoch ganz auf mein Urteil, nicht nur weil ich der ältere war, sondern weil ich schließlich einen Posten im Ministerium bekleidete. Er unterrichtete an einer Grundschule und lebte noch immer im Haus meiner Eltern. Für Basketball interessierte er sich mehr als für Politik; daraus machte er keinen Hehl. Er hatte die entsprechende Körperstatur, die ihn bei schweren körperlichen Arbeiten zu einem gefragten Mann machte. Oh, sagte ich mit bedeutungsvollem Blick, die Politiker beider Seiten würden ein Abkommen aushandeln und dann –

»Wieso geben sie es dann nicht im Rundfunk bekannt?« mischte sich Vuoch ein.

»Das ist allerdings seltsam«, erwiderte ich, ohne sie anzusehen und dem direkten Gespräch mit ihr ausweichend. »Grund zur Beunruhigung besteht jedenfalls nicht. Bald haben wir eine neue Regierung mit Prinz Sihanouk. Ihr werdet sehen.«

»Er wird hoffentlich nicht dieselben Fehler noch einmal machen.«

Es entstand eine kurze Pause. Um das Schweigen zu durchbrechen, fragte einer: »Was meinst du dazu, Sarun?«

Wir blickten einander an. Der arme Sarun. Bis vor zwei Jahren war er Lehrer gewesen und hatte dann bei einem Motorradunfall eine schwere Kopfverletzung davongetragen. Seitdem war er nicht mehr derselbe. Einst extrovertiert, stets zu Scherzen aufgelegt, war er launisch und unberechenbar geworden. Die meiste Zeit blieb er schüchtern wie ein Kind, war bei vollem Verstand, dann aber konnte er auffahren und sich auf ein Thema versteifen, das mit dem, was gerade besprochen wurde, nicht das geringste zu tun hatte. Natürlich konnte er nicht an seiner Schule bleiben – den Grund hatte er freilich nie verstanden. Eines jedoch war unverändert geblieben: die Liebe zu seiner fünfjährigen Tochter Srey Rath und zu seiner Frau Keng.

»Was ich davon halte?« meinte Sarun, wie stets freundlich lächelnd. »Ich weiß es auch nicht. Wenn Sihanouk wieder an der Macht ist, bekomme ich vielleicht wieder meine Stelle. Was meinst du, Thay?«

Er hielt sich für das Opfer einer großen Verschwörung; darüber jetzt eine Diskussion zu beginnen, hätte keinen Sinn gehabt.

Ich lächelte und zuckte die Achseln.

»Worüber lächelst du, Thay?« fragte Keng mit vorwurfsvoller

Stimme von der Küchentür aus. »Sicher bekommt Sarun seine Stelle wieder, wenn sich die Lage beruhigt hat. Lieber Sarun, könntest du jetzt Srey holen? Das Essen ist fast fertig.« Keng, deren treue Fürsorge ein Gottesgeschenk für Sarun war, wurde von allen dafür bewundert.

Zum Glück wurden wir in diesem Augenblick vom Quietschen einer Fahrradbremse unterbrochen, und kurz darauf hörte man, wie ein Fahrrad unsanft gegen eine Hauswand fiel. Sim, ein stämmiger junger Mann, der auch zu unserer Familie gehörte, stand in der Tür und blickte in die Runde, über das ganze Gesicht strahlend, als sei er gerade von einer vergnüglichen Fahrt durch die Stadt zurückgekommen.

»Sim! Was machst du ohne deine Eltern hier?« fragte Oan überrascht.

»Oh, sind die nicht hier? Ich dachte...« Er unterbrach sich und legte die Stirn in Falten.

»Komm rein, Sim«, sagte mein Vater, der den Jungen von klein auf kannte. Sim war jetzt 18 und ging noch aufs Gymnasium, war jedoch kein allzu guter Schüler. Meistens trieb er sich mit seinen Freunden auf der Straße herum, und die Familie war seiner Eskapaden schon etwas überdrüssig. Irgendwie schaffte er es aber immer wieder, ungeschoren davonzukommen. Keiner konnte seinem Lächeln und seinen Unschuldsbeteuerungen widerstehen.

»Ich dachte, sie seien hier, Onkel. Ich fuhr von zu Hause weg, um ein brennendes Haus zu sehen, und danach konnte ich sie nicht mehr finden; deshalb bin ich hierhergekommen. Ich geh' sie am besten suchen.«

»Auf keinen Fall, du Schlaukopf. Es wird ihnen schon nichts fehlen. Du bleibst jetzt hier. Es ist zu gefährlich, wieder hinauszugehen.«

Wir begaben uns ans Essen. Jeder setzte sich irgendwohin und verzehrte Reis, Fleisch und Obst, das Any mit den anderen Frauen in der Küche zubereitet hatte. Wir hörten dabei, wie am Ende der Seitenstraße die Flüchtlinge stadteinwärts drängten, wir vernahmen die aufdringliche Musik im Radio und unterhielten uns wieder darüber, was jetzt wohl geschehen würde. Ich gab noch einmal meine Meinung zum besten, daß es zu einer politischen Lösung kommen werde. Die meisten stimmten mir zu oder sagten gar nichts. Meine Brüder waren sehr schweigsam, Thoeun mehr noch als Theng. Thoeun war nicht bei den Eltern großgeworden, sondern lebte bei den Schwiegereltern und fühlte sich im Kreis der Familie als Außenseiter. Vuoch äußerte ihre Ansicht, Any hielt sich wie immer in einer größeren Gruppe zurück und blickte mit großen Augen den an, der gerade am Reden war. Auch Oan steuerte wenig bei, obwohl wir in seinem Haus saßen. Finanziell ging es ihm gut, aber nicht, weil er besonders geschäftstüchtig gewesen wäre, sondern weil er das Glück gehabt hatte, in eine reiche Familie einzuheiraten: Sein Schwiegervater war Besitzer mehrerer Theater. Politische Diskussionen gingen leicht über Oans Horizont.

Mein Vater hielt sich dafür um so weniger zurück mit seinen Befürchtungen in bezug auf die kommunistische Gesinnung der Roten Khmer. Der große, kräftige Mann war zwar geduldig, aber zugleich von unbeugsamem Charakter; er machte wenig Worte, wurde jedoch für sein Urteilsvermögen allgemein geschätzt. Daß er die Zukunft in den schwärzesten Farben malte, war ein Ärgernis für mich. Wie oft hatte ich es mir anhören müssen, und wie oft hatte ich seine Befürchtungen zu zerstreuen versucht.

»Nichts als Gerüchte, Vater, alles Propaganda«, sagte ich und bemühte mich, nicht die Beherrschung zu verlieren. »Sieh dir das Programm an – kein Wort von Kommunismus. Mit einigen dieser Leute bin ich befreundet. Sie lügen nicht, und warum sollten sie auch. Unser Land ist reich; sie müßten gar nichts Einschneidendes unternehmen, um die Bevölkerung zu ernähren.«

Mein Vater schwieg. Nun war meine Mutter an der Reihe. Sie sah zerbrechlich aus und war einen Kopf kleiner als ihre Tochter. Zeit ihres Lebens war sie nicht aus unserem Dorf herausgekommen, sie hatte ausschließlich die Kinder großgezogen; aber wenn sie sprach, wußte man, von wem Vuoch ihren kämpferischen Geist geerbt hatte.

»Du solltest deinen Vater mehr respektieren, Thay«, sagte sie ruhig, aber bestimmt. »Wir haben mit Leuten gesprochen, die auf der Flucht waren. Ihre Familien wurden getötet, ihre Häuser niedergebrannt. Die Roten Khmer sind brutal. Sie sind Kommunisten wie Maos Leute in China. Wenn sie regieren, ist es aus mit unserer Religion. Wir werden vergessen, was Glück heißt.«

»Ach, Mutter! Was heißt das schon, Kommunisten?« hielt ich dagegen. »Gut, es sind einige darunter, aber sie wissen, daß das Volk Kambodschas viel zu religiös eingestellt ist und das Leben zu sehr liebt, um den Kommunismus zu bejahen. Sie sind zuallererst Patrioten und erst an zweiter Stelle Kommunisten und werden den Willen des Volkes respektieren.« Ich war meiner Sache sicher, war ich doch durch meine beruflichen Verbindungen besser informiert als andere. Außerdem war ich im Ausland gewesen und hatte von daher einen besseren Überblick. Was konnten schon meine Eltern, ein schlichter Dorfkaufmann und seine Frau, von den tatsächlichen Verhältnissen wissen?

Unser Gespräch dauerte etwa eine Stunde und wurde hin und wieder vom Geschrei der Kinder und vom fernen Dröhnen einer Granate unterbrochen. Gegen 10 Uhr setzte die Marschmusik im Radio plötzlich aus, und eine laute, schneidende Stimme, die wir im staatlichen Rundfunk noch nie gehört hatten, meldete sich: »Achtung, Achtung! Es folgt eine wichtige Bekanntmachung!« Jeder gebot plötzlich Schweigen; die Verwandten in der Küche und im Garten wurden gerufen. Ich winkte Any heran, die rasch noch einen Blick auf Nawath warf, der zufrieden im Garten mit seinen Vettern und Kusinen spielte.

Nun wurde es still.

Die schwache Stimme, die zu uns sprach, gehörte dem buddhistischen Patriarchen Huot Tat. Wir blickten einander an und lächelten beruhigt. Huot Tat war nicht nur die höchste religiöse Autorität des Landes, eine Symbolfigur der Stabilität; er war ein Familienmitglied, der Onkel meines Vaters.

Ich fühlte mich ihm stark verbunden, weil er lebhaften Anteil an meiner Ausbildung genommen hatte und es ohne Frage ihm zu verdanken war, daß ich als Student aus den Lehrsätzen des Buddhismus Kraft schöpfen konnte. Dieser schien meinen

Bestrebungen und meinem Naturell entgegenzukommen. Buddha lehrte, der Schlüssel zur Erlösung liege in uns selbst. Gott kann nichts bewirken, bevor nicht der einzelne selbst die Initiative ergreift. Alle Tugenden und Laster werden entweder in diesem oder im nächsten Leben Folgen haben, doch es steht einem frei, sich zu bessern, sich »verdient zu machen«, sich charakterlich zu läutern, indem man gute Taten vollbringt und seine Talente nützt. Wenn ich mein Bestes gab, dann war dies in nicht geringem Maße dem Einfluß Huot Tats zu verdanken.

Daher war ich wohl noch mehr als alle anderen begierig auf die beruhigenden Worte dieses ehrwürdigen alten Mannes, dessen gesellschaftliche Stellung unumstritten war und dessen Rat und Segen auch das neue Regime fraglos suchen würde.

»Ängstigt euch nicht«, sagte der Patriarch, »stellt den Kampf ein, denn jetzt wird Frieden einkehren. Unser Land hat eine schwere Zeit hinter sich. Wir müssen es wiederaufbauen.« Das war schon alles, weiterer Worte bedurfte es auch gar nicht.

Eine andere Stimme meldete sich. Es sprach General Mey Sichan, der Oberkommandierende der Lon-Nol-Armee: »Alle Soldaten sollen die Waffen niederlegen«, sagte er, »um ein Blutbad zu verhindern, solange die Verhandlungen mit unseren Brüdern andauern.«

Die Sache ist gelaufen, dachte ich. »Wunderbar«, flüsterte ich Any zu und liebkoste sie. Rundum sah ich in lauter erleichtert lächelnde Gesichter.

Aber im nächsten Augenblick unterbrach aufgeregtes Stimmengewirr die Worte des Generals, und eine weitere Stimme verschaffte sich Gehör. Offensichtlich hatte jemand gewaltsam das Mikrophon ergriffen: »Der Krieg ist durch Waffengewalt und nicht durch Verhandlungen gewonnen! Die Regierungsarmee hat kapituliert! Die Untergrundkämpfer haben triumphiert! Der Krieg ist vorbei!«

Danach herrschte enervierende Funkstille. Keine Musik, nur Rauschen. Das Lächeln erstarb uns auf den Lippen. Jemand stellte das Radio ab und wieder an, um zu prüfen, ob es noch funktionierte. Mit weit geöffneten Augen starrten wir uns an.

In die Stille hinein drangen die Stimmen und Motorengeräusche von der Straße an mein Ohr. Unsere Nachbarn und wir waren in unseren Häusern sicher, aber die Zehntausende draußen, die ins Zentrum von Phnom Penh drängten, was wollten sie tun? Wahrscheinlich würden sie in den Pagoden, in der Universität und in den öffentlichen Anlagen kampieren, bis die Kämpfe vorüber waren.

Eine Stunde verging. Die Kinder spielten weiter, die Erwachsenen unterhielten sich leise. In der Ferne waren Jubelrufe zu hören. Sim lief nach draußen, um zu sehen, was los war. »Die Roten Khmer kommen!« rief er, als er Sekunden später wieder ins Zimmer zurückkam.

Also war es nun wirklich vorbei. Wir gingen schnell ins Freie und öffneten die Gartentore, um etwas zu sehen.

Wohin man auch blickte, war Weiß die dominierende Farbe. Die Menschen hängten aus ihren Fenstern, was sie Weißes zur Hand hatten: Hemden, Bettwäsche, Handtücher. Die Menge strebte jetzt die Straße hinunter von uns weg, offensichtlich um Zeuge einer Art Prozession auf der Preah Monivong zu werden, einer Hauptader aus südlicher Richtung, die unsere Seitenstraße etwa hundert Meter weiter kreuzte. Ich gab Any durch Handzeichen zu verstehen, sie solle bei den Kindern bleiben, und bahnte mir mit anderen aus der Familie einen Weg durch die Menge nach vorne. Da sah ich zum erstenmal Soldaten der Roten Khmer.

Die Fahrbahn war frei. Die Menschen gingen jetzt dichtgedrängt auf den Gehsteigen, und mitten auf der Straße kam im Gänsemarsch, jeweils in Trupps von etwa 50 Mann, ein langer Zug von Soldaten daher, wie ich sie nie zuvor gesehen hatte. Durch Filmberichte und Pressefotos sollten sie bald in der ganzen Welt ein vertrauter Anblick werden; zu dem Zeitpunkt jedoch hatten wir keine Ahnung gehabt, wie sie aussahen. Sie waren ganz in Schwarz gekleidet, in pyjamaähnliche, einfache Uniformen ohne Rangabzeichen, doch mit korrekten Knopfreihen. Als Kopfbedeckung hatten sie schwarze Mützen aus China, und an den Füßen trugen sie die sogenannten Ho-Chi-Minh-Sandalen,

Reifenstücke, die mit Schlauchstreifen festgebunden waren. Manche hatten AK47-Maschinenpistolen umgehängt, einige auch einen Raketenwerfer. Jeder hatte sich einen buntkarierten *Kramar*-Schal um den Hals oder über die Mütze gebunden. Die Roten Khmer marschierten zwar nicht im Gleichschritt, wirkten aber keineswegs gelöst. Stur, ohne zu lächeln, blickten sie geradeaus. Keiner schien älter als 18 Jahre. Ich hatte nichts Bestimmtes erwartet, war also weder überrascht, noch sah ich gar schon das große Unheil auf uns zukommen, doch ging etwas Beunruhigendes von diesen versteinerten Teenagergesichtern aus, vor allem, wenn man mit ansah, welch begeisterter Empfang ihnen bereitet wurde. Die städtische Bevölkerung schloß sich den Kolonnen an, man klatschte vor Erleichterung Beifall; die große Angst war gewichen. Die freudige Erregung übertrug sich jedoch nicht auf die grimmigen jungen Kämpfer, die mit starrem Blick, teilnahmslos wie Automaten, unverwandt die Augen geradeaus gerichtet hatten.

Wir waren viel zu erleichtert, um ihrem Verhalten irgendeine Bedeutung beizumessen. Der Krieg war vorüber, wir alle hatten ihn heil überstanden. Kein Wunder, daß die jungen Leute sich unterhakten und mit ihren weißen Tüchern winkten. Endlich waren wir frei von Angst – die Passivität der Rote-Khmer-Soldaten wirkte da eher beruhigend auf uns. Es war wie ein Wunder, daß die Kämpfe so unvermittelt beendet sein sollten und daß die Sieger entgegen allen Erwartungen kampflos ins Stadtzentrum vorrücken konnten.

Nur für kurze Zeit schoß die Angst in mir hoch. Aus einer Seitenstraße kam ein Militärlastwagen gerollt, an dessen Steuer ein Soldat der Lon-Nol-Armee saß, der wohl auf dem Nachhauseweg war, froh, nun nicht mehr im Kampf zu stehen. Ein Roter Khmer forderte ihn durch Handzeichen auf, auszusteigen. Der Mann – er war unbewaffnet – sprang aus dem Führerhaus und lief davon. Ein Roter Khmer packte sein Gewehr, holte den Soldaten ein, hielt ihn fest und drückte ihn gegen eine Hauswand. Für einen langen Augenblick richtete der Rote Khmer sein Gewehr auf den Mann und befahl ihm dann ganz ruhig, seine

Uniformjacke auszuziehen, das Fahrzeug stehenzulassen und zu gehen. Der Soldat folgte aufs Wort, worauf sich der Rote Khmer von ihm abwandte. Die Spannung wich von mir, und meine Gewißheit, daß wir bald wieder geregelte Zustände haben würden, wurde durch diesen Vorfall bestärkt.

In gehobener Stimmung kehrten wir zu Oans Haus zurück, plauderten, scherzten und schmiedeten Pläne. Ich sagte, ich würde mit meiner Familie nach Hause fahren. Andere wollten zum Strand, um zu feiern. Das Leben schien sich wieder zu normalisieren. Anys Eltern in ihrem Austin schauten auf dem Heimweg bei uns vorbei. Wir wollten uns gerade verabschieden, als Oan fragte: »Wollt ihr nicht noch zum Mittagessen bleiben?« Warum eigentlich nicht, dachte ich. Die Schwiegereltern würden zu Hause bis zu unserer Rückkehr nach dem Rechten sehen. Die Kinder spielten im Garten, es war erst 11 Uhr – kein Grund zur Eile also. Wir blieben daher in der fröhlichen Runde.

Wir waren gerade beim Mittagessen, ich überlegte noch, ob ich wie gewöhnlich am nächsten Tag zur Arbeit gehen sollte, da stürzte, ganz außer Atem, ein Mann herein. Es war der Verwalter des Hauses von Oans Schwiegereltern, die rund zwei Kilometer entfernt an der Straße wohnten, auf der die Roten Khmer anrückten. Die Schwiegereltern hatten einige Wochen zuvor, als sie mit Oans Frau und seinen Kindern das Land verließen, ihr Haus dem Mann anvertraut, der nun, zu Tode erschrocken und völlig aufgelöst, in der Tür stand. »Die Roten Khmer haben uns befohlen, unsere Häuser zu verlassen! Wir sollen alle aus der Stadt gehen! Alle!« sagte er in großer Erregung. »Was hätte ich tun sollen?«

Augenblicklich schlug die Stimmung um. Wir aßen nicht weiter, sondern bombardierten ihn mit Fragen: »Sind Sie sicher?«
»Warum?«
»Sie haben bestimmt falsch verstanden!«
»Wir haben aus ihrem Munde nie so etwas gehört.«
Erlaubte er sich etwa einen Scherz? Eine Evakuierung – wer hätte im Ernst an eine Evakuierung gedacht!

Wir mußten noch mehr in Erfahrung bringen und fragten bei den Nachbarn nach, was sie von den Vorgängen wußten. Auch sie hatten gerüchteweise von einer Evakuierung gehört. Im Rundfunk war nichts durchgegeben worden. Das Schweigen der offiziellen Stellen schien auch weiterhin Optimismus zu rechtfertigen.

Was tun? Sollten wir alle Oans Haus verlassen? Wir brauchten unbedingt nähere Informationen, um überhaupt etwas planen zu können. Ich schlug daher vor, unseren Onkel, den Patriarchen Huot Tat, der in der Onalam-Pagode wenige Kilometer entfernt am Fluß wohnte, zu Rate zu ziehen. Er mußte über die jüngste Entwicklung Bescheid wissen und würde uns sagen können, was zu tun sei. Mit seiner Person bot er außerdem einen gewissen Schutz.

Da keiner einen besseren Vorschlag machen konnte, zwängte sich die ganze Familie in die drei verfügbaren Autos – meinen Fiat, den Peugeot 404 meines Bruders sowie Oans Mercedes 220, und wir reihten uns wieder in den langsamen Zug der Flüchtlinge ein. Die Straßen waren noch immer verstopft. Inzwischen hatten sich zu den Menschen, die aus den Vororten ins Zentrum drängten, viele gesellt, die man aus ihren Häusern vertrieben hatte. Man sah in bestürzte Gesichter, es gab jedoch kein Durcheinander, keinen Lärm: Eine dichte Masse wälzte sich langsam voran, ein Strom von Menschen, die sich zu Fuß aufgemacht hatten, von Fahrrädern, Rikschas und Autos.

Von Zeit zu Zeit wurde in der Ferne ein Schuß abgegeben, der uns aufhorchen ließ. Es war also noch Krieg – ohne daß wir uns vorstellen konnten, wer auf wen schoß. Plötzlich verhielt sich jedermann diszipliniert und höflich; man hielt sich peinlich genau an die Verkehrsregeln, aus Angst wohl, man könne einen Unfall verursachen und dadurch auffallen.

In der folgenden Stunde sah ich nur einmal Rote Khmer, als 30 Kämpfer aus einer Seitenstraße kamen und schweigend im Gänsemarsch mitten durch die Hauptstraße marschierten. Sie gaben sich den Anschein, als würden sie die Menge um sich nicht wahrnehmen. Autofahrer und Fußgänger wichen zur Seite, um sie vorbeizulassen. Die Roten Khmer zogen vorüber, ohne von uns auch nur Notiz zu nehmen, als vermieden sie, von uns infiziert zu werden.

Die Pagode des Patriarchen, ein großer, zweistöckiger Tempelbau mit einem steilen, gelben Ziegeldach sowie einer Anzahl kleinerer Vordächer, die wie Augenbrauen die säulengestützten Vorbauten überwölbten, war in ein umzäuntes Grundstück etwas zurückgesetzt vom Fluß gebaut. Sie überblickte die Wassermassen des Mekong und des Tonle Sap, die sich hier, von Norden kommend, nach windungsreichem Verlauf trafen, um sich in zwei gewaltigen Wasserarmen, dem Mekong selbst und dem Bassac, in Richtung Süden zu wälzen. Um den Tempel herum standen zwischen Bäumen und blühenden Gärten eine Reihe von Gebäuden, in denen die Mönche in ihren gelben Gewändern wohnten.

Wir stellten die Autos ab und gingen mit den Kindern in die Residenz des Patriarchen. Nachdem wir alle zusammen die große Eingangshalle, einen gefliesten Bereich ohne Mauern, in dem sich schon viele Menschen drängten, erreicht hatten, betraten einige von uns – meine Eltern, Oan, meine Brüder und ich – den Empfangsraum des Patriarchen.

Der 85jährige Patriarch, ein für sein Alter erstaunlich rüstiger Mann, saß auf einer Bank, den glattrasierten Kopf erhoben, mit einem breiten Gesicht, das einem weitaus jüngeren Mann zu gehören schien. Er trug das gelbe Mönchsgewand, das eine Schulter frei ließ, und war umgeben von einer größeren Anzahl Mönche und Zivilisten. Offensichtlich hatten Dutzende vor mir dieselbe Idee gehabt und waren wie wir gekommen, um zu erfahren, was wohl auf uns zukam, und um sich unter den Schutz des Patriarchen zu begeben. Zwei Männer erkannte ich sofort als den General Chhim-Chhuon, den einstigen Adjutanten des Marschalls Lon Nol, sowie den General Mao Sum Khem, den Oberkommandierenden der Lon-Nol-Streitkräfte. Diese beiden Männer, die einmal viel Aufhebens von ihrer Person gemacht hatten, zeigten sich nun unsicher, ja unterwürfig, und gaben sich den Anschein von Bescheidenheit. Andere Zivilisten waren eindeutig als ihre Leibwächter zu erkennen. Wir knieten nieder und verbeugten uns dreimal, wobei wir die Hände vor der Stirn zusammenlegten. Dann setzten wir uns mit gekreuzten Beinen zurück und hörten dem Gespräch zu.

Es schien hauptsächlich um zwei Fragen zu gehen: Wie sollten sich die Lon-Nol-Offiziere den Siegern gegenüber verhalten? Und: Wieso war die Bevölkerung aufgefordert worden, die Häuser zu verlassen? (Aus den verschiedenen Berichten konnte man schließen, daß tatsächlich die ganze Stadt evakuiert wurde.) Der Patriarch bat eindringlich darum, Ruhe zu bewahren. Vielleicht gebe es gar keine allgemeine Evakuierung. Im Programm der Roten Khmer sei nirgends von Massendeportationen die Rede. »Ich sehe keinen Sinn in einer Evakuierung«, hörte ich ihn sagen. »Bleibt ruhig und wartet auf Anweisungen.«

Der Patriarch bat einen Mönch, er möge den Präsidenten des kambodschanischen Roten Kreuzes sowie Chau Sau, den Generalsekretär der oppositionellen Demokratischen Partei, anrufen. Die Informationen beider Seiten würden uns vielleicht weiterbringen. Weder Präsident noch Generalsekretär schien jedoch die geringste Ahnung zu haben, was vor sich ging. Lediglich daß das Hotel Le Phnom und die französische Botschaft vom Roten Kreuz für neutral erklärt worden waren, erfuhren wir.

Jemand forderte Ruhe, wobei er auf das Transistorradio auf dem Tisch neben dem Patriarchen verwies. Der Regierungssender meldete sich mit einer kurzen Mitteilung. Alle Minister und ranghöheren Offiziere der Streitkräfte sollten sich am Nachmittag um 16 Uhr im Informationsministerium melden. »Jetzt wissen Sie also, was Sie zu tun haben«, sagte der Patriarch. »Auch ich werde meinen Vertreter dorthin schicken.«

Nachdem die Generäle und einer der Mönche gegangen waren, besprachen wir im Auf- und Abgehen, was das alles zu bedeuten habe, ob wir bleiben oder besser zur französischen Botschaft oder zum Hotel Le Phnom gehen sollten. Der Patriarch blieb mit gekreuzten Beinen auf seiner Bank sitzen und ließ sich nicht aus der Ruhe bringen.

Je näher der Nachmittag rückte, desto unerträglicher wurde

das Warten. Ich überlegte hin und her, ob wir nicht doch weggehen sollten. Eine sonderbare Vorahnung sowie die allgemeine Unsicherheit hielten mich davon ab. Wir hätten ja auch im Strom der Evakuierten steckenbleiben können und hatten ohnehin keine Möglichkeit, irgend etwas zu planen. Um die Spannung ein wenig abzubauen, fragte ich den Patriarchen, ob ich bei der französischen Botschaft anrufen dürfe. Als ich dort um Asyl bat und erklärte, ich hätte beim obersten Patriarchen Zuflucht gefunden, sagte die Stimme am anderen Ende, kein Kambodschaner könne die Botschaft betreten. Das Tor sei von Roten Khmer bewacht. »Und wenn der Patriarch selbst zum Eingang käme«, meinte der Mann, »die Roten Khmer würden ihn nicht durchlassen.« Ich legte den Hörer auf, entsetzt darüber, daß es Kambodschaner geben sollte, die die Autorität des Patriarchen nicht anerkannten. Zum erstenmal kam mir der Gedanke, daß wir in der Falle saßen.

Ich versuchte, die Schwiegereltern und Anyung zu Hause anzurufen. Keine Antwort. Wir hatten keine Wahl, wir mußten warten. Ruhelos ging ich auf und ab, berichtete Any von den Anrufen, versuchte sie zu beruhigen und wechselte ein paar Worte mit den Kindern. Ihnen ging es gut. Sie spielten mit Gleichaltrigen und rannten hin und her.

Gegen 18 Uhr kam der Vertreter des Patriarchen zurück. Ich folgte ihm, als er sich einen Weg durch die Menge zum Patriarchen bahnte. Dieser hob die Hand und bat um Ruhe. Vergeblich versuchte ich aus dem ausdruckslosen Gesicht des Boten eine positive Nachricht herauszulesen.

Es seien viele höhere Offiziere und Minister der früheren Regierung auf der Versammlung gewesen, auch Ministerpräsident Long Boret, berichtete der Mönch. Neben ihm habe ein Offizier der Roten Khmer gesessen, der ihn respektvoll angeredet habe. Der Offizier habe ihm die Vorzüge der Roten Khmer auseinandergesetzt und gesagt, man könne jetzt mit Hilfe der früheren Beamten, Intellektuellen und Techniker an den Wiederaufbau des Landes gehen. Als ihn der Mönch nach der Evakuierung gefragt habe, habe der Offizier kopfschüttelnd geantwortet, eine solche

Anordnung sei doch widersinnig. Warum sollte man die Evakuierung kerngesunder Männer anordnen, jetzt, da die Wirtschaft wieder in Ordnung gebracht werden sollte? Er habe zu dem Mönch gesagt: »Ich gebe Ihnen mein Ehrenwort, daß ich niemals von einer solchen Anordnung gehört habe. Hier handelt es sich um einen Schachzug der Imperialisten, deren Agenten unter der Bevölkerung die Saat der Panik aussäen möchten.«

Erleichtert ging ich nach draußen, um Any zu versichern, daß an dem Gerücht von einer Evakuierung nichts Wahres sei – um unmittelbar darauf von den Flüchtlingen, die auch jetzt noch in die Pagode strömten, zu hören, sie sei noch immer im Gange. Kein Wunder, daß ich immer verwirrter und besorgter wurde. Entweder war jener Offizier falsch informiert, oder er log. Von Oan auf diesen Punkt angesprochen, hatte der Mönch versichert, der Offizier könne unmöglich gelogen haben. Es könne sein, daß er nicht ganz so gut informiert gewesen sei, wie es den Anschein gehabt habe.

Die Nacht brach herein. Zum zweitenmal versuchte ich die Schwiegereltern anzurufen, doch wieder wurde der Hörer nicht abgenommen. Waren auch sie schon aus der Stadt vertrieben? Man mußte das Schlimmste befürchten: Anys Vater und Mutter und ihre Schwester Anyung hineingeworfen in den Strom der Flüchtlinge, ohne ein Ziel vor Augen. Ob Any wohl meine Sorgen teilte? ging es mir durch den Kopf, und ich lächelte ihr beruhigend zu.

Erschöpft von dem langen Tag und von der Ungewißheit legten wir uns schließlich auf Matten auf dem gefliesten Boden der Pagode schlafen, 30 Personen, nach Familien getrennt. Die Kinder waren durch die ungewöhnlichen und verwirrenden Umstände so eingeschüchtert, daß sie gehorchten – sogar Nawath. Ich verstaute mein Radio unter Kleidungsstücken und schaltete den Sender »Stimme Amerikas« ein, um Nachrichten zu hören. Vergeblich. Ich stellte das Gerät ab, konnte aber nicht einschlafen. Es war ein Kommen und Gehen. Immer wieder suchte jemand ein freies Plätzchen für ein Schlafquartier, und jeder konnte bestätigen, daß die Evakuierung weiterlief. Während Hunderte in die Pagode und auf das dazugehörige Grundstück drängten, zogen viele Tausende daran vorbei, um die Stadt zu verlassen.

Inzwischen waren die meisten von uns eingeschlafen, da – es muß gegen 21 Uhr 30 gewesen sein – betrat ein Offizier der Roten Khmer, die Pistole in der Hand, die Vorhalle. Er war etwa so alt wie ich, Anfang Dreißig. Im grellen Licht der elektrischen Beleuchtung schweifte sein mißtrauischer Blick durch die Reihen. Dabei richtete er seine Pistole auf die verschlafen blinzelnden Gestalten am Boden, so als rechnete er mit ihrem Widerstand. Plötzlich entdeckte er ein halbes Dutzend Fahrräder und drei Motorräder, die am Eingang abgestellt waren.

»Wem gehören diese Motorräder da?« rief er laut. Niemand antwortete. Er steckte die Pistole ins Halfter, ging zu den Zweirädern hinüber und griff sich eine blaue, nagelneu aussehende Honda heraus, die an zwei andere Motorräder gekettet war. Zweimal wiederholte er seine Frage: »Wer ist der Besitzer dieses Motorrads?« und sagte schließlich: »Angka braucht es!«

Angka – die Organisation – zum erstenmal hörte ich das Wort in einem solchen Zusammenhang.*

Noch immer erfolgte keine Antwort. Der Offizier stieß nun das Motorrad zu Boden, zog seine Pistole und hielt sie gegen die Sicherheitskette, den Lauf auf den Korridor gerichtet. Kurz hintereinander schoß er zweimal und zersprengte die Ketten. Die Schüsse zerrissen die Stille der überfüllten Halle, in der überall schlafende Kinder lagen, und riefen Angst und Schrecken hervor. Manche Kinder waren wach geworden und blickten verschlafen umher. Sekunden später war der Offizier mit dem Motorrad verschwunden und ließ uns sprachlos und verdutzt zurück.

Any, die mich ansah, suchte ich beschwichtigend davon abzuhalten, etwas zu sagen.

Es dauerte eine Minute, bis sie mir zuflüsterte: »Wie kann er das nur machen?«

* *Angka* ist der Name der Organisation der Roten Khmer; steht für die Allmacht des Staates (Anm. des Verlags).

»Was können wir dagegen tun?« erwiderte ich.

Mein Vater blickte mich lange und durchdringend an.

»Na ja, sie müssen ja nicht alle so sein«, sagte ich zu ihm, wie um mich zu verteidigen, noch immer im Flüsterton.

Eine Viertelstunde darauf kamen zwei weitere Soldaten herein und schnappten sich die beiden anderen Motorräder, ohne ein Wort zu verlieren.

Es war mir und allen anderen klar, daß es sich hier nicht allein um Diebstahl oder Besitzergreifung handelte. Der Patriarch war im ganzen Land eine geachtete Persönlichkeit, deren Bedeutung sich nicht in seiner religiösen Funktion erschöpfte. Auch in den entlegensten Dörfern stand er in hohem Ansehen. Hier hatten wir nun in schneller Folge drei Leute erlebt, die offensichtlich keinen Begriff davon hatten, wo sie sich befanden, geschweige denn, daß sie in irgendeiner Form dem Patriarchen Achtung entgegengebracht hätten. Ich nahm das später als ersten Hinweis darauf, daß jahrhundertealte moralische Werte über Bord geworfen werden sollten.

Bevor wir wieder einschlafen konnten, fragte mich Sudath, unser Ältester: »Vater, wann gehen wir wieder heim?« Ich gab ihm keine Antwort. »Schlaf ein, mein Kind, morgen werden wir wieder zu Hause sein.«

Daran glauben konnte ich jetzt allerdings nicht mehr, und ich war sicher, Any erging es ebenso.

2 Die Evakuierung

Ehe der Morgen graute, wachten wir alle auf und begannen langsam zu packen, während die Kinder noch schliefen. Gesprochen wurde kaum etwas. Wir waren sicher, daß der Saal bald geräumt würde. Tatsächlich erschienen, noch bevor es hell geworden war, drei Soldaten der Roten Khmer in der Tür. Es wurde still im Saal. »Genossen! Ihr müßt jetzt gehen!« sagte einer von ihnen. Seine Worte machten mir nicht so sehr wegen der Befehlsform zu schaffen, er bestätigte ja lediglich, was wir ohnehin erwartet hatten, auch nicht wegen des Tons, der gar nicht unfreundlich war. Was mich schockierte, war die erneute Mißachtung des Patriarchen. »Wir müssen die Stadt reinigen!« fuhr der Offizier fort. »Nehmt aber nicht zuviel Gepäck mit, das Ganze dauert nur drei Tage. Ihr müßt weggehen, weil die Amerikaner die Stadt bombardieren werden.«

Niemand dachte daran, Einwände zu erheben, denn im Rundfunk hatten wir nichts gehört, was seinen Worten widersprochen hätte. Wir packten fertig und beredeten, was zu tun sei. Ich meinte, wenn schon die Evakuierung nicht zu vermeiden sei, sollten wir in Oans Haus zurückkehren, um Decken und Kochutensilien zu holen. Any wollte auch aus unserem Haus noch etwas holen und nach ihren Eltern sehen, doch ich erklärte ihr, das würde zu lange dauern, der Weg zurück durch die Stadt könne sogar gefährlich sein. Wir sollten in jedem Fall zusammenbleiben. Wenn wir einmal getrennt wären, könne man nie wissen, wann und wo wir uns wieder treffen würden.

Als wir fertig waren, führte ich die Familie zu einer letzten Aufwartung in den Raum des Patriarchen. Er saß auf seiner Bank, umgeben von den gelb gekleideten Mönchen.

»Ihr müßt jetzt gehen«, sagte er ruhig, als wir uns vor ihm verbeugten. »Seid vorsichtig.«

»Was werden Sie tun, Großvater?« fragte ich.

»Macht euch meinetwegen keine Gedanken, ich bin zu alt, um noch irgendwohin zu gehen. Ich muß bleiben, was auch immer kommen mag. Habt acht auf euch, eure Familie und eure Kinder. Tut nichts Unrechtes.«

Während er redete, kam mir der Gedanke, daß ich ihn vielleicht zum letztenmal sah. Diese Vorstellung sowie die heitere Gemütsruhe des alten Mannes angesichts der Gefahr trieb mir die Tränen in die Augen. »Kinder, erweist ihm die Ehre«, sagte ich. Als sie sich vor dem Patriarchen verneigten, trat dieser vor und legte der Reihe nach jedem von ihnen die Hand auf den Kopf, wobei er jedesmal sagte: »Mein Kind, ich wünsche dir ein gutes Leben. Sei gut.«

Dann verließen wir die Pagode und gingen durch die Tempelanlage zu unseren Fahrzeugen. Noch immer gingen mir die Worte des Offiziers durch den Kopf. Amerikanische Bombenangriffe? Die Amerikaner hatten uns am 12. April unserem Schicksal überlassen. Hätten sie die Roten Khmer bombardieren wollen, wäre das damals geschehen. Warum sollten sie es gerade jetzt tun? Und warum wurden wir nur für drei Tage weggeschickt? Falls die Amerikaner die Stadt wirklich bombardierten, wieso dann nicht länger? Seine Worte ergaben für mich keinen Sinn.

Als wir nach Süden zu Oans Haus fuhren, mußten wir gegen einen Strom von Menschen mit ausdruckslosen Gesichtern angehen, die sich zu Fuß, ihre Habe zu Bündeln geschnürt, oder aber mit beladenen Fahrrädern, Motorrädern, Rikschas und Autos auf den Weg gemacht hatten. Die Bevölkerung des ganzen Stadtteils, den wir durchquerten, schien nach Norden unterwegs zu sein. Kaum einen Kilometer weiter wurde jedoch der Menschenstrom dünner. Offensichtlich hatten die Bewohner des Südens die Anweisung erhalten, auf die Ausfallstraße nach Süden abzubiegen. Wir trafen nur noch vereinzelte Nachzügler. Vor unseren Augen starb eine Stadt, und wir sahen aus ihrem fast stillstehenden Herzen das letzte Leben weichen.

Plötzlich hatte ich die Befürchtung, wir könnten uns in Gefahr begeben, wenn wir weiter in die falsche Richtung fuhren. Der Exodus war jedoch nicht streng überwacht. Als wir menschenleeres Gebiet erreichten, erspähten wir nur einmal eine Gruppe Soldaten, denen wir über eine Seitenstraße auswichen. Zwei- oder dreimal raste an uns ein Fahrzeug mit Roten Khmer vorbei, die von unserem kleinen Konvoi keine Notiz nahmen.

Gegen 8 Uhr waren wir vor Oans Haus angekommen. Die meisten Häuser in diesem Stadtgebiet waren bereits geräumt. Einige Nachbarn, die noch nicht zur Abreise fertig waren, hielten sich in ihren Häusern auf. Oan und ich sprachen eine Familie an, die gerade ihr Haus verließ und ähnliche Anweisungen wie wir erhalten hatte. Amerikanische Bombenangriffe würden bevorstehen; jedermann müsse für drei Tage weggehen. Hinweise auf Widersprüche hätten die Roten Khmer ruhig und überlegt beantwortet: »Warum soviel Aufhebens machen von drei Tagen? Wozu die Aufregung wegen der Familienangehörigen? Macht euch keine Sorgen um eure Habseligkeiten. Wir haben jahrelang ohne Familie gelebt, um euch zu befreien. Regt euch doch nicht so auf.«

Außer Kleidung suchten wir Lebensmittel, Decken und Haushaltsutensilien zusammen. Die Frauen besprachen unter sich, was sich für die Kinder am besten eignete. Mehrere Verwandte waren weder mir noch Any näher bekannt: Thengs Frau Lao, Laos Mutter; Aeng, Thoeuns Frau, die im fünften Monat schwanger war; Aengs Eltern; Oans Schwestern und deren Familien. Unter der entschlossenen Führung meiner Mutter arbeiteten die Frauen aber bereits gut zusammen. Kleidung, meinte meine Mutter, sei das Allerwichtigste. Die Flüchtlinge, die durch Oudong gekommen waren, hatten ihr berichtet, in den »befreiten Gebieten«, die von den Roten Khmer kontrolliert wurden, sei Kleidung das einzige, was echten Wert besitze. Wiederum war ich geneigt, ihren Rat auszuschlagen, da wir doch nur für drei Tage weggingen, wie ich ihr erklärte.

Drei Tage – diese Worte wirkten beruhigend. Obwohl ich nicht an die bevorstehenden amerikanischen Bombenangriffe glaubte, klammerte ich mich wie alle anderen an die Geschichte von den drei Tagen. Als eine Art Einstandsfrist, in der sowohl wir uns mit dem neuen Regime als auch dieses sich mit den Problemen des Wiederaufbaus vertraut machen würden, erschienen sie uns angemessen.

Während wir packten und überlegten, wer was dabeihaben sollte, gingen einige von uns ab und zu hinaus und sprachen mit den vorüberziehenden Familien. Jede hatte ihre eigene Geschichte zu erzählen, dramatische und tragische Geschichten aus einer Stadt, in der chaotische Zustände herrschten. Eine Frau erzählte von ihrem Sohn im Teenageralter, der vor das Haus gegangen war, um den Siegern zuzujubeln, und seitdem spurlos verschwunden war. Manche waren von ihren Familien getrennt worden und verließen die Stadt ganz allein. Es gab Familienoberhäupter, die am Vortag zu Besorgungen in die Stadt aufgebrochen und nie zurückgekommen waren. Eine alte Frau mit ihren drei Enkelkindern schilderte uns, daß der Vater der drei die Mutter ins Krankenhaus gebracht habe und nicht nach Hause zurückgekommen sei. Anscheinend wurde jeder vom Fluß weg nach Norden, Süden oder Westen evakuiert, je nachdem, wo er gerade war, als die Roten Khmer einrückten. Wir hatten Glück gehabt, daß wir keiner Patrouille begegnet waren, die das Gebiet um die Pagode räumte.

Dazwischen bat mich Any, noch einmal zu Hause ihre Eltern anzurufen. Auch jetzt hob niemand ab. Sollte ich hingehen und nachsehen, was passiert war? Nein, ich hätte leicht von Any und den Kindern getrennt werden können. Noch immer suchte ich meine innere Unruhe zu beschwichtigen. Wir gingen doch nur für drei Tage weg.

Die ganze Familie – ich zählte sie und kam auf 32 Personen – wurde auf die drei Autos verteilt. Any saß mit Staud vorne neben mir, die beiden anderen Kinder mit meinen Eltern und Kengs kleiner Tochter Srey auf dem Rücksitz des Wagens. Keng selbst nahm den Soziussitz von Vuochs Motorrad ein, alle übrigen zwängten sich in Thengs und Oans Wagen. Beim Einpacken der Lebensmittel und Kleidungsstücke war ich froh, daß wir tags zuvor so weitsichtig gewesen waren, unsere Fahrzeuge vollzutanken und Dosen auf Vorrat zu kaufen. Einer von Oans Verwandten hatte ein Motorrad und bot Thoeun an, ihn mitzunehmen. Mein junger Neffe Sim fuhr mit dem Fahrrad los.

Im Konvoi bogen wir in den breiten, baumbestandenen Preah-Monivong-Boulevard ein, die Ausfallstraße nach Süden. Hier standen zwei- und dreistöckige Verwaltungsbauten und prächtige Villen. Und schon waren wir wieder Teil des Gewühls, jener sich langsam vorwärtsbewegenden Masse von Fußgängern und Fahrzeugen, und hatten wie die vielen anderen nur das eine Ziel, die Stadt hinter uns zu lassen. Wo wir die Nacht verbringen würden, wußte keiner.

Nicht weit von unserem Haus sahen wir zwei tote Soldaten der Lon-Nol-Armee mit dem Gesicht nach unten auf dem Gehsteig liegen. Niemand schenkte ihnen Beachtung. Hatten wir gestern noch ein Ambulanzfahrzeug zu einer Brandstelle fahren hören, gab es heute offenbar keine solchen Dienstleistungen mehr.

Einige hundert Meter weiter wurde ich Zeuge, wie Rote-Khmer-Soldaten eine Familie zum Verlassen ihres Hauses aufforderten und wie die Männer und Frauen weinten. Da wir nur im Schrittempo vorankamen und die Fenster geöffnet hatten, konnten wir hören, wie sie am Hauseingang mit den Roten Khmer rechteten. Händeringend flehten sie um eine Frist von ein paar Minuten, bis auch die Kinder oder eine Mutter fertig seien und noch einige Habseligkeiten zusammengepackt wären. Die Roten Khmer ließen sich nicht erweichen, blieben dabei aber freundlich. Bruchstücke der immer gleichen Argumente drangen an mein Ohr: »Ihr braucht doch nicht zu weinen... drei Tage sind doch nichts... dann werdet ihr eure ganze Familie wiedersehen...« Keine Drohungen, nur die stereotypen, unnachgiebig vorgebrachten Anweisungen. Ein einziges Mal erlebte ich einen Roten Khmer, der etwas ungeduldig wurde: »Beeilt euch! Ein Tag ist schon fast vergangen, jeden Moment können uns die Amerikaner bombardieren!«

In der schwachen Hoffnung, irgendwo die Schwiegereltern zu entdecken, ließ ich den Blick über die Menge schweifen und sah dabei einige Leute, von denen ich wußte, daß es höhere Beamte,

Ingenieure und Lehrer waren. Sogar Ärzte und Krankenschwestern, die noch die weiße Dienstkleidung trugen, zogen mit uns. Anscheinend war auch nicht einer dem erzwungenen großen Exodus entronnen. Ein junger Mann trug seinen Vater auf dem Rücken, Frauen hielten ihre Babys auf den Hüften, die Lahmen humpelten an Krücken. Selbst zwei Patienten, die in fahrbaren Krankenhausbetten von Verwandten aus der Stadt geschoben wurden, waren zu sehen. Manche hatten kleine Lebensmittel- und Kleiderpakete bei sich, andere gar ein Huhn oder eine Ente auf den Schultern, einige auch nur das, was sie auf dem Leib trugen. Ein sieben- bis achtjähriger Junge irrte durch die Menschen, weinte herzzerreißend nach seiner Mutter und starrte zu jedem Erwachsenen hinauf in der Hoffnung, ein bekanntes Gesicht zu entdecken. Wo so viele Menschen verzweifelt nach Freunden, Verwandten und Angehörigen Ausschau hielten, die sie aus den Augen verloren hatten, lag ein Gefühl von undefinierbarer Spannung in der Luft. All dessen beraubt, was noch vor Tagen ihr Leben geprägt hatte, suchten die Menschen nach irgend etwas, das ihnen einen gewissen Halt zu geben schien, und sei es bloß die Geste oder der Blick eines vorbeiziehenden fremden Menschen.

Eingezwängt zwischen die Menschen, die zu Fuß und mit dem Fahrrad unterwegs waren, bewegten sich die motorisierten Rikschas und Autos fort, in denen ganze Familien untergebracht waren und die zum Teil über und über mit Habseligkeiten aller Art beladen waren. Da sah man kleine Citroën und ausgediente Lieferwagen, die von Kleiderbündeln, Vorhängen und sonstigen Gebrauchsgegenständen, die zwar deplaziert wirkten, doch den Eigentümern wertvoll waren, überquollen: Kochgeräte, Sofas und Geschirrschränke, im Fond eines Lieferwagens entdeckte ich gar ein lebendes Schwein. In den größeren Fahrzeugen, den Mercedes- und Peugeot-Limousinen, türmten sich die Symbole einstigen Reichtums: Fernseher, Kassettendecks und auf dem Rücksitz eines großen Familienwagens ein riesiger Kühlschrank. Warum mußten wir fort? Wohin? Von Fahrzeug zu Fahrzeug tauschten wir unsere Fragen und Kommentare aus und beruhigten einander damit, daß das Ganze ja in drei Tagen vorüber sei.

Inzwischen war es etwa 10 Uhr, und die Hitze wurde immer größer, denn der April ist in Kambodscha der heißeste Monat des Jahres. Die Trockenzeit näherte sich dem Ende, seit Wochen hatte es nicht mehr geregnet. In der Stadt, zumindest in jenem Teil, war der Verkehr praktisch zum Stillstand gekommen, da die Autos und Motorräder im dichten Menschengewühl stekkenblieben. Mir kam es so vor, als sei dieses Schneckentempo eine unbewußte Form des Widerstands gegen die Befehle der Roten Khmer. Die Temperatur im Auto stieg stetig, mein Hemd war bereits durchgeschwitzt, und die Kinder, die von der unruhigen Nacht noch müde waren, dösten nach und nach ein.

Niemand klagte, doch es schien, als versuchten wir alle, durch unseren verzögerten Aufbruch von Phnom Penh die Chancen für unsere Rückkehr zu vergrößern.

Wir waren kaum einen Kilometer vorgerückt, als ich einen Schuß hörte. Wir blickten uns um und reckten den Hals, um besser sehen zu können. Wenig später folgte ein weiterer Schuß. Auf der Treppe zu einer Villa weiter oben an der Straße lag die Leiche eines langhaarigen jungen Mannes von etwa 18 Jahren, vermutlich eines Studenten. Kaum 15 Meter von ihm entfernt stand ein Soldat, aus dessen Ak47 noch träge der Rauch quoll. Alle Umstehenden fragten einander, was vorgefallen sei. In kürzester Zeit hatte sich herumgesprochen, daß der Junge in seinem Haus etwas vergessen hatte. Er war entgegen der Anweisung des Soldaten umgekehrt, und als er gerade dabei war, sein Haus noch einmal zu betreten, erschoß ihn der Soldat und rief: »Das geschieht mit denen, die sich widersetzen.«

Seltsam, der Zwischenfall rief keinerlei heftige Reaktionen hervor. Man ließ sich informieren, verfiel in Schweigen und setzte seinen Weg fort.

Gegen 13 Uhr kroch der Zug auf die Juristische Fakultät zu, einen mächtigen dreigeschossigen, etwa 100 Meter langen modernen Bau, der von der Straße aus etwas zurückgesetzt lag. Hier konnten wir eine Rast einlegen. Ich wies mit Handzeichen auf die Fakultät und den noch relativ leeren Parkplatz hin und erhielt zustimmendes Nicken zur Antwort. Alle hatten Hunger und konnten eine Pause gut gebrauchen. Langsam bahnten wir uns einen Weg durch die Menge in den Vorhof und stellten die Autos ab. Die wenigen schwarz uniformierten Roten Khmer, die anscheinend ohne konkrete Anweisungen den Exodus lediglich beobachteten und die Menschen zur Eile antrieben, erhoben keine Einwände. Bald war der Platz vom Lärm der Menschen erfüllt, die dieselbe Idee gehabt hatten.

Wir holten die Lebensmittel hervor und fanden in der Vorhalle des Hauptgebäudes, einer riesigen Veranda im ersten Stock, einen freien Platz. In einiger Entfernung vom Rand ließen wir uns im Schatten nieder. Als sich die Frauen daranmachten, aus den vorgekochten Gerichten ein Essen zuzubereiten, meinten Oan, mein Vater und ich übereinstimmend, daß wir hier eine geeignete Stelle gefunden hätten, an der wir die drei Tage außer Hauses gut verbringen konnten.

Als wir gegessen hatten, holten wir die Decken, Matten und Kochutensilien aus den Autos, richteten unser Nachtlager und versuchten uns auszuruhen. Alle mit Ausnahme der Kinder, die schon während der Fahrt geschlafen hatten, brauchten dringend Schlaf. Sim trieb wie gewöhnlich die Kinder zum Spielen an; sie sollten ihn fangen. Das ging so lange gut, bis mein Vater ihn ermahnte, sich zu benehmen. Zu diesem Zeitpunkt waren die sechs Kinder der Familie – Nawath und Sudath, die beiden Buben Thengs, Thoeuns Tochter Sarah sowie Srey, die Tochter Kengs und Saruns – in wilde Verfolgungsjagden um die Säulen der Vorhalle und zwischen den lagernden Familien und ihren Gepäckbergen verwickelt. Einen solchen Tumult konnte man ihnen nicht durchgehen lassen. Srey, Sarah und Sudath kamen sofort, als sie gerufen wurden, während Nawath so ins Spiel mit Thengs Söhnen Visoth und Amap vertieft war, daß er gar nicht hinhörte. Any, die Staud in den Armen wiegte, rief ihm noch einmal zu, als er wieder vorbeirannte: »Nawath, du kommst jetzt sofort her, oder du kriegst eine Ohrfeige!« Verständnis heischend lächelte er uns zu und machte weiter. Es war schließlich Vuoch, die das Spiel abrupt beendete, indem sie Nawath festhielt und ihm so schlimme Strafen androhte, daß er mit vor Schreck weit geöffneten Augen verstummte. Any lächelte ihr dankbar zu, und endlich herrschte Ruhe.

Wir hatten Glück, daß wir so frühzeitig gekommen waren, denn als die Kinder schon schliefen, füllte sich die Halle immer mehr. Die später Eintreffenden mußten sich entweder ganz am Rand der Veranda oder draußen auf dem Rasen niederlassen. Das konnten drei harte Tage werden! Die wenigen Toiletten waren bereits verschmutzt, ganze zwei Wasserhähne funktionierten. Niemand zeigte jedoch seinen Ärger, es gab kein Gedrängel. Jeder schien willens, das Beste aus der Situation zu machen.

Im Lauf des Nachmittags erregten die vielen Menschen meine Aufmerksamkeit, die aus einem großen Gebäude, dessen Dach wir über den Bäumen erkennen konnten, Konserven und Lebensmittelpakete heraustrugen. Bald wußte jeder, was geschah. Es handelte sich bei diesem Gebäude um die Lagerhalle einer städtischen Lebensmittelkooperative. Die Tür habe offengestanden, so daß man sich einfach habe bedienen können. Die wenigen Roten Khmer reagierten gleichgültig, als würden sie Tiere beobachten, und machten keine Anstalten einzugreifen. Aus kleinen Diebereien entwickelte sich eine große Plünderungsaktion. Meine Brüder Theng und Thoeun gingen ebenfalls hinüber. Als sie anlangten, war das Gebäude von Menschen belagert, die sich Lebensmittel von den Regalen holten. Sie selbst angelten sich zwei Pakete Reis, einige Kilo Zucker und etwas Sojabohnen. Später hörten wir, das Gewühl habe in eine heiße Schlacht ausgeartet und zwei Menschen seien unter herunterfallenden 100-Kilo-Reissäcken erstickt.

An diesem Abend machten nach Einbruch der Dunkelheit bewaffnete Rote Khmer zu zweit oder dritt Kontrollgänge, bei denen sie uns mit Taschenlampen direkt ins Gesicht leuchteten. Ich hatte mein Radio in Kleidungsstücke gewickelt und unter den Kopf geschoben, weil ich objektive Nachrichten hören wollte, wagte aber nicht, es einzuschalten. Vielmehr unterhielten wir uns leise und verstummten, sobald wir den Schein der Lampen näherkommen sahen.

Am nächsten Tag kam es zu noch schlimmeren Plünderungen von seiten der im Vorhof und an der Straße kampierenden Menschen. Viele, die in Privathäuser eingebrochen waren, sah ich mit Whiskyflaschen, Transistorradios und Kameras vorbeigehen. Vor unseren Augen nahm eine neue Wirtschaftsform Gestalt an. Geplündert wurde nämlich nicht nur für den eigenen Bedarf, sondern um das Diebesgut zu Wucherpreisen zu verkaufen. Mit dem Erlös kaufte man anderen ebenso überteuerte Lebensmittel ab. In unserer Nähe beobachtete ich einen chinesischen Kaufmann, einen einsamen, traurigen Mann, der vermutlich von seiner Familie getrennt worden war und auf einem Sack Geldscheine saß. Geld war das einzige, was er bei sich hatte; ich sah weder Kleidungsstücke noch Reis, noch andere Habseligkeiten bei ihm. Und er schien ganz unbesorgt, er konnte sich ja kaufen, was er brauchte. Auch ich kaufte einige Kleinigkeiten: Sojasoße, Mais, zwei Gläser Nescafé und fünf Dosen Kondensmilch. Es kam weder zu Tumulten noch zu Gewalttätigkeiten, und doch waren es deprimierende Szenen für mich. Die Roten Khmer hatten versprochen, auf unsere Häuser aufzupassen. Sollte das der Schutz sein, den sie unserem Besitz gewährten?

An den beiden folgenden Tagen, dem 19. und 20. April, blieb nicht viel mehr zu tun als herumzugehen und hie und da ein bißchen zu plaudern. Überraschend begegnete ich einigen Leuten, mit denen ich beruflich zu tun gehabt hatte. Ganz so zufällig waren diese Begegnungen nicht, weil die Staatsbediensteten in Phnom Penh sich um einen begrenzten Raum zentrierten und viele von ihnen die Stadt in derselben Richtung verließen. Meinen Bekannten gab die Evakuierung zwar auch Rätsel auf, niemand schien jedoch der Verzweiflung nahe. Ein junger Ingenieur war gar eifrig bemüht, mir die Politik der Roten Khmer zu erklären. Sie müßten Herr der Lage werden, meinte er, und je mehr Hilfe wir ihnen dabei geben könnten, desto schneller würden sich die Verhältnisse wieder normalisieren. Leute wie wir hätten jedenfalls nichts zu befürchten, wir seien schließlich die Technokraten, ohne die kein Regime bestehen könne.

Sogar mein früherer Chef, General Thappana Nginn, der einstige Minister für Nationale Verteidigung und Öffentliche Arbeiten, der mit seiner Familie und seinem Adjutanten, Leutnant Long Man, im Freien kampierte, lief mir über den Weg. Um nicht aufzufallen, hatten die beiden ihre Uniformen abgelegt und trugen Zivilkleidung. Sie waren nicht die einzigen, die sich von allem, was sie mit der Armee des gestürzten Regimes hätte in Verbindung bringen können, getrennt hatten. Überall lagen herrenlose Regenumhänge und Zeltbahnen der Armee am Boden.

Ich fragte den General, wie er die jüngste Entwicklung beurteile und wie es gekommen sei, daß die Republik so schnell überwältigt worden sei. Der General, ein Mann von kräftiger Statur in den Fünfzigern, vergewisserte sich, daß niemand mithörte, bevor er mit gedämpfter Stimme zu sprechen begann. Er meinte, seine Regierung sei von den Roten Khmer überlistet worden. Ihm zufolge hatten zwei ihrer führenden Vertreter mit Politikern der Roten Khmer in Verbindung gestanden und durchgesetzt, daß die Regierung 200 bis an die Zähne bewaffnete Rote Khmer, angebliche Deserteure, rekrutierte. Diese 200 Soldaten seien an die Front geschickt worden, um ihre einstigen Waffenbrüder zum Überlaufen zu bewegen. Natürlich sei genau das Gegenteil eingetreten, meinte der tuschelnde General. Die Roten Khmer hätten die Regierungssoldaten zur Kapitulation überredet, indem sie ihnen nach ihrem Sieg eine Generalamnestie in Aussicht gestellt hätten.

Das war noch nicht alles. Die Sowjetunion habe angeblich versprochen, im Falle des Abzugs der USA für Nachschub an Waffen zu sorgen, die Wiedereinsetzung Sihanouks als Staatsoberhaupt zu betreiben und zwischen seiner Regierung und den gemäßigten Fraktionen des Untergrunds zu vermitteln. Eine Koalition sollte gebildet werden, die gegen den radikaleren, maoistischen Flügel der Roten Khmer vorging. Die Roten Khmer hätten grundsätzlich in Verhandlungen eingewilligt; ihrerseits forderten sie den Waffenstillstand. Aus diesem Grund sei Ministerpräsident Long Boret nicht geflohen, als die Stadt fiel. Das Ganze sei nichts als ein Schwindel gewesen, so der General, denn schon am Tag nach der Machtübernahme hätten die Roten

Khmer ihr Versprechen zurückgezogen. Long Boret und seine Minister seien sämtlich verhaftet worden, viele jetzt vielleicht schon tot. Die russische Botschaft sei geschlossen, und die russischen Diplomaten hätten in der französischen Botschaft Zuflucht nehmen müssen.

Langsam begann ich zu begreifen. Ein anderer Lon-Nol-Offizier, den ich wie viele andere gefragt hatte, wieso nach seiner Meinung die Regierung so rasch zusammengebrochen sei, hatte mir eine merkwürdige Geschichte erzählt, die ich sofort als Gerücht abgetan hatte. Ach, hatte er mir versichert, daran seien nicht nur die Streitkräfte der Republik Lon Nols schuld gewesen. Die USA hätten bewußt den Zusammenbruch des Landes beschleunigt. »In der Nachrichtenverbindung mit unseren Einheiten benutzten wir Geheimcodes«, erklärte er. »Jedesmal wenn wir mit den Truppen in Verbindung treten wollten, meldete sich die Stimme eines Offiziers der Roten Khmer. Offensichtlich hatten die Amerikaner unsere Codes der anderen Seite übergeben.«

Das klang absurd; denn warum sollten die Amerikaner vorsätzlich ihre Verbündeten an den Gegner verraten? Als ich jetzt den General hörte, glaubte ich plötzlich den roten Faden zu erkennen. Mir schien, als ergänzten die Geschichten des Generals und des Offiziers einander. Die USA wußten, daß die Katastrophe unausweichlich war. Auch ihnen war bekannt, daß die Roten Khmer sich aus zwei Fraktionen zusammensetzten – den radikalen, prochinesischen sowie den gemäßigten Kräften um Sihanouk, auf die nun offenbar die Sowjetunion gesetzt hatte. Aus amerikanischer Sicht war es zweifellos besser, wenn die neuen Herren des Landes prochinesisch und nicht prorussisch waren. Deshalb hätte es im Interesse der USA gelegen, das Zustandekommen einer prorussischen Koalition zu hintertreiben.

Als ich den General hörte, stieg der Zorn in mir hoch. Ich sah plötzlich, wie hilflos wir den diplomatischen Manövern ausgeliefert gewesen waren. Unsere alte Regierung war mehr damit beschäftigt gewesen, sich an der Macht zu halten, als das Volk zu beschützen. Und vor mir stand eine Symbolfigur der politischen

Unfähigkeit und Selbsttäuschung, die uns in diese schwierige Lage gebracht hatten.

Doch mein Zorn war rasch verflogen. Waren nicht wir alle, insbesondere die Technokraten, mitverantwortlich? Das Ränkeschmieden war schon immer das Geschäft der Politiker gewesen, doch wir, die es hätten besser wissen müssen, hatten es ruhig hingenommen. Mögen uns die Politiker getäuscht haben, wir waren jedenfalls auch unseren Selbsttäuschungen erlegen. Außerdem war dieser General ungeachtet dessen, was er mit angerichtet hatte, jetzt genauso Opfer der Verhältnisse wie ich.

Es trat eine längere Pause ein, bis ich ihn fragte, ob er nicht Angst habe, trotz seiner Zivilkleidung erkannt zu werden. Dieser Gedanke war ihm offenbar noch nicht gekommen. Verstohlen blickte er sich um und machte sich sofort daran, seine Angehörigen zu suchen. Später sah ich sie mit prall gefüllten Koffern auf das Hauptgebäude zusteuern, um dort in der Menge Zuflucht zu finden.

Es nützte ihm nichts. Irgendwann erfuhr ich, die Roten Khmer hätten ihn mitsamt seinem Adjutanten verhaftet, beiden die Hände auf den Rücken gefesselt und sie abgeführt. Keinen von ihnen sah man je wieder.

Am späten Nachmittag des zweiten Tages brach in der Juristischen Fakultät das Chaos aus. Es lief kein Wasser mehr (wir hatten noch vom Morgen Wasser in unseren Gefäßen), und in unserer Umgebung gingen die Lebensmittel aus. Jede Familie mußte auf ihre Vorräte zurückgreifen. Die Roten Khmer streiften zu zweit oder dritt umher, ohne uns Beachtung zu schenken oder ihre Hilfe anzubieten. Alles wartete geduldig ab und war wie ich davon überzeugt, daß wir am nächsten oder am übernächsten Tag nach Hause gehen durften.

Am Morgen des vierten Tages zogen jedoch drei Rote Khmer durch unsere Reihen und erklärten uns unumwunden, wir müßten jetzt weiterziehen. Sie waren freundlich wie immer und genauso unversöhnlich. Keiner von uns getraute sich zu fragen: Warum sollen wir weiterziehen, wo es doch hieß, wir würden zurückkehren?

Nun denn, sagte ich zu den anderen, dann müssen wir wohl gehen. Die Entscheidung darüber, was jeweils zu tun sei, schien mir übertragen zu sein. Oan hatte Probleme damit, seine Meinung in Worte zu fassen, Theng und Thoeun unterwarfen sich auch jetzt wieder dem Urteil ihres älteren Bruders, und mein Vater zog sich am liebsten auf seine beratende Rolle zurück, denn er war kein Mann der Tat. Wir hätten nur dann eine Hoffnung, wenn wir gehorchten, erklärte ich ihnen. Es gab kein Wasser und nichts zu essen, wir waren nicht informiert und hatten somit keine Basis, von der aus wir mit den Roten Khmer hätten verhandeln können, selbst wenn wir es gewagt hätten. Es blieb uns gar nichts anderes übrig, als zu gehen.

So setzte sich unser kleiner Konvoi aus drei Autos, eskortiert von Oans Schwager und Vuoch auf ihren Motorrädern, sowie Sim, dem Radfahrer, in Bewegung und reihte sich in den Strom der Flüchtlinge ein, der sich aus der Stadt hinausbewegte.

An der Kreuzung der beiden großen Boulevards Preah Monivong und Preah Norodom hätten wir normalerweise die Wahl gehabt, entweder den Bassac zu überqueren oder am Fluß entlang weiterzufahren. Die Brücke war aber mit Stacheldraht verbarrikadiert. Also fuhren wir, noch immer im Schrittempo, den Fluß entlang weiter nach Süden.

Es fiel mir auf, daß die Stimmung umgeschlagen hatte. Die Unterschiede zwischen arm und reich waren nicht mehr erkennbar. Die Seidenblusen der wohlhabenden Frauen waren inzwischen so zerknittert und verschwitzt wie die Baumwollhemden der Bauern. In einer großen Limousine fiel mir eine füllige Frau mittleren Alters auf, die gewiß einmal in guten Verhältnissen gelebt hatte, in deren Gesicht nun keine Spur von Make-up mehr zu sehen war und deren Haar ganz zerzaust war. Wie alle übrigen wollte auch sie sich mit den Armen auf eine Stufe stellen.

Wir arbeiteten uns Stück für Stück im ersten Gang voran. Einmal winkte mir ein junger Mann lächelnd zu und machte eine höfliche Verbeugung. Es war ein Angestellter des Ministeriums für Öffentliche Arbeiten. Bei seinem Anblick schoß es mir durch den Kopf: Wenn uns ein Roter Khmer sah, wußte er sofort, daß ich in leitender Stellung gearbeitet hatte. Ich winkte also den Mann zum Wagenfenster heran und sagte zu ihm, während ich mich vorsichtig umsah: »Laß das, Sry, die Lage hat sich geändert. Wir sind jetzt alle gleich. Tu so, als wären wir alte Freunde.«

Da die wohlhabenden Leute alles, was an ihren Reichtum erinnern konnte, abgelegt hatten, war unser langsam kriechender, stummer Zug schrecklich eintönig geworden. Die Aufregung des ersten Tages der Evakuierung war gewichen. Niemand versuchte, sich einen Weg durch die Menge zu bahnen; man blickte nicht einmal mehr um sich. Nur selten ertönte eine Hupe, eine Fahrradklingel oder ein Ruf, um das leise Tuckern der Motoren, das Schlurfen der Füße oder das Quietschen der Räder zu unterbrechen. Der Strom war unaufhaltsam wie Blut aus einer offenen Wunde. Hinter uns lag Phnom Penh im Sterben.

Obwohl wir den ganzen Tag fuhren und nur einmal am Straßenrand hielten, um etwas Reis zu essen, kamen wir nur sieben oder acht Kilometer voran. Als wir gegen Abend den Vorort Takhmau erreichten, zogen Wolken auf. Die ersten flutartigen Regengüsse, die das Ende der Trockenzeit einleiteten, kündigten sich an. Es sei wohl das beste, wir suchten hier Schutz für die Nacht, sagte ich zu den anderen und zeigte auf das Schulgebäude des Ortes, andernfalls würden wir ganz durchnäßt. Wieder hatten wir Glück. Etwa 50 Flüchtlinge konnten zwei nebeneinanderliegende Klassenzimmer in Beschlag nehmen. Kaum hatten wir unsere Decken ausgebreitet, als es zu gießen anfing. Vom Fenster aus sahen wir Menschen, die an der Straße kampiert hatten, in alle Richtungen auseinanderstieben und unter Bäumen und Dächern Schutz suchen. Ihre Fahrräder und Rikschas ließen sie einfach stehen. Immerhin erlöste uns der Regen von der Hitze und vom Durst. Sobald Wasser vom Dach rann, liefen wir zum Rand der Veranda und füllten unsere Gefäße.

Tags darauf zogen wir weiter, wiederum im ersten Gang, wiederum eingekeilt in die Masse der Menschen, die zu Fuß oder mit Rikschas in Richtung Süden drängten. Neben oder zwischen uns, mal uns voran, mal hinter uns bleibend, fuhren Vuoch, Oans Schwager und Sim, die als Boten zwischen den einzelnen Familienangehörigen hin und her pendelten, da wir uns jederzeit vergewissern wollten, daß es den anderen gutging.

Any und meine Mutter, die zwischen die Kinder eingeklemmt waren, kamen miteinander ins Gespräch. Meine Mutter hatte es von Anfang an begrüßt, daß ich Any geheiratet hatte – »Sie ist ein gutes Mädchen, und sie liebt Sudath aufrichtig«, pflegte sie zu sagen –, und es war gut, daß sie es Any nun zeigen konnte, indem sie sie ihrer Eltern und Anyungs wegen beruhigte und ermutigte. Any brauchte eine solche Stütze, denn zum erstenmal war sie von ihren Eltern getrennt. Es war wohl auf die Hilfe meiner Mutter zurückzuführen, daß Any alles, was auf sie zukam, mit soviel Gleichmut hinnehmen konnte. Immer wenn wir anhielten, wollte Nawath Kekse haben; Any achtete darauf, daß dabei die anderen Kinder nicht zu kurz kamen.

An diesem Tag legten wir nicht mehr als 16 Kilometer zurück, ebenso am nächsten Tag. Wir waren nun in ländliches Gebiet gekommen. Links von uns lag der Fluß, rechts sahen wir in den Obstplantagen vereinzelte Holzhäuser auf Pfählen stehen. Die einzigen, die sich in der schweigsamen Masse niedergeschlagener Menschen nach wie vor ungerührt zeigten, waren die jungen Leute, die in Phnom Penh die einrückenden Roten Khmer begeistert begrüßt hatten und anschließend von ihren Freunden und Angehörigen getrennt worden waren. Sie bildeten Zweier- und Dreiergruppen und lebten von Früchten, die sie von Bäumen pflückten, oder aber von Plünderungen.

Die Nächte verbrachten wir unter freiem Himmel, einige schliefen im Auto, andere auf dem Boden, manche bezogen in verlassenen Häusern Quartier. Wenn wir anhielten, machten Oans und unsere Familie, jede für sich, ein Feuer. Meine Mutter teilte mit Unterstützung der beiden anderen älteren Frauen Any und die vier jungen Frauen zum Kochen und Essenausgeben ein. Niemand machte viele Worte. Wir hatten alle Hände voll zu tun: kochen, Lagerplatz herrichten und Kinder beaufsichtigen. Für die Kinder war unser Kampieren im Freien noch immer ein großes Abenteuer.

Das Gedränge der fliehenden Menschen löste sich allmählich etwas auf. Nach und nach wurde uns die Tragweite der Evakuierung klar. Die Menschen waren in sich selbst versunken, erschöpft, niedergeschlagen und einzig darum bemüht, sich fortzubewegen. Je weiter wir von der Hauptstadt wegfuhren, desto größer wurde die Erschöpfung, die den Kranken, Verwundeten, Lahmen und den alten Menschen anzumerken war. Mit leerem Gesichtsausdruck verfolgten sie die vorüberziehende Menge und schienen sich teilnahmslos ihrem Schicksal zu ergeben. Wir sahen immer mehr Tote am Straßenrand, bis uns auch deren Anblick nicht mehr schockieren konnte. Umschlossen von der Schutzhülle unserer Autos, kamen wir selten mit anderen Familienverbänden in Kontakt.

Zweimal sahen wir die Leiche einer Frau an einem Ast hängen: Selbstmörderinnen. Ihr Anblick erschreckte mich zutiefst, denn in der buddhistischen Lehre wird der Selbstmord streng verurteilt. Je höher entwickelt die Lebensform auf der Skala des irdischen Lebens ist, desto größer ist die Verpflichtung des einzelnen ihm gegenüber. Das Leben eines Menschen ist das größte Geschenk, und sein eigenes wegzuwerfen gilt als die größte Sünde. Nichts konnte deutlicher zeigen als ein Selbstmord, wie verzweifelt die Menschen waren.

Auf Schritt und Tritt begegneten wir den Spuren des Krieges. Viele Häuser waren in die Luft gesprengt worden und ausgebrannt. Alle Häuser waren verlassen. Die Stellungen der aufgelösten Regierungstruppen – hölzerne Gefechtsstände, umgeben von Stacheldraht und Sandsäcken – waren noch erhalten. Bombenkrater waren über das ganze Land verstreut, ebenso Zuckerpalmen, die vom Granatfeuer zerfetzt worden waren.

Meter um Meter schlichen die Fahrzeuge voran, bis die ersten liegenblieben, weil ihnen der Sprit ausgegangen war. Manche stellten ihre nutzlos gewordenen Karossen neben der Straße ab, manche, die – wie schließlich wir alle – an ihrem Statussymbol hingen, schoben sie vor sich her. Wir bekamen Autos zu sehen, in denen ein kleines Vermögen an Kleidungsstücken, Elektrogeräten, Dollarbündeln und Juwelenschatullen verstaut war. Die Menschen jedoch, denen sie gehörten, waren nicht länger von der Aura des Wohlstands umgeben, die Männer mit verschwitzten Hemden, die Frauen mit ängstlicher Miene und geschwollenen Augen. Wir fuhren an einem Mann mittleren Alters vorbei, der noch vor wenigen Tagen in einem Büro gearbeitet hatte, nun aber schweißüberströmt einen stattlichen grauen BMW schob, an seiner Seite die Frau mit engem Rock und Stökkelschuhen. Ich sah aus einem Augenwinkel heraus, wie sie entmutigt auf die Karosserie einschlug und vor Schmerz heulte, weil ihr ein Fingernagel abgebrochen war. Wie lange würde es noch dauern, bis wir in eine solche Situation versetzt waren? Welchem unserer Autos würde wohl zuerst das Benzin ausgehen? Würden auch wir zu schieben anfangen, um zu retten, was zu retten ist?

Auch wir waren von unserem vergangenen Leben abgeschnitten und stützten uns auf den einzigen uns verbliebenen realen Wert, die Familie. Die Familie erwies sich jetzt als Quelle von Mut, Stärke, Hilfe und Nahrung, und sie hielt die Hoffnung auf die Zukunft wach. Wer allein war, und das galt vor allem für viele alte Menschen, schien verloren und dazu verurteilt, ohne Hoffnung dahinzutreiben.

Als wir am Abend des dritten Tages neben den abgestellten Motorrädern die Matten für unser Lager ausbreiteten, erschien ein etwa 20jähriger mit einem Gewehr bewaffneter Soldat der Roten Khmer. In der Hoffnung, seine Aufmerksamkeit nicht auf uns zu lenken, schauten wir alle auf die Seite.

»Entschuldigt, Genossen«, sagte er in höflichem Ton und zeigte auf Vuochs Motorrad, »wem gehört dieses Motorrad da?«

Keiner gab Antwort.

»Wessen Motorrad ist das?« fragte er noch einmal, ohne lauter zu werden. Dann: »Angka braucht es.«

Vuoch zögerte einen Moment, bevor sie aufstand und auf den Soldaten zuging.

»Das ist mein Motorrad«, sagte sie und legte, wie um es zu

schützen, ihre Hände auf das Lenkrad. »Ich habe sonst nichts, um das Gepäck zu transportieren. Warum nimmst du nicht das Fahrrad?«

Nun stand mit vor Schreck weit geöffneten Augen auch Sim auf, entsetzt über die Aussicht, daß er sein Transportmittel verlieren könne.

»Angka braucht dieses Motorrad«, wiederholte der Soldat, von keinem der beiden Notiz nehmend. Nach wie vor nicht unfreundlich, diesmal allerdings mit drohendem Unterton, fügte er hinzu: »Angka *schlägt vor*, es von dir zu borgen. Akzeptierst du das, ja oder nein?«

»Tut mir leid, du kannst es nicht mitnehmen.« Vuoch war, wenn es um die Durchsetzung ihrer Interessen ging, schon immer hartnäckig gewesen. »Ich brauche es. Wie soll ich sonst mein Gepäck transportieren?«

Die Augen des Soldaten weiteten sich. Dann nahm er das Gewehr von der Schulter, und mit den Worten: »Du wagst es, zu Angka nein zu sagen?« entsicherte er es und blickte starr auf Vuoch. Plötzlich schoß er dicht vor ihr in die Luft. Wir hatten uns bislang unbeteiligt gegeben, jedoch jedes Wort mitgehört. Nun sprangen wir entsetzt auf. Von Vuochs gespielter Tapferkeit war nichts mehr zu sehen. Sie brach in Tränen aus, hielt sich die Hände vors Gesicht und lief zu meiner Mutter, die sie in die Arme nahm. Der Soldat maß einen nach dem anderen mit seinem starren Blick, als wollte er uns einschüchtern. Ich konnte mich vor Angst nicht rühren.

Nicht so mein Vater. »Genosse«, sagte er ruhig und ging einige Schritte auf den Soldaten zu, »du kannst das Motorrad nehmen. Weißt du, meine Tochter ist noch zu jung, um das zu verstehen.« Mit einem letzten Blick in die Runde schulterte der Soldat sein Gewehr, band langsam Vuochs Gepäck los und händigte es sorgsam meinem Vater aus; dann bestieg er das Motorrad, kickte das Startpedal und fuhr davon, und Vuoch, die zornig, von Angst gezeichnet und zum erstenmal in ihrem Leben hilflos war, blieb nichts, als ihm wie gebannt nachzusehen.

Als wir uns am nächsten Morgen zur Weiterfahrt fertigmachten, bemerkte ich nicht weit vor uns in der Reihe der geparkten Fahrzeuge einen Peugeot mit Soldaten der Roten Khmer, der einen Defekt hatte. Zwei Männer in schwarzer Uniform machten sich am Motor zu schaffen. Wir waren noch dabei, unser Gepäck zusammenzupacken und wiesen den Kindern gerade ihre Plätze an, als einer der Männer die Motorhaube zuwarf und sich an die Familien, die an der Straße kampierten, wandte: »Genossen, könnten einige von euch bitte mal helfen?« Die Frage war durchaus höflich gestellt, die Reaktion darauf dennoch erschreckend. Sofort eilten von drei oder vier Fahrzeugen rund ein Dutzend Männer herbei, darunter auch ich, um den neuen Herren zu Gefallen zu sein.

Während wir den Wagen anzuschieben versuchten, fielen mir die Hände des Mannes neben mir auf: Es waren die gepflegten Hände eines reichen Mannes. Der Peugeot rührte sich plötzlich, machte einen Ruck nach vorn, als der Fahrer startete, ich rutschte aus, und der Mann trat mir dabei auf den Fuß: »Oh, ich bitte um Verzeihung«, sagte er mit gewinnendem Lächeln. Der Peugeot rührte sich erneut, ein letzter Ruck, und der Motor war angesprungen. Der Fahrer winkte uns noch, dann fuhren die Roten Khmer davon. »Verzeihen Sie«, wiederholte der Mann mit der übertriebenen Höflichkeit des Reichen, der anonym in der Menge der Armen untertauchen will. »Verzeihung. Hoffentlich habe ich Sie nicht verletzt. Ich bitte um Verzeihung.«

»Keine Ursache«, versicherte ich; es war ja auch nichts Besonderes gewesen. Mit seinem verzweifelten Bemühen, sich unauffällig zu benehmen, hatte dieser Mann genau das Gegenteil bewirkt.

Mit jedem Tag erlebten wir neue Szenen, die von zunehmender Verzweiflung zeugten. Da war der Mann, der Frau und Kinder aus den Augen verloren hatte und um Reis bettelte. Er streckte beide Hände durch unser Wagenfenster und flehte: »Ich kann bezahlen! Ich habe Riel!« Niemand wollte sein Geld haben. Binnen weniger Tage hatte Geld jeden Wert verloren. Da kamen andere und bettelten einfach, viele in Tränen aufgelöst. Buddhisten sind es gewohnt, großzügig zu schenken, doch wir gaben keinem etwas – mit Ausnahme der alten Dame mit ihrem Enkelkind, die eine Handvoll Reis von mir erhielt. Sie hätte meine eigene Mutter sein können, die da vor mir stand, und ihr Schicksal rührte mein Herz. Die Frau hatte sich schon wieder in die Schlange von Menschen und Fahrzeugen eingereiht, als sich meine Mutter vom Rücksitz meldete: »Mach das nicht noch einmal, Thay. Denk an deine eigene Familie zuerst.« Ich ging darauf nicht ein, wußte aber, daß sie recht hatte. Ab jetzt mußte man Egoist sein und sich ausschließlich um das Wohl der eigenen Familie sorgen, wenn man überleben wollte.

Wenig später kamen wir in ein verlassenes Dorf, wo ich noch einmal jenen einsamen Chinesen sah, der sich mit einem Packen Geld auf den Weg gemacht hatte. Inzwischen war er abgemagert, traurig zog er seinen Geldsack hinter sich her. Ich sah seinem Gesicht an, daß er ein gebrochener Mann war. Er hatte seine Familie verloren, das Geschäft, sein Hab und Gut, und nun war auch noch sein Geld wertlos geworden.

Am Abend desselben Tages richteten wir gerade unser Lager, als ein kleiner Menschenauflauf unten am Fluß unsere Aufmerksamkeit erregte. Der Chinese hatte sich ertränkt. Seinen Beutel voller wertloser Riel hatte er am Ufer gelassen.

3 Die befreiten Gebiete

Am 26. April, neun Tage nachdem Phnom Penh gefallen war, kamen wir in die befreiten Gebiete, jene Landstriche, die seit einiger Zeit von den Roten Khmer kontrolliert wurden. Die Häuser, die vom Krieg weitgehend verschont geblieben waren, wurden hier von Bauern bewohnt, die in der Ideologie der Roten Khmer das »Altvolk« darstellten und als »Alte Menschen« fungierten. Wir, die aufs Land verbannten Städter, hießen »Neuvolk« oder »Neue Menschen« und waren als niedrigere, verachtete und reformbedürftige Klasse eingestuft.

Zu diesem Zeitpunkt wußten wir aber noch nichts von unserem Status. Man hatte uns alles genommen, was bislang unsere gesellschaftliche Position ausgemacht hatte: unser Haus, den Privatbesitz, das Geld, fließendes Wasser, bequeme Betten, und wir hatten nun schon eine Woche hartes Leben hinter uns gebracht. Unsere Familie war mit Hilfe der Autos und der Lebensmittelvorräte von den schlimmsten Folgen des Exodus verschont geblieben. Die Kinder hatten sich an den Reiserhythmus gewöhnt, verfolgten interessiert den langsam vorrückenden Zug der Flüchtlinge und schliefen unter der größten Hitze des Tages.

Am Spätnachmittag, die Sonne warf bereits lange Schatten von den vereinzelt stehenden Zuckerpalmen auf die Reisfelder und die grünen Uferstreifen der Bewässerungskanäle, erreichten wir Prek Toch, das erste Dorf in den befreiten Gebieten. In manchen der vielen Dutzende von strohbedeckten Holzhäusern, die zum Schutz vor den Fluten des oftmals überschwemmten Bassac auf Pfähle gebaut waren, konnten wenigstens einige der Flüchtlinge ein Dach über dem Kopf finden. Die Neuankömmlinge verteilten sich auf die Häuser. Während Oan bereits auf ein geeignet erscheinendes Haus zeigte und den Besitzer fragen wollte, ob er ihn mit seinen sechs Angehörigen aufnehmen würde, mußte ich für die vierfache Zahl von Menschen ein Quartier finden und stieß nach einigem Suchen auf ein riesiges Holzhaus mit einem Ziegeldach. Da es so imposant wirkte, hatte sich anscheinend noch niemand zu fragen getraut. Im Haus traf ich einen Mann im Sarong an, der überrascht aufblickte, als mein Kopf in der Tür erschien. Mit zaghafter Stimme fragte ich ihn, ob wir bleiben könnten.

»Wie viele?« fragte er.

»Fünfundzwanzig.«

»Gut«, sagte er zu meinem Erstaunen. »Warum auch nicht?«

Später, als die Spannung gewichen war, kamen wir ins Gespräch, und es stellte sich heraus, daß er genaugenommen nicht dem Altvolk angehörte, sondern ein Grundbesitzer war. Der Mann gestand uns, kein Freund der Roten Khmer zu sein. Als dann Any und die anderen vier Frauen unter der Regie meiner Mutter das Essen zubereiteten und sich um die Kinder kümmerten, fragte er mich und meinen Vater mit leiser Stimme, wie denn nun die Evakuierung der Hauptstadt abgelaufen sei. Bei seiner Frage wurde Vuoch hellhörig; sie entschuldigte sich flüchtig bei meiner Mutter und gesellte sich zu uns.

Mein Bericht schien unseren Gastgeber in seinem Pessimismus zu bestärken. Ich versuchte ihn zu beruhigen. »Nehmen Sie mich«, sagte ich mit einer Zuversicht, hinter der ich nicht stand, dem kritischen Blick Vuochs dabei ausweichend. »Ich bin ein Verbannter, doch ich habe die Hoffnung noch nicht aufgegeben.« Drei Tage, habe man uns gesagt. Was seien schon drei Tage. Angka würde zweifellos mehrere Wochen benötigen, um die schwere Aufgabe, die sie sich gestellt hatte, zu bewältigen. Danach würden wir zurückkehren.

Mit dem Versuch, ihn zu überzeugen, wollte ich eigentlich mich selbst beruhigen. Noch immer ging ich davon aus, daß wir bald wieder zu Hause sein würden. Schließlich war ich Techniker von Beruf, Ingenieur, ein Mann also, der für den Wiederaufbau gebraucht wurde. Hinzu kam, daß ich meinen Gastgeber beeindrucken wollte. Er sollte im Hinblick auf bessere Tage einsehen, wie wichtig es war, jemand wie mich gut zu behandeln.

Er selbst machte nur wenige kritische Bemerkungen. So saßen wir und unterhielten uns, während die Frauen auf dem Fußboden das Schlaflager der Kinder vorbereiteten. Unser Gastgeber hielt mich wohl für einen naiven Optimisten und wußte sicherlich über die Roten Khmer mehr noch als mein Vater, der vor allem zuhörte und wenig sagte. Rückblickend halte ich unser Zusammentreffen mit einem Mann, der sich in einer Zeit der Not eine solche Großmut bewahrt hatte, für ein ungewöhnliches Ereignis.

Am nächsten Tag stellte sich heraus, daß manche Flüchtlinge, kleine Familien und Leute, die arbeiten konnten, in Prek Toch blieben. Niemand wäre jedoch bereit gewesen, auf Dauer Oans Familie, geschweige denn uns alle, bei sich aufzunehmen.

Es gab zusätzliche Gründe, die für unser Weiterziehen sprachen. Da ich früher oft von Phnom Penh aus auf dieser Ausfallstraße gefahren war, wußte ich, daß das nächste Dorf wohlhabender war. Hinzu kam, daß ich zusammen mit Any und meinem Vater folgenden Plan ins Auge gefaßt hatte: Sollten wir weiterziehen müssen und die Lage nicht besser werden, wenn es gar so aussah, als würden wir nicht so bald nach Phnom Penh zurückkehren können, dann könnten wir die Grenze nach Vietnam überqueren und uns dort als Flüchtlinge melden. Da ich noch immer heimlich die Sendungen der »Stimme Amerikas« in Kambodschanisch abhörte, wußte ich, daß die Amerikaner noch nicht aus Vietnam abgezogen waren. Zumindest wären wir dort so lange in Sicherheit gewesen, bis die Situation hier nicht mehr kritisch war.

Es ging weiter. Da jetzt nur noch wenige Autos fuhren und nicht mehr so viele Radfahrer und Menschen zu Fuß unterwegs waren, kamen wir schneller voran.

Gegen Mittag fuhr unser Familienkonvoi auf eine Pagode zu, aus der offensichtlich eine Art Flüchtlingszentrum geworden war: Hunderte von Menschen hatten sich im Bereich der Pagode niedergelassen; Frauen kochten für ihre Familien Reis. Vielleicht konnten wir hier unsere Lebensmittelvorräte aufstocken. Ich gab den anderen ein Zeichen, am Straßenrand zu parken, hob Nawath aus dem Wagen und ging auf den großen Hof der Pagode zu. Da entdeckte ich, daß man eine Lautsprecheranlage installiert hatte. Ich wies die anderen darauf hin und meinte, hier würden wir wohl erfahren, was man mit uns vorhatte.

Während wir im Schatten eines großen Baumes, umgeben von einer großen Menschenmenge, aßen, kam eine Durchsage für die Angestellten der Elektrizitätsgesellschaft Kambodschas und der Staatlichen Wasserwerke. Diese sollten sich bei den örtlichen Behörden melden und dann nach Phnom Penh zurückkehren. Etwa sechs Männer gingen daraufhin weg, nicht ohne den Rote-Khmer-Offiziellen freundlich zuzulächeln.

Als sie zu ihren Familien zurückkehrten, hatte sich ihre Miene verändert. Ich fragte einen der Männer, was geschehen sei. Die Roten Khmer hätten sie angewiesen, ohne ihre Familien nach Phnom Penh zurückzukehren. Wozu diese willkürliche Trennung? Anscheinend sollten die Familien nachkommen. Als der eine oder andere laut die Befürchtung geäußert habe, er könne ja leicht seine Familie verfehlen, hätten die Soldaten der Roten Khmer erstaunt zur Antwort gegeben: »Wovor habt ihr Angst, Genossen? Ihr wißt doch genau, wo ihr wohnt! Und eure Frauen und Kinder wissen doch auch noch, wo ihr wohnt. Kommt, Genossen! Angka braucht euch. Macht euch keine Gedanken mehr über eure Familie, sie wird später zu euch stoßen. Denkt zuallererst an Angka!« Damit sei das Gespräch zu Ende gewesen.

Bedachte man die wilden Gerüchte, die im Umlauf waren, sowie die einschneidende Bedeutung der Operation, dann war der Exodus bislang bemerkenswert friedlich abgelaufen. Das sollte sich ändern. An der Ortseinfahrt von Koh Thom, 112 Kilometer südlich von Phnom Penh, wurde unser Konvoi von vier Roten Khmer am Straßenrand angehalten. Sie standen neben einem Berg von Büchern und Papieren, die auf dem Gehsteig verstreut lagen.

Einer der Soldaten gab uns den Befehl auszusteigen. »Was

habt ihr in eurem Wagen, Genossen?« fragte er. »Habt ihr etwas Gedrucktes bei euch?«

»Gedrucktes welcher Art?«

»Aller Art. Holt alles Gedruckte aus eurem Auto, alles Papier!« Ich war sprachlos. »Jawohl! Heraus mit den Büchern! Alles Schriftliche!«

Möglicherweise suchte er nach konterrevolutionärem Propagandamaterial. Verständlich, dachte ich. Ich zeigte ihm mein Französisch-Englisch-Wörterbuch und meine technische Literatur, deren Inhalt ich ihm genau erklärte, um zu unterstreichen, wie nützlich sie sei für den Bau von Staudämmen, Deichen, Kanälen und Straßen.

Er war jedoch ein Bauernjunge und hatte keine Ahnung von Büchern. »Diese Bücher sind voll von imperialistischen Gedanken!« behauptete er. »Laß sie hier, wirf sie auf den Boden! Hast du noch mehr Papier?«

Ich gab ihm den Kraftfahrzeugschein für den Fiat, der französisch geschrieben war.

»Imperialistisches Schriftstück! Wirf es weg!«

»Die da können wir aber doch behalten?« fragte ich ihn, als meine Brüder Theng und Thoeun, die beide Lehrer waren, sowie Vuoch, meine studierende Schwester, ihre Khmer-Bücher hervorholten und verunsichert hochhielten.

»Nein, nein, nein! Alles imperialistisch! Alles Relikte der feudalistischen Kultur!«

Verblüfft zogen wir alles hervor, was bedruckt war – Pässe, Führerscheine, Zeitschriften und Bücher –, und warfen es auf den Haufen am Gehsteig. Ich hatte Angst um die 3000 Dollar in meiner Tasche und war daher froh, daß sie mich nicht durchsuchten. Sie waren zufrieden mit dem, was wir ihnen ausgehändigt hatten, und ließen uns gehen. Ich stieg über Papiere, Bücher und Zeitschriften, die der Wind in alle Richtungen verstreuen würde. Es war mein Neffe Oan, der an dieser Stelle innehielt und sagte: »Thay, wir haben folgendes besprochen. In Takeo, nicht weit von hier, wohnen Freunde von uns. Ich glaube, wir könnten bei ihnen unterkommen. Wollt ihr euch anschließen?«

Oans Gruppe bestand aus sieben Leuten, um die er sich gut allein kümmern konnte. Ich blickte meinen Vater und meine Brüder an. Nein, für uns war es besser, weiter nach Süden zu fahren, weil wir unter Umständen nach Vietnam fliehen wollten. Wir hatten es einfacher, wenn wir nicht so zahlreich waren.

Mit einem herzlichen Händedruck verabschiedeten wir uns voneinander und wünschten uns alles Gute. Oan und ich schauten uns lange in die Augen; lächelnd versprachen wir, uns anzurufen, sobald wir wieder in Phnom Penh waren. Unter den Augen schweigender Rote-Khmer-Einheiten wandte er sich um und fuhr davon, gefolgt von seinem Schwager auf dem letzten verbliebenen Motorrad. Wir sahen ihnen nach, bis wir sie in der Menge aus den Augen verloren.

Langsam und ohne einander anzusehen, fuhren wir mit nur mehr zwei Autos und einem Fahrrad weiter. Da wir keinen weiten Weg vor uns hatten und ohnehin nicht schnell vorankamen, sagten Sarun und Thoeun, sie würden zu Fuß gehen, und Sim erbot sich, wobei er beteuerte, vorsichtig fahren zu wollen, Vuoch auf dem Gepäckträger seines Fahrrads mitzunehmen.

Etwa eineinhalb Kilometer weiter kamen wir mitten im Dorf zu einem zweiten Kontrollpunkt. Ein junger Soldat hielt uns an und sagte durchs offene Fenster: »Ihr müßt alle aussteigen, Genossen.«

»Aber wir wollen doch weiter nach Süden«, hielt ich ihm entgegen. »Wann können wir weiterfahren?«

Angesichts der leeren Fahrzeuge, die herumstanden, konnte ich mir schon denken, was er mir antworten würde.

»Du brauchst dein Auto nicht mehr, Genosse, Angka wird sich darum kümmern. Angka gibt dir eine Empfangsbescheinigung.«

Was er denn auch tat.

Aus heutiger Sicht kommt es mir ungewöhnlich vor, daß ich dem Roten Khmer unbedingt glauben wollte und daher lediglich mit den Achseln zuckte. Noch wenige Tage zuvor hätte ich den Wagen nicht so anstandslos aufgegeben. Jetzt ließ mich dieser Verlust schon ziemlich kalt. Schließlich waren wir alle in derselben mißlichen Lage, und ich hatte ja meine Empfangsbescheinigung: Wenn wir wieder in Phnom Penh waren, würde ich das Auto einfach abholen.

Den Blick meines Vaters meidend, erklärte ich meinen Leuten, daß sie aussteigen und die Koffer, Kleiderbündel, Decken und Kochutensilien auspacken sollten. Sim befestigte einen Koffer auf dem Träger seines Fahrrads, unseres letzten Transportmittels.

Nun erst schaute ich mich um. Durch die langsam sich vorarbeitende Menge hindurch konnte ich Soldaten erkennen, die an einem Tisch saßen. Ein junger Khmer-Soldat winkte uns zu ihnen heran. Ich drängte mich nach vorne und sah, daß eine Befragung im Gang war. Ein Soldat stellte Fragen – »Name? Beruf? Alter?« –, ein anderer schrieb die Antworten auf. Ich erinnerte mich gewisser »Vorschläge« Angkas und steckte meine Uhr und meinen Kugelschreiber in eine Tasche. Das Radio und der Kassettenrecorder lagen bereits in Tücher gewickelt in einem unserer Koffer verstaut. Schließlich war ich mit den anderen Männern der Familie vorne angelangt, und man stellte uns eine Frage nach der anderen.

Gemeinsam gaben wir wahrheitsgetreu die verbliebenen Personen und unsere Berufe an. Ich führte Any, unsere drei Kinder sowie meine Eltern auf; außerdem waren da noch mein Bruder Theng mit seiner Frau Lao, ihren drei Kindern und Laos Mutter; Keng und ihr Mann, der lächelnde Sarun, mit ihrer kleinen Tochter Srey Rath; der kräftige junge Sim, mein Neffe; mein zweiter Bruder Thoeun, seine beiden kleinen Kinder und seine Frau sowie einige ihrer Angehörigen – eine Schwester und die Eltern; schließlich Vuoch, meine Schwester. Machte zusammen 25 Personen. Im Aufzählen war ich allmählich geübt.

Nachdem er die Namen notiert hatte, fragte mich der Soldat: »Hast du Dollar?« Riel interessierten ihn nicht, meinte er, aber wenn jemand Dollar habe, solle er sie Angka geben. Vor mir hatte ich einige Flüchtlinge beobachtet, die Dollar abgegeben hatten, doch ich zögerte, es zu tun. Ich weiß nicht, wieso ich sie zurückbehielt. Sie steckten in einer meiner Taschen, aber ich wurde nicht durchsucht. Die Soldaten schienen anzunehmen, daß es niemand gab, der nein zu Angka sagte. Ich brauchte gar nicht zu lügen, ich antwortete einfach nicht. Zu viele Fragen wurden gleichzeitig gestellt, zu viele Leute antworteten, weshalb die Soldaten sich nicht speziell für mich interessieren konnten.

Nachdem wir wieder bei der Familie waren, erklärte Thoeun, die Familie seiner Frau habe in der Gegend Verwandte. Falls es ihm gelänge, sie ausfindig zu machen, wäre es besser, wenn er mit seiner Familie dort bliebe, da Aeng schwanger war. Thoeuns Schwiegervater konnte sich tatsächlich zu diesen Verwandten durchfragen, und mein Bruder bat darum, bei ihnen bleiben zu dürfen. Als Gruppe von fünf Erwachsenen und nur zwei Kindern sorgten sie für eine willkommene Vermehrung der Arbeitskräfte.

Der Rest der Familie – 18 Personen, unter ihnen drei alte Menschen und sieben Kinder – mußte weiter in Richtung Süden ziehen. Ich hatte dabei zwei Ziele im Auge: Die Familie sollte in einer reichen Region leben, wo die Lebensmittelversorgung gut war, und wir sollten uns die Möglichkeit offenhalten, über die Grenze nach Vietnam zu fliehen. In Cheu Khmau, dem nächsten, rund sechs Kilometer entfernten Dorf, 13 Kilometer vor der Grenze, wollten wir uns niederlassen.

Zu Fuß würden wir niemals so weit kommen, zumindest nicht alle, bedachte man das viele Gepäck, das wir tragen mußten. Sudath würde mithalten können, aber Nawath, Kengs kleine Tochter Srey und Thengs Vierjährige bestimmt nicht. Auch für meine Eltern und für Any und Lao, die die Babys tragen mußten, wäre der Weg beschwerlich geworden.

Auf dem Bassac verkehrte ein Motorboot mit 50 Sitzplätzen und einem Schutzdach. Mit etwas Glück konnten wir mit ihm fahren.

Gegen 16 Uhr erfuhren wir, daß das Boot bald in Richtung Cheu Khmau ablegen sollte. Wir umarmten zum Abschied Thoeun und seine Familie: gezwungenes Lächeln und das Versprechen, sich bald in Phnom Penh wiederzusehen. Dann sammelte ich meine Herde auf dem Schiff, Koffer und Bündel wurden weitergereicht, und Sim schob sein überladenes Fahrrad an

Bord. Als wir ablegten, standen mein Vater und meine Mutter an der Reling und blickten zu dem winkenden Thoeun hinüber. Ihrem Gesicht war keine Rührung anzumerken, allein ihre Lippen bewegten sich, und ich hätte nicht sagen können, ob sie beteten oder aber ihre Tränen unterdrückten.

Als wir uns Cheu Khmau näherten, hörten wir Musik über das Wasser an unser Ohr dringen. Aus blechernen Lautsprechern wurde ein revolutionäres Lied geplärrt. Überrascht blickten wir uns an. Klappte hier etwa die Organisation besser?

In der Tat. Als alle ausgestiegen waren, geleiteten uns Rote Khmer etwa 200 Meter den Fluß entlang zu einer Pagode; wir durchquerten die menschenübersäte Grünanlage und gelangten zur zentral gelegenen, offenen Haupthalle, wo ebenfalls Hunderte von Menschen lagerten.

Während auch wir uns niederließen und unsere Matten und Decken am Boden ausbreiteten, bemerkte ich, daß im Innenbereich die Roten Khmer Lebensmittel verteilten. Das war auch gut so; seitdem wir Phnom Penh verlassen hatten, war dies das erstemal, daß wir etwas zu essen bekamen. Ich wollte gerade die anderen auffordern, sich anzustellen, als mir noch folgendes auffiel: Man wurde durchsucht, bevor man essen durfte.

Diesmal war es kein chaotisches, lautes Fragen und Antworten, sondern eine gründliche Untersuchung von Kleidung und Gepäck. Vermutlich suchten sie nach Waffen, konfiszierten dabei aber auch Devisen. Man war ruhig und rücksichtsvoll, und niemand wurde kritisiert, wenn er Dollars oder Francs bei sich hatte. Um unsere unmittelbare Sicherheit machte ich mir keine Sorgen, wohl aber um unsere Zukunft. Die 3000 Dollar, die ich in der Tasche verstaut hatte, waren unser ganzer Reichtum. Würden wir entkommen, wäre dieses Geld von entscheidender Bedeutung.

Wir hatten keine Zeit, uns lange zu beraten. Ich blickte um mich und versuchte, meine Nervosität zu überspielen. Die ganze Familie stand dicht beisammen, andere Familien drängten sich vor und hinter uns. Auf einer Seite spielten, in einiger Entfernung von den Familien und von den Roten Khmer unbemerkt, Kinder. Da kam mir plötzlich ein rettender Gedanke.

Ich beugte mich hinter meinem Vater, der mich von den Roten Khmer abschirmte, zum Boden hinunter, zog Nawath zu mir her und sagte mit gedämpfter Stimme zu ihm: »Nawath, sieh mal, hast du nicht Lust, zu den Kindern dort drüben zu gehen und mitzuspielen?«

Ich sah Any an, die mir durch ihr Lächeln zustimmte, und noch während ich redete, griff ich in meine Tasche und holte das Bündel Dollarnoten hervor. Der Junge nickte.

»Also gut, aber so wie du aussiehst, kannst du nicht gehen.« Ich machte mir an seinem Hemd zu schaffen und rückte ihm die kurze Hose zurecht, während ich das Geld in seiner Tasche verstaute. »Ab mit dir. Und laß das Päckchen nicht fallen, ja? Sudath, geh du mit Nawath zu den Kindern, die da drüben spielen, bis wir euch zum Essen rufen.«

Zum Glück zeigten die Roten Khmer weder an Kleidung noch an Anys Schmuck Interesse. Sie nahmen die Stücke in ein Verzeichnis auf und ließen Any unbehelligt gehen. Wahrscheinlich hätten sie mir mein Radio und den Kassettenrecorder weggenommen, wenn sie sie entdeckt hätten, aber durch Zufall schlugen sie gerade die Kleidungsstücke, in die sie eingewickelt waren, nicht auf.

Dann faßten wir unser Essen und gingen zu unserem Lagerplatz zurück. Die Kinder waren glücklich über ihre neu gewonnene Freiheit und hatten unter den Kindern der anderen Flüchtlingsfamilien bereits neue Spielkameraden gefunden. »Nawath! Sudath! Kommt zum Essen!« rief ich, und als sie gerannt kamen, schnappte ich mir Nawath, rückte noch einmal sein Hemd zurecht und nahm das Geld wieder an mich.

Nach dem Essen wurden wir aufgefordert, an Ort und Stelle zu schlafen. Morgen, kündigten die Roten Khmer an, würden sie uns einen anderen Aufenthaltsort zuweisen.

Am selben Abend – es war der 28. April – hörte ich wie immer den Sender »Stimme Amerikas«, wobei ich das Radiogerät sorgfältig in Kleidungsstücke verpackt hielt und das Bündel als Kissen benutzte. Es kam die Meldung, daß die Amerikaner Saigon verlassen hatten. Einfach so, ohne Vorwarnung, derselbe überhastete Aufbruch wie aus Phnom Penh.

Ich rang nach Luft und drückte den Kopf noch fester nach unten, um die leise Stimme des Sprechers zu verstehen. Daß die Amerikaner unzuverlässige Verbündete waren, wußte ich bereits, aber nach einem Jahrzehnt des Krieges war ihr Abzug doch erstaunlich.

»Die Amerikaner haben Vietnam verlassen«, flüsterte ich Any entgeistert zu. »Da können wir also nicht mehr hingehen!« Eigentlich hätte ich mir wie in einer Falle vorkommen können, doch merkwürdig, irgendwie war ich sogar erleichtert. Nun mußten wir nicht mehr weiterziehen. Wir waren der Alternative beraubt, aber auch von einer großen Belastung befreit.

Any reagierte genauso. »Es wäre mit den Kindern und deinen Eltern ein beschwerlicher Marsch geworden«, flüsterte sie zurück. »Hier sind wir wenigstens nicht in Gefahr.«

Am nächsten Tag wurden die Flüchtlinge bei den einheimischen Familien einquartiert, während aus den Dorflautsprechern pausenlos revolutionäre Musik erklang. Unsere Familie war eine der größten und daher schwer unterzubringen. Diesmal erwies sich jedoch unsere große Zahl als Vorteil. Die Roten Khmer wiesen uns eine verlassene Hütte zu, die einem Mönch gehört hatte. Sie war aus Bambus gebaut und stand auf der anderen Seite der Straße. Das Strohdach war beschädigt, ansonsten war die Hütte in gutem Zustand.

Zum Frühstück aßen wir von dem Reis, der noch von der Juristischen Fakultät stammte. Dann richteten wir uns häuslich ein, dankbar dafür, daß wir nicht unter den Augen des Altvolks leben mußten. Es kam uns wie ein Privileg vor, daß wir unter uns sein konnten.

Am Nachmittag wurde die verzerrte Musik aus den Lautsprechern unterbrochen, und eine heisere Stimme meldete sich. Man rief uns zu einer politischen Versammlung, die in einer Stunde in der Vorhalle der Pagode stattfinden sollte. Zur fraglichen Zeit riefen wir die Kinder und überquerten zusammen die Straße. Any trug den kleinen Staud, ich führte Nawath an der Hand und erklärte ihm, wir müßten einigen Leuten zuhören. Meine Mutter, begleitet von Vuoch, nahm meinen Vater bei der Hand, und so bahnten wir uns gemächlich und wortlos einen Weg in die Pagode.

Dem Eingang gegenüber standen gruppiert um einen Mann, den ich für den Dorfältesten hielt, ein halbes Dutzend grimmig dreinblickender Offiziere der Roten Khmer. Die Männer und Frauen trugen alle dieselbe schwarze Uniform, schwarze Gummisandalen sowie die *Kramar*, rot-weiß oder schwarz-weiß karierte Halstücher. Auf dem Tisch stand ein Mikrophon, an den Säulen waren Lautsprecher befestigt. Wir, die Familien des Neuvolks, hoben uns in unseren abgerissenen Kleidern deutlich von den Roten Khmer ab und standen unordentlich durcheinander. Trauer, Müdigkeit und Resignation waren uns ins Gesicht geschrieben. Die Augen mancher Frauen waren vom vielen Weinen rot und geschwollen.

Aus Vuoch, die mit weit geöffneten Augen um sich blickte, war jede jugendliche Freude gewichen. Allein Sim zeigte sich ungerührt. Mit dem Gleichmut eines Kindes nahm er die Dinge, wie sie kamen. Sarun blickte finster drein, und Keng schaute immer wieder ängstlich zu ihm hin aus Furcht, er könne etwas sagen, was sie in Verlegenheit brachte oder, noch schlimmer, ihn in Schwierigkeiten stürzte. Willfährig nahmen wir unsere Plätze ein, es gab kein Schubsen, kein lautes Wort fiel. Ich blickte in die Runde. Niemand lächelte. Wir machten alle den Eindruck lebloser, willenloser Werkzeuge. Niemand unterhielt sich. Ein paar kleine Kinder durchbrachen mit ihrem Weinen die Stille. Wie im Gottesdienst warteten wir andächtig auf den Beginn der Rede.

»Väter, Mütter, Brüder und Schwestern, verehrte Genossen und liebe Freunde!« begann der Redner, ohne zu sagen, wer er war oder welche Funktion er in der Hierarchie der Roten Khmer innehatte. »Ihr könnt euch glücklich schätzen, hier von Angka empfangen zu werden. Unter den Imperialisten konntet ihr nicht ohne Ausweispapiere reisen. Jetzt braucht ihr sie nicht mehr. Diese Papiere erniedrigten euch, sie waren wie Hundemarken. Ihr braucht sie nicht mehr. Ihr müßt in unserer neuen revolutionären Gesellschaft keine Steuern mehr bezahlen...«

Angka mußte uns wohl oder übel von der Steuer befreien,

dachte ich, während die Stimme weiterdröhnte, sie hatte uns ja auch sonst schon alles weggenommen. Der Mann war offensichtlich nicht gebildet und spulte gedankenlos seine revolutionären Phrasen ab. Doch was half es uns, daß wir ihm an Intelligenz überlegen waren? Wir mußten ihn ertragen, ob wir wollten oder nicht. Unbewegt, mit teilnahmsloser Miene, hörten wir ihm zu und ermahnten selbst die Kinder, still zu sein.

Es war eine lange Rede, von der ich das meiste rasch wieder vergaß. In den folgenden Wochen sollte ich dieselben Phrasen noch so oft hören, daß sie schließlich ein Teil von mir wurden. Und so etwa lautete die Litanei, die damals und bei vielen anderen Gelegenheiten heruntergeleiert wurde:

»Ihr seid frei, befreit von den Imperialisten. Ihr seid nun freie Menschen. Die Imperialisten sind Feiglinge. Diese Angsthasen haben sich davongemacht. Diejenigen, die nicht die Flucht ins Ausland ergriffen, wurden liquidiert. Die Imperialisten ließen euch im Stich, doch Angka ist gnädig. Obwohl ihr mit dem alten System kollaboriert habt, verzeiht euch Angka. Nun, da euch nichts mehr geblieben ist, habt ihr euch Angka zugewandt. Angka ist großzügig. Sie verspricht euch Nahrung und Unterkunft, wenn ihr eure alten Gewohnheiten, eure westliche Kleidung aufgebt. Ihr müßt die Spuren des Imperialismus, Feudalismus und Kolonialismus auslöschen. Wenn die Jungen die Haare so lang tragen wie die Mädchen, zeigt das noch den Einfluß des Imperialismus. Ihr müßt all das fallenlassen und euch auf die politische Arbeit besinnen, die ihr in Zukunft leisten werdet. Falls ihr Angka etwas zu sagen habt, so tut das. Vor Angka braucht ihr nichts zu verbergen. Angka sagt nichts, sie spricht nicht, doch sie hat ihre Augen und Ohren überall. Angkas Autorität wacht über euch...« Und so weiter und so fort, derselbe Schwall von Phrasen in immer wieder neuen Variationen.

Nach zwei Stunden kam er unvermittelt zum Ende. »Wir danken euch, daß ihr gekommen seid, um Angka zu hören. Geht jetzt nach Hause.«

Zurück in unserem Haus stimmten wir darin überein, daß es schlimmer hätte kommen können. Nach dem, was wir elf Tage lang erduldet hatten, waren wir jetzt zufrieden. Ich ging davon aus, daß mich die Roten Khmer aufforderten, beim Wiederaufbau unseres zerstörten Landes zu helfen. Diese Hoffnung und die beharrliche Selbsttäuschung bestimmten noch geraume Zeit mein Denken.

Am nächsten Morgen wurden wir um 5 Uhr 30 über Lautsprecher geweckt. »Genossen, es ist Zeit aufzuwachen! Kommt um sechs Uhr zur Pagode! Macht euch zur Arbeit fertig!« Alle sollten arbeiten gehen, auch die Frauen. Da ich aber Kinder hatte und mein Vater sich nicht wohl fühlte, wandte ich mich an die Roten Khmer. Sie sagten, meine Mutter solle zusammen mit Thengs betagter Schwiegermutter zu Hause bleiben und die Kinder und meinen Vater versorgen.

Alle anderen aus der Familie, also auch die übrigen Frauen und der neunjährige Sudath, gingen mit hinüber zu den anderen Flüchtlingen, die in der Vorhalle der Pagode standen und warteten. Auf einer Seite verteilten sechs Rote Khmer Beile und Macheten. Nachdem wir um Werkzeuge angestanden hatten, wurden wir eingeteilt. Ich fand mich mit Sim, Sarun und Theng in einer Gruppe von 200 Männern, während Any, Keng, Lao und Vuoch einer Frauengruppe zugeteilt wurden und Sudath bei der großen Schar von Kindern bleiben sollte. Dann ging es los. Während leise Fragen hin und her gingen, was wir wohl zu arbeiten hätten, und sich die Frauen und Männer gegenseitig zuriefen, man würde sich ja am Abend wiedersehen, zogen die drei Gruppen ihrer Wege.

Wir wurden durch Ackerland und Obstgärten in ungerodetes Gelände etwa eineinhalb Kilometer vom Dorf entfernt geführt. Hier sollten wir auf einem Stück Land das Unterholz schlagen und ein Maisfeld anlegen. Wie ich später von Any erfuhr, bekamen die Frauen ganz in der Nähe eine ähnliche Arbeit zugeteilt.

Den ganzen Tag schlug ich Holz und trug es weg. Meine Hände waren eine solche Arbeit nicht gewohnt und bald aufgerissen, die Glieder schmerzten. Und doch sah ich keinen Grund zu klagen. So schlecht ging es mir gar nicht. Hatte ich nicht Kinder sterben, alte Menschen erschöpft am Straßenrand liegen sehen?

Im Vergleich zu ihnen hatte ich Glück. Die Familie war unversehrt geblieben, und auch die Anwesenheit der Roten Khmer war keineswegs belastend oder bedrohlich. Die wenigen, die um uns waren, arbeiteten mit und redeten ruhig und freundlich mit uns. Das Schicksal war mir gnädig.

So begann also im Rhythmus von Tag und Nacht und im Wechsel der Jahreszeiten unser neues Leben als Arbeiter. Es gab zwei Kategorien von Arbeit: die Feldarbeit – Roden, Bewässern, Pflügen, Auspflanzen – sowie die Großprojekte wie das Ausheben von Kanälen, zu denen auch Arbeiter aus anderen Dörfern herangezogen wurden. Es war ein hartes Leben – wenn auch nicht brutal; ein beständiges, gleichförmiges Purgatorium. Ich fand mich damit ab und drang in die anderen, es ebenfalls zu tun (nicht nur mangels einer Alternative), weil ich es als eine Art Bewährungsprobe ansah. Wir wurden reformiert auf ein Ziel hin, das vielleicht obskur, aber doch real war. Ich sah diese Tage, auch als aus Tagen Wochen wurden, als Herausforderung, die ich wie immer annahm. In den Augen von Angka wollte ich gut dastehen, um meiner Familie ein geordnetes Leben zu sichern. Ich gehörte nun einmal zum Neuvolk und war entschlossen, so bald wie möglich den Status eines Alten Menschen zu erlangen und dann heimzukehren. Dieses Ziel vor Augen konnte ich, konnten wir alle, die graue Eintönigkeit unseres Lebens aushalten, ohne uns zu beklagen.

Abwechslung gab es keine. Kosmetika und modische Kleidung waren als Kennzeichen von Kapitalismus, imperialistischer Überfremdung und westlicher Dekadenz gebrandmarkt. Unsere persönliche Kleidung wurde verächtlich gemacht. Man forderte uns auf, uns dem Altvolk so weit wie möglich anzunähern, und erwartete sogar, daß wir unsere Kleider färbten. Wir sollten sie entweder in den dunkelsten Schlamm stecken, den wir fanden, oder sie mit *Macloeur* färben, dem dunklen Saft einer einheimischen Frucht. Selbst Brillen waren verpönt. Die Roten Khmer schienen den ärztlich verschriebenen Brillen dieselben Übel anzulasten, die Sonnenbrillen in ihren Augen symbolisierten. Freundschaften waren durch die immer wieder veränderte

Zusammensetzung der Arbeitsgruppen raschem Wechsel unterworfen. Reisen durften wir nicht; wir kamen nicht einmal ins nächste Dorf. Tag für Tag erhielten wir zu den Mahlzeiten Reis und Trockenfisch, manchmal auch Salz. Mit Lebensmitteln und Getränken ausländischer Herkunft war es vorbei. Es gab nichts, womit man sie hätte kaufen können. Das Geld und die Märkte waren abgeschafft.

Postverkehr, Telefone und Schulen gehörten der Vergangenheit an. Alle Arten spielerischer, sportlicher Betätigung waren nicht erlaubt. Abgesehen von den einfachen Medikamenten, die die Menschen aus der Stadt bei sich hatten, Mittel gegen Kopfschmerzen, Durchfall, leichtes Fieber und ähnliche Beschwerden, gab es keinerlei medizinische Versorgung.

Unsere Kinder, die sich weder mit Spielzeug noch mit Büchern beschäftigen konnten und für die auch keine Schulen da waren, hatten es am schwersten. Sim und Vuoch hielten, jeder auf seine Art, die Kleinen bei Laune.

Die meiste Zeit balgte sich Sim mit ihnen herum, als wäre er ein Gleichaltriger; eines Tages kam er von der Arbeit zurück, rief Sudath und Nawath und bastelte ein Papierflugzeug für sie. Wo er das Papier aufgetrieben hatte, weiß ich nicht. Das Spielzeug rief jedenfalls helles Entzücken hervor. Visoth und Amap erschienen und wollten es natürlich auch einmal werfen, worauf Sim drei weitere Papierflugzeuge machte und den vier Kindern mit ihrem ersten und einzigen Spielzeug glückliche Stunden bereitete.

Erstaunlich war für mich auch, welche Fähigkeiten Vuoch als Geschichtenerzählerin entwickelte. Sie besaß eine natürliche Autorität und wäre bestimmt eine gute Lehrerin geworden. Oft sah ich die Kinder bei ihr und hörte, wie sie zu erzählen anfing: »Diesmal will ich von Achey erzählen. Weißt du noch, wer das ist, Sudath? Richtig, das ist der pfiffige junge Mann, der sich immer aus schwierigen Situationen herauswindet. Also: Es war einmal...« Um die Kinder brauchte ich mir offensichtlich eine Weile keine Sorgen zu machen.

Zwei- bis dreimal die Woche wurden politische Versammlungen abgehalten. Während der Sitzungen täuschten wir geradezu religiöse Ehrerbietung vor, während die ermüdenden Phrasen über uns hinwegrollten. Jeder, der einschlief, wurde unsanft geweckt und zur »Umerziehung« geschickt. Sie fand in Form einer Standpauke durch einen Offizier statt, bei der der Angeschuldigte seine Fehler eingestehen und für die Zukunft Besserung geloben mußte.

Die wenigen Offiziere der Roten Khmer wachten über alle unsere Aktivitäten. Dem Vorsitzenden, seinem Stellvertreter sowie einem Sekretär unterstanden Mitarbeiter, die für Erziehung, Disziplin und Gesundheit zuständig waren.

Als offizieller Informant der Roten Khmer über unseren Lebenswandel fungierte der *Chlop*, ein Alter Mensch aus dem Dorf, den die Verwaltung ernannt hatte und der sich in der Nähe unserer Häuser herumtrieb, um zu sehen, was wir machten, und um unsere Gespräche zu belauschen. Wir wurden vorsichtig und lernten es rasch, mit unseren Gedanken hinter dem Berg zu halten, bis wir allein auf den Feldern waren oder nach der Arbeit im Fluß badeten.

In den Monaten Mai und Juni, in denen ich, ausgestattet mit Machete und Beil, dabei mithalf, mitten im Wald große Flächen von Bambus, Unterholz, Bäumen und Dornengestrüpp zu befreien, hielt mich der Gedanke aufrecht, daß dieser Zustand nicht von Dauer sein konnte. Fortwährend sprachen Theng, meine Arbeitskollegen und ich uns gegenseitig Trost zu mit Sätzen, die bald ebenso klischeehaft waren wie die Phrasen Angkas: »Sie wollen uns auf die Probe stellen«, sagte ich etwa, wenn Vuoch wieder einmal in scharfer Form nach dem Sinn der Politik der Roten Khmer fragte. »Sie versuchen unsere Tauglichkeit zu testen. Wenn die Zeit der Buße vorüber ist, werden sie uns nach Phnom Penh zurückschicken. Eines Tages wird Angka die Ingenieure und Lehrer benötigen.«

Es konnte nicht ausbleiben, daß zahlreiche Menschen ihr Leben ließen. Die Begräbniszeremonien waren äußerst knapp gehalten. Ehepartner wurden zur Trauerfeier von der Arbeit freigestellt, mußten jedoch auf den Beistand von Mönchen verzichten.

Unter dem Druck der Roten Khmer hatten die meisten Mönche ihr Gewand abgelegt. Zehn Mönche, die nicht nachgaben, durften nicht um Almosen betteln, sondern mußten arbeiten. Rituale waren ihnen grundsätzlich untersagt, selbst für die Toten beten durften sie nicht. Dennoch weigerten sich die zehn Mönche hartnäckig, ihre gelbe Mönchstracht abzulegen, eine Entscheidung, die zumindest bei uns in Cheu Khmau von den Roten Khmer respektiert wurde.

Die meiste Kraft bezogen wir von der Familie. Manchmal fielen die Kleinen ihren Großeltern zur Last und wurden von mir dafür gescholten. Die elf Erwachsenen kamen gut miteinander aus. Meine Eltern, die nicht arbeiteten, sorgten für einen reibungslosen Tagesablauf, sie rationierten und verteilten die Lebensmittel. Tagsüber kümmerten sie sich um die kleinen Kinder, während die großen, auch Sudath, zur Arbeit gingen.

Any und die drei anderen jungen Frauen harmonierten wunderbar miteinander. Lao, die Frau meines jüngeren Bruders Theng, war zwar zwei, drei Jahre älter als Any, brachte ihr jedoch die Wertschätzung entgegen, die in unserem Land seit alters der Frau des älteren Bruders gebührt. Es hätte auch anders kommen können, da sie größeren Ehrgeiz als Any entwickelte und ihr die Karriere Thengs sehr am Herzen lag. Mit ihrer bescheidenen Zurückhaltung bewies Any innere Stärke und Reife, und ihrem Taktgefühl war es zu danken, daß es nicht zu den geringsten Streitigkeiten zwischen ihnen kam. Vuoch zeigte sich nur dann aggressiv, wenn es um Politik ging. Wie wir alle hütete sie sich, ihre Ansichten laut zu äußern. Keng, unsere sanftmütige Schwester, war von allen Frauen die gefügigste, außer wenn es galt, Sarun zu verteidigen. Es kam nie vor, daß sie jemand kritisierte, nicht einmal die Roten Khmer. »Schicksal«, sagte sie schlicht. Ihr ruhiges Wesen ließ eine besonders enge Beziehung zwischen ihr und Any entstehen.

Das sichere Gefühl der inneren und äußeren Einheit unserer Familie bewahrte uns davor, jeden Halt zu verlieren. Was wir besaßen, wurde gerecht aufgeteilt, und wir bestärkten einander, indem wir uns gegenseitig versicherten, daß wir bald nach Hause zurückkehrten. Eine Zeitlang bewahrten uns die Waren, die wir mitgenommen hatten, vor den schlimmsten Folgen des Regimes der Roten Khmer. Wir verfügten über Seife (allerdings nicht über Zahnpasta). Kleidung hatten wir jede Menge – allein ich besaß acht Paar Hosen und ein Dutzend Hemden. Wir hatten auch einige Lebensmittelvorräte, die verschiedensten Konserven und eine große Menge Zucker. Meine Mutter und Any hatten Pfannen sowie *Woks* (Pfannen mit rundem Boden), Wasserkessel und einige Metallschüsseln mitgenommen, so daß wir jederzeit kochen konnten.

Ganz allmählich und auf heimtückische Weise machte sich der Nahrungsmangel bemerkbar. Die tägliche Arbeit von zwölf Stunden ließ uns zu Skeletten abmagern. Der zweijährige Staud litt zunehmend an Vitaminmangel, seine Arme und Beine wurden immer dünner, sein Bauch quoll auf. Anys Periode blieb aus – wie bei vielen Frauen, die Any kannte. Der Schock, den die Erschütterung beim Fall Phnom Penhs auslöste, der Nahrungsmangel und die Entkräftung durch die Arbeit waren dafür wohl verantwortlich.

Als unsere Vorräte aufgebraucht waren, entdeckten wir eine Hilfsquelle anderer Art. Die einheimischen Bauern, das Altvolk, waren mit Lebensmitteln eigener Produktion eingedeckt, und wir hatten ihnen Waren zu bieten, die sie wiederum brauchten. Innerhalb von zwei Monaten hatten Neuvolk und Altvolk eine neue Wirtschaftsform, die auf dem Tauschhandel basierte, auf die Beine gestellt.

Die Außenwelt berührte unser Leben fast überhaupt nicht. Da die meisten Neuen Menschen bei Alten Menschen einquartiert waren – etwa 20 kamen auf einen Haushalt –, entwickelte sich zwischen beiden Seiten ein reger Austausch, während die Roten Khmer, sowohl das Militär als auch die Zivilbeamten, in eigenen Häusern für sich wohnten. Vom Leben in den Nachbardörfern erfuhren wir nur wenig, vom nationalen Geschehen drangen keinerlei Informationen zu uns durch.

Gelegentlich hörten wir Artilleriefeuer und sahen nachts in der Ferne Explosionen auflodern, die auf Kämpfe an der Grenze zu

Vietnam schließen ließen. Von Zeit zu Zeit marschierte eine Kolonne Roter Khmer in schwarzer Uniform durch das Dorf in Richtung Süden. Wir hatten aber keine Ahnung, was sich im einzelnen abspielte.

Bei einer politischen Versammlung irgendwann im Juli, wir hatten die ersten drei Monate in Cheu Khmau hinter uns, und der Regen hatte gerade die frisch bepflanzten Reisfelder überschwemmt, fragten die Roten Khmer, ob jemand aus den Provinzen Kampong Speu und Kampot in sein Heimatdorf zurückkehren wolle. Meine Eltern hatten in Oudong in Kampong Speu gelebt, und da ich im ersten Moment dachte, hier handle es sich um den Beginn der seit langem versprochenen Heimkehr, hob ich die Hand. Meine Eltern taten es mir nach.

Am nächsten Tag versammelten sich die Freiwilligen, insgesamt etwa 80 Leute, am Ufer, um mit dem Boot flußaufwärts zu fahren.

Das Schiff bot jedoch nicht Platz für alle. Einige müßten zu Fuß den Fluß entlang gehen, meinten die Roten Khmer. Das sei nicht schlimm, bei einer Pagode zwei Stunden flußaufwärts würden sich alle wiedersehen.

Das bedeutete Trennung – genau das, wovor wir uns alle gefürchtet hatten, doch es war nichts zu machen. Meine Eltern mußten das Schiff nehmen, und da wir außerstande waren, die älteren Kinder zu tragen, auch diese. Ich half meinen Eltern, für sich selbst, für Nawath und die beiden Buben Thengs einen Platz auf dem Schiff zu finden. Mein Vater wollte auch einen Teil des Gepäcks mit an Bord nehmen. Die anderen sollten mit einem kleineren Boot über den Fluß setzen und dann auf der Uferstraße weitergehen.

Noch bevor wir aufbrachen, legte die große Fähre ab. Wir winkten besorgt hinterher und machten uns auf den Weg. Any und Lao trugen ihre Babys, die anderen schleppten das restliche Gepäck.

Nach einer Stunde erreichten wir Koh Thom, wo man uns damals auf dem Weg nach Süden aufgehalten hatte. Auf den Feldern hinter dem Dorf bot sich mir ein erschreckender Anblick, der schon fast verschüttete Gefühle in mir wachrief.

Eingeklemmt zwischen Dutzenden von Fahrzeugen lag da mein

umgekippter Fiat. Die Reifen waren verschwunden, die Felgen verrostet, die Windschutzscheibe war zerbrochen, und die Sitze hatte man herausgerissen. Eine Welle wehmütiger Gefühle überkam mich. Der tägliche Überlebenskampf hatte die Vergangenheit in mir ausgelöscht, und nun sah ich in Gestalt des Fiat mein früheres Leben plötzlich wieder vor mir. Wie sehnte ich mich, bei all seinen Mängeln, nach ihm. Und ich hatte doch tatsächlich geglaubt, ich brauchte bloß meine Empfangsbescheinigung vorzulegen und könnte mit dem noch vollkommen intakten Auto mit der Familie nach Phnom Penh zurückfahren!

Any fiel auf, daß ich still und geistesabwesend war. »Was ist, Thay?« Es gab Gedanken und Gefühle, die ich für mich behalten mußte.

»Nichts, Any, ich bin bloß müde.«

Nach einer weiteren Stunde erreichten wir die Pagode von Prek Taduong, die bereits von Menschen umlagert war, da das Boot mit meinen Eltern und den drei Kindern schon vor einiger Zeit angelegt hatte. »Siehst du wohl?« begrüßte Any den kleinen Nawath. »Kein Grund zur Aufregung. Jetzt sind wir wieder alle zusammen.«

Nachdem wir unter dem Dach der Pagode mit unseren Decken und Habseligkeiten ein Lager hergerichtet hatten, machte ich einen Rundgang durch das Dorf, hörte mich um und versuchte Informationen über Freunde zu bekommen. Zufällig begegnete ich dabei einem meiner Schüler aus Phnom Penh, der in Prek Taduong geboren war und bei seinen Eltern lebte. Er kannte jeden am Ort und, großzügig wie er war, wollte er mir etwas Maniok besorgen.

Als er damit zur Pagode zurückkehrte, redeten wir über die Lebensmittelversorgung. Er schlug vor, daß ich meine Armbanduhr gegen zwei Fischnetze eintauschte. Er kannte einen Moslem, der für einen solchen Handel in Frage kam. Ich zögerte, wollte ich doch meine Armbanduhr nicht verlieren, doch Any redete mir gut zu: »Warum denn nicht? Die Roten Khmer können dir jederzeit die Uhr wegnehmen. Da ist es besser, wir haben die Netze und können für die Kinder etwas Eßbares beschaffen.« Gegen dieses Argument war ich machtlos; ich willigte in das Geschäft ein und begab mich mit dem Studenten zum Fluß hinunter. Dort rief er einen Mann, der vom Boot aus fischte, zu uns heran. Dieser holte seine Netze ein und ruderte zu uns herüber. In wenigen Minuten war der Handel perfekt: Ich gab ihm meine Armbanduhr und erhielt dafür die beiden Netze. Es waren gute Netze, leicht, robust und kaum gebraucht. Es kam mir seltsam vor, daß die Roten Khmer hier, nicht weit von Cheu Khmau flußaufwärts, ein weit weniger strenges Regiment führten.

Hinterher, in der Pagode, erwähnte ich diesen Punkt gegenüber meinem Vater, der jedoch etwas anderes zu berichten hatte, das mir sehr zu denken gab. Auf dem Schiff hatte sich ein alter Mann kritisch über Angka geäußert. Man erteilte ihm einen Verweis und durchsuchte ihn. Dabei entdeckten die Roten Khmer, daß er die Taschen voller Dollars hatte, insgesamt vielleicht 10 000 Dollar.

Ein junger Roter Khmer habe den Geldpacken hin und her geschwenkt und den Mann angebrüllt: »Was, du hast imperialistisches Geld bei dir!«

Dann habe er energisch ausgeholt und das Geld in den Fluß geworfen. Konsterniert hätten die Mitreisenden einander angeblickt. Warum behielt er die Dollars nicht? Er hätte sie doch ohne weiteres konfiszieren können. Offenbar hatte der junge Mann keine Ahnung davon, was Devisen bedeuteten und welchen Nutzen das Regime der Roten Khmer davon hätte haben können.

Wie viele Offiziere der Roten Khmer, fragte ich mich, gab es im Lande, die sich solche ignoranten und selbstzerstörerischen Gesten sinnlosen Trotzes erlaubten? Waren die Roten Khmer einfach unberechenbar in ihrem Verhalten, legte jeder einzelne die Befehle von oben nach eigenem Gutdünken aus?

Eine Woche blieben wir in Prek Taduong und konnten uns ausruhen. Die Kinder spielten sorglos in und außerhalb der Pagode. Mein Bekannter brachte uns zu essen. Ich versuchte Fische zu fangen – ohne Erfolg. Das machte nichts aus, denn das Leben war hier leichter als in Cheu Khmau.

Die Dorfbewohner, ob dem Neuvolk oder dem Altvolk angehörend, bauten einen Staudamm. Ihre Arbeitszeit war kürzer als unsre in Cheu Khmau: Sie fingen um 9 Uhr an und hörten schon um 15 Uhr auf. Der Arbeitseifer war sowohl von seiten der Roten Khmer als auch der anderen Arbeitskräfte weit geringer. Der Student sagte mir, die führenden Roten Khmer hier stammten alle aus der Gegend. Sie waren mit den lokalen Verhältnissen vertraut, kannten die Leute persönlich und waren daher nachsichtiger.

Der Eindruck, daß eine nationale Regierung gar nicht eingesetzt war, wurde dadurch verstärkt. Wenn aber eine landesweite Gesetzgebung fehlte, bestimmte der jeweilige Dorfälteste über das Maß an Disziplin. Für einige wenigstens war dies von Vorteil, und in vielen Gebieten, sagte ich mir, mußte deshalb das Leben trotz Evakuierung, Familientrennung und der vielen Toten noch erträglich sein.

Als die erste Woche zu Ende ging, wurden unsere kurzen Ferien jäh unterbrochen. Eine Kolonne von fünf Lastwagen, Zivilfahrzeugen, die mit Planen bedeckt waren, donnerte auf das Pagodengelände, und man gab uns den Befehl einzusteigen. So schnell wir konnten, packten wir zusammen. Sarun, der an diesem Tag glückstrahlend lächelte, der kräftige Theng und ich halfen meinen Eltern, Any, Lao, Keng, Vuoch und den Kindern auf die Fahrzeuge. Dann warfen wir unser Gepäck hinauf, und Sim hievte sein Fahrrad auf die Wagenpritsche – bis schließlich auf jedem Lastwagen 30 bis 40 Personen Platz genommen hatten und wir uns, aufgeregt wie die kleinen Kinder, gegenseitig versicherten, daß wir jetzt in unsere Heimatdörfer zurückkehrten.

Auf einer stark ausbesserungsbedürftigen Straße fuhren wir nach Norden in Richtung Phnom Penh. Wir gingen davon aus, daß wir durch die Hauptstadt kommen und weiter nach Norden fahren würden. Kaum hatten wir jedoch zehn Kilometer zurückgelegt, da bogen die Lastwagen nach links ab und fuhren auf Waldwegen ins dichte Unterholz hinein. Überrascht blickten wir uns an. Da das Gefährt nun über einen ausgetrockneten Schlammweg holperte, daß der Staub nur so wirbelte, mußten wir uns festhalten.

Wohin, zum Teufel, brachten sie uns?

4 Der Beginn der »Läuterung«

Die unsanfte Fahrt in den Wald weckte schreckliche Gefühle in mir: Es kam mir vor, als tauchte ich in eine fremde, unbekannte Welt ein, als verlöre ich den Boden unter den Füßen; es war derselbe Schmerz, dieselbe Hoffnungslosigkeit, die ich beim Verlassen Phnom Penhs verspürt hatte. Der Staub drang uns in Augen und Ohren, doch niemand beklagte sich über diese Unannehmlichkeiten. Verglichen mit den Sorgen um unser ungewisses Schicksal und wegen der Täuschung, deren Opfer wir wurden, waren sie fast belanglos. In den Gesichtern meiner Angehörigen und der anderen Menschen um mich las ich tiefe Verzweiflung. Mein Vater suchte meinen Blick und starrte mich dumpf an, als wollte er sagen: Habe ich dich nicht gewarnt, mein Sohn? Nun konnte niemand mehr bestreiten, daß wir, die wir so höflich aufgefordert worden waren, unsere Häuser in den Städten zu verlassen, einer ungeheuren Täuschung zum Opfer gefallen waren. Unser Leben hatte sich langsam, aber unaufhaltsam in einen Alptraum verwandelt, aus dem wir, wie es schien, nie mehr erwachen sollten. Ich erhaschte Anys Blick. Sie hielt Staud fest umklammert, um ihn vor Stößen zu schützen. Eine Welle von Dankbarkeit für die große Stärke, die sie bewies, stieg in mir hoch.

Nach etwa einer Stunde, wir hatten rund 16 Kilometer zurückgelegt, hielten die Lastwagen in einem Dorf an. Es lag an einem Fluß, über den nur eine hölzerne Fußgängerbrücke führte. Wir mußten aussteigen und sie überqueren. Am anderen Ufer erklärten uns die drei Bewacher der Roten Khmer, wir müßten jetzt mit unserem Gepäck noch eineinhalb Kilometer gehen.

Ohne Sims Fahrrad, unser einziges Transportmittel, hätten

wir unser Gepäck nicht mitnehmen können. Wir beluden es mit so vielen Bündeln wie möglich, banden sie mit einem großen Tuch zusammen und überließen die Mühe des Schiebens dem gutwilligen Sim. Die anderen Männer – der athletische Theng, Sarun, der es lustig fand, wie Sim sich abplagte, und ich schleppten, so gut es ging, die übrigen Gepäckstücke. Any hielt mit der einen Hand Staud an die Hüfte gedrückt, mit der anderen ein Gepäckbündel. Als sie müde war, setzte sie das Kind ab, das nun hinter ihr herzuckeln mußte. Ich trug zwei große Pakete – Kleidungsstücke und Kochutensilien, die in Tischtücher eingewickelt waren. Sudath war körperlich auf der Höhe, sogar der fünfjährige Nawath hielt mit, doch weder meine Eltern noch Laos Mutter konnten einen langen Marsch durchstehen. Kengs kleine Tochter Srey Rath schaffte es ebenso wie die beiden älteren Kinder Thengs, während Laos einjährige Tochter von ihrer Mutter getragen werden mußte. Wir gaben eine langsame, erbärmliche Prozession ab. Wortlos und mit Mienen, aus denen Verdruß und Angst sprachen, bewegten wir uns mit den anderen Flüchtlingen vorwärts. Die Stille wurde nur durch die Seufzer der älteren Leute unterbrochen.

Als der Abend dämmerte, kamen wir an eine Art Lager, wiederum in einer ehemaligen Pagode. Von Ferne sahen wir Feuer brennen. Lagerten dort Rote Khmer oder Flüchtlinge? Wir konnten es nicht sagen, und es hatte auch keinen Sinn, unsere drei Bewacher danach zu fragen.

Der Platz war verschmutzt. Überall lag stinkender Viehkot. Anscheinend waren unsere Vorgänger mit Ochsenkarren dagewesen. Wir versuchten, den Platz zu säubern, bis uns die hereinbrechende Dunkelheit zwang, die Matten auszubreiten, Feuer zu machen und uns mit dem Reis und dem Fisch zu trösten, der noch von der Pagode übrig war.

Am nächsten Morgen kam eine Gruppe von sechs Roten Khmer ins Lager. Einer von ihnen begann, mit ausdruckslosem Gesicht Fragen zu stellen, ein zweiter, ernst dreinblickender, nervöser Mann, geflissentlich die Antworten aufzuschreiben. »Wer bist du? Woher kommst du? Familie? Name? Beruf?«

Bis jetzt war ich darauf bedacht gewesen, nicht die volle Wahrheit zu sagen. Besser sich bescheiden geben als wahrheitsgemäß antworten, war meine Devise. Meinen Namen gab ich schlicht mit Thay an, als Beruf nannte ich Techniker im Ministerium für Öffentliche Arbeiten. Weder mein Bruder Theng noch Sarun, der Mann Kengs, suchten zu verschleiern, daß sie Lehrer waren. Als der Protokollant, ein Junge vom Dorf, dem das Schreiben nicht leicht von der Hand ging, fertig war, erklärte uns der Mann, der die Fragen gestellt hatte: »Bereitet euch auf die Abreise vor, Genossen. Die Karren werden bald da sein.«

Karren? Das war ganz neu. Wir wechselten angstvolle Blicke, rafften unsere Habseligkeiten zusammen, setzten uns hin und warteten. Gesprochen wurde nicht viel. Staud spielte zu Anys Füßen und schlief dann in ihren Armen ein. Meine Mutter und mein Vater schienen in sich selbst zu versinken. Wie immer bereit, den Optimisten zu spielen, meinte ich, wir würden vielleicht langsam und auf Umwegen Kampong Speu ansteuern, doch niemand ging darauf ein. Sim legte sein Fahrrad auf den Boden und schlief, ebenso Theng, der seinen zweiten Sohn Amap in seinem abgewinkelten Arm liegen hatte. Warten, schlafen: Es gab nichts anderes zu tun.

Das Warten dauerte eineinhalb Stunden, dann fuhren außerhalb der Tempelanlage über 20 Ochsenkarren vor. Sie boten jeweils nur einigen Personen Platz.

»Rasch, beeilt euch!« rief ich aus Angst, die Familie könne getrennt werden. Das mußten die anderen auch gedacht haben, denn nun rannten die Familien um die Wette zu den leerstehenden Karren. Wir hatten Glück und konnten etwa in der Mitte des Zuges drei Karren in Beschlag nehmen. Any, Staud, meine Eltern und meine Schwester Keng mit Srey nahmen in einem Wagen Platz, Sudath, Nawath, ich, Sarun und Vuoch im zweiten und im dritten Theng mit seiner Familie. Quietschend und schwankend setzten sich die Ochsenkarren einer nach dem anderen in Bewegung. Sim folgte dem Zug auf dem Fahrrad. Obwohl zwischen den einzelnen Wagen keine größeren Abstände entstanden, reckten wir alle paar Minuten unseren Hals, warfen uns

Blicke zu und vergewisserten uns durch Winken und Kopfnicken, daß in den anderen Wagen alle wohlauf waren. Sim, wie stets gut gelaunt, fuhr mal schneller, mal langsamer und fungierte als Bote zwischen den drei Karren.

Nachdem wir eine kurze Mittagspause eingelegt hatten (so kurz, daß die Nachzügler eben aufrücken konnten), kamen wir bald zu einer Weggabelung. Die ersten zehn Karren wurden nach links dirigiert, die restlichen mußten nach rechts abbiegen. Es war reiner Zufall, daß unsere drei Karren in dieselbe Richtung gewiesen wurden. Mehrere Familien hatten nicht soviel Glück. Ich traf später einen Mann in Begleitung seiner beiden Kinder, der mir erzählte, er habe bei diesem Manöver seine Frau aus den Augen verloren. Er habe noch einen Soldaten angefleht, er möge ihm doch erlauben, ihr zu folgen, doch dieser habe sich taub gestellt und beteuert, er sei nicht befugt, eine solche Entscheidung zu treffen.

»Angka ist die einzige Instanz, die dir darauf eine Antwort geben kann«, habe er entgegnet. Angka war aber immer gerade anderswo, sie sprach ihr Machtwort erst am nächsten Tag, wenn eine Familie schon für alle Zeiten auseinandergerissen war.

Am Abend dieses Tages erreichten wir Sramar Leav in der Provinz Takeo, das als der Hauptstützpunkt der Bewegung der Roten Khmer galt. Wir befanden uns in einer weiten bewässerten Ebene inmitten von Reisfeldern, in denen vereinzelte Zuckerpalmen standen. Vorbei an einigen strohgedeckten Pfahlbauten fuhren wir in das Dorf und bogen in das Gelände einer ehemaligen Pagode ein.

Kaum hatten wir unser Gepäck abgeladen, als der ranghöchste Rote Khmer des Dorfes eine Ansprache hielt: »Genossen, ihr werdet nun bald in eure Dörfer zurückkehren, doch jetzt, im Juli, stehen wir mitten in der Anbauzeit. Die Regenzeit setzt bald ein; ihr müßt also hier arbeiten und den Reis pflanzen, damit wir zu essen haben. Wenn diese Arbeit erledigt ist, werdet ihr wieder gehen. Angka bittet euch, daß ihr hier bleibt, und selbstverständlich stellt Angka auch Unterkunft und Verpflegung. Sie wird sich um alles kümmern, keine Angst. Dafür erwartet Angka aber auch, daß ihr ihre Befehle befolgt und Disziplin haltet. Ihr müßt versuchen, euch zu läutern.«

Läuterung: Diesen Begriff sollten wir in den Predigten der Roten Khmer noch oft hören.

»Angka möchte echte Revolutionäre aus euch machen«, fuhr er fort. »Ihr habt in den Feldern von Cheu Khmau gearbeitet und dort sicher viel vollbracht.«

Er machte eine Pause, und ein Mann hob die Hand, um etwas zu sagen. »Das ist richtig«, kam es zögernd, »aber wir hatten nicht die Zeit, die Felder abzuernten. Wir gingen zu früh weg.«

»Ich verstehe«, erwiderte der Funktionär ruhig, aber bestimmt. Er schien gebildeter zu sein als die Roten Khmer von Cheu Khmau, sprach klar und zusammenhängend und machte nicht die wilden Versprechungen, die wir inzwischen gewohnt waren. »Dieses Obst und Gemüse wird von Angka geerntet und ernährt andere Flüchtlinge. Hier werdet ihr dafür das Gemüse essen, das eure Vorgänger anpflanzten. Wir sind Herr im Haus, und dasselbe gilt für euch. Im ›Demokratischen Kampuchea‹ benötigen wir keine Hilfe von außen. Jetzt ist es Angka, die eure Bedürfnisse befriedigt, Angka, die euch satt macht, und mit Angka werdet ihr durch harte Arbeit und indem ihr erzeugt, was ihr benötigt, euer Schicksal selbst in die Hand nehmen.«

Darauf wurden die Flüchtlinge zu einer formellen Zusammenkunft an den Rand der offenen Halle gerufen, wo ein Tisch mit einem Mikrophon stand.

»Also«, hörten wir die Stimme des Vorsitzenden aus den Lautsprechern, »wer ist hier Beamter?« Ich hob zusammen mit einigen anderen die Hand. »Und wer ist Angehöriger der Streitkräfte?« Es dauerte einige Minuten, bis klar wurde, daß er uns nach unserer gesellschaftlichen Stellung einstufte und jeder Gruppe einen Teil des Dorfes zuwies: Die Beamten blieben in der Pagode, den Exmilitärs wurden in einem anderen Bereich Wohnungen zugewiesen und den Arbeitern und Geschäftsinhabern wieder anderswo. Hier also wurde das Neuvolk nicht bei den Familien des Altvolks untergebracht.

Es traf sich, daß alle Häuser von Einheimischen besetzt waren und unsere Familie mit einer anderen großen Familie in der geplünderten Pagode zurückblieb. Wir kamen in einem zweistöckigen Backsteingebäude unter, das früher ein Mönch bewohnt hatte, wir im oberen, die andere Familie im unteren Geschoß.

Während Any und die anderen Frauen den Boden wischten, Matten ausbreiteten und die Kochgeräte aufstellten, besprach ich die Lage mit meinem Vater. »Sieh nur, was sie mit dem Tempel angerichtet haben«, wandte er sich an mich. »Hier ist kein einziger Mönch mehr. Sie haben keinerlei Achtung. Und was wird mit uns geschehen?«

»Schon gut, Vater. Vielleicht ist es nur eine Maßnahme im Rahmen unserer Umerziehung und nur vorübergehend so schlimm.«

Am nächsten Tag begannen wir zu arbeiten. Any sollte der Gruppe angehören, die auf den frisch gepflügten Feldern Reis setzte. Ich sollte Pflüger werden. Ein Alter Mensch führte mehrere von uns zu den Reisfeldern. Dort wurden mir ein paar Ochsen zugeteilt, die einen Holzpflug mit einer Pflugschar aus Metall zogen. Ich hatte noch nie gepflügt, doch es fiel mir nicht schwer, die gemächlichen, friedlichen und unermüdlichen Ochsen zu lenken. Allerdings war unser ganzes Bemühen umsonst, denn die Felder waren knochentrocken.

Am Abend erfuhr ich, warum, und bei gleicher Gelegenheit hörte ich einiges über die seltsame Gesellschaft, in der wir gelandet waren. Wie jede Pagode, so hatte auch diese einen Teich, der sich zum Treffpunkt der Dorfbewohner entwickelt hatte. Da es in der Nähe keinen Fluß gab, kamen die Bauern hierher, um ihr Trink- und Waschwasser zu holen. Als ich gerade Wasser für unser Abendessen schöpfte, bemerkte ich an meiner Seite einen alten Mann von zwerghaftem Wuchs mit ausgebeulten kurzen Hosen.

Ich wollte gerade gehen, als er mich anredete: »Du bist doch der Neue, der im Pagodenhaus wohnt?«

Ich nickte vorsichtig.

»Hast du gesehen, wie sie alles zerstören? Den Tempel, die Mönche.« Obwohl ich nichts erwiderte, ließ er nicht locker.

»Was hast du für eine Arbeit?«

»Pflügen. Aber es geht sehr schwer.«

»Ja, es ist heuer sehr trocken. Die *Pring* (das sind Bündel kleiner, blauer Pflaumen, die in Kambodscha gern gegessen werden) wollen dieses Jahr überhaupt nicht reifen. Ich kann mich nicht erinnern, daß wir jemals ein so trockenes Jahr hatten. Siehst du wohl«, sagte er schließlich und blickte mich dabei verschmitzt an, »Gottes Strafe für ihre frevelhaften Taten bleibt nicht aus.«

Auch dazu sagte ich nichts, hätte er doch ein Spitzel sein und mich denunzieren können. So standen wir einen Augenblick nebeneinander, und da er keine Anstalten machte zu gehen, vielmehr das Gespräch mit mir zu suchen schien, fragte ich ihn aus Höflichkeit nach seinem Namen. »Ta Bun«, entgegnete er und verzog sein faltenreiches Gesicht zu einem Lächeln, kam aber gleich wieder darauf zu sprechen, daß das Dorf dafür bestraft werde, was die Roten Khmer anrichteten.

Dann sagte er plötzlich: »Und wenn du Hosen oder Shorts übrig hast, laß es mich bitte wissen.«

Ich war noch immer nicht gewillt, ihm zu vertrauen. »Mal sehen. Wenn ich was hätte, was würde ich dafür bekommen?«

»Zucker, Eier, Obst.«

Ich sollte über diesen Kontakt noch froh sein, denn in Sramar Leav war kaum etwas Eßbares zu bekommen. Und für das Wenige sollten wir uns auch noch dankbar erweisen. Wir hätten nichts gehabt, als wir gekommen seien, hieß es, nun hätten wir bereits Ochsen, Pflüge und Ackerland. Dabei machte uns der Reis, den wir erhielten, auch noch zusätzliche Arbeit. Es war ungeschälter Reis, den wir vor dem Kochen schälen mußten. Zuerst mußte man ihn im Mörser klopfen, dann sieben, um die Spreu von den Körnern zu trennen. Wenn wir von der zehn- oder zwölfstündigen Feldarbeit zurückkamen, mußten wir eine weitere Stunde lang diese beschwerliche Arbeit verrichten.

Einen Monat, nachdem wir den Reis gesetzt hatten, war der Boden der Reisfelder völlig ausgetrocknet, und die Setzlinge verdorrten. Einige Tage waren wir dazu beordert, kleine Bewässerungsgräben auszuheben. Bald sahen die Roten Khmer jedoch ein, daß da, wo kein Wasser abgeleitet werden konnte, auch das Ausheben von Gräben sinnlos war. Da die Dürre anhielt, wurde eine langfristige Lösung des Wasserproblems immer dringlicher. Mehrere Wochen nach unserer Ankunft mobilisierte uns Angka für den Bau eines größeren Kanals, über den Wasser aus einem nahe gelegenen See auf die Felder geleitet werden sollte.

Theng und ich sollten uns bei der Baustelle für den neuen Kanal melden. Wir begaben uns auf den Weg, der uns an der Dorfschmiede vorbeiführte. Als wir näher kamen, konnten wir das Klopfen von Hämmern auf Metall unterscheiden. Da mußte etwas Wichtiges vor sich gehen. Wir gingen zur Tür und warfen einen Blick ins Innere, wo sich uns ein ungewöhnliches Bild bot: Fünf Schmiede waren dabei, einen aufgebockten, nagelneuen blauen Mercedes, dessen Räder abmontiert waren, auseinanderzunehmen. Die halbe Karosserie war schon nicht mehr da. Zwei Männer machten sich an einem Verkleidungsblech zu schaffen, zwei andere formten aus einem weiteren Stück Blech große, flügelähnliche Schneideblätter. An der Wand standen zwei Reifen, und daneben waren kleine Gummistreifen gestapelt.

Mit offenem Mund verfolgten Theng und ich die Szene. Schließlich kam einer der Arbeiter zu uns herüber und fragte, was wir wollten.

»Nichts, nichts«, antwortete ich ihm, das Klopfen von Hämmern und Ambossen übertönend, »wir wollten nur mal eure schöne Arbeit bewundern.«

Sein Gesicht hellte sich auf. »Da habt ihr recht, eine schöne Arbeit: Pflugscharen und Sandalen für die Revolution.« Mir fehlten einfach die Worte. Da waren fünf Männer tagelang damit beschäftigt, einen Gegenstand, der einmal Zehntausende von Dollar wert gewesen war, in der revolutionären Wirtschaft der Roten Khmer aber keinen Wert mehr besaß, in Gegenstände zu verarbeiten, die zuvor für nur wenige hundert Dollar zu beschaffen gewesen waren.

Wir wandten uns zum Gehen.

»Schöpferische Initiative, Genossen!« meinte der Werkmeister noch. »Hier seht ihr, was das ist. Wir verwandeln einen imperialistischen Gegenstand in etwas, was der Revolution nützt!« Noch immer strahlend wandte er sich von uns ab, voller Stolz auf seine betriebsame Werkstatt.

»Wunderbar«, rief ich.

Wir entfernten uns schweigend und schüttelten verwundert den Kopf. Ablehnung des Imperialismus war eine Sache, aber woher rührte dieser tiefe, blinde Haß auf »imperialistische Gegenstände«? Es kam mir vor, als seien sie in den Augen der Roten Khmer fluchbeladen oder verseucht und verfügten über magische Kräfte, mittels deren sie die Revolution untergruben. Es schien ihnen nicht in den Sinn zu kommen, daß »imperialistische« Geräte auch einen praktischen Nutzen hatten. Statt dessen mußte man sie für ein Symbol des Feindes halten – nicht um es gegen den Feind zu verwenden, sondern um es anzugreifen und zu zerstören.

Wir waren daher nicht sonderlich überrascht, als wir erfuhren, daß der über sechs Kilometer lange Kanal ganz ohne Maschinen ausgehoben werden sollte. Theng und ich kamen in eine Gruppe, die für einen 500 Meter langen Abschnitt verantwortlich war. Wir lockerten das Erdreich mit Hacken und trugen es in Bambuskörben zum Rand des zukünftigen Grabens, wo es links und rechts zu Dämmen aufgeschichtet wurde. Es war ein gewaltiges Unterfangen, an dem mehrere Dörfer sowie ein Dutzend Gruppen beteiligt waren, die von frühmorgens bis 10 oder 11 Uhr abends arbeiteten und miteinander wetteiferten.

Während meines Einsatzes im Kanalprojekt hatte ich mein erstes Erlebnis mit einem Fluchtversuch.

Im Beisein meines Bruders Theng begegnete ich fünf ehemaligen Studenten, die in einem benachbarten Dorf wohnten. Da wir alle dem Neuvolk angehörten, verdächtigten wir uns gegenseitig nicht. In der Mittagspause bildeten wir eine geschlossene Gruppe. Die Studenten eröffneten uns, daß sie vorhatten zu fliehen. Sie hatten gegen Lon Nol demonstriert und waren vom Leben unter den Roten Khmer bitter enttäuscht. Sie wollten, daß ich mitmachte. Sie hätten Dolche, ausreichend Lebensmittel und eine Kambodschakarte; sie wollten von mir wissen, auf welchem Weg sie am besten zur thailändischen Grenze kamen.

Ich konnte nicht die Familie im Stich lassen, sagte ihnen aber, was ich wußte. Sie wollten im September, dem regenreichsten Monat, weggehen. Um diese Zeit war das Kardamomgebirge, das auch bei günstigen Wetterbedingungen schwer zu überwinden war, nahezu unpassierbar. Ich erklärte ihnen, sie könnten dann unmöglich vorwärtskommen und sich orientieren, auch wenn es ihnen gelang, die Dörfer und Fernstraßen zu meiden, wo zwischen Sramar Leav und den Bergen Rote Khmer patrouillierten. Ich schlug ihnen daher vor, bis zur nächsten Trockenzeit zu warten, doch sie hatten den Elan und die Ungeduld junger Menschen und ließen sich auf keinen Aufschub ein.

An unsere eigene Flucht war zu diesem Zeitpunkt noch nicht zu denken. Immerhin brachten mich die Gespräche mit den Studenten auf die Idee, ob wir nicht in ein günstiger gelegenes Gebiet – Battambang zum Beispiel, Kambodschas reichste Provinz nordwestlich von Phnom Penh – überwechseln sollten, um näher an Thailand zu sein. Falls wir je die Gelegenheit hatten, dorthin zu kommen, war es hilfreich, wenn wir uns orientieren konnten. Ich schlug ihnen deshalb folgenden Handel vor: Ich gab ihnen einen Teil meiner Dollar, die sie nach der Überquerung der Grenze gut gebrauchen konnten, und bekam dafür von ihnen den Abschnitt ihrer Karte, den sie nicht benutzten. Sie waren einverstanden und überließen mir für 100 Dollar den Kartenausschnitt mit Battambang und einem Teil der Provinz Pursat. Auf ihrem Teil der Karte zeichnete ich einen möglichen Fluchtweg für sie ein.

Nach einigen Tagen verschwanden die fünf nach der Arbeit. Sie rechneten mit einem Vorsprung von mehreren Tagen; denn ihr Dorfältester würde bestimmt zunächst denken, sie kampierten draußen an ihrer Arbeitsstelle.

Jahre später forschte ich in Thailand nach dem Verbleib der fünf jungen Leute, konnte jedoch keine Spur von ihnen entdecken und habe niemals erfahren, wie es ihnen ergangen ist.

Mittlerweile hatte der große Regen eingesetzt. Wir schliefen im Freien auf Matten nahe der Baustelle; so dringlich war es geworden, daß wir unser Werk vollendeten. Wir hatten keine Zelte und wurden, unter den Bäumen auf unseren Matten liegend, völlig durchnäßt. Moskitos umschwärmten den Lagerplatz. Wir zitterten vor Kälte die ganze Nacht hindurch und drängten uns um die Feuerstellen, die wir auch zum Schutz gegen die Insekten angelegt hatten. Zudem mußte ich erkennen, daß unsere ganze Mühe umsonst war. Niemand beaufsichtigte die Baustelle; es gab weder Pläne noch Aufzeichnungen vom Verlauf der Arbeiten. Die Roten Khmer glaubten offensichtlich, revolutionärer Eifer könne die Gesetze der Physik ersetzen. An jedem Abschnitt gruben Tausende von Männern und Frauen nach den Anweisungen ihrer Dorffunktionäre, ohne daß jemand nachgeprüft hätte, ob der Kanal, den wir aushoben, vom See aus ein Gefälle aufwies. Die Böschungen bestanden aus losem Erdreich, dem man keinen Halt zu geben versuchte. Sollte der Kanal jemals Wasser führen, würde es in kürzester Zeit die Dämme wegspülen.

Es kam einige Male vor, daß besonders tapfere (um nicht zu sagen tollkühne) Techniker bei einer Versammlung den Roten Khmer zu erklären versuchten, wie man die Arbeit organisieren müsse. Sie erhielten immer dasselbe zur Antwort: »Du weißt nicht das geringste über die Revolution. Aber wir! Warum versuchst du uns zu sagen, was zu tun ist?« Fachkenntnisse wurden als nutzlos bezeichnet. Diplome waren *Saignabat* – »das unsichtbare Zeichen«. Was zählte, war die körperliche Arbeit, *Saignakhoeunh*, »das sichtbare Zeichen«. Das war etwas Greifbares, ihm gebührte die ganze Ehre.

Immer wieder kam mir damals in den Sinn, was mir eines Abends der alte Ta Bun am Dorfteich erzählt hatte. Zu ihm hatte ich inzwischen Vertrauen gefaßt, und unser Tauschhandel – Kleider gegen Zucker – funktionierte gut: »Die Voraussagen Puths erweisen sich als richtig«, hatte er mit einem wissenden Nicken und einem durchdringenden Blick aus seinen zusammengekniffenen Augen gesagt.

Puth war ein weiser Mann des 19. Jahrhunderts, der prophezeite, das Land werde eine Umkehrung aller überkommenen Werte erleben, Häuser und Straßen würden leergefegt, die Unwissenden würden die Gebildeten verdammen, die Ungläubigen

– *Thmils* – würden die absolute Macht an sich reißen und die Priester verfolgen. Die Menschen könnten jedoch gerettet werden, wenn sie den Kapokbaum *Kor* pflanzten. *Kor* heißt auch »stumm«. Diese rätselhafte Botschaft hatte man stets so gedeutet, daß allein die Taubstummen in dieser Epoche des Unglücks gerettet würden. Taub und stumm bleiben – das war für mich der Schlüssel zum Überleben. So tun, als wärst du taub und stumm! Nichts sagen, nichts hören, nichts verstehen!

Dieser Kanal wird niemals Wasser führen, dachte ich also bei mir und blieb stumm.

Es gab allerdings auch Hinweise darauf, daß bessere Zeiten bevorstanden.

Irgendwann im August kündigte der oberste Rote-Khmer-Funktionär an, daß gegen Ende des Jahres wieder Geld in Umlauf gebracht werde. Er gab sogar die Preise einzelner Waren an – für ein Kilo Rindfleisch, ein Dutzend Eier, ein Kilo Reis.

Diese willkommene Nachricht gab Gerüchten Nahrung, politische Veränderungen stünden bevor. Einer meiner Nachbarn mit Namen Leang war Lehrer und zwei Monate vor uns in der Pagode angekommen. Leang, ein großer, schlanker Mann mit Frau und zwei Kindern, war Mitglied des Zentralkomitees der Demokratischen Partei gewesen, der wichtigsten Oppositionspartei unter Lon Nol. Dieser führenden Position verdankte er gewisse Privilegien. Er durfte zum Beispiel fischen, nicht nur für sich, sondern auch für andere Bewohner der Pagode. Bei mir lieh er sich die Netze aus, die ich nach dem Verlassen von Cheu Khmau erworben hatte, und wir verwickelten uns oft in ein Gespräch. Von Leang erfuhr ich ein wenig mehr über die Roten Khmer.

Er bestätigte, daß es im wesentlichen zwei Fraktionen gebe, die ihre eigenen Stützpunktgebiete hätten. Die Roten Khmer östlich des Mekong waren Sihanouk gewogen, politisch gemäßigte Kräfte, die Khakiuniformen trugen. Die andere Fraktion bildeten die Maoisten, die unversöhnlichen Puritaner der Rote-Khmer-Bewegung, die Sihanouk feindlich gesinnt waren und aus dem Südwesten stammten, wo wir uns aufhielten. Sie trugen schwarze Uniformen. Laut Leang nahm Sihanouk in diesem Konflikt eine

Mittlerrolle ein. Wenn seine Bemühungen nicht ohne Erfolg blieben, würden wir bald nach Hause zurückkehren.

Leangs Zuversicht, wohl die Frucht jahrelanger Tätigkeit als Lehrer, war für mich ein Rätsel. Wie konnte er nur so sicher sein? Wo hielt sich Sihanouk auf? Worauf stützte sich seine Macht? In welcher Form konnte er Einfluß ausüben?

Und siehe da, Leangs Informationen erwiesen sich als korrekt, denn im September kehrte Sihanouk aus Peking zurück. Genaues wußten wir nicht, und durch seine Rückkehr änderte sich an unserer Lage nichts, doch es gab Gerüchte – sie mochten zutreffen oder nicht –, die Sihanouk in den Rang des nationalen Erlösers erhoben. Ihm allein trauten wir zu, den ideologischen Zwist zu schlichten und einige unserer Freiheiten wiederherzustellen.

Ich war mir sicher, daß bald die Schulen und Universitäten (zumindest diese) ihren Betrieb wieder aufnehmen würden. Sie konnten wohl beim Brückenbau auf die Ingenieure verzichten, aber welches Land konnte ohne Schulen und Universitäten auskommen? Was war aus meinen Freunden mit höherer Bildung geworden, die sich der anderen Seite angeschlossen hatten? Ich konnte mir nicht vorstellen, daß alle, die zu den Roten Khmer gegangen waren, sich die Theorie zu eigen gemacht hatten, daß Ausbildung grundsätzlich abzulehnen sei. Es war nur logisch, daß wir den Weg in eine gemäßigtere und nach vorwärts gewandte Gesellschaft einschlugen.

Meine Zuversicht wurde noch aus einer anderen Quelle genährt. Über Chan, der in meiner Gruppe am Kanalprojekt arbeitete, lernte ich einen Offizier der Roten Khmer kennen. Chan, ein etwa 40jähriger Kaufmann, hatte sich am 17. April in Phnom Penh aufgehalten und war nicht mehr zu Frau und Kindern nach Battambang heimgekommen. Er war gen Süden gezogen und wollte in einem Dorf rund zwei Kilometer von der Pagode im Haus seiner Eltern wohnen. Als Neuer Mensch mußte er jedoch in der Pagode Quartier nehmen; die Roten Khmer mißbilligten familiäre Gefühle, die ihre Fähigkeit, das Neuvolk zu beherrschen, untergruben. Während der Arbeit am Kanal verschwand Chan jedoch häufig in der Mittagspause und besuchte seine Eltern. Manchmal lud er mich ein mitzukommen, denn wir kamen gut miteinander aus. Er war ein kräftiger, untersetzter Mann, der beim Reden um sich blickte, als würde er irgendwo Unheil wittern. Gerade weil er so vorsichtig war, freute ich mich, daß er mir vertraute. Wir beide stahlen uns also ab und zu davon und aßen im Haus seiner Eltern, die Bauern des Altvolks waren, reichlich Kürbis und Palmzucker.

In seinem Elternhaus stellte mir Chan den Offizier der Roten Khmer, Mith (Genosse) Pech vor, der mit einer seiner Kusinen verheiratet war. Pech stand in der Hierarchie der Kommunisten der Provinz weit oben. Er fuhr ein Motorrad, und sowohl der Schnitt seiner Kleidung als auch die beiden Schreibstifte, die er stolz in seine Brusttasche geklemmt hatte, sprachen für seinen hohen Rang. Er war 38 Jahre alt und hatte sein Bakkalaureat abgeschlossen, bevor er in den Untergrund ging. Ich war mir nie sicher, ob er freiwillig zu den Roten Khmer gestoßen war oder ob man Druck auf ihn ausgeübt hatte. Vieles an ihm gab mir Rätsel auf. Lächeln sah ich ihn nie. Chan versicherte mir jedoch, ich könne ihn alles fragen, was ich wollte.

Eine Sache lag mir natürlich besonders am Herzen: Würden wir irgendwann nach Phnom Penh zurückkommen?

»Ja, ich denke schon, daß ihr bald zurückkommt«, meinte er, »doch ich habe zu diesem Punkt keine offiziellen Angaben. Wir müssen die Anordnungen Angkas respektieren, wie immer sie lauten mögen.«

Er schien mir recht freimütig zu sein, doch wagte ich nicht, ihm die volle Wahrheit über mich anzuvertrauen. Ich war noch immer »Techniker in einer Abteilung des Ministeriums für Öffentliche Arbeiten«. Ich sagte ihm nur noch, daß ich hoffte, man werde eines Tages von meinen Fähigkeiten Gebrauch machen.

Er antwortete ausweichend. »Schon möglich... zuerst mußt du aber noch umerzogen werden. Diese Phase deiner Ausbildung ist noch nicht vorüber. Wir gehen davon aus, daß wir in einem Jahr die Techniker einsetzen können. Sei unbesorgt. Wir sind Kambodschaner wie ihr. Wir werden euch schon nicht im Stich lassen.«

Immerhin etwas. Zum erstenmal war davon die Rede, daß die Zeit unserer Buße begrenzt war. Ob die mögliche Wiedereinführung des Geldes irgend etwas zu bedeuten habe, wollte ich wissen. Nein, es bedeutete nicht, daß das Neuvolk seine Feuerprobe bestanden hatte. Ich vertrat ihm gegenüber die Ansicht, die Ingenieure, Ärzte und Lehrer seien auf ihren Spezialgebieten nützlicher als bei der Feldarbeit. »Nein, stimmt nicht, ihr müßt alle eure Umerziehung hinter euch bringen. Möglicherweise seid ihr am Ende eines Jahres vollständig umgezogen, falls euch keine Irrtümer unterlaufen und unsere Führer keine Fehler entdecken. Führt eure Aufträge aus, und zwar fehlerfrei und ohne zu betrügen.« Wir lagen bestimmt nicht auf derselben Wellenlänge, aber wenigstens war jetzt ein Ende abzusehen.

Warum gab es solche Verwirrung bei unserer geplanten Rückkehr an unseren Geburtsort? drang ich in ihn. Wieso mußten wir in Sramar Leav anhalten?

Meine Fragen schienen seine Geduld auf eine harte Probe zu stellen, und er schalt mich deswegen: »Angka ist Herr über unser Schicksal. Dessen mußt du immer gewärtig sein. Angka kennt viele Umwege, und man weiß nie, was Angka vorhat. Sie könnte verschiedene Stufen übergehen, ohne es vorher anzukündigen. Ihr dürft nicht glauben, daß Angkas Worte jetzt und für alle Zeiten gelten. An der nächsten Kurve kann sie ihren Kurs schon wieder ändern. Es kann sprunghaft und ruckweise vorwärtsgehen. Angka hat aber immer ihre Gründe.« Er redete wie ein Mönch in Andeutungen und Parabeln. Langsam dämmerte es mir, daß wir vor nichts mehr sicher sein konnten. Von einem Tag zum andern konnte sich alles ändern, würden unsere Erwartungen durchkreuzt werden. Der widersprüchliche Charakter dieser Organisation beunruhigte mich.

Da war noch eine letzte Frage, auf die ich eine Antwort haben wollte: Während wir uns in Cheu Khmau aufhielten, drang aus dem Grenzgebiet der Lärm von Explosionen zu uns. Führten wir Krieg mit Vietnam? Diese Frage entlockte ihm die erste schlüssige Erklärung für die Politik der Roten Khmer, die ich bekommen konnte.

»Dir ist zweifellos bekannt, daß Vietnam nicht vollständig revolutionär ist. Es hat im Gegensatz zu uns nicht die Evakuierung der Städte angeordnet. Wir wissen aber, wie gefährlich es ist, die Städte und ihre Bewohner unbehelligt weiterleben zu lassen. Städte sind Zentren der Opposition, in denen sich kleine Gruppen bilden können. In der Stadt fällt es schwer, die Saat der Konterrevolution aufzuspüren. Wenn wir das Leben in der Stadt nicht verändern, kann sich eine feindliche Organisation bilden und sich gegen uns verschwören. Es ist, offen gesagt, ausgeschlossen, eine Stadt vollständig zu kontrollieren. Wir haben die Städte evakuiert, um jeden Widerstand von vornherein auszuschalten und die Wiegen des reaktionären Kapitalismus und des Handelskapitals zu zerschlagen. Die Bewohner der Städte vertreiben hieß, die Keime des Widerstands gegen die Roten Khmer ausmerzen. Dies ist lediglich einer der Punkte, bei denen sich unsere Auffassung von der der Vietnamesen unterscheidet.«

Nun hatte ich also Gewißheit: Den Plan, nach Vietnam überzuwechseln, konnte ich endgültig fallenlassen.

Irgendwie mußten wir aber herauskommen. Davon überzeugte mich nicht so sehr die Arbeit am Kanal, sondern das, was auf ihre Beendigung folgte. Nach etlichen Wochen kam der Zeitpunkt, an dem der Kanal für fertiggestellt erklärt wurde. Aus diesem Anlaß sollte eine große politische Versammlung und eine Feier stattfinden. Das klang vielversprechend. Wir sollten alle am Damm entlang bis zu einem riesigen freien Platz außerhalb eines Dorfes gehen. Tausende von Menschen bildeten eine gewaltige Marschsäule. An einer Stelle sah ich Wasser im Kanal stehen und stellte mit einer gewissen Befriedigung fest, daß zumindest hier der Kanal aufwärts führte. Nur wenn große Wassermassen zusammenkamen, würde Wasser aus dem See abfließen. Wenn es aber viel Wasser gab, wenn also die Regenfälle stark waren, dann brauchte man auch den Kanal nicht.

Die Versammlung wurde vom Vorsitzenden des ganzen Bezirks geleitet. Dieser Mann war von mächtiger Statur, blickte mit kalten Augen finster in die Runde und war als Sklaventreiber verschrien. Über seine Vergangenheit verlautete, er sei als Trinker, Räuber und Gauner zu den Roten Khmer gestoßen, habe sich als eiserner Kämpfer hervorgetan und in der Schlacht um Phnom Penh großen Mut bewiesen. Die Revolution hatte einen politischen Führer aus ihm gemacht.

Der Mann war unbestritten ein guter Redner, doch anstatt uns zu beglückwünschen, wiederholte er all das, was wir von den anderen schon gehört hatten. »Ihr müßt hart arbeiten, dann wird Angka für euch sorgen«, rief er. Ich blickte meinen Bruder und die Menschen, die neben mir standen, an und sah, daß sie dasselbe dachten wie ich. Da hatten wir geradezu übermenschliche Anstrengungen vollbracht, doch Angka ließ das vollkommen kalt. Was Angka wollte, war immer noch mehr Arbeit.

Wie konnten wir bloß entkommen?

Angka selbst eröffnete uns die Möglichkeit dazu. Eines Abends Anfang September fragte ein Offizier bei einer politischen Versammlung, ob jemand aus Battambang da sei, der in seine Heimat zurückkehren wolle. Chan, der in meiner Nähe saß, sowie das Oberhaupt einer weiteren Familie hoben die Hand. Chan nickte mir aufmunternd zu, bis auch ich mich meldete.

»Aus Battambang?« fragte mich der Offizier. »Ich dachte, du kommst aus Kampong Speu.«

»Meine Frau und ihre Familie stammen von dort.«

Das genügte ihm. Noch am selben Abend packten wir unser Gepäck, und am nächsten Morgen fuhr an der Pagode ein Konvoi von 30 Ochsenkarren vor; die Reise in den Norden konnte beginnen. Als wir gerade einsteigen wollten, kam Leang und wünschte uns zum Abschied alles Gute.

»Vielleicht sehen wir uns in Phnom Penh wieder«, meinte er und umarmte mich herzlich. »Wenn Sihanouk die Sache wieder im Griff hat.«

Aus dem Munde aller anderen hätten solche optimistischen Äußerungen wie Leerformeln geklungen; Leang hielten wir jedoch für so gut informiert, daß sich bei seinen Worten unsere Erregung in echte Hoffnung verwandelte. Ich bat noch jemand, Ta Bun, meinem alten Bauern, dem so viel daran gelegen war, mir die Weissagungen Puths ins Gedächtnis zu rufen, meine

Grüße auszurichten, und verteilte unsere 18köpfige Gruppe auf zwei Wagen. Es herrschte fürchterliche Enge, aber Sim hatte noch sein Fahrrad, und Sarun erklärte sich bereit, auf seinem Gepäckträger mitzufahren. Durch Zunicken machten wir uns gegenseitig Mut, und während der schlaksige Leang uns zuwinkte, setzten sich unsere Wagen in Bewegung. Der Anblick Sims und Saruns, die sich, auf ihrem Fahrrad hin und her schwankend, am Straßenrand vorwärtsbewegten, brachte die Kinder sogar wieder einmal zum Lachen.

»Wird es jetzt wirklich besser werden?« fragte mich Any, nahm meinen Arm und legte ihn um ihre Hüfte.

»Es muß einfach«, sagte ich, »schlimmer kann es ja gar nicht kommen.« In Battambang dürfte die Ernährungslage besser sein, und außerdem seien die Verwandten in der Nähe, führte ich noch an. Wenn sich die Dinge zum Schlechten entwickelten, hatte ich immer noch meinen Kartenausschnitt, und wir wären dann ja viel näher an Thailand.

Die Warnungen des rätselhaften Genossen Pech: »Man weiß nie, was Angka vorhat! Nichts, was Angka sagt, gilt für alle Zeiten!« waren, jedenfalls für den Moment, vergessen.

5 Die Geisterstadt

Kurz nach Mittag zogen Wolken auf, und Regen setzte ein. Am frühen Nachmittag, wir hatten etwa 20 Kilometer zurückgelegt, mußten wir an der Fernstraße 2, die durch die Provinz Takeo verlief, aussteigen. Als wir dicht zusammengedrängt im Regen dastanden, eröffneten uns die Roten Khmer, daß wir die Wagen zurücklassen müßten, da wir jetzt ihr Einzugsgebiet verließen. Die letzten acht Kilometer zur Watt-Ang-Recar-Pagode, in der wir auf die Lastwagen warten sollten, die uns nach Battambang bringen würden, müßten wir zu Fuß zurücklegen.

Das waren schöne Aussichten. Tropfnaß und ohne jeden Schutz entluden wir die Wagen und verfolgten, wie sie als schwerfällige graue Schatten, die sich im strömenden Regen verloren, die Straße hinunterfuhren.

Manche Leute zogen einfach los und arbeiteten sich durch den Schlamm vorwärts. Unter ihnen entdeckte ich auch die einsame Gestalt Chans. Wir winkten uns zu und versicherten uns noch, am nächsten Tag würden wir uns ja in der Pagode wiedersehen. Unsere Familie konnte bei diesem Wetter nicht an einen Abmarsch denken, da wir viel Gepäck hatten und durch die Kinder aufgehalten wurden.

Wir schützten uns mit Decken und warteten. Nach einer Stunde hörte der Regen auf; in der Spätnachmittagssonne breiteten wir unseren Besitz zum Trocknen aus. Sim legte sein Fahrrad auf den Boden und nickte ein. Die Stimmung hellte sich auf. Nawath, von Sudath angestachelt, kitzelte Sim so lange an der Nase, bis dieser aufwachte und alle beide ins nasse Gras purzeln ließ. Die anderen Kinder hatten rasch bei den

Familien, die ebenfalls über Nacht bleiben wollten, neue Spielkameraden gefunden.

Um diese Zeit sahen wir eine außergewöhnliche Karawane an uns vorüberziehen: etwa 50 Ochsenwagen und einige wenige kleine Citroën, die jeweils von einer Gruppe Männer geschoben und gezogen wurden. Es war ein Salztransport von der Küste. Die wahrhaft surrealistische Erscheinung – eine ganze Armee von Männern, die ihre schwere Last im Schneckentempo vorwärts bewegten – warf zahllose Fragen auf: Gab es nicht genügend Zugochsen? Warum mußten Männer ihre Stelle einnehmen? Wieso wurden die Autos geschoben? Wie lange war der Zug schon unterwegs? Für mich war es ein weiterer Beleg für den fortschreitenden Zusammenbruch des Landes. Ganze Dörfer hatten offensichtlich weder Salz noch Benzin. Anstatt mit Lastwagen aus anderen Regionen Nachschub heranschaffen zu lassen, hatten die Roten Khmer die Dorfgemeinschaften gezwungen, ihre Männer für diese kräftezehrende Arbeit zur Verfügung zu stellen.

Während wir an der Straße unser Lager bereiteten, um uns Felder, einzelne Bäume und einige Häuser, fiel mir in der Nähe eine strohgedeckte Hütte ins Auge und brachte mich auf eine Idee. Seit einiger Zeit fühlte sich Staud sehr schlecht. Seine Hände und Füße waren stark geschwollen. Für den Fall, daß es wieder regnete, brauchte er vor allem in der Nacht ein Dach über dem Kopf. Ich bewog Any dazu, ihn zu diesem Haus zu bringen. Die Bewohnerin, eine alte Bauersfrau, war vom Anblick Stauds gerührt und erklärte sich bereit, Any und das Kind für die Nacht aufzunehmen.

Ich richtete gerade für die beiden eine Schlafstelle, als plötzlich vier Rote Khmer hereinkamen. Sie starrten uns erstaunt an und gingen dann geradewegs auf die alte Frau zu, die ängstliche Blicke auf sie richtete. Wortlos zog sie dann ein großes Tongefäß hervor, in dem sie Palmzucker aufbewahrte. Diese Szene mußte sich regelmäßig abspielen, denn die Frau schöpfte ganz selbstverständlich eine Schüssel voll heraus und hielt sie den Roten Khmer hin. Zucker war inzwischen eine kostbare und begehrte Ware geworden. Wir standen schweigend da und sahen neiderfüllt zu, wie die Soldaten den Zucker, in den sie Kokosnuß tauchten, verzehrten, während sie leise miteinander sprachen. Als sie fertig waren, verbarg die Frau das Zuckergefäß unter dem Bambusbett, und die Roten Khmer gingen weg. Nicht ein Wort war zwischen ihnen gewechselt worden.

Nach kurzem Zögern bat ich um eine kleine Schüssel Zucker für Staud. Die Frau tat so, als hörte sie nicht, also wiederholte ich meine Frage. Diesmal entgegnete sie sichtlich verlegen: »Die Genossen sagten mir, ich muß den Zucker verstecken, deshalb kann ich euch nichts geben.« Sie hatte Angst, und zugleich schämte sie sich. Ich fragte nicht noch einmal.

Am nächsten Morgen brachen wir auf, mit uns zahlreiche Flüchtlinge, die wie wir an der Straße kampiert hatten. Zum erstenmal standen wir vor dem Problem, unseren gesamten Besitz ohne Transportmittel außer Sims Fahrrad über eine größere Entfernung tragen zu müssen. Weder Any, die Staud jetzt ständig auf dem Arm hatte, noch Lao mit ihrem Baby konnten etwas übernehmen. Das hieß aber, wir mußten uns von einem Teil unseres Gepäcks trennen.

Es kostete uns eine halbe Stunde, unser Hab und Gut zu durchwühlen und zu prüfen, was wir entbehren konnten und was wir zum nackten Überleben benötigten. Kleidungsstücke, Decken, Matten, Kochtöpfe: Wir brauchten nahezu alles, wenn nicht zum Überleben, dann für den Tauschhandel. Wir beschlossen schließlich, unsere beiden schweren Koffer zurückzulassen und unser Gepäck in handliche Bündel zu verpacken, die wir unter uns aufteilen wollten. Die beiden Koffer ließen wir zusammen mit einigen Kleinigkeiten als Dankgeschenk bei der alten Frau. Auch meinen Kassettenrecorder übergab ich ihr; viel wert war er allerdings nicht, denn die Batterien hatte ich herausgenommen, weil ich sie für mein kleines Radio brauchte.

Als wir marschbereit waren, mußten wir feststellen, daß wir zu schwach waren, um das verbliebene Gepäck auf einmal zu tragen. Nach kurzer Diskussion beschlossen wir, daß diejenigen, die gut bei Kräften waren, zweimal gehen sollten, da wir es uns nicht erlauben durften, noch mehr aufzugeben. Während die einen zurückgingen, sollten die anderen bei der ersten Ladung warten.

Unterwegs überfiel Any ein Schüttelfrost. Leichter Nieselregen setzte ein. Mit jeder Stunde ging es Any, in deren Armen der kranke Staud leise vor sich hin weinte, schlechter. Die beiden älteren Kinder gingen, die Hände an die Brust gedrückt, mit gesenktem Kopf hinter der Mutter her. Als ich mich Sim, Theng und Sarun anschloß, um den zweiten Teil unseres Gepäcks zu holen, kauerten die beiden Buben neben ihrer Mutter und boten ein Bild des Jammers. Meine Eltern waren alt und gebrechlich und trotteten mit Any, Lao, Keng und den drei anderen Kindern ihres Weges.

Für die acht Kilometer zur Pagode brauchten wir bis um die Mittagszeit. Wie alle übrigen Pagoden war auch diese Stätte geplündert und bereits über und über mit Flüchtlingen besetzt. Während des ganzen Tages strömten neue herein. Wenigstens hatten wir hier ein Dach über dem Kopf.

Immer mehr Deportierte trafen bis zum folgenden Tag auf dem Tempelgelände ein. Auch die Dorfbewohner erschienen nun, um ihre Lebensmittel gegen unsere Waren zu tauschen. Die wenigen Roten Khmer, die diese Durchgangsstation beaufsichtigten, schienen keine Einwände zu haben. Gegen eine Hose und einen Sarong konnte ich zwei Hühner eintauschen. Gerüchteweise verlautete, man dürfe nur das Notwendigste mit auf die Lastwagen nehmen, so daß Any und ich uns entschieden, die Hühner an Ort und Stelle zu töten und zu verspeisen. Für einige andere Sarongs bekam ich etwas Zucker, Maniokstärke und für Any und Staud sogar etwas Medizin. Zum Glück waren wir im Trockenen und konnten ruhen, so daß Any nach einigen Tagen kein Fieber mehr hatte und es auch Staud wieder besserging.

Da wir neben dem täglichen Kampf ums Überleben nichts anderes zu tun hatten, als uns zu unterhalten, kamen allerlei Gerüchte in Umlauf. Manche Leute hatten Radio Peking gehört und wollten wissen, daß Sihanouk zurückgekehrt sei. Überall war von den »fünf Bedingungen« die Rede, die der Prinz als

Gegenleistung für seine Rückkehr gestellt hatte. Wir kannten sie bald auswendig: Religionsfreiheit und Wiederaufbau der Pagoden, Wiedereinführung des Geldverkehrs, Öffnung der Schulen und Universitäten, Wiedereinstellung der Beamten und des technischen Personals sowie Freizügigkeit. Ich versuchte, über das Kambodscha-Programm der »Stimme Amerikas« herauszubekommen, was an diesen Gerüchten war, doch der Sender brachte kein Wort über Kambodscha selbst. Später erfuhr ich den Grund: Die meisten Gerüchte waren Phantasieprodukte. Damals jedoch hielt ich mich an die Vorstellung, in den USA habe man einfach das Interesse an uns verloren – wozu sich noch für uns interessieren, nachdem man uns ohnehin im Stich gelassen hatte? So kam es, daß wir noch geraume Zeit Hoffnungen hegten.

Zwei Wochen mußten wir warten, eine lange Zeit, wenn es keine Möglichkeit zur Körperpflege gibt, ganze Familien dicht nebeneinander lagern und die Verpflegungssätze knapp bemessen sind. Das einzig Positive an unserer elenden Lage war: Wir mußten nicht arbeiten und hatten keine Schulungen. Der organisatorische Aufwand war minimal. Nur jeden zweiten Tag verteilten die Roten Khmer Essensrationen.

Am Tag, als die Lastwagen eintrafen, erhielten wir Reis für drei Tage. Wir sollten unsere Sachen packen und zu Fuß zu den 500 Meter weiter an der Fernstraße wartenden Fahrzeugen gehen. Bald standen mehr als 2000 Menschen an der Straße aufgereiht. Noch einmal flackerte allenthalben Optimismus auf: Unsere Abreise stand bevor, und man hatte uns zu essen gegeben.

Da kamen auch schon die Lastwagen, es mögen 20 bis 25 gewesen sein, und stellten sich hintereinander neben den aufgereihten Flüchtlingen auf. Man sah die verschiedensten Fahrzeuge, vom Kipper, der einmal dem Ministerium für Öffentliche Arbeiten gehört hatte, bis zum chinesischen und amerikanischen Lastkraftwagen; alle hatten sie keine Plane.

Kaum hatten sie angehalten, da begann das große Gedränge um die Plätze. Minutenlang herrschte absolutes Chaos, da jede Familie darum kämpfte, zusammenzubleiben. Von der Ladefläche kletterten manche auf das Führerhaus und weiter bis vor zur Motorhaube. Ich schubste Staud und Nawath auf das nächste Fahrzeug, mußte aber entsetzt feststellen, daß es kurz darauf bereits voll war. Die Menschen hatten panische Angst, keinen Platz mehr zu bekommen, stießen und schoben sich und ließen in vielen Fällen Hab und Gut auf der Straße zurück. Es war absolut unmöglich, Sims Fahrrad mitzunehmen. Es flog einfach in den Straßengraben und ging in die Hände der Roten Khmer über. Meinen Eltern half ich auf den zweiten Lastwagen. Theng mit seiner Familie – Lao, den drei Kindern und Laos Mutter – befand sich mit meinen beiden Schwestern und Sarun auf dem dritten, und ich fand mit Sudath und Sim auf einem vierten Wagen Platz.

Wir saßen und standen wie die Sardinen, dicht zusammengedrängt, wohl hundert Menschen auf einem Transportfahrzeug. Sim und ich standen nebeneinander und wurden gegen die Rückseite des Wagens gedrückt, während Sudath zwischen uns eingekeilt war. Ich war nahe daran zu ersticken und bemühte mich dennoch, wenigstens einen kurzen Blick auf die übrigen Wagen und den Rest der Familie zu werfen. Wollten uns die Roten Khmer alle in den Tod treiben? Man behandelte uns schlechter als Vieh und machte uns zu Opfern einer menschenverachtenden Politik.

Trotz der Enge hatten nicht einmal alle einen Platz gefunden. Einige ältere Leute und Kinder standen verlassen am Straßenrand. Ich hörte, wie eine etwa 50jährige Frau einen Soldaten anflehte, sie doch auf unseren Wagen zu ihren halbwüchsigen Kindern zu lassen. Dieser Mann bestand jedoch darauf, daß der Wagen voll sei, und erlaubte ihr nicht, aufzusteigen. »Macht euch keine Sorgen um eure Mutter!« rief er den Kindern zu. »Angka weiß, wohin ihr fahrt!« Keiner von uns griff ein, niemand wagte zu protestieren. Der Wagen fuhr an, und die Frau blieb am Straßenrand zurück und rief mit tränenerstickter Stimme ihren entschwindenden Kindern nach: »Buddha segne euch!«

Der Konvoi fuhr durch Dörfer und kleine Städte in Richtung Norden. Alles machte einen verlassenen Eindruck. Transportfahrzeuge waren eine Seltenheit. Nahm man unseren ratternden Konvoi einmal aus, erschien mir Kambodscha als ein Land, in dem man sich nur noch mit dem Fahrrad oder zu Fuß fortbewegte. Eine Stunde verging, zwei Stunden, Kinder weinten, Regenschauer durchnäßten uns, dann brannte wieder die Sonne auf uns herab. Man hatte uns nicht gesagt, ob wir unterwegs anhalten würden, und wenn ja, wann. Es gab Leute, die urinierten und koteten, wo sie gerade standen. Ganz in meiner Nähe fielen zwei Frauen ohnmächtig zur Seite gegen ihre Nachbarn. Als sie nach geraumer Zeit nicht wieder zu sich kamen, sah ich, daß sie tot waren. Alles Elend dieser Welt schien auf diesen einen Lastwagen gezwängt.

Nach zwei Stunden hielten wir an. Der Fahrer und sein Begleiter, beide Angehörige der Roten Khmer, bemerkten die Leichen und forderten uns auf, sie herunterzureichen. Die Toten wurden neben die Straße gelegt, wo sie offenbar auch bleiben sollten. Als die Angehörigen der beiden toten Frauen sahen, was geschah, erhoben sie weinend Protest. Die Toten müssen bei uns begraben oder verbrannt werden. Der bloße Gedanke, sie einfach an der Straße liegen zu lassen, war unvorstellbar und frevlerisch. In diesem Moment war mir klar: Ab jetzt darf ich nicht länger hoffen. Jetzt sind wir für sie keine Menschen mehr.

Diese Einsicht rückte meinen ganzen bisherigen Optimismus in ein anderes Licht. Tatsache war, daß wir erneut die Opfer der politischen Verhältnisse geworden waren: erst Sihanouk, der zum Despoten geworden war, dann Lon Nol mit seinem kläglichen Scheitern, dann die Amerikaner, die uns im Stich ließen, und nun die Schreckensherrschaft der Roten Khmer. Ich war mir bewußt, daß dieser Schrecken nicht gemildert werden würde. Die Sihanouk-Fraktion hatte offenbar eine teilweise Rehabilitierung der Deportierten ins Auge gefaßt, um Sihanouks Rückkehr zu erwirken, doch die Fraktion der Puritaner hatte, um ihre Macht zu sichern, den Prozeß der Läuterung nur noch intensiviert. Indem wir den Wunsch äußerten, von Cheu Khmau weg in unsere Heimatdörfer zu kommen, hatten wir ihnen den Vorwand geliefert, uns »individualistischer Neigungen« zu überführen. Wir hatten uns im Grunde selbst denunziert. Die jetzige dritte Deportation war nichts weiter als der nächste Schritt unserer Zerstörung als Neuvolk.

Seit der Evakuierung Phnom Penhs hatten die Roten Khmer unsere Verschleppungen dazu benutzt, uns schrittweise unseres Eigentums zu berauben und unsere Individualität zu zerstören. Mit der Abschaffung des Geldes waren mit einem Schlag unsere finanziellen Rücklagen wertlos geworden. Nach und nach hatten wir alles eingebüßt, was uns lieb und teuer war, und nahezu alles, was unser Überleben sichern konnte.

Als sich der Konvoi wieder in Bewegung setzte, entwickelten sich vereinzelt Gespräche. Manche suchten sich dadurch bei Laune zu halten, daß sie Wetten darüber abschlossen, ob wir in Phnom Penh anhielten oder nicht. Tatsächlich näherten wir uns der Stadt, und es gab Leute auf unserem Wagen, die ganz sicher waren, daß wir auf dem Weg nach Battambang waren. Wir blickten uns nach allen Seiten um, ob nicht irgendwo ein ermutigendes Zeichen zu sehen war.

Wir entdeckten nichts dergleichen. Hier auf dem Land stießen wir überall auf die Spuren des Krieges. Hunderte von herrenlosen Autos standen wie Fremdkörper herum, die zerstörten Zeugen einer untergegangenen Kultur. Ich sah sogar zwei rostende Planierpflüge und drei Bulldozer, die einmal meiner Abteilung im Ministerium gehört hatten.

Hinter dem Militärposten von Chom Chau, der die Zufahrt zur Hauptstadt kontrollierte, kamen wir in eine andere Welt. An jeder Ecke standen bewaffnete, schwarz uniformierte Rote Khmer, deren automatische Waffen – chinesische AK47 und amerikanische M16 – in gutem Zustand waren. Auf gründlich bewässerten Reisfeldern sahen wir Soldaten bei der Arbeit. Auch Mais und Maniok standen gut. Je näher wir der Hauptstadt kamen, desto grüner wurde das Land.

Dann fuhren wir auch schon auf den Flughafen Pochentong zu. Ich reckte meinen Hals über das Führerhaus und sah am Kontrollturm eine rote Fahne wehen, die kein Wappen trug, obwohl sonst auf sämtlichen Fahnen, auch auf der der Roten Khmer, die Silhouette des Tempels von Angkor Wat abgebildet war. Der Kontrollturm war leer, die Landebahn unbenutzt und übersät mit den Skeletten von Zivil- und Militärfahrzeugen.

Weiter ging die Fahrt durch Pochentong. Der Ort war verwaist. Auf den Märkten und um die Villen war kein Mensch zu sehen. Die Türen der Häuser waren aufgebrochen, Möbel lagen verstreut umher, die Gärten waren verwildert. Wir näherten uns dem Stadtgebiet, wo unsere Familie gewohnt hatte.

»Sieh, Sudath«, sagte Sim, »Phnom Penh.«

Sudath stellte sich auf die Zehenspitzen und bemühte sich, mit gerecktem Hals durch den Pulk von Erwachsenen hindurch und über das Führerhaus hinweg etwas zu sehen. »Phnom Penh!« rief er mir laut zu. »Bitte, Vater, laß mich sehen.«

Sim und ich hoben Sudath hoch, bis er auf Augenhöhe mit uns war. »Gehen wir jetzt heim, Vater?«

»Heim? Nein, noch nicht. Wir müssen durch die Stadt hindurch und kommen erst noch an einen anderen Ort.«

Angestrengt blickten wir uns um und erkannten auf einer Seite der Straße die Universität, auf der anderen das Hospital der Mönche. Ich versuchte, einen Blick auf das Haus meiner Schwiegereltern zu erhaschen, doch es lag zu weit entfernt. Was wohl aus ihnen geworden war? Es kam mir vor, als wären sie mit Millionen anderer Menschen vom Erdboden verschluckt. Any kam inzwischen nicht mehr auf sie zu sprechen. Der Gedanke an ihre Eltern war zu schmerzlich. Sie waren Teil eines großen, dunklen Rätsels. »Aber Vater«, fragte mich Sudath verdutzt, »warum sind hier keine Menschen und keine Autos?«

Ich wußte keine Antwort, und Sudath, wie Sim und ich ganz im Banne dessen, was er sah, verfiel wieder in Schweigen. Die Häuser schienen ohne Ausnahme leerzustehen. An manchen Kreuzungen patrouillierten Rote Khmer; außer ihnen entdeckten wir nichts, was sich regte, nicht einmal eine Katze oder einen Hund. Das Unkraut hatte die Straßen und Gehwege überwuchert. Unsere Stadt war eine Geisterstadt geworden.

Doch war nicht jegliches Leben aus ihr gewichen. Phnom Penh war noch immer die Stadt der vielen Gärten, überall blühten und grünten Bäume und Blumen. Aus grünem Grund leuchteten rote Blüten hervor, während in den Bäumen und am Himmel die Vögel zwitscherten.

Obwohl es keinen Verkehr gab, fuhr unser Konvoi kaum schneller als im Schrittempo durch die Stadt. Meine Gefühle überwältigten mich wie nie zuvor in den fünf Monaten seit unserer Abreise aus Phnom Penh. Der schroffe Gegensatz – oben die Freude der Vögel, unten die trostlose Trauer – versetzte mir einen tiefen Stich. Es war, als führen wir durch einen Friedhof, als seien die Häuser Gräber, die von Blumen eingefaßt waren. Ich wünschte mir, Sim, Sudath und ich wären bei den anderen gewesen, um den Schmerz über den Verlust mit ihnen zu teilen. Als ich mich umblickte und in die verschmutzten und vor Gram verzerrten Gesichter sah, wußte ich, daß ich mit meinen Gefühlen nicht allein war und nicht als einziger Tränen in den Augen hatte.

Nach Battambang fuhr man normalerweise immer geradeaus durch das Stadtzentrum. Unser Konvoi bog jedoch nach links ab und nahm die Abkürzung durch das menschenleere Wohnviertel Tuol Kauk. Man fuhr uns am Fernsehsender vorbei, der noch stand, aber von Grünzeug überwachsen war, und weiter über das verwaiste Lambertstadion zur Linken und die französische Botschaft zur Rechten. Auch sie war verschlossen. Am Tonle-Sap-Fluß bogen wir wieder nach links ab. Sieben Kilometer weiter nördlich kamen wir zu einem Markt, dessen Gesicht sich auf erstaunliche Weise verändert hatte. Die massiven Marktstände aus Stein und die Pflastersteine waren verschwunden, an ihrer Stelle sah man Gemüsebeete, gleichsam als Symbole der Revolution der Roten Khmer, Symbole, die zu verkünden schienen: »Seht ihr wohl, wir haben keine Marktwirtschaft mehr. Wir praktizieren jetzt die Selbstversorgung!« Die wenigen Arbeiter, die in den Straßen zu sehen waren, gehörten dem Altvolk an; es waren Leute vom Dorf, die aus den einstigen befreiten Gebieten kamen. Zur Arbeit in den Kleinbetrieben, die auch unter der neuen Wirtschaftsordnung benötigt wurden, hatten die Roten Khmer die Bauern in die Stadt geholt, während die Fabrikarbeiter aus der Stadt aufs Land mußten.

Im weiteren Verlauf der Fahrt nach Norden rollte unser Transport auch durch meinen Geburtsort Oudong. Gemächlich ratterten wir über den Marktplatz, der mit zweistöckigen, nunmehr verwaisten Ziegelbauten gesäumt war, und von dort in die Wohngegend mit ihren kleinen Häusern, die teils gemauert, teils aus Holz waren und entweder Stroh- oder Ziegeldächer hatten. »Sieh nur, Sudath«, sagte ich zu dem Jungen und hob ihn noch einmal in die Höhe. »Da ist das Haus deiner Großeltern!« Das kleine elterliche Domizil mit dem blanken Erdboden war von Unkraut überwachsen. Hier hatte ich meine ersten zehn Lebensjahre verbracht, glückliche, friedliche Jahre. Ich wußte noch genau, wie wir im Dunkeln zwischen diesen Pfahlbauten Versteck gespielt hatten, erinnerte mich an die Nachmittage, wo ich im See gebadet hatte. Ich war ein guter Schwimmer und höre noch heute meine Eltern sagen: »Iß deinen Fischschwanz, Thay, und du wirst einmal schwimmen können wie ein Fisch!« Ich folgte ihnen, und sie hatten recht behalten. Ich dachte auch an die Stunden, die ich mich unter meinem Bett versteckt hielt, um meine Eltern für ein schreckliches Unrecht zu bestrafen, das sie mir angetan hatten. Und jetzt war weit und breit keine Menschenseele zu entdecken.

Als wir das Dorf wieder verließen, sah ich auch die Reisfelder, die ich von meiner Kindheit kannte. In der Regenzeit trat das Wasser über ihren Rand und strebte dem Fluß zu, in dem ich immer schwamm. Wenn wir im Fluß badeten, hörten wir die Amseln schlagen und beobachteten die Reiher, die im seichten Wasser auf Beute warteten. Einiges kam mir noch vertraut vor: die überschwemmten Reisfelder, die grünen Setzlinge, die ihren Kopf aus dem Wasser streckten, die Amseln, die von den Bäumen am Straßenrand unseren Zug verfolgten, und in der Ferne die Reihen der hochgewachsenen Zuckerpalmen, die die überfluteten Reisfelder säumten – der Charakter des Landes hatte sich nicht verändert, Kambodscha war eine Stätte von zeitloser Schönheit geblieben. Irgendwo war bestimmt auch ein Reiher zu sehen.

Unsere Fahrt nach Norden führte nun durch Salalekpram und

Kampong Chhnang; auch in diesen Ortschaften war bis auf ein paar Rote Khmer keine Menschenseele zu sehen.

Bei Einbruch der Dunkelheit hielten wir an. Ich stieg ab und stellte mit Erleichterung fest, daß die Familie vollzählig wieder beisammen und jedermann wohlauf war. Als ich Any in die Arme nahm, sagte sie, Staud sei es, abgesehen von einem Weinkrampf, gutgegangen. Die Familie versammelte sich etwas abseits von der Straße, und wir machten uns daran, so gut es ging, uns ein Lager zu richten. Matten und Decken wurden ausgebreitet, ein kleines Feuer gemacht, auf dem wir den Reis kochten. Von einem Bach in der Nähe holten wir Wasser.

Während wir warteten, bis das Essen fertig war, kamen wir kurz auf die zurückliegende Reise zu sprechen. Ich redete mit gedämpfter Stimme von den zusammengepferchten Menschen und von den Leichen, die man entfernt hatte, als sich Vuoch einschaltete: »Und habt ihr gesehen, was sie aus Phnom Penh gemacht haben? Überall dieses Unkraut! Die Häuser zerfallen, die Straßen...«

»Pst, Vuoch«, unterbrach mein Vater sie ruhig, aber bestimmt. »Nicht hier. Wir alle wissen, was von diesen Leuten zu halten ist. Wir haben es ja gesehen und uns dasselbe gedacht. Wozu noch viele Worte verlieren.«

Danach aßen wir schweigend und legten uns schließlich schlafen.

Im Morgengrauen rollten wir die Decken zusammen und wurden zu unseren Transportfahrzeugen zurückbeordert. Der heraufziehende Tag hob unsere Stimmung. Wovor hatten wir uns überhaupt zu fürchten? Waren wir nicht unterwegs nach Battambang? Diese Aussicht wirkte beruhigend auf mich. Als sich unser Transport in Bewegung setzte, war ich bereits wieder soweit, an die Möglichkeit eines besseren Lebens zu glauben.

Wir fuhren runde 30 Kilometer; dann hielten die Fahrer in Pursat, das etwa 175 Kilometer von Phnom Penh liegt. Am Ortseingang war eine Schranke heruntergelassen. Ich sah, wie der Verantwortliche des Konvois zu einer Gruppe Roter Khmer ging, die sich in der Nähe einiger kleiner Verwaltungsgebäude aufhielten. Er blieb dort eine halbe Stunde. Daß die Motoren weiterliefen, wertete ich als ermutigendes Zeichen, obwohl mir die Verzögerung gar nicht gefiel.

Als der Offizier zurückkehrte, machte die Wache keine Anstalten, die Schranke hochzuziehen. Wir fuhren zwar los, aber nicht geradeaus in Richtung Battambang; der Konvoi bog vielmehr nach links in die Provinz Pursat ab.

Das war also unser Battambang. Keiner, der nicht erneut in Schrecken versetzt worden wäre und laut aufgestöhnt hätte. Wieder einmal strebten wir einem unbekannten Ziel zu.

Pursat hatten wir rasch hinter uns gelassen. Wir kamen an einem großen Eisenbahnknotenpunkt vorbei, an dem Tausende von Neuen Menschen, die an ihrer bunten Kleidung als solche zu erkennen waren, an den Gleisen standen. Für Sekunden fragten wir uns, ob wir von hier vielleicht mit dem Zug nach Battambang gebracht würden. Natürlich nicht. Wir fuhren weiter durch ein flaches, fruchtbares Gebiet, wo Reis, Mais und Zuckerpalmen gediehen, anschließend durch Wälder, bis etwa um die Mittagszeit der Konvoi am Fluß Pursat anhielt.

Hier war die Straße zu Ende.

Nun wurde uns bewußt, daß unser Transport Teil einer großen Umsiedlungsaktion war. Um uns herum warteten bereits Tausende von Deportierten. Unser Konvoi war nicht der erste und sollte auch nicht der letzte sein. Die Sonne brannte vom wolkenlosen Himmel auf uns nieder. Da wir angewiesen wurden, nicht wegzugehen, setzten wir uns unten an den Fluß. Any, Keng, Vuoch und Lao kochten Reis, Theng und ich bauten aus Ästen ein provisorisches Schutzdach, damit die Kinder im Schatten schlafen konnten. Später sah ich einzelne Ochsenwagen in den Wald hineinfahren. Andere Leute setzten auf Barken über den Fluß. Es bestand kein Zweifel, daß auch wir dazu bestimmt waren, im Wald zu leben und mitzuhelfen, eines der unzugänglichsten Gebiete Kambodschas zu erschließen – Kardamom.

Kardamom galt allgemein als ungesunde Gegend. In der bewaldeten, gebirgigen Provinz lauerte die Malaria. Das Land war zerklüftet, die Wälder nirgends gerodet, die Bevölkerung dünn gesät. Die Khmer Loeu – Khmer der Berge – waren primitive Stämme, die vorwiegend als Jäger und Sammler lebten. Die Erträge ihrer kleinen Reisfelder waren bescheiden. Selten wagten sich diese Menschen nach Leach, in das einzige Dorf der Region.

Schwarz gekleidete Männer – es waren dunkelhäutige Zivilisten, angestammte Bewohner der Berge – gingen durch unsere Reihen und notierten sich unsere Namen sowie die Zahl der Angehörigen. Wir wurden einer Gruppe von 50 Familien zugeteilt, mit denen wir am Nachmittag aufbrechen sollten. Bedrückt und resigniert rappelten wir uns mühsam wieder auf, nahmen unser Gepäck in die Hand und schlossen uns der Menge an.

Wir müssen einen trostlosen Anblick geboten haben. Inmitten anderer Flüchtlinge zog unsere 18köpfige Gruppe weiter, angeführt von Theng, der seine beiden Buben bei der Hand hielt. Ihm folgte Lao, die mit einem Arm ihr Baby festhielt und unter dem anderen ein Gepäckbündel trug. Dann kamen Laos Mutter, meine Mutter, gestützt von Vuoch, mein stoisch schweigender Vater, Sarun mit der kleinen Srey, Keng, die wie immer ein Bündel auf dem Kopf trug und nicht von Saruns Seite wich für den Fall, daß er etwas Unpassendes sagte und ihre Hilfe brauchte. Ich bildete mit Any, die Staud an der Hüfte trug, sowie Sim, der Sudath und Nawath bei Laune zu halten suchte, die Nachhut.

Sim war der einzige, der von der allgemeinen Mutlosigkeit noch nicht angesteckt war. »Los, komm mit, Sudath«, rief er mit einem breiten Lächeln. »Wir gehen im Wald spazieren! Das macht Spaß!« Was hätten wir bloß ohne ihn gemacht.

Wir gehörten nicht zu denen, die den Fluß überquerten, sondern wurden durch die sich langsam vorwärts bewegenden Menschenmassen in den Wald hineingeführt. Auf unserem Marsch kamen wir durch kleine Siedlungen, in denen weitere verbannte Städter wohnten. Unter die Neugier, mit der uns diese Menschen musterten, mischte sich Angst. Man hielt vorsichtig auf Distanz, hoffte aber insgeheim, unter den Vorbeiziehenden einen Angehörigen der Familie oder einen Freund zu erspähen. Manch ein verschmutztes, von Erschöpfung gezeichnetes Gesicht, in das die verschwitzten Haare hingen, hellte sich vor Freude beim Anblick eines vertrauten Menschen kurz auf. Für mehr als eine kurze Begrüßung blieb aber keine Zeit. Kaum hatte man sich seiner Freude über die unerwartete Begegnung versichert, ging der Marsch in die Wälder weiter. Nach jeweils etwa einem Kilometer verlangsamten wir das Tempo oder hielten an, damit die Nachzügler aufholen konnten. Die Marschsäule hatte sich inzwischen auf fast 1000 Meter Länge ausgedehnt, denn die älteren Menschen waren immer weiter zurückgefallen.

Um die Zeit des Sonnenuntergangs begann es zu regnen. Da wir Regenzeit hatten, war dies ganz normal. Wir erhielten die Anweisung, an Ort und Stelle anzuhalten. Es goß in Strömen, und wir hatten kein Dach über dem Kopf. Die Kinder deckten wir mit unseren Jacken zu und versuchten, auf unseren durchnäßten Matten Ruhe zu finden. Staud fing zu weinen an, während Nawath und Sudath, von den monatelangen Entbehrungen abgehärtet, sich stumm und ohne zu klagen niederkauerten. Bald war der Boden zwischen unseren Füßen aufgeweicht und unser Gepäck völlig durchnäßt. Das Wasser rann uns durch die Kleidung, und jung und alt, allesamt erschöpfte, unglückliche Menschen, rückten noch enger zusammen.

Das Dämmerlicht machte aus den vielen Menschen, die sich in unserer Nähe niedergelassen hatten, vage Schatten, die sich kaum von der Stelle rührten und nur wenig redeten, während sie den Reis verzehrten, der vor zwei Tagen in der Watt-Ang-Recar-Pagode ausgeteilt worden war. Es waren keinerlei Vorkehrungen zur Krankenversorgung getroffen. Auch sonst waren wir auf uns allein gestellt. Niemand klagte, weil jeder vor den Roten Khmer Angst hatte, die bewegungslos in Zweier- und Dreiergruppen im Regen herumstanden.

Am nächsten Morgen wurde Verpflegung ausgegeben. Die beiden zuständigen Roten Khmer standen unter einem Strohdach. Während der eine durch ein Mikrophon unsere Namen ausrief, schöpfte der andere mit einer Blechdose aus einem Sack die festgesetzten Rationen. Als ich meinen Anteil in Empfang nahm – eine halbe Kondensmilchdose Reis pro Tag und Person, das sind 125 Gramm –, sagte der Soldat zu mir wie zu den vielen anderen vor und nach mir: »Wartet auf die Entscheidungen Angkas! Geht nicht weg!«

Drei Tage lang wiederholte sich dieses Ritual: die Dose Reis abholen, die mahnenden Worte dazu, die nicht enden wollende Warteschlange. Bis zu vier Stunden dauerte es, bis ich unsere halbe Dose Reis in Empfang nehmen konnte.

Am vierten Tag schließlich änderte sich der Wortlaut der Ermahnung: »Wir werden euch Land zuteilen«, hieß es jetzt. Während wir uns noch flüsternd fragten, was wohl jetzt auf uns zukommen werde, sollten sich bereits die Familienoberhäupter in Reihen von jeweils 50 Personen aufstellen. Zusammen mit meinem Vater und Theng reihte ich mich ein. Was haben sie mit uns vor? Wohin bringen sie uns? fragten wir einander. Bleiben wir in der Nähe, oder landen wir irgendwo im tiefen Dschungel?

Jede Marschsäule wurde dem Befehl zweier Soldaten unterstellt. Auf einem ausgetretenen Weg zogen wir in die Wälder. Nach rund eineinhalb Kilometern begannen die Roten Khmer damit, Grundstücke an die Familien zu vergeben, indem sie etwa 20 Meter weit auseinanderstehende Bäume als Grenzmarken festlegten. Wir waren in einem Urwaldgebiet und sollten uns hier Behausungen bauen. »Hier müßt ihr bleiben«, sagte einer der schwarz uniformierten jungen Soldaten zu uns, »für immer.« Wir waren also ans Ziel gekommen.

Endstation.

6 Der Dschungel der Sterbenden

Wie schrecklich die Lage war, in die wir geraten waren, wurde mir bewußt, als ich zurückging, um die Familie und das Gepäck zu holen. Der Dschungel wies hier nur wenige hohe Bäume auf und bestand vorwiegend aus jungen Bäumen, dichtem Unterholz, hohem Gras und Dornengestrüpp. Es gab kein Blätterdach, das uns Schutz gegen den Regen bot.

Planlos begann ich mit Sim, meinem kräftigen Neffen, den ich unter meine Fittiche genommen hatte, das Unterholz zu roden und eine Behausung zu errichten. Any sammelte Laub, das wir als Unterlage für die Matten nahmen. Sim und ich machten uns daran, Stangenholz zu schlagen, gruben die Löcher, in die wir es steckten, und zogen Abflußgräben. Sim arbeitete auch jetzt wieder, als wäre die Welt noch in Ordnung, und begann sogar, die Melodie eines Liedes zu pfeifen, das vor der Revolution sehr beliebt gewesen war – »Ich rud're ein Boot! Rud're ein Boot! Rud're ein Boot!«

»Sei doch still, Sim!« fuhr ich ihn an und blickte mich nach allen Seiten um. »Du wirst noch auf dich aufmerksam machen, dummer Junge.« Er hätte ja inzwischen wissen können, daß man seine Freude nicht offen zeigen durfte.

Am Nachmittag gelang es uns, einige Stangen mit Kletterpflanzen festzubinden und das Gerüst mit Stroh zu überdachen. Seitenwände gab es noch keine. Mit Steinen legte ich den Boden der Hütte aus, um den Untergrund so fest wie möglich zu machen, und bedeckte diesen holperigen Fußboden mit einem Blätterteppich.

Am Spätnachmittag wurden wir dann über Lautsprecher zur Essenausgabe gerufen. Die Männer der Familie gingen den Weg zurück und stellten sich unter die Tausenden von Menschen, die um einen Tisch standen und warteten, bis ihre Namen aufgerufen wurden.

Als der Abend dämmerte, versuchte ich, ein Feuer zu entfachen, doch Boden und Holz waren feucht. Noch immer hatte ich die beiden Feuerzeuge aus Phnom Penh bei mir, und nachdem ich mit dem Messer die feuchte Rinde von den Ästen gekratzt und das trockene Holz innen freigelegt hatte, gelang es uns, ein paar Zweige in Brand zu setzen und unseren Reis zu kochen.

Seit Phnom Penh hatten wir nicht unter so schrecklichen Verhältnissen gehaust. Bislang waren wir immer in Pfahlbauten untergekommen, in normalen, vor der Feuchtigkeit geschützten Häusern. Unsere jetzige Hütte lag im Schatten und würde immer naß sein. Zumindest war sie jetzt naß. Es war noch nicht ganz dunkel, da fing es erneut zu regnen an. Binnen kurzem waren der Blätterteppich und die Matten darüber durchnäßt. Wir waren ohnehin schon ausgefroren und erschöpft und mußten uns nun auch noch im Morast wälzen. Stauds Leiden war inzwischen chronisch geworden. Die beiden anderen Kinder standen verloren herum oder kauerten sich nieder und beobachteten uns aus ihren traurigen Augen. Als wir alle um das Feuer geschart hockten, blickten Any und ich einander wortlos an und weinten. Niemand sagte etwas. Es bedurfte keiner Worte mehr. Wir ließen unseren Tränen freien Lauf, Tränen nicht so sehr um uns selbst als vielmehr um die Kinder.

Die ersten drei Tage waren ein Alptraum. Sobald ich nicht mehr an der Hütte arbeitete, verfiel ich in Schweigen, starr vor Kälte und Angst, gelähmt angesichts unseres großen Elends. Düstere Gedanken überfielen mich. Nur der junge Sim hatte sich seine Lebendigkeit bewahrt und blieb gleichgültig gegenüber allen Unbequemlichkeiten. Er war stark und niemand verantwortlich. Nichts konnte ihn aus der Fassung bringen, und so wurde er die treibende Kraft beim Bau der Hütte. Er schien überall zu sein, holte Holz und beschaffte die Ranken zur Befestigung der Stangen.

Während Sim arbeitete, schaute ich nach meinen Eltern, die

mit den restlichen zwölf Mitgliedern der Familie 300 Meter weiter gezogen waren. Dort hatten Theng und Sarun, unterstützt von Vuoch und Keng, mit dem Bau eines Hauses begonnen, das weit solider als das unsrige war. Auch das Grundstück, das ihnen zugeteilt worden war, eine von zwei hohen Bäumen beschattete Lichtung an der Böschung eines Baches, war weit besser als unseres. Srey Rath spielte mit Thengs Buben Visoth und Amap, und mein Vater, der wie immer seine stoische Ruhe zeigte, erklärte schroff, er fühle sich ganz gut. Schließlich habe er von den Roten Khmer nichts Besseres erwartet. Meine Mutter dagegen, die unter dem fertigen Teil des Hausdachs auf einer Matte lag, war von der Reise sehr mitgenommen. Mit einem reichlich gezwungenen Lächeln meinte sie, in ein, zwei Tagen werde sie wieder auf der Höhe sein. Allein Lao, sonst immer die aktivste Frau der Familie, war mit ihren Kräften am Ende. Apathisch saß sie neben ihrer erschöpften Mutter und sah mich kaum an. Insgesamt war ich dennoch einigermaßen beruhigt und ging zu unserer Hütte zurück, um zu sehen, wie Sim mit dem Hausbau zurechtkam.

In der Nähe unseres halbfertigen Hauses arbeiteten drei kräftige Männer ebenfalls an einer neuen Behausung. Sie befestigten gerade die Dachbalken und deckten Stroh darüber. Wie verblüfft und erfreut war ich, in einem der Männer meinen alten Freund Chan zu erkennen. Seitdem ich ihn im Regen zur Watt-An-Recar-Pagode hatte aufbrechen sehen, hatte ich mich oft gefragt, was wohl aus ihm geworden war. Nun stand er leibhaftig vor mir, klopfte mir zur Begrüßung auf die Schultern und zeigte sich über das Wiedersehen ebenso erfreut wie ich. Chan stellte mich den beiden Männern vor, mit denen er das Haus teilen sollte. Der eine hieß Keo und war ein ehemaliger Zollbeamter, dem es gelungen war, seine Frau und seine Mutter vor dem Fall von Phnom Penh ins Ausland zu schicken, der andere Sun; dieser, ein Naturwissenschaftler, war etwa so alt wie ich und hatte als Lehrer gearbeitet. Die drei bildeten zweifellos ein geschicktes Trio und waren dabei, eine große Hütte mit einem schönen Satteldach zu errichten.

Am vierten Tag, unsere Behausungen waren inzwischen fertiggestellt, begann die Arbeit des Rodens. Wir mußten Bäume fällen und auf die Seite schaffen. Veal Vong, wie unser Lager hieß, war mitten in einen ungerodeten Dschungel gebaut worden. Nirgendwo in der Nähe waren Reisfelder.

Wir waren es ja, die sie anlegen sollten. Der Tagesablauf entsprach dem der Lager, die wir schon kennengelernt hatten: 6 Uhr Wecken, Mittagspause zwischen 12 und 13 Uhr, Arbeit bis 18 Uhr. Allerdings wurden wir hier zum erstenmal von bewaffneten Aufsehern während der Arbeitszeit kontrolliert. Wenn wir Bäume schlugen, Büsche ausrissen, Baumstümpfe entfernten und sie neben dem gerodeten Stück Land stapelten, tauchten plötzlich die Roten Khmer auf und sahen uns bei der Arbeit zu; unwillkürlich verdoppelten wir dann unsere Anstrengungen.

Bei meinen Rundgängen im Lager und beim Anstehen an der Essenausgabe in den ersten regenreichen Wochen fand ich heraus, daß in unserem Lager im Umkreis von drei bis vier Kilometern schätzungsweise 500 bis 600 Familien lebten, insgesamt annähernd 5000 Menschen.

Der große Exodus aus den Städten schien aber keineswegs beendet. Auch nach unserer Ankunft strömten noch über mehrere Wochen Tausende und Abertausende von Menschen, die an ihrer zerlumpten Kleidung als Stadtbewohner zu erkennen waren, an unserer Hütte vorbei; Menschen, die genauso unglücklich aussahen wie wir und die noch tiefer in die Wälder vordrangen, um dort ebenfalls Felder anzulegen. Wir musterten sie schweigend, wie man auch uns bei unserem Einzug beobachtet hatte, und erlebten immer wieder große Verbitterung in den verzerrten und ausdruckslosen Gesichtern, dieselben Tränen und kleinen Dramen, wenn Freunde und Familienangehörige sich trafen und trennen mußten ohne Aussicht auf ein Wiedersehen. So viele Menschen, so viele zerrüttete Körper, Gesichter, die nicht mehr lächeln konnten. Mir kam bei diesem Anblick der Gedanke, ob wir nicht sogar die Opfer eines gigantischen Ausrottungsprogramms wurden. Die Kürzung der Rationen und die Verschärfung der Zwangsarbeit mußte unweigerlich den Tod Hunderter, ja Tausender von Menschen herbeiführen. Wenn dies die angestrebte Läuterung war, dann hatte sie die Form einer gnadenlosen Selektion angenommen, die nur die Stärksten überleben würden.

Am meisten sorgte ich mich um unsere Kinder. Sie hatten ihre kindliche Unbefangenheit völlig eingebüßt, spielten nicht einmal mehr mit Thengs beiden Buben und wurden immer stiller und ängstlicher. Stauds Zustand verschlechterte sich von Tag zu Tag. Seine Füße schwollen an, er wurde immer schwächer und hatte schließlich nicht einmal mehr die Kraft zum Weinen. Die Sorge um seine Gesundheit nahm uns ganz in Anspruch, und jede Extraration, deren wir habhaft werden konnten, gaben wir ihm zu essen. Auf meine dringende Bitte hin wurde Any von der Arbeit freigestellt, damit sie das Kind versorgen konnte.

Es dauerte nicht lange, da setzte das Sterben ein. Schon in der ersten Woche sah ich mehrmals Menschen, die einen Toten an unserem Haus vorbeitrugen. Aufgrund der Vielzahl der Menschen in diesen Wäldern und ihrer schlechten gesundheitlichen Verfassung mußte es Opfer geben. Die Toten wurden im Wald begraben, am Rand der frisch gerodeten Felder – angeblich deshalb, weil nach Meinung der Roten Khmer die Leichen für zukünftige Ernten einen guten Dünger abgaben. Das Verbrennen der Leichen, so hieß es, sei die reinste Verschwendung. Erst müsse man das Holz sammeln, dann den Holzstoß aufschichten und dann auch noch der Einäscherung beiwohnen: Viel Holz, Arbeitskraft und Zeit gingen dabei verloren. In Veal Vong mußte man eben auch die Leichen noch nutzbringend verwerten.

Im Anfangsstadium blieb ich beim Anblick der Toten noch ziemlich ungerührt, war ich doch von meinen eigenen Problemen voll und ganz in Anspruch genommen.

Dann aber stieg eines Abends Stauds Fieber, und in der Nacht fiel so heftiger Regen, daß ihm unser Äste- und Blätterdach nicht standhielt. Bald waren wir durchnäßt, unsere Matten und der Fußboden überschwemmt. Wir konnten uns nur niederkauern, unsere Kleidungsstücke vom Boden heben oder sie über Äste und Zweige hängen, die an die Eckpfosten gelehnt waren. Nach einer

Weile gab ich auf und fragte unsere drei Nachbarn, ob Any mit den beiden kleinen Kindern für die Nacht bei ihnen unterkommen könne, was sie ohne weiteres gestatteten.

Als ich am nächsten Tag nach Hause kam, kochte Any gerade Reis. Staud döste zusammengerollt auf seiner Matte.

»Wie geht es ihm?« fragte ich sie. »Hat er etwas gegessen?«

»Er mag überhaupt nichts. Er liegt einfach da«, erwiderte Any traurig.

Der arme Kleine sah in der Tat schrecklich aus, wie die Kinder auf den Plakaten, die wir aus Phnom Penh kannten und auf denen zum Kampf gegen den Hunger aufgerufen wurde. Er bestand nur noch aus Haut und Knochen, der Bauch war aufgebläht, Füße und Beine geschwollen. Die beiden anderen Kinder kauerten zitternd und leise schluchzend in der Nähe und warteten auf ihre Reissuppe.

Plötzlich rief Staud: »*Mak! Mak!* (Mami! Mami!)«

»Was ist, Staud? Was ist denn los mit dir, mein Süßer?« sagte Any und ging zu ihm hinüber.

Wortlos bewegte er seine Hand. Er wollte, daß sie näher zu ihm kam, und so setzte sich Any dicht neben ihr Kind und liebkoste es. Dann schloß Staud wieder die Augen. Ein paar Minuten später nahm sie ihn vom Boden und wiegte ihn in ihren Armen. Staud sagte nun nichts mehr und schlief fest. Eine halbe Stunde dauerte es etwa, bis er plötzlich zuckte, als habe er etwas geträumt.

»Staud!« sagte Any flehentlich. »Staud, so wach doch auf!«

Der Junge reagierte nicht mehr. Ich wollte ihn wachrütteln, doch auch dabei gab er kein Lebenszeichen von sich.

Any wußte schon die Wahrheit und weinte bitterlich in sich hinein.

»Er ist tot«, sagte ich leise vor mich hin.

Minutenlang stand ich da, übermannt von Erschöpfung und Schmerz, unfähig, irgend etwas zu tun. Dann erst versuchte ich, Any das Kind abzunehmen, was sie nach einer Weile auch zuließ. Ich legte den armen, abgemagerten kleinen Körper auf eine Matte. Any setzte sich daneben und weinte.

Jetzt erst kamen mir die beiden anderen Kinder in den Sinn, die zitternd dasaßen und noch nicht begriffen hatten, daß etwas Ungeheuerliches geschehen war. Ich legte meine Arme um sie, wie im Zustand des Komas – unfähig, mich zu bewegen und die Verbindung zum Leben noch einmal herzustellen. Ich kauerte regungslos zwischen meinen beiden Kindern, drückte sie an mich; da lag mein toter Junge, und meine Frau, von Schmerz überwältigt, saß neben ihm. Jetzt endlich ist er frei, dachte ich bei mir, und muß nicht länger dieses menschenunwürdige Leben über sich ergehen lassen. Wenigstens ist er friedlich, ohne Schmerzen, eingeschlafen. Hoffentlich würde uns das auch vergönnt sein.

Dieser Gedanke brachte mich in die Wirklichkeit zurück. Ich bettete die beiden Buben auf ihre Matten und deckte sie zu, legte mich dann neben Any und hielt ihren Körper, der vor Schluchzen bebte, fest umarmt. Was sollte ich mit dem toten Kind tun? Welche Hilfe konnte ich Any und den Kindern geben, damit sie über den Verlust hinwegkamen? Unter solchen Gedanken fiel ich vor Ermattung in einen tiefen Schlaf.

Am nächsten Morgen sagte ich zu Any, ich müsse zum Dorfältesten gehen, um mich von der Arbeit befreien zu lassen und die Genehmigung für Stauds Beerdigung einzuholen.

»Das machst du nicht«, widersprach Any, und ich wußte auch, warum, da uns beide seit Stauds Tod dasselbe Problem beschäftigt hatte. »Er muß verbrannt werden. Wenn wir ihn begraben, lassen wir ihn allein im Wald, und er wäre für immer verloren. Seine Asche aber werde ich aufsammeln und immer bei mir haben.« Sie blickte zu mir auf; ihr Gesicht war vom Schmerz und vom Mangel an Schlaf gezeichnet, ihre Augen vom vielen Weinen rot geworden.

»Noch nie wurde hier jemand verbrannt«, sagte ich und versuchte, sie mit den Worten zu trösten: »Weine nicht. Er ist frei. Wir werden wieder Kinder bekommen. Es ist eine Erlösung für ihn gewesen.«

»Du mußt etwas unternehmen, liebster Thay«, flehte sie mich mit tränenerstickter Stimme an. »Ich will nicht, daß er im Wald begraben wird. Wir können ihn nicht hier zurücklassen. Ich will, daß er warm ist ... Staud war es die ganze Zeit zu kalt ... gönne ihm jetzt die Wärme ... Ich möchte ihn nicht hier lassen ... Ich möchte ihn mit mir nehmen.«

»Also gut, Any, ich versuche es.«

Ich hatte nicht den Mut, den Dorfältesten um die Erlaubnis für die Verbrennung zu bitten, doch Chan, der gut mit ihm auskam, war gerne bereit, sich für mich zu verwenden. Die Genehmigung wurde erteilt – ein ungewöhnliches Entgegenkommen. Der Dorfälteste kam sogar eigens zu unserer Hütte, um Any, die noch immer neben dem toten Kind saß und weinte, sein Beileid auszusprechen.

Ich überließ sie ihrem Schmerz und ging zu meinen Eltern, die, kaum hatten sie erfahren, was geschehen war, mit mir zurückeilten, um Any zu trösten. Ein großer Schock schien Stauds Tod für sie nicht gewesen zu sein. »Der Tod wird uns alle ereilen, wenn die Verhältnisse so bleiben«, meinte mein Vater mit unbewegter Miene.

Am Nachmittag errichteten Sim und ich 40 Meter von unserer Hütte im Wald entfernt einen meterhohen Holzstoß; danach war ich Any behilflich, Staud mit dem Besten zu bekleiden, was wir für ihn hatten: der kurzen Hose, dem T-Shirt, den Schuhen. Dann legten wir ihn auf das Holzgerüst und zündeten es an.

Das Feuer brannte den ganzen Nachmittag. Für eine gewisse Zeit stand Any, deren Gesicht vom Kummer gezeichnet war, davor und ging dann ins Haus zurück. Sim saß einfach da und starrte wortlos ins Feuer. Als es gegen Abend heruntergebrannt war, kamen auch die anderen, um die erlöschenden Flammen zu betrachten und um Any beizustehen. Nachdem sie gegangen waren, sammelte ich in einen kleinen Beutel die Asche ein und legte sie behutsam neben Any.

Es war gut, daß sie auf der Einäscherung bestanden hatte. Sie half uns, mit unserem Schmerz besser fertig zu werden.

Wenige Tage später kam um die Mittagszeit mein Vater zu uns herüber, um mit uns zu reden. Das tat er oft, doch diesmal brachte er schlechte Nachrichten: Thengs Schwiegermutter war gestorben. Sie hatte am Abend zuvor hohes Fieber bekommen, und am

Morgen war sie bereits tot. Während der ganzen letzten Monate hatte ich zwar kaum ein Wort mit ihr gewechselt, doch die Plötzlichkeit ihres Todes machte mich betroffen und führte mir auf eindringliche Weise vor Augen, wie verwundbar wir alle waren. Heute ein Kind, morgen ein Erwachsener. Wann waren meine Eltern, Anys Eltern, eines der anderen Kinder, wann war ich selbst an der Reihe?

Immer häufiger kam nun der Tod in die Wälder um uns. Die Toten wurden alle von Totengräbern, die der Dorfälteste bestimmt hatte, am Rand der gerodeten Flächen begraben. Totengräber brauchte man deshalb, weil die Familien zu schwach geworden waren, um die Gräber selbst auszuheben. Es war kein schlechter Job, weil man dafür einen Tag von der Arbeit freigestellt wurde.

Von der gnadenlosen Härte der Arbeit konnten wir uns nur während der langweiligen politischen Versammlungen und alle zehn Tage an unserem arbeitsfreien Tag erholen. Die Zeit wurde inzwischen nach der Zahl der Todesfälle pro Tag in unserer Umgebung gemessen: Wir zählten vier Tote, fünf Tote, manchmal bis zu zehn Tote an einem Tag.

Die Hoffnung erstarb und wurde zusammen mit den Leichen begraben. Die Trauer wurde Bestandteil unserer Sklaverei.

Als sich die Verhältnisse weiter verschlechterten – die Reisration wurde nach einigen Wochen auf eine Dose für sechs Personen pro Tag gekürzt –, sicherte ein neues Wirtschaftssystem, der Tauschhandel, wenigstens unser nacktes Überleben.

Es stellte sich heraus, daß es in einem Umkreis von sieben oder acht Kilometern neben den Lagern, die von Neuankömmlingen wie uns errichtet wurden, auch alte Bauerndörfer gab. Wir kamen häufig mit Angehörigen des Altvolks und des Neuvolks in Berührung, da letztere unter der Aufsicht von Bauern, die zum Altvolk zählten, zum Bambusschlagen in die Wälder geschickt wurden. Ganze Kolonnen von Menschen, die Kochtöpfe und kleine Beutel mit ihrer Verpflegung um die Hüfte gebunden hatten, strömten morgens an unserer Hütte vorbei und kamen abends mit Bambus beladen zurück.

Aus einem beiläufigen Gruß entwickelte sich oft ein Gespräch; dauerhafte Kontakte, auch freundschaftliche Beziehungen wurden geknüpft. Das Altvolk bekam erheblich mehr Reis zugeteilt als wir und durfte außerdem selbst Nahrungsmittel erzeugen. Wir hingegen, die Menschen aus der Stadt, besaßen vor allem Kleidungsstükke, aber auch Schmuck, Armbanduhren, manche sogar ein Radiogerät, lauter Dinge also, die für die Bauern von Interesse waren und die sie gegen ihren Reis tauschen wollten. Über Gesprächskontakte mit den Menschen, die durch die Lager kamen, kannte jeder den ungefähren Tauschwert seiner Besitztümer.

Als wir Beweise dafür hatten, daß auch die Roten Khmer Reis auf dem schwarzen Markt gegen bestimmte Waren für sich und ihre Familien eintauschten, stutzten wir zunächst. Woher stammte der viele Reis?

Folgende plausible Erklärung machte die Runde: Die Reismenge, die zur Verteilung kam, bemaß sich an der Zahl der Menschen, die bei unserer Ankunft registriert worden waren. Die einzigen, die die Zahl der noch Lebenden kannten, waren die Roten Khmer. Sie meldeten viele Todesfälle einfach nicht weiter und verfügten somit auch über den Reis, der für die bereits Gestorbenen angeliefert wurde. Je schlechter man uns also behandelte, je mehr Menschen starben, desto mehr Reis konnten die Roten Khmer für sich auf die Seite schaffen.

Solche Unterschlagungen ließen den Schwarzhandel zu einer festen Einrichtung werden, in der die Roten Khmer die entscheidende Rolle spielten. Reis entwickelte sich zu einer Art Währungseinheit: zehn Dosen Reis (die Kondensmilchdose fungierte als Maßeinheit) für ein Paar Hosen, vier Dosen für ein Hemd, sechs Dosen für einen Baumwollsarong. Ein *Tael* Gold (37,5 Gramm) hatte einen Gegenwert von 30 bis 40 Dosen Reis. Automatik-Uhren waren bei den Roten Khmer wie auch beim Altvolk sehr gefragt, und eine gute Armbanduhr brachte gut und gerne ihre 60 bis 80 Dosen Reis ein. Da die Batterien meines Radios leer waren und ich es nicht für lohnend befand, auf dem Schwarzmarkt neue zu besorgen, verkaufte ich das Gerät für 25 Dosen Reis.

Als Makler fungierten einige aus der Stadt verbannte Leute,

unter anderem ein Mann, der im Ministerium für Öffentliche Arbeiten als mein Untergebener gearbeitet hatte. Er nahm das Risiko auf sich, Angehörige der Roten Khmer zu treffen – daß diese selbst auf dem schwarzen Markt kräftig mitmischten, durfte nach außen nicht bekannt werden. Mein Bekannter handelte also die Geschäfte aus und bekam zur Belohnung seinen Anteil an Reis. Wenn ich zum Beispiel Schmuck im Wert von einem *Tael* Gold gegen Reis eintauschen wollte und er dafür von den Roten Khmer 40 Dosen erhielt, bekam ich davon 35. Dieses System funktionierte ziemlich reibungslos. Die ortsansässigen Roten Khmer, vielmehr deren Frauen und Eltern, hielten im allgemeinen ihre Zusagen ein. Sie wußten, daß der illegale Handel mit verbotenen oder rationierten Waren nur auf der Basis gegenseitigen Vertrauens und der Verschwiegenheit funktionieren konnte.

Wir alle mischten im Tauschhandel mit: mein Vater, Theng und Keng (sie handelte im Namen des armen Sarun) und ich selbst. Die beiden Familienhaushalte hielten zusammen, und es war mir daher möglich, nicht nur Frau und Kinder, sondern auch noch meinen Neffen Sim zu ernähren.

Sim wurde zwei Wochen nach unserer Ankunft in Veal Vong zu einer Jugendbrigade eingezogen und hatte sein Quartier in einem Lager, das drei oder vier Kilometer von unserem entfernt war. Allabendlich entwischte er dort, um mit uns zu essen. Es war ihm eigentlich nicht erlaubt wegzugehen, und wenn man ihn dabei gesehen hätte, wäre er schwer bestraft worden. Das kümmerte ihn jedoch nicht, vielmehr ging er dieses Risiko ganz gern ein. »Was macht man nicht alles für ein paar Bissen!« sagte er immer und lächelte in seiner unbekümmerten Art. Obwohl seine Reisration größer als die unsrige war, konnte er, da er entsprechend härter arbeiten mußte, eine zusätzliche Mahlzeit gut vertragen. Wir waren froh, ihm gefällig sein zu können, hatte er doch stets bereitwillig mit Hand angelegt und war dabei – jedenfalls nach außen hin – immer fröhlich gewesen. Wenn er abends auftauchte, kam etwas Licht in unser freudloses Dasein. Es waren fast die einzigen Gelegenheiten, zu denen Sudath und Nawath noch lächeln konnten.

Da wir beträchtliche Mengen an Kleidung und Schmuck bei uns hatten, gehörten wir zu den Glücklichen. Manche in Veal Vong besaßen überhaupt nichts, keine Medikamente, keine Kleidung, keinen Schmuck, keine Dollars. Man konnte sich leicht ausmalen, daß sie außerhalb des Systems standen; doch selbst diese Menschen entdeckten Möglichkeiten, ihre Rationen aufzubessern. Am erfolgversprechendsten war, sich auf die Suche nach etwas Eßbarem zu begeben. Alle zehn Tage hatten wir frei und durften in die Wälder ausschwärmen, um zu sammeln, was es Eßbares gab. Wer es darauf anlegte, konnte es dabei zum Experten bringen, als Fänger von Krabben zum Beispiel, als Angler, Fallensteller oder Pilzesammler. Für alle Arten von Spezialitäten konnte man Reis erwerben.

Das Sterben ging dennoch weiter. Die schlechte Ernährung und die körperliche Erschöpfung richteten die Menschen zugrunde. Erstaunlicherweise starben mehr Männer als Frauen. Vielleicht war daran die Arbeit schuld; vielleicht konnten die Männer auch den Schock darüber, daß ihre Welt zerstört war und sie über ihr Leben nicht mehr selbst bestimmen konnten, schwerer verkraften. Oder aber die Frauen entwickelten gerade infolge der großen Strapazen Kräfte, die normalerweise im Verborgenen schlummerten.

Diejenigen Männer, die härtere Arbeit verrichteten und die einen kräftigen Eindruck machten, brachen schneller zusammen. Oft handelte es sich dabei um Leute, die wohlhabend gewesen waren und jetzt Opfer ihres Übereifers wurden, mit dem sie zu demonstrieren suchten, daß sie nicht mehr an ihrem früheren Leben hingen. Die durch die Überanstrengung geschwächten Körper wurden dann eine leichte Beute der zahlreichen Infektionskrankheiten, die grassierten: Diarrhöe, Ruhr, *Beri-Beri* (Reisesserkrankheit), Malaria etc.

Eine häufige Todesursache waren auch Lebensmittelvergiftungen. Oft wurde die Reissuppe mit dem verschmutzten Wasser eines Baches oder zusammen mit unbekannten Wildpflanzen oder Pilzen gekocht. Vor allem die Pilze waren gefährlich. Es gab eine Reihe von Arten, die wir kaum kannten. Daher mußten wir oft nach dem Hörensagen die Speisepilze von den Giftpilzen unterscheiden. Wer die falschen erwischte, hatte sein Leben rasch verwirkt. Auf Erbrechen und Magenschmerzen folgten Durchfall und ein rascher Tod. Bevor wir Pilze zu uns nahmen, vergewisserte ich mich, daß andere Familien bereits von ihnen gegessen hatten. Ich wollte das Leben der Kinder nicht wegen ein paar Pilzen aufs Spiel setzen.

Es kam eine Zeit, in der mir auffiel, daß bestimmte Menschen plötzlich verschwanden.

Ming, ein Vietnamese aus unserer Nachbarschaft, war der erste, von dem ich es wußte. Es lebten mehrere vietnamesische Familien im Dorf, denen man übereinstimmend gesagt hatte, sie würden bald in ihre Heimat zurückkehren können. Dieser Zeitpunkt wollte und wollte nicht kommen. Ich mochte Ming, eine große und starke Persönlichkeit, der mit seiner Frau und seinem vierjährigen Kind zusammenlebte und dessen breites Lächeln und kräftige Schultern immer etwas Ermutigendes an sich hatten.

Eines Tages vertraute mir Ming den schlauen Trick an, mit dem er seine Ration erhöhte. Wenn am Abend der Reis ausgegeben wurde, ging er zu den Säcken vor und stach, während alle anderen sich um die Ausgabe drängelten, mit einem speziellen Handwerkermesser – einem langen, rohrähnlichen Gegenstand mit einem spitzen Ende – in einen der Säcke und fing den ausströmenden Reis in einem Schal auf. Als er mir von seinem Trick erzählte, hatte er sich sechs zusätzliche Dosen auf diese Weise angeeignet. Schon beim nächsten Versuch jedoch wurde er von einem Roten Khmer auf frischer Tat ertappt, festgenommen und zur »Umerziehung« abgeführt. Voller Angst wartete seine Frau darauf, daß er zurückkehrte.

Aus Tagen des bangen Wartens wurden Wochen, und noch immer war Ming nicht aufgetaucht.

Dann bemerkte ich, daß auch einige ehemalige Offiziere der Lon-Nol-Armee, die versucht hatten, ihre Identität zu verheimlichen, verschwunden waren. Einige Male fragten mich Frauen, die sich Sorgen machten: »Haben Sie meinen Mann gesehen? Er ging zum Bambusschlagen weg, und seit zwei Tagen habe ich ihn nicht gesehen.« Eine Zeitlang dachte ich, diese Männer seien vielleicht geflohen.

Als auch Sim eines Abends nicht bei uns auftauchte, wuchs meine Besorgnis. Wir dachten, irgendwann wird er schon noch erscheinen, doch Sim wollte einfach nicht kommen. Ratlos zuckten wir die Achseln. Den Kindern sagten wir, Sim werde uns bestimmt am nächsten Abend zur gewohnten Stunde wieder besuchen. »Wahrscheinlich hat er freiwillig eine Sonderaufgabe übernommen, der dumme Junge«, sagte ich noch. Doch auch am nächsten und am übernächsten Tag kam Sim nicht. Niemand hatte ihn gesehen. Ich hätte gerne gewußt, ob er vielleicht krank geworden war. Eine Woche verging, eine zweite, ein ganzer Monat.

Insgeheim ahnte ich schon, was sich abgespielt hatte, wollte es nur mir selbst nicht eingestehen. Dann aber kam der Tag, an dem ich der Wahrheit ins Gesicht sehen mußte und nicht länger verdrängen konnte, was Sim und den anderen Verschwundenen zugestoßen war.

Ich war drei Kilometer von unserem Haus entfernt mit meinen Nachbarn im tiefen Dschungel beim Schneiden von Bambusstangen eingesetzt. Auf einmal entdeckte ich vor mir einen idealen Bambusbaum mit einem Dutzend Stielen sowie einer Anzahl kleiner Schößlinge. Ich ging darauf zu, wobei mir ein eigenartiger Geruch in die Nase stieg, und sah Sekunden später fast zu meinen Füßen die Umrisse einer dunkelblauen Gestalt. Ich sah genauer hin.

Mit dem Gesicht nach unten lag vor mir die Leiche eines übel zugerichteten Mannes in einem dunkelblauen Hemd.

Ich wich zurück, erschrocken zwar, aber nicht sehr überrascht. Der Anblick der Leiche war ja nur die Bestätigung dessen, was ich schon seit langem gewußt hatte. Daß der Mann so nahe beim Dorf lag, ließ darauf schließen, daß seine Leiche zur Abschreckung dienen sollte. Dieser Gedanke war weit furchterregender als die Entdeckung der Leiche selbst.

Irgendwann erfuhr ich dann auch von einem Bekannten die

Wahrheit über Sim. Rote Khmer hatten ihn auf dem Weg zu uns gesehen und ihn zur »Umerziehung« mit in den Wald genommen.

»Was habe ich Schlimmes getan?« hatte er noch aufbegehrt, »ich gehe doch nur wie jeden Tag zum Essen zu meinen Verwandten. Noch nie hat mich jemand angehalten, ich wußte nicht, daß ich etwas falsch gemacht habe. Bitte, Genossen, jetzt, da ich es weiß, werde ich nie wieder...«

»Nein, nein Genosse, du bist ein Anarchist, du befolgst Anweisungen nicht. Du mußt mit uns kommen.«

So war er einfach verschwunden. Wie viele andere hatte man ihn wohl zu Tode geprügelt, um Munition zu sparen und zu vermeiden, daß Schüsse gehört wurden.

Der arme, naive Sim. Er sei ein Anarchist gewesen, erklärte der Brigadeleiter gegenüber seiner Gruppe, ein Anarchist, der seine Freiheit zu sehr liebte. Wir haben den Kindern nichts davon gesagt. Sim verschwand einfach spurlos aus ihrem Leben.

Es muß im Oktober gewesen sein, wir hatten etwas mehr als einen Monat in Veal Vong zugebracht, als überall offen über Flucht geredet wurde. Wenn Deportierte unter sich waren, brauchten sie sich nicht zu verstellen. Eine Familie nach der anderen eröffnete mir, sie könne es nicht länger aushalten, sie habe nichts mehr zu verlieren und plane, über die Berge ins 120 Kilometer entfernte Thailand zu fliehen. Manche Familien schlossen sich zu kleinen Gruppen zusammen und suchten schon tags darauf, ohne wirklich vorbereitet zu sein, das Weite.

Es handelte sich dabei um reine Verzweiflungsakte, denn die Chancen, daß sie ihr Ziel erreichten, waren gering. Das Kardamomgebirge, zu dem sie sich durch den Dschungel vorkämpfen mußten, erhob sich auf Höhen von bis zu 1700 Meter. Noch immer regnete es wolkenbruchartig; der Wasserstand der Flüsse in den Bergen würde innerhalb von Stunden rapide steigen und wieder abfallen. Hatten bereits die Studenten, die aus Sramar Leav flohen, vor großen Hindernissen gestanden, um wieviel unüberwindlicher waren sie für Familien mit Frauen und Kindern, die durch schlechte Ernährung und harte Arbeit geschwächt waren? Damals versuchte ich mir noch einzureden, daß einige dieser Familien vielleicht Glück hatten und entkommen konnten. Mittlerweile halte ich es für weit wahrscheinlicher, daß die meisten, wenn nicht alle, von Patrouillen der Roten Khmer aufgegriffen wurden oder einfach ums Leben kamen.

Wer jedoch nichts mehr zu verlieren hatte, setzte sein Leben noch eher im Dschungel aufs Spiel, als daß er sich im Lager in den sicheren Tod treiben ließ. Angesteckt von der Entschlossenheit der anderen trug auch ich mich mit Fluchtplänen.

Any und ich legten Lebensmittelvorräte an und bildeten unsere eigene kleine Gruppe von Verschwörern. Die erwachsenen Mitglieder der Familie weihte ich in unsere Pläne ein, obwohl außer uns niemand mitmachen wollte. Den Kindern sagte ich nichts; sie hätten uns, unbewußt natürlich, verraten können. Keo, Chan und Sun, unsere drei Nachbarn, wollten mitkommen, ebenso die Familie Chrean, bestehend aus dem untersetzten, etwa 40jährigen Chrean, seiner etwa 20jährigen Frau und deren fast gleichaltrigen Schwester. Die drei Nachbarn versuchten, mich dazu zu überreden, die Kinder bei meinen Eltern zu lassen, da sie uns aufhalten würden. Für Any und mich kam dies jedoch nicht in Frage, obwohl die Begründung natürlich plausibel war. Nach unserer Einschätzung mußte man zu einer erfolgreichen Flucht ausreichend Lebensmittel haben und wissen, wie man in den Wäldern zwischen unserem Lager und dem Fluß den Roten Khmer aus dem Weg ging. Hätten wir den Fluß erst überquert, würden wir immer weiter nach Westen über die Berge gehen.

Als wir glaubten, alles für die Flucht vorbereitet zu haben, begleitete ich eines Tages zur Erkundung unserer Fluchtroute eine Familie, die sich gerade absetzen wollte, auf dem Weg zum Fluß. Um nicht Rote Khmer auf mich aufmerksam zu machen, folgte ich der Familie in einiger Entfernung und tat so, als wäre ich auf der Suche nach Bambus. Von der Uferböschung aus sah ich die Familie den Fluß überqueren. Es war ein an die 80 Meter breiter, jedoch seichter Wasserlauf. Die Männer, Frauen und Kinder hielten sich an den Händen und bildeten eine Kette, die der Strömung standhielt. Langsam wateten sie hinüber, während das Wasser um ihre Hüften strudelte. Es sah ungefährlich aus, und so plante ich unsere Flucht für den nächsten Tag.

Ich suchte meine Eltern und den Rest der Familie auf und informierte sie über unseren bevorstehenden Aufbruch. Alle waren sie dafür.

»Richtig, Thay, du mußt gehen«, sagte etwa meine Mutter. »Wenn du hier bleibst, stirbst du. Wenn du gehst, hast du die Chance, einmal wieder frei zu sein. Auch für Any und die Kinder ist es besser, du unternimmst den Versuch. Und selbst wenn ihr scheitert, sterbt ihr wenigstens als freie Menschen in den Bergen. Vor allem bitte ich dich: Mach dir um deinen Vater und mich keine Sorgen.« Bei diesen Worten lächelte sie mir, wie sie es oft tat, kurz zu. »Wir sind schon zu alt.«

Auch mein Vater gab seine ausdrückliche Zustimmung. »Sorg dafür, daß deine Kinder ihre Großeltern nicht vergessen. Richte ihnen aus, Chhor und Loan werden im Geiste bei ihnen sein.«

»Das will ich tun, Vater.«

Ich umarmte einen nach dem anderen, während mein Vater noch immer redete. Er beteuerte, mehr als seine guten Wünsche und Gebete könne er mir nicht mit auf den Weg geben. Als ich schon am Gehen war, fiel ihm plötzlich noch etwas ein: »Halt, vielleicht kann dir dies von Hilfe sein, mein Sohn. Ich kenne ein altes Sanskrit-Gebet, das dir gegen die Gefahren der Wälder Schutz bieten möge.«

Er murmelte nun ein paar mir unverständliche Silben, die wie eine Art von Gesang, ein Mantra, klangen. Aus Respekt bat ich ihn, sie zu wiederholen. Ein ums andere Mal sprach er die Worte, bis ich sie behielt: *Neak mo puthir yak, meak a-uk, meak a-uk, meak a-uk*. Sprich diese Formel, meinte er, immer dann, wenn du glaubst, in Gefahr zu sein, und zwar siebenmal hintereinander. Auch er hatte keine Ahnung, was sie zu bedeuten hatte, doch ich lernte sie gehorsam auswendig. *Neak mo puthir yak ... Neak mo puthir yak* – das siebenfache, formelhafte Wiederholen des Mantra stärkte mein Selbstvertrauen ... *meak a-uk, meak a-uk, meak a-uk.*

Als ich mit Tränen in den Augen meinen Vater umarmte, zum letztenmal, wie ich dachte, warnte er mich noch mit den Worten:

»Es darf dich aber nicht zu irgendwelchen tollkühnen Abenteuern verleiten. Es hilft dir nur, wenn du dir selbst hilfst.«

Der folgende Tag gehörte zu den arbeitsfreien, an denen wir in den Wald gehen und nach Eßbarem suchen konnten. Wie gewöhnliche Dorfbewohner brachen wir am Morgen auf, um nach Früchten, Pilzen und Bambus zu jagen, mit dem Unterschied jedoch, daß wir zusätzliche Kleidungsstücke, Dosen, Kochutensilien, mein noch verbliebenes Fischnetz, den kleinen Beutel mit Stauds Asche und weitere Gegenstände zusammen mit dem Reis in unserer Kleidung versteckt hatten. Um keinen Verdacht zu erregen, gingen wir einzeln. Sudath und Nawath hielten wir, so gut wir konnten, zu rascher Gangart an und arbeiteten uns neben dem ausgetretenen Weg durch den Wald zum Fluß vor, wo wir als erste den Treffpunkt erreichten, der 300 Meter vor dem Fluß lag.

Nach einigen bangen Minuten des Wartens trafen auch die anderen ein – unsere drei Nachbarn und die Chrean-Familie –, und wir konnten zusammen zum Fluß vorrücken. Zu unserer Enttäuschung stellten wir fest, daß der Wasserstand über Nacht höher und der Fluß breiter geworden war. In den Bergen mußte es stark geregnet haben. Eine Menschenkette zu bilden und durch den reißenden Fluß zu waten war ausgeschlossen.

Dennoch war da keiner, der schon an Rückkehr dachte. Wir wollten vielmehr versuchen, ein Floß zu bauen. Bambusstangen gab es in der Nähe genug, Messer und Äxte hatten wir dabei – und außerdem: 100 Meter waren doch keine Entfernung. Die Erwachsenen konnten schwimmen, und die Kinder würden mitsamt dem Gepäck per Floß den Fluß überqueren. Eine andere Lösung war weit und breit nicht in Sicht. Es kam mir vor, als wären wir von einer unsichtbaren Kraft vorwärtsgetrieben. Wir hatten uns zur Flucht entschlossen, waren vom Dorf weggegangen und standen schon an diesem Fluß – war das nicht schon die halbe Freiheit?

Chrean mit Frau und Schwägerin standen Wache, während Keo, Chan, Sun, Any und ich begannen, so geräuschlos wie eben möglich Bambusrohre zu schlagen und zurechtzuschneiden.

Die Zeit verging. Bald war es Mittag, 13 Uhr, 14 Uhr – um fünf hätten wir wieder in unseren Häusern sein müssen. Danach würde man unsere Abwesenheit bemerken. Gegen 15 Uhr hatten wir genug Bambusrohre geschlagen, aber kein Seil zur Verfügung, um sie zusammenzubinden. Ich entschloß mich dazu, mein Fischnetz zu opfern.

Wir waren gerade dabei, die Bambusstangen zusammenzubinden, als Chrean herbeieilte und uns meldete, jede Menge Leute würden in unserer Nähe den Wald durchstreifen; es seien zwar ausschließlich Neue Menschen, trotzdem machten sie ihn nervös.

Bei näherem Hinsehen bemerkte ich, daß nervös gar kein Ausdruck war. Chrean zitterte am ganzen Leib, blickte sich ständig voller Angst um und war schweißgebadet.

»Ich muß zurück!« sagte er mit stockender Stimme. »Ich kann nicht weiter. Es bleibt mir noch genug Zeit, um fünf Uhr bin ich leicht im Dorf zurück. Keine Angst! Ich rede nicht. Kein Wort!«

Noch nie hatte ich einen Mann gesehen, der so von nackter Angst gepackt war. Und es kam so überraschend. Nichts an seinem Verhalten hatte darauf hingedeutet, daß er unter Druck so schnell zusammenbrechen würde. »Entschuldige bitte, Thay, aber ich habe einfach nicht den Mut zum Übersetzen.«

Alle waren verblüfft. Da standen wir vor einem unserer Anführer, der uns in dem Moment, da wir uns mit einem Bein bereits in Freiheit wähnten, großer Gefahr auslieferte. Unsere Stimmen klangen empört und fordernd, als wir ihn bestürmten: »Du kannst dich nicht so gehenlassen – auf keinen Fall machst du das – du bist unser Nachbar – die Roten Khmer werden dich fragen, wo wir sind – wenn du zurückkommst, sehen sie, daß wir sie ausgetrickst haben – sie werden sich dich vornehmen und dann uns verfolgen.« Ich erklärte noch einmal die Gründe, die für die Flucht zum jetzigen Zeitpunkt sprachen: Mitte Oktober war es in jedem Fall ein riskantes Unterfangen, aber dieses Risiko hatten wir bewußt in Kauf genommen. Besser im Wald umkommen als im Dorf langsam zugrunde gehen.

Es half alles nichts. Anstatt Antwort zu geben, machte er kehrt und schlich mit Frau und Schwägerin davon.

Seine Ängste erwiesen sich als ansteckend. Chan murmelte vor sich hin: »Vielleicht hat er sogar recht, und wir sollten alle umkehren.«

Nein, widersprach ich ihm, wie sollten wir denn unerkannt nach Veal Vong zurückkehren? Ich faßte einen neuen, nicht einfachen, aber durchführbaren Plan: Noch immer zogen Tag für Tag Hunderte von Familien aus der Stadt an uns vorüber, um tiefer in den Wäldern neue Lager zu errichten. Wenn wir so tun würden, als wären wir ebenfalls eine Familie frisch eingetroffener Verbannter, und dem Zug den Fluß entlang bis zu einem offiziellen Übergang folgten, könnten wir wenigstens den Fluß überqueren, uns absetzen und uns durch die Wälder davonmachen. Es gab ja keine Ausweispapiere mehr; wir alle waren also so lange in Sicherheit, wie uns niemand erkannte.

Dieser Plan wurde angenommen.

Vor dem Aufbruch mußten wir die Spuren unserer Arbeit beseitigen. Wir nahmen das Floß auseinander, der Bambus mitsamt dem zerrissenen Fischnetz wanderte in den Fluß. Erst später wurde mir klar, welche Verschwendung wir damit betrieben hatten; jetzt aber dachte ich nicht weiter darüber nach. Noch immer rechnete ich damit, daß wir vor Einbruch der Dunkelheit den Fluß überqueren und in die Berge entfliehen konnten.

Inzwischen waren auch Keo, Sun und Chan nahe daran, die Fassung zu verlieren. Sie bedrängten Any und mich, uns zu beeilen, was uns wegen der beiden Kinder und des Gepäcks nicht möglich war. Ich bat die drei, doch nicht in Panik zu verfallen, aber sie wollten auf keinen Fall warten und eilten ohne uns der Stelle zu, an der die Roten Khmer Neuankömmlinge über den Fluß setzten.

Auch wir waren nicht mehr weit von der Fähre, als die drei im Eilschritt auf dem Waldpfad wieder zurückkamen. »Sie fragten uns, zu welcher Gruppe wir gehörten und welche Nummer die Gruppe habe«, sagte Chan mit vor Angst weit aufgerissenen Augen. »Wir wußten natürlich nichts von irgendwelchen Gruppennummern und konnten ihnen nichts antworten!«

Jetzt hatten wir keine andere Wahl, als zurückzukehren.

In der Dämmerung, es war so gegen 17 Uhr 30, waren wir wieder im Dorf zurück. Für den Fall, daß es Probleme geben sollte, schärfte ich Any und den Kindern ein, die Ruhe zu bewahren. Meine drei Nachbarn hatte man offensichtlich gar nicht vermißt; als wäre nichts geschehen, machten sie sich daran, ihr Abendessen zuzubereiten. Bei uns lagen die Dinge anders. Auf den ersten Blick sah ich, daß eine Reihe von Gegenständen – Kleidungsstücke und Matten – verrückt worden waren. Sie hatten unser Haus durchsucht.

Der Nachbar, der uns gegenüber wohnte, sah uns kommen und rief laut herüber: »He Thay! Die Roten Khmer waren heute nachmittag in eurem Haus. Sieh dich vor! Ich hörte, wie sie sagten, ihr wärt weggelaufen.«

»Weggelaufen?« fragte ich unschuldig. »Ich bin wie alle anderen heute morgen hinausgegangen, um Pilze und Knollen zu sammeln.«

»Wo sind denn deine Kinder? Sie haben weder die Kinder noch deine Frau gesehen.«

»Any wollte mitkommen, und die Kinder konnten wir ja nicht allein lassen. Was ist daran so Besonderes?«

»Und wo sind eure Sachen, Thay? In der Hütte war offenbar nicht mehr viel zu finden.«

Als der Mann in sein Haus zurückging, trat Any neben mich und fragte mit besorgter Stimme: »Was ist los, Thay?«

»Die Roten Khmer waren hier; hab keine Angst. Mir fällt schon etwas ein.«

Es mutet seltsam an, aber gerade die Gefahr wirkte beruhigend auf mich. Ich wußte, ich war in der Lage, die nächsten Schritte sorgfältig zu planen.

Nicht weit vom Weg lebte ein Mann, der im Ministerium für Öffentliche Arbeiten als Fahrer gearbeitet hatte. Sein Name war Saly. Wir waren drei Jahre oder länger Kollegen gewesen, und ich vertraute ihm daher.

»Lieber Freund, du mußt mir helfen«, sagte ich, als ich sein Haus betrat. »Es gibt sonst niemand hier, auf den ich mich verlassen kann.«

»Was kann ich für Sie tun, Sir?« fragte er. Er redete mich immer mit Sir an, obwohl ich es ihm auszureden versucht hatte. Dann erklärte ich ihm, was vorgefallen war, und fragte ihn zum Schluß: »Kann ich die Kleidungsstücke und das Gepäck, das wir bei unserem Fluchtversuch bei uns hatten, bei dir lassen? Wenn die Roten Khmer nachfragen, sagst du ihnen, ich hätte dir heute morgen unsere Sachen zur Aufbewahrung gegeben, bevor wir zur Nahrungssuche in den Wald gegangen seien.«

Er erklärte sich dazu bereit. Ich holte also mein Gepäck, lieh mir von ihm ein paar Knollen, um meine Geschichte glaubwürdig zu machen, und überließ ihm dafür zwei Dosen Reis und etwas Salz.

Inzwischen hatte es sich herumgesprochen, daß ich zurückgekommen war. Minuten später tauchten zwei Rote Khmer auf, der Dorfälteste, ein großer Mann, angeblich ein früherer frommer Buddhist, sowie ein Soldat. Der Älteste war sichtlich ungehalten.

»Wir wissen, daß du weglaufen wolltest, Thay. Du bist nur zurückgekommen, weil ihr nicht über den Fluß gekommen seid. Stimmt's?«

»Nein. Wer hat dir denn das erzählt?« sagte ich mit gespielter Überraschung. »Ich bin weggegangen, um Knollen zu sammeln. Siehst du sie? Meine Frau hat sie da drüben.«

Er nahm mir die Geschichte nicht ab. »Wieso hast du deine Familie mit in den Wald genommen?«

»Meine Frau wollte mitkommen und die Kinder dabeihaben, ganz einfach. Dem Jüngeren ging es nicht gut, und der Ältere wollte den Ausflug mitmachen.«

»Na gut, und wo sind deine Sachen?«

»Meine Sachen? Die habe ich bei einem Freund weiter oben untergestellt. Da fällt mir ein, ich müßte sie mir eigentlich zurückholen. Warum kommst du nicht einfach mit? Du weißt doch auch, daß man in einem offenen Haus nicht alles liegen lassen kann. Selbst unter der Herrschaft Angkas kann man nicht jedem über den Weg trauen. Uns ist in letzter Zeit einiges abhanden gekommen.«

Ich zweifelte nicht eine Sekunde daran, daß Saly sich loyal verhalten würde.

»Da bin ich wieder!« Gut gelaunt betrat ich sein Haus. »Ich möchte die Sachen abholen, die ich heute morgen bei dir abgestellt habe.«

Saly wirkte überaus gefaßt, als er sagte: »Natürlich« und mit einem Blick auf den Ältesten hinzufügte: »Ist etwas nicht in Ordnung, Genosse? Genosse Thay bat mich, für heute seine Sachen bei mir unterstellen zu dürfen. Er kann sie doch jetzt wiederhaben, oder?«

Da hatte die Dorfobrigkeit keinen Grund mehr, uns nicht zu glauben, und nickte zustimmend.

Nach dieser Erfahrung ließ ich zunächst den Gedanken an Flucht, zumindest in einer großen Gruppe, fallen. Es galt ein weiteres Überlebensprinzip zu verarbeiten: Du darfst die äußere Erscheinung nicht zum Maßstab deines Verhältnisses zu anderen Personen machen. Menschen, die einen vertrauenswürdigen Eindruck machten, konnten in einer Gefahrensituation jederzeit umfallen. An meiner Entschlossenheit, Kambodscha zu verlassen, änderte sich nichts. Auch meine Eltern meinten, ich solle unbeirrt daran festhalten. Die Tränen kamen ihnen, als ich erzählte, unter welchen Umständen die Flucht gescheitert war, und mein Vater ermunterte mich, nicht zu verzagen. Neue Gelegenheiten würden sich bestimmt ergeben.

Von nun an würde ich allerdings auf eigene Faust handeln. Ich durchleuchtete meine Vergangenheit und meine Charaktereigenschaften und wollte bestätigt finden, daß meine Entscheidung richtig war. Ich hatte schon immer meine Individualität zu behaupten und meine Fähigkeiten bei jeder sich bietenden Gelegenheit zu entfalten gesucht. Ich hielt mich für flexibel, ich konnte bescheiden sein und hatte schon Gelegenheit gehabt, Führungsqualitäten zu beweisen. Ich würde unsere Flucht so organisieren, wie ich es für richtig hielt, und dabei möglichst viele aus unserer Familie mitnehmen.

Die Zeit verging. Wir waren wieder der Routine von täglicher Arbeit und politischen Versammlungen ausgesetzt und konnten unser bedrückendes Dasein allein durch die kleinen Ergänzungen unserer Verpflegungsrationen, die ich durch Tauschgeschäfte erwarb, erträglicher machen. Dabei war für mich die erste Regel, so lange nicht aufzufallen, bis sich mir eine neue Gelegenheit zur Flucht bot.

Es war der unglückliche Sarun, Kengs Mann, der mir demonstrierte, wie wichtig es war, sich unauffällig zu verhalten. Eines Tages arbeitete ich wie gewöhnlich in seiner Nähe, denn seit Stauds Tod und Sims Verschwinden achteten wir verstärkt darauf, daß wir möglichst nahe beieinander blieben. Sarun also hatte wieder einen seiner launischen Tage. Aufgrund seines Unfalls war er unberechenbar geworden, meist charmant und umgänglich, zu manchen Gelegenheiten aber auch äußerst reizbar. Es war uns bislang gelungen, ihn von Ausfällen gegen die Roten Khmer abzuhalten; Keng stand uneingeschränkt hinter ihm, und auch auf unser Verständnis konnte er rechnen.

An diesem Tag rodeten wir gemeinsam eine neue Parzelle im Wald, wobei Sarun in einen wahren Arbeitsrausch verfiel, immer heftiger auf das Unterholz einhieb und sich in Wut steigerte.

»Was ist das für eine Revolution?« hörte ich ihn murren. »Wir müssen zu schwer arbeiten.«

»Sarun, nicht so laut«, warnte ich ihn, denn nicht weit von uns standen die Aufseher. Sarun ließ sich jedoch durch mich nicht beirren und rief zornig, diesmal noch lauter: »Thay, laß mich in Ruhe! Ich bin hungrig und erschöpft! Was soll denn das für eine Revolution sein?«

Aus meinem Augenwinkel sah ich, wie die Aufseher aufblickten. Ich entfernte mich in der Hoffnung, sie würden mich mit diesem Ausbruch nicht in Verbindung bringen.

»Was für eine Revolution ist das?« schrie Sarun noch einmal, ohne von irgendeiner Seite eine Antwort auf seine Frage zu erwarten, und schwang wie ein Besessener seine Machete. »Schwerarbeit! Hunger! Weiter nichts!«

Nun kamen die beiden Aufseher zu ihm her, und der eine fragte: »Was hast du gesagt, Genosse?«

Sarun hörte auf zu schlagen, wandte sich dem Frager zu und blickte ihm in die Augen. »Ich hab' gesagt: Was für eine Revolution ist das? Wir müssen schwer arbeiten und bekommen nicht genug zu essen! Jawohl. Genau das habe ich gesagt!«

Mir stockte das Herz vor Schreck.

»Nun gut, wenn du das wirklich gesagt hast, dann kommst du mit mir.«

Die beiden Aufseher nahmen Sarun mit in den Wald.

Schweigen.

Ich wartete. Mein Herz schlug rasend schnell.

Nichts geschah.

Um ja kein Risiko einzugehen, begann ich wieder zu arbeiten. Gegen alle Vernunft hielt ich die Hoffnung wach, daß Sarun wieder auftauchen würde.

Eine Stunde verging, eine zweite.

Irgendwann kam der Punkt, wo ich mich nicht länger selbst täuschen konnte – Sarun, soviel war klar, würde ich nicht wiedersehen.

Am Abend ging ich nach der Arbeit nicht wie gewohnt nach Hause, sondern geradewegs zum Haus meiner Eltern. Als ich hereinkam, begrüßten mich Keng und die anderen mit einem freundlichen Lächeln, da sie damit rechneten, daß Sarun mit mir eintreffen würde. Ich brauchte Keng nur anzusehen, da lächelte sie nicht mehr.

»Sarun?« fragte sie und zog Srey Rath zu sich her. Ich nickte zur Bestätigung und setzte mich zögernd neben sie.

Was konnte ich ihr schon sagen? Was sollte ich Worte hervorzaubern, die zu seinen Gunsten sprachen?

Als ich mit meinem knappen Bericht fertig war, brach Keng, die Srey Rath fest an sich drückte, in Tränen aus. »Ich wußte, daß es so kommen würde«, schluchzte sie mit tränenerstickter Stimme. »Ich wußte es, ich wußte es«, wiederholte sie, bis sie nicht mehr weiterreden konnte.

Um weitere Worte verlegen, legte ich ihr meine Hand auf die Schulter. Dabei traf mich der Blick meines Vaters. »Na ja, vielleicht –« begann ich wieder zu reden, doch mein Vater schüttelte nur den Kopf, als wollte er sagen: Spar dir deine Worte. Es gibt keine Hoffnung. Wir alle wissen das.

Ich nickte langsam, gab meiner Mutter einen Kuß und ging aus dem Haus.

Nun waren bereits vier von uns tot; die 14 Überlebenden waren: meine vierköpfige Familie, meine Eltern, Theng, seine Frau Lao und die drei Kinder, Keng mit ihrer kleinen Tochter sowie Vuoch, und noch immer deutete nichts darauf hin, daß unsere »Läuterung« jemals enden würde.

Es blieb uns nur noch die vage Hoffnung, daß die Roten Khmer die von Sihanouk gestellten fünf Bedingungen akzeptierten. Wir sahen keine andere Möglichkeit, wie wir in die Stadt zurückkommen und wieder ein normales Leben führen konnten.

Auf einer politischen Versammlung bald nach Saruns Verschwinden gab der Dorfälteste solchen Hoffnungen Nahrung: Er bestätigte, daß Sihanouk zurückgekehrt sei, und erklärte, nun beginne ein neues Kapitel des Wiederaufbaus des Landes. Sihanouk sei dabei, eine neue Regierung einzusetzen. Dann bat er alle Spezialisten, Universitätsabsolventen, Offiziere der Lon-Nol-Regierung, alle Ärzte, Ingenieure und Studenten, sich zu melden und in eine Liste einzutragen.

Etwa 40 Leute hoben die Hand, unter ihnen sogar einige höhere Offiziere, die bis dahin ihre Identität sorgfältig verborgen hatten. Ich selbst zögerte sekundenlang, ließ dann aber meine Hand in meinem Schoß ruhen. Die Szene in der Pagode kurz nach unserer Abreise aus Phnom Penh, als die Roten Khmer die Angestellten der Elektrizitätswerke aufgefordert hatten, in die Hauptstadt zurückzukehren, und diese dann allein ohne ihre Familien losgegangen waren, hatte sich mir tief eingeprägt. Wenn ich gehe, werden wir getrennt, schoß es mir durch den Kopf. Am besten, du verhältst dich ruhig. Wenn man mich fragte, würde ich mich wie bisher immer als einfacher Techniker ausgeben.

Wir haben von den Personen, die damals das Lager verließen, nie wieder etwas gehört. Wir erfuhren nicht, was sich tatsächlich abgespielt hatte. Einmal war davon die Rede, sie seien exekutiert worden, Beweise dafür gab es nicht. Die Leute verschwanden einfach. Mehr kann ich dazu nicht sagen.

Ende 1975 wurden die Verpflegungssätze noch einmal gekürzt. Eine Dose Reis am Tag mußte jetzt acht Personen ernähren. Einmal, es war im November, bekamen wir zwei Tage lang überhaupt nichts. Die Roten Khmer erklärten uns dazu, die neue Lieferung sei nicht angekommen. Bei unserem ohnehin schon leeren Magen brachte diese Eröffnung für viele das Faß zum Überlaufen, vor allem wegen der Gerüchte, Offiziere der Roten Khmer hätten Reis unterschlagen. Auf diese Weise, so hieß es unter uns, könnten sie auf dem schwarzen Markt den Reispreis in die Höhe treiben und billiger an Kleidung und Schmuck kommen.

Niemand hätte zu träumen gewagt, daß es sogar zu Protestaktionen kommen würde. Am zweiten Tag ohne Reis jedoch ereignete sich etwas Unglaubliches. Einige hundert Neue Menschen demonstrierten unter der Führung von fünf Lehrern im Dorf gegen die schlechte Lebensmittelversorgung. Ich selbst blieb fern und riet dringend meinem Bruder Theng, dem Lehrer, dasselbe zu tun. Hinterher erfuhr ich dann, was sich zugetragen hatte.

Langsam und würdevoll waren die Demonstranten vor das Haus der Wachen gezogen – einen strohgedeckten Holzbau, an dem allabendlich der Reis ausgegeben wurde. Drei Rote-Khmer-Offiziere waren zu diesem Zeitpunkt anwesend.

Auf dem Platz vor dem Haus traten die Anführer vor die Menge, und einer von ihnen hielt eine kurze Ansprache, in der er einen Katalog von Beschwerden vor dem Dorfältesten ausbreitete. Je länger er redete, desto nachdrücklicher wurde sein Tonfall. Die Lebensmittelversorgung sei unsinnig organisiert, die Rationen seien kümmerlich, die Arbeit zu schwer, es gebe weder Medikamente noch ein Krankenhaus.

Nachdem er ausgeredet hatte, habe der Dorfälteste zunächst in freundlichem und beschwichtigendem Ton erwidert, Angka habe alles in ihren Möglichkeiten Stehende getan und wir sollten nicht vergessen, daß wir nicht für Angka, sondern für uns selbst arbeiteten. Die Ernte stehe bevor, und falls wir hart arbeiteten, werde unsere Ernte mehr als ausreichend sein. Es gebe keinen Fisch? Auch Angka esse keinen Fisch, und die Verzögerungen bei den Lebensmittellieferungen seien unabhängig von Angkas Willen.

Dann sei seine Stimme lauter geworden, und jeder seiner Sätze habe eine neue Drohung enthalten: »Ihr stiftet Unruhe. Ihr gefährdet den Frieden im Dorf. Ihr sät Zweifel in die Köpfe der Menschen. Ihr sagt, Angka sorge sich nicht um eure Gesundheit, und doch hat Angka alles getan, um euch zu helfen. Was habt ihr hierher mitgebracht? Nichts! Angka mußte euch transportieren, euch mit Reis versorgen, euch Land zuteilen, und noch immer habt ihr nichts Eigenes erzeugt. Aber wegen einer kleinen Verzögerung protestiert ihr. Verhält sich so ein guter Revolutionär? Sieht so die Ausschaltung der individualistischen Neigungen aus? Nein!«

Tags darauf trafen die Rationen ein, dafür waren eine Woche später die fünf Lehrer und einige andere Dorfbewohner, die sich an der Protestaktion beteiligt hatten, verschwunden. Bewaffnete Rote Khmer, die ständig im Dorf patrouillierten, hatten ihre Opfer nacheinander während der Nacht beseitigt. Die trauernden Familien wandten sich an den Dorfältesten, um etwas über den Verbleib der Verschwundenen zu erfahren. Dieser erklärte jedoch, er wisse von nichts. Wir haben nie mehr etwas von ihnen gehört.

Es war die Methode der Roten Khmer, vor den Terror den Schleier des Geheimnisses zu ziehen. Ihre finsteren Taten vollbrachten sie im verborgenen, während sie noch in der schlimmsten Zeit nach außen freundlich redeten und dem Tod mit der immer gleichen Höflichkeit den Weg bereiteten.

Das Verschwinden der fünf Lehrer verstärkte noch unsere Wut. Waren wir unter uns, verfluchten wir das tyrannische System, das uns zu Sklaven machte. Die Korruption sollte angeblich beseitigt sein, und dies, wo wir allein ihr, der Korruption, unser Überleben verdankten. Aber selbst wenn es gestimmt hätte: Was hatten wir denn zu essen? War es nicht besser, im Zeichen der Ungerechtigkeit etwas zu essen zu haben, denn als Gerechter zu verhungern? Im Kampf gegen die Laster der Vergangenheit hatten die Roten Khmer alle moralischen Werte über Bord geworfen. Sie sagten, sie spendeten Leben, und brachten nichts als den Tod im Namen der Ideologie hervor.

Mittel, unsere Wut zu artikulieren, hatten wir nicht. Ein Aufstand war unmöglich. Immer wieder besprach ich mit meinem Vater und meinem Bruder diesen Punkt. Wir waren einfach zu verwundbar, wie konnten wir uns da erheben? Patrouillen bewachten das Dorf rund um die Uhr. Wegen der *Chlops*-Geheimpolizei war es ausgeschlossen, daß eine größere Zahl von Menschen untereinander Verbindung aufnahm. Einen Weg, den Widerstand zwischen den einzelnen Kommunen verdeckt zu organisieren, sahen wir auch nicht.

Es kam noch hinzu, daß wir weder Waffen noch Lebensmittel hatten. Selbst wenn wir in der Lage gewesen wären, uns Waffen zu besorgen und die 50 Roten Khmer im Dorf zu töten, wäre der Ausgang ungewiß geblieben. Wir hatten nicht genug Lebensmittel, um Vorräte für den Guerillakampf anzulegen. Wir waren so entkräftet, daß wir schon nach wenigen Tagen im Dschungel den sicheren Tod erlitten hätten.

Ende November war bereits jeder dritte Bewohner von Veal Vong umgekommen. Unter unseren schrecklichen Lebensbedingungen hatten wir nur die eine Pflicht, überhaupt am Leben zu bleiben. Dieses Ziel ließ sich nur erreichen, wenn wir mit unseren verbliebenen Reichtümern auf dem schwarzen Markt Reis besorgten und die Solidarität innerhalb der Familie bewahrten.

Wir hatten es leichter als andere. Die Hälfte unserer Wertsachen und ein Großteil unserer Kleidungsstücke waren eingetauscht, doch wir hatten noch eine ganze Menge in Reserve. Meine 3000 Dollar waren mir geblieben, und auch Theng, Keng und meine Eltern trugen ihren Teil bei. Jeder von uns gab bereitwillig etwas ab (Vuoch, die Studentin, besaß nichts und stützte sich noch ganz auf meine Eltern). Wir konnten uns zwar nicht satt essen, waren bislang jedoch, was entscheidend war, von Krankheiten verschont geblieben.

Schließlich hatte sich unsere Familie als eine starke Einheit erwiesen. Der Tod hatte jeden getroffen, und wir hatten uns nach und nach innerlich damit abgefunden. Keng hatte sich nach Saruns Tod mehr meiner Mutter zugewandt.

Any hatte mit der Zeit auch den Tod Stauds verarbeitet, und irgendwann beschloß sie bei sich, Staud solle nun dem Wald gehören. Zusammen gingen wir mit dem kostbaren kleinen Aschenbeutel zum Bach unterhalb des Hauses meiner Eltern, wateten hinein, verstreuten die Asche über dem Wasser und verfolgten, wie sie langsam unter dem überhängenden Buschwerk unseren Blicken entschwand. »Auf Wiedersehen, kleiner Staud«, flüsterte Any. »Buddhas Segen sei mit dir. Auf Wiedersehen.«

Unsere gelegentlichen Kontroversen drehten sich alle um die Essensrationen, und meistens war Nawath die Ursache. Sudath war inzwischen bald zehn und konnte schon Verzicht leisten. Nawath hingegen mit seinen fünf Jahren war ständig auf der Suche nach Eßbarem, was Any irgendwo für später aufzubewahren suchte. Er war ein lebhaftes Kind und zeigte selbst in seinen jungen Jahren einen ausgeprägten Überlebensinstinkt. Er war es, der uns ständig unter Druck setzte, und so manches Mal mußte Any handgreiflich werden. Ihre Ohrfeigen waren leicht, damit die Aufsässigkeit des Jungen nicht weiter provoziert wurde. Seit Stauds Tod war er auch noch unser Jüngster, und es fiel uns schwer, ihn zu bestrafen.

Auch im Sinne der Revolution waren wir eine gute Familie, hatte doch Angka Streitigkeiten in der Familie offiziell geächtet. Männer durften ihre Frauen nicht schlagen, Beleidigungen waren untersagt, und Kinder durften nicht gescholten werden.

Schön und gut – wenn da nicht auf anderem Wege neue Spannungen innerhalb der Familien entstanden wären. Die Kinder wurden von den Roten Khmer dazu angehalten, Eltern, die sich nicht diesem Ideal gemäß verhielten, zu denunzieren. Die ersten Beispiele von Kindern, die sich bei den Roten Khmer über ihre Eltern beschwert hatten, waren mir schon zu Ohren gekommen. Der Familienstreit wurde nun eben heimlich ausgetragen.

Jeder konnte sehen, wie Menschen, die in der Öffentlichkeit stritten, bestraft wurden. In Veal Vong lebte ein etwa 50jähriger

Soldat, der ständig mit seiner Frau stritt. Zweimal wurde ihm offiziell bedeutet, daß sein Verhalten gegen die Gleichheitsgrundsätze Angkas verstieß. Die beiden stritten jedoch weiter miteinander, bis schließlich der Mann ein drittes Mal die Kontrolle über sich verlor und seine Frau schlug. Am nächsten Tag wurde er in den Wald geführt und blieb seitdem verschwunden.

Unser Überleben und unser emotionales Wohlbefinden hingen von Nahrungsmitteln ab, und diese konnte man nur kaufen. Wir hatten aber nicht unbegrenzt Waren, die wir zum Tausch bieten konnten. Dafür hatte ich große Dollarreserven, die jedoch unter den gegebenen Umständen nahezu wertlos waren, bis mir der Gedanke kam, meinen Geschäftssinn zu mobilisieren und etwas zu unternehmen, um meinen Dollars zu Wert zu verhelfen.

Natürlich hatte der Dollar allein deshalb seinen Wert, weil viele Leute, die ich kannte, Dollars bei sich hatten. Das Problem war, daß nicht genug davon in Umlauf waren, um den Dollar zu einer festen, konvertierbaren Größe zu machen. Der Handel mit Gold fand den Vorzug, obwohl Gold, je nachdem, wie ansprechend der jeweilige Gegenstand aussah, großen Wertschwankungen ausgesetzt war. Ein Halsband zum Beispiel brachte um ein Drittel mehr ein als ein Armreif. Jedem, der sich näher mit dem System befaßte, war klar, daß es voller Löcher war. Hier ein Beispiel: Rein theoretisch konnte man für 200 Dollar ein *Tael* Gold kaufen und mit diesem *Tael* Gold wiederum 40 Dosen Reis. Wenn ich jedoch mit denselben 200 Dollar direkt handelte, bekam ich lediglich 20 Dosen Reis dafür. Ich mußte daher dafür sorgen, daß ein stabiler Markt für Dollars entstand.

Als erstes legte ich durch den Verkauf von Kleidungsstücken und Schmuck einen Vorrat von etwa 50 Dosen Reis an, die mir die Sicherheit gaben, die ich für die Umsetzung meines Plans brauchte.

Dann schaltete ich einen Chinesen als Zwischenhändler ein, der wie wir als Neuer Mensch eingestuft war und dem der Ruf vorausging, daß er seine Geschäfte äußerst rasch abwickelte.

»Lieber Freund, hast du Dollars?« fragte ich ihn. »Jemand wollte welche von mir haben.«

Bei meiner Frage stutzte er. »Wieso Dollars?«
»Frag mich nicht, es ist für einen Freund. Wenn du welche finden kannst, bekommst du dafür Reis von mir.«
»Aber warum Dollars? Erklär mir das doch bitte mal.«
»Vermutlich weil der Dollar wichtig wird, wenn wir nach Phnom Penh zurückkommen«, sagte ich. »Die Leute in den Botschaften dort verwenden Dollars. Es ist eine starke Währung, die man für Auslandsreisen brauchen würde. Im Ausland zählt nur der Dollar. Wenn es soweit ist, wird der Dollar in Relation zu unserer neuen Währung gut dastehen. Außerdem ist er im Gegensatz zu Gold stabil. Schmuck variiert im Wert je nach Geschmack. Hundert Dollar sind dagegen zu allen Zeiten hundert Dollar. Solltest du also welche auftreiben, kaufe ich sie dir für meinen Freund ab.«

Der Chinese wußte aufgrund seiner guten Beziehungen, daß viele Leute US-Währung besaßen, und brachte mir bald die 200 Dollar, für die ich ihm ordnungsgemäß 20 Dosen Reis gab.

Die Nachricht von unserem Tauschgeschäft hatte sich bald im Lager und in zwei, drei Nachbardörfern herumgesprochen. Mit einemmal wurde den Leuten bewußt, daß ihre Dollars nicht erst auf lange Sicht, sondern hier und heute von Wert sein konnten.

Mein chinesischer Mittelsmann war natürlich einer der ersten, der auf dem neuen Markt abkassierte. Nach einigen Tagen tauchte er wieder bei mir auf und machte einen wenig zufriedenen Eindruck. »Du hast mich reingelegt, Thay. Die anderen haben mir für hundert Dollar fünfzehn Dosen Reis gegeben, während ich von dir nur zehn bekommen habe.«

Der Dollar war also bereits um 50 Prozent im Wert gestiegen. Ich konnte ihn beruhigen, indem ich ihm weitere 100 Dollar, diesmal für 15 Dosen Reis, abkaufte. Die Sache schien wunderbar zu funktionieren. Meine Reisvorräte waren zwar zusammengeschmolzen, dafür waren aber jetzt meine Dollars in unserer winzigen, abgeschotteten Tauschgesellschaft etwas wert.

Bald war ich auch in der Lage, die Früchte dieser guten Entwicklung zu ernten. Im Verlauf weniger Wochen handelte ich mir über denselben Vermittler für 1000 Dollar 150 Dosen Reis ein.

Diese Käufe ermöglichten uns, einigermaßen gesund zu leben, und lösten darüber hinaus ein Echo aus, das weit über das hinausging, was ich im voraus hatte planen können.

Das hatte nichts mit meiner Person zu tun, machte sich vielmehr allein an der wachsenden Überzeugung fest, daß das Regime der Roten Khmer bald zusammenbrechen würde. Dieser Überzeugung waren Neuvolk und Altvolk gleichermaßen; sie wurde zum Teil gespeist von der Unfähigkeit der Rote-Khmer-Verwaltung, zum Teil von Wunschdenken, in hohem Maße aber vom Glauben an die Voraussagen des großen Weisen Puth.

In der Tat waren zwischen den Worten Puths und dem Elend, dem wir ausgesetzt waren, verblüffende Übereinstimmungen festzustellen. Puth sagte: »Schwarze Krähen werden im ganzen Land *Lovea*-Früchte verstreuen.« Die *Lovea*-Frucht ist grün, kugelförmig, kleiner als eine Pflaume, sie glänzt und ist appetitlich anzuschauen. Wenn man sie aber aufmacht und essen will, ist sie voller Läuse. Analysierte man Puths Weissagungen im Lichte der jüngsten Ereignisse, kam man darauf, die Männer Angkas, die alle schwarz gekleidet waren, mit den »schwarzen Krähen« gleichzusetzen, die *Lovea* als die Utopien der kommunistischen Ideologie, schließlich die Läuse als den Inhalt ebendieser Ideologie: Mord, Hungersnot und Elend.

Puth sagte weiter: »In dieser verfluchten Zeit werden die Menschen so hungrig und ausgelaugt sein, daß sie einem Hund hinterherlaufen und sich um ein Getreidekorn balgen, das sich in seinem Schwanz verfangen hat.« Früher hatte solche Weissagungen niemand ernst genommen. Wenn die Älteren davon erzählten, rümpften wir höhnisch die Nase und machten uns über sie lustig. Wer konnte sich auch vorstellen, daß in einem Land, das Reis ausführte, eine Hungersnot ausbrechen würde? Puth hatte verkündet: »Blut wird fließen so hoch wie der Bauch des Elefanten, bis der Frieden wieder einkehrt.« Wer hätte sich so etwas von einem so friedlichen, einigen Land ausmalen können? Jetzt aber erwiesen sich diese schrecklichen Prophezeiungen mit jedem Tag als wahrer. Wir erlebten eine Umkehrung aller Werte, und die Schänder hatten die Zügel in der Hand.

Glücklicherweise sollte nach Puth die Zeit des Schreckens von begrenzter Dauer sein. Die Herrschaft der *Thmils*, jener gottlosen Männer, war nur auf sieben Jahre, sieben Monate und sieben Tage festgesetzt. Dann würden die *Thmils* liquidiert werden.

Dieser Ablauf der Ereignisse wurde fast schon zu einem Glaubensartikel von Neu- und Altvolk; mittlerweile wurden auch die angestammten Bewohner der Dörfer der Roten Khmer überdrüssig. In den alten Zeiten hatten die Bauern friedlich mit ihren Familien gelebt und ein, zwei Paar Ochsen, Büffel, Reisfelder, einen Pflug, Bananenbäume und Kokospalmen besessen. Die Arbeit eines halben Jahres hatte Erträge eingebracht, von denen sie das ganze Jahr zehren konnten. Nun gehörte alles der Kommune, das Privateigentum war abgeschafft. Die Bauern mußten Karren, Pflüge und Ochsen zu gemeinschaftlichem Nutzen zur Verfügung stellen. Selbst die Obstbäume gehörten der Dorfkommune. Niemand fühlte sich noch für irgend etwas verantwortlich, es ging wirtschaftlich immer weiter bergab, und die Bauern wurden immer verbitterter.

Daß auf die Dauer die Roten Khmer gestürzt werden würden, glaubte ein jeder, und daher raffte man so viel wie möglich zusammen. Die Bauern stürzten sich begierig auf die Waren aus der Stadt, die Neuen Menschen horteten Lebensmittel. Hinzu kam nun, daß sich der Dollar immer mehr als das Mittel durchsetzte, mit dem man Lebensmittel, Schmuck, Gold und Medikamente eintauschen konnte.

Im Dezember 1975 munkelte man, daß wir bald weitertransportiert würden. Das klang gut, war es doch hier um diese Jahreszeit naß und kalt. Unsere Decken waren nicht dick genug, und wir mußten nachts ein Feuer unterhalten, wenn wir schlafen wollten. Schließlich drang das Gerücht auch zum Dorfältesten vor, der es aber energisch dementierte: »Ihr bleibt für den Rest eures Lebens hier!«

Ende Dezember wurde dann aber eine politische Sonderversammlung einberufen. Der Redner war uns unbekannt. Ohne

Umschweife fragte er die Anwesenden: »Ist hier jemand, der freiwillig weggeht?« Er sagte nicht wohin. »Falls ja, bereitet euch darauf vor, noch heute aufzubrechen.«

Einige meiner Freunde machten große Augen und blickten sich erstaunt an. »Warum hat Angka ihre Meinung geändert?« mußte man sich fragen. Ich machte mir über diesen Punkt deswegen keine Gedanken, weil ich schon lange aufgehört hatte, nach dem Sinn irgendwelcher Pläne Angkas zu fragen. Angka änderte auch in diesem Fall nicht ihre Meinung, denn dazu wären feste Richtlinien vonnöten gewesen, die es jedoch nicht gab. Angka war unberechenbar, zugleich aber auch unfehlbar. Ihre Unberechenbarkeit war Teil ihrer Unfehlbarkeit. Es war unser Fehler zu glauben, Angka besitze eine Meinung, die sie ändern könnte. Uns blieb keine andere Wahl, als alles hinzunehmen und in diesem Fall zu handeln, wie wir es für richtig hielten.

Offensichtlich gab es auch interne Differenzen. Der Dorfälteste wollte, daß wir blieben, während die neu angekommenen Funktionäre die Freiwilligen auf die Seite treten ließen, um ihre Namen zu notieren. »Angka braucht euch für die Arbeit an einem anderen Ort«, sagte der Redner. »Der Arbeitsplatz ist besser als hier, weil er nicht mitten im Wald liegt. Die Lebensbedingungen dort sind angenehmer.«

Es gab manchen im Dorf, der bei einem Ortswechsel neues Unheil befürchtete. Ich war da nicht so sicher. Während sich die Freiwilligen auf einer Seite aufstellten, besprach ich die Lage mit Any, Theng, Vuoch, Keng und meinen Eltern. Unsere Situation in Veal Vong war alles andere als rosig. Die Rationen waren dürftig, die Gegend feucht. Gewiß, niemand hatte für den Fall des Ortswechsels größere Rationen in Aussicht gestellt; keiner hatte auch verraten, wohin die Reise gehen sollte. Es gab dennoch gute Gründe, die für den Wechsel sprachen. Ich mußte immer noch befürchten, von einem Mitglied der Roten Khmer als ehemaliger hoher Beamter der republikanischen Regierung erkannt zu werden. Für diesen Fall rechnete ich mir nur geringe Überlebenschancen aus. Zudem wollte ich noch immer näher zur Grenze kommen. Ein anderes Dorf hätte unter Umständen bessere Fluchtmöglichkeiten geboten.

Wenn die Roten Khmer von Veal Vong uns zum Bleiben zu bewegen suchten, bedeutete das keineswegs, daß sie sich irgendwelche Sorgen um uns machten. Ihnen ging es ausschließlich um unseren Reiswert. Noch immer wurden die Rationen nach der Zahl der Einwohner zugeteilt. Mehr Menschen bedeuteten mehr Rationen, mehr Todesfälle und größere Lebensmittelreserven für die Roten Khmer am Ort. Unsere Abreise würde diese paradoxe, parasitäre Wirtschaft untergraben. Wie sollten sie an Gold und Schmuck kommen, wenn wir weg waren?

Es dauerte nur wenige Minuten, dann war unsere Entscheidung gefallen: Wir schlossen uns den Freiwilligen an.

Am Nachmittag setzten sich die 1000 Aufbruchwilligen, knapp die Hälfte der Überlebenden von Veal Vong, in Bewegung. Mit unseren restlichen Habseligkeiten begaben wir uns – die beiden Kinder zwischen Any und mir, die übrigen Erwachsenen dicht hinter uns – auf den Weg, der zur Hauptstraße zurückführte.

Nach fünf Kilometern Fußmarsch kamen wir zu einer Pagode, die nun als Flüchtlingszentrum diente. Dort sollten wir auf unsere Transportfahrzeuge warten.

Zu unserem Erstaunen verbesserten sich auf geradezu wundersame Weise die Lebensbedingungen. Die Rationen wurden verdoppelt: Eine Dose Reis pro Tag wurde jetzt nur noch für vier Personen bemessen. Möglicherweise war die Ernte hier besser gewesen, oder die Roten Khmer wollten uns dazu ermutigen, ihren Versprechungen Glauben zu schenken. Wenn dem so war, hatte ihre Taktik Erfolg, sah ich doch selbst in mir wieder ein bißchen Hoffnung aufkeimen.

Für einen von Anys Röcken handelte ich mir von den Einheimischen Zucker ein, einen Zylinder voll braunen Palmzuckers, der in fünf Zentimeter langen und einen Zentimeter dicken Scheiben abgepackt war – für uns eine Köstlichkeit, ein Geschenk des Himmels. Über mehrere Monate hatte keiner von uns Zucker gegessen. Begeistert brach ich ihn in Stücke und teilte ihn aus.

Ich werde nie vergessen, welch unglaubliches Entzücken das erste Stück, das mir auf der Zunge zerging, in mir auslöste. Um die Freude möglichst lange auszukosten, lutschten wir den Zukker so langsam wie nur möglich und legten schließlich sogar den Kopf zurück, um nur ja keinen Tropfen süßen Speichels zu verlieren.

Außerdem konnte ich für zwei 100-Dollar-Noten zwei Hühner erstehen. 100 Dollar für ein Huhn – ein tolles Geschäft! Doch wir nützten die Gunst der Stunde. Ich tötete die Tiere auf der Stelle, nahm sie aus und grillte sie über unserem Feuer. Aus den Resten kochten wir eine Suppe. Es reichte an diesem Abend für die ganze Familie, immerhin 14 Personen, zu einem Festmahl. Wir aßen uns endlich einmal wieder satt, steckten uns gegenseitig die besonders leckeren Stücke zu, nagten jeden Knochen fein säuberlich ab und lachten, als gelte es, die Richtigkeit unserer Entscheidung zu feiern. Jemand, der noch nie eine echte Hungersnot erlebt hat, wird sich schwertun, das tiefe Wohlbehagen und die Euphorie, die gutes Essen erzeugen kann, zu verstehen. Alles Leid der letzten Monate schien mit einemmal von uns abzufallen. So schnell also waren wir neugeboren, und dabei auf so simple Weise. Immer wieder versicherten wir uns, welch großes Glück wir doch gehabt hatten.

Nach zwei Wochen kamen die Lastkraftwagen, bei deren Anblick auch unsere letzten Befürchtungen verflogen. Jeder fand diesmal bequem Platz. Anders als bei der letzten Fahrt waren wir nicht wie Tiere zusammengepfercht. Auf jedes Fahrzeug kamen 30 Personen, eine durchaus erträgliche Zahl. Natürlich hatten wir auf dieser Reise auch weniger Gepäck.

Wir waren kaum 16 Kilometer auf der Straße nach Pursat gefahren – die Straße, auf der wir viele Monate zuvor gekommen waren –, als der Fahrzeugkonvoi plötzlich nach links abbog. Wir fuhren nun zwischen vereinzelten Bäumen hindurch in eine Landschaft, in der Wälder und Reisfelder einander abwechselten.

Von weitem sahen wir einen Fluß und ein Dorf, üppige Maniokfelder und Obstbäume in einem Landstrich, der offenbar vom Krieg verschont geblieben war. Hier waren die Bäume noch heil, und Bombenkrater waren nicht zu sehen.

Im Vergleich zur Hölle von Veal Vong kamen wir hier wahrlich in ein Paradies.

7 Die Geißel Angka

Noch am Abend des Tages unserer Ankunft im Dorf – es hieß Chamcar Trassak und war eines von sieben Dörfern am Fluß Pursat – stellte man uns auf einer Versammlung unsere neue Dorfkommune vor. Die Nacht sollten wir an Ort und Stelle im Freien verbringen, und am nächsten Tag würden wir auf die einzelnen Dörfer verteilt werden. »Ihr werdet euch hier wohl fühlen«, versicherte uns ein Funktionär der Roten Khmer zur Begrüßung, »Kochgeräte braucht ihr keine mehr, weil ihr nicht mehr selbst kochen müßt. Angka wird euch versorgen. Wer noch Kochgeräte besitzt, sollte sie Angka aushändigen. Nur eure Löffel solltet ihr behalten. Ab jetzt werden keine Rationen mehr ausgegeben; wir essen hier gemeinschaftlich.«

Ein Gong erklang, und man führte uns zu Tischen, auf denen große Mengen Reis – echter Reis *(Bay)*, dazu Fisch, Obst und Gemüse standen. Endlich behandelte uns Angka, wie wir es verdienten, sagten wir zueinander und beglückwünschten uns zu der Entscheidung, hierhergekommen zu sein, während wir mit den Zurückgebliebenen Mitleid verspürten. Man stelle sich die Gefühle einer Familie vor, die nichts besessen hatte, um es auf dem Schwarzmarkt einzutauschen, und die daher seit Monaten nur Reissuppe und Wildpflanzen zu sich genommen hatte. Plötzlich gab es echten Reis und Fisch! Zum erstenmal seit der Abreise aus Phnom Penh saß die Familie wieder gemeinsam um einen Tisch, und wir konnten endlich wieder lächeln. Wie hatten wir uns doch verändert: Meine Mutter war in sich zusammengesunken, eine gebrechliche alte Frau, mein Vater konnte nur noch in gebeugter Haltung gehen, Any, Vuoch, Lao und Keng knochendürre Gestalten, die Kinder ebenfalls ausgezehrt. Ich selbst sah wohl genauso schrecklich aus wie mein Bruder Theng. Vielleicht würden wir jetzt wieder gesund werden. Die Kinder waren ganz hingerissen und rieben sich zufrieden die Bäuche.

So unglaublich es klingt, die Roten Khmer bedienten uns auch noch. Schwarz gekleidete Mädchen und Jungen reichten die Schüsseln mit Essen, das die einheimischen Alten Menschen für uns gekocht hatten. Freundliche Soldaten sahen uns beim Essen zu und ermahnten uns väterlich: »Eßt langsam! Denkt an eure Gesundheit, um Angka besser dienen zu können! Streitet euch nicht ums Essen!«

Keiner nahm davon Notiz. Jeder stürzte sich auf das Essen und stopfte es in sich hinein. Ich schlang alles, was ich mit den Händen erreichen konnte, hinunter: Reis, Fischsuppe, Gemüse, alles.

Schon nach einigen Minuten kippten zwei Männer unter lautem Stöhnen vornüber und wurden von Roten Khmer weggetragen. Wir hörten später, daß einer der beiden unter schrecklichen Schmerzen gestorben sei. Zum erstenmal hatte ich mit eigenen Augen gesehen, welche verheerenden Wirkungen es hat, wenn man einen leeren, entwöhnten Magen plötzlich vollstopft. Niemand ließ sich jedoch davon abschrecken, denn ein Ende der Vorräte war nicht abzusehen. Jeder konnte essen, so viel er wollte. Wir waren so ins Essen vertieft, daß uns keine Zeit zum Reden, geschweige denn für Worte der Freude und der Dankbarkeit für die Roten Khmer blieb. Wir wußten nur das eine: Endlich konnten wir wieder Luft holen, die Zeit der großen Not war vorüber.

Nach einer letzten Nacht, die wir im Freien unter Bäumen kampierten, wurde meinen Eltern, Vuoch, Theng sowie Keng mit ihren Familien mitgeteilt, sie müßten in ein anderes, etwa zwei Kilometer entferntes Dorf gehen. Im ersten Moment waren wir von Panik ergriffen. Jetzt getrennt zu werden nach allem, was wir erduldet hatten, und nachdem wir uns über viele Monate gegenseitig Hilfe und Kraft gegeben hatten – wir hätten es wohl nicht ertragen.

Die um uns Stehenden redeten uns jedoch gut zu. Das Gebiet

am Fluß Pursat, in dem wir leben sollten, hatte offenbar früher Vietnamesen gehört, die inzwischen alle repatriiert waren. Das war auch der Grund für den anfänglichen Überfluß an Nahrungsmitteln. Ursprünglich hatten hier nur zwei Dörfer gestanden, in denen jetzt vorwiegend Alte Menschen wohnten; inzwischen hatte das Neuvolk aus den Städten fünf weitere Dörfer errichtet. Unter dem neuen, viel lockereren Regime würden wir uns bestimmt regelmäßig besuchen können. Any, die Kinder und ich winkten den anderen zum Abschied zu, als sie zusammen mit Hunderten anderer Menschen auf dem aufgeweichten Weg am Fluß entlang davonzogen, bis sie unter den Zuckerpalmen verschwunden waren.

Nach der Trennung von unserer Familie wurde ich zum Bau von Häusern abgestellt. Diese wurden in Gemeinschaftsarbeit von Gruppen errichtet, die sich auf die Verfertigung bestimmter Bauteile spezialisierten. Es waren solide, gut überdachte Pfahlbauten, die mit den Bruchbuden von Veal Vong nicht zu vergleichen waren. Unserer Familie wurde ein bereits fertiggestelltes Haus zugewiesen. Any konnte sich um die Kinder kümmern, während ich mich einem der Bautrupps anschloß. Noch am ersten Tag sollte unsere aus sechs Männern zusammengesetzte Gruppe Bäume schlagen und Stangenholz beschaffen. Bei dieser Arbeit entdeckte einer der Männer in einer verlassenen Hütte in der Nähe des Dorfes eine Katze mit Jungen. In Phnom Penh hatte es immer geheißen, die Vietnamesen äßen Hunde- und Katzenfleisch. Ich hatte nie nachgeprüft, ob das auch wirklich stimmte. Beim bloßen Gedanken an solche barbarischen Eßgebräuche hatten wir schon lachen müssen. Inzwischen kam uns der Gedanke an Katzenfleisch alles andere als lächerlich vor. Ohne zu zögern, schnappte sich der Mann die Tiere und ertränkte sie im Fluß. Unter allgemeiner Freude teilten wir den Fang unter uns auf. Wir hätten uns die Mühe sparen können, denn wir bekamen weiterhin reichlich zu essen und blühten richtig auf.

Nach einer Woche, am Ende der ersten Januarwoche 1976, erfuhren wir aus dem Radio des Dorfältesten den Grund für die Einführung des gemeinschaftlichen Essens: Das Land hatte eine neue Verfassung. Sämtliche Produktionsmittel gehörten nun dem Staat, dem Kollektiv. Dem einzelnen Bürger blieben als Privatbesitz allein die »üblichen persönlichen Gegenstände«. Wir besaßen unsere Kleidung, und was zählte sonst noch zu den »üblichen persönlichen Gegenständen«? Kochutensilien? Hatten wir seit der Vergesellschaftung der Mahlzeiten keine mehr. Gemüse? Wenn wir welches ernteten, mußten wir es der Kommune aushändigen. Für Geflügel galt dasselbe. In der Sprache der Roten Khmer mußten wir nicht nur das Essen gemeinschaftlich einnehmen; es galt vielmehr das Gebot der »einheitlichen Kost«, ein ominöser revolutionärer Begriff, der besagte, daß jedermann dasselbe essen sollte.

Es dauerte weitere drei Wochen, bis wir Näheres über das Wesen des großangelegten gesellschaftlichen Experiments erfuhren, von dem wir nur ein winzig kleiner Teil waren. Etwa 16 Kilometer von Chamkar Trassak wurde eine politische Großkundgebung angesetzt, an der alle Bewohner des Gebiets teilnehmen mußten. Die Hauptrede würde der oberste Funktionär der Regionalverwaltung halten. Mit Any und den beiden Kindern machte ich mich auf den Weg, in der Erwartung, die Familie wiederzusehen.

Diese Hoffnung erfüllte sich leider nicht. Das freie Feld, auf dem die Kundgebung abgehalten wurde, bot einen unbeschreiblichen Anblick. Tausende von Männern und Frauen waren bereits versammelt, und aus den Dörfern der Umgebung strömten immer neue Marschsäulen auf den Platz. Für jedes Dorf war ein Sammlungsort angewiesen.

Nachdem alles an Ort und Stelle war, begann die Kundgebung. Der Redner befaßte sich zuerst mit Angkas Lieblingsthemen: Er schwärmte von der Ideologie der klassenlosen Gesellschaft und breitete die Schrecken des überwundenen kapitalistischen Systems vor uns aus. Dann fuhr er fort: »Ihr habt zwei große Wüsten schon erfolgreich durchschritten, die Volksrevolution und die demokratische Revolution.« Ich nahm an, er verstand unter den »beiden großen Wüsten« und den Revolutionen den Bürgerkrieg gegen Lon Nol und die Evakuierung der Städte. »Jetzt«, dröhnte seine Stimme aus den Lautsprechern, »müssen wir die sozialistische Revolution in Gang setzen.« Nachdem zum damaligen Zeitpunkt meine persönliche Gesundheit und die meiner Familie durch das gute Essen wiederhergestellt war, hatte ich keine Vorstellung davon, was mit dem Ausdruck »sozialistische Revolution« gemeint war, keinen Begriff davon, daß wir in ihrem Verlauf eine dritte Wüste durchqueren mußten, die noch weit tödlicher als alles Vorherige sein sollte.

Any erkannte in der Menge eine entfernt verwandte Kusine namens Neary, eine Frau Ende Zwanzig, die aus Pursat kam und jetzt in Don Ey lebte, dem Dorf, das das letzte Glied in der Kette unserer sieben Kommunen bildete und rund sieben Kilometer von unserem entfernt war. Sie war allein, da ihr Mann zur »Umerziehung« abgeholt worden war, und machte den Vorschlag, daß wir zu ihr ziehen sollten. Die Bedingungen seien in Don Ey noch besser als bei uns. Neary erklärte sich auch bereit, uns eine Erlaubnis für den Umzug zu besorgen.

Und Neary hielt Wort. Nach zwei Wochen kam sie, um uns abzuholen.

Der Weg, den sie uns führte, verband die sieben Dörfer und verlief am Rand der Flußböschung durch bebautes Land. Außer den Reisfeldern gab es vereinzelte Palmen, Kokosnüsse, Mangos und Maniokkulturen. Unterwegs nach Don Ey konnten wir sogar bei meinen Eltern und dem Rest der Familie einen kurzen Besuch machen. Sie lebten in einem Dorf mitten in der Siebenerkette.

Der Umzug schien sich wahrlich gelohnt zu haben. Neary bewohnte allein mit ihrer Tochter in Sudaths Alter und mit ihrem Sohn, der etwas älter als Nawath war, ein großes Haus. Das Dorf meiner Eltern war nur ein paar Kilometer entfernt.

Meine erste Aufgabe in Don Ey war Reisdreschen. Ich mußte die Ochsen führen, die den Reis von den Halmen stampften. Anschließend sammelte ich die Halme ein und kehrte den Reis zusammen, während die Frauen die Körner auflasen. Es hatte Zeiten gegeben, da hätte ich bei einer solchen Arbeit ständig Reiskörner in meinen Kleidern verschwinden lassen. Jetzt wäre ich nie auf die Idee gekommen zu stehlen.

War die Verköstigung gut, konnte man selbst die endlosen politischen Versammlungen ertragen. Neben den Massenversammlungen von etlichen hundert Leuten alle zehn Tage, auf denen uns ein Funktionär die Vorzüge der Kommune auseinandersetzte, waren dies vor allem die etwa jeden dritten Tag angesetzten Selbstkritikgruppen, an denen etwa 20 Personen teilnahmen und die so abliefen, daß ein Roter Khmer uns an unsere Verpflichtungen gegenüber Angka erinnerte und uns dann aufforderte, unsere Fehler und Mängel einzugestehen.

Als Neuer Mensch war ich von vornherein den Alten Menschen und den Roten Khmer unterlegen und konnte die entsprechenden Formeln der Selbstkritik bald auswendig hersagen: »Ich demütige mich vor der Autorität Angkas. Ich demütige mich auch vor den hier Versammelten, so daß sie mich ganz vor sich sehen. Ich sehe den Schmutz, der mich vorne befleckt, aber nur meine Genossen können den Schmutz sehen, der meinen Rücken befleckt. Genossen, ich brauche eure Hilfe, um mir meiner Fehler und Irrtümer bewußt zu werden. Ich demütige mich vor Angka. Ich muß ein guter Revolutionär werden. Ich danke Angka...« und so weiter und so fort in demselben unterwürfigen Tonfall und mit gesenktem Blick. Wir sollten alle Einzelheiten ausbreiten: Was für eine Arbeit wir wie gut verrichtet, wie schwer wir gearbeitet hatten, wie lange die Pausen gewesen waren; selbst wie oft wir uns zum Austreten in die Büsche geschlagen hatten, war von Interesse. Das Ganze endete mit der rituellen Formel: »Ich demütige mich, so daß Angka mich reinigen, mich kritisieren und erziehen kann, damit ich mich noch besser fügen kann.«

Es war anstrengend und erniedrigend, doch für einen vollen Magen schien mir dies ein geringer Preis zu sein.

Ende Februar 1976 überstellte mich die Dorfobrigkeit einem Arbeitskontingent, das zum Fischfang im Tonle-Sap-See entsandt wurde. Dieser große natürliche Wasserspeicher, dessen Wassermassen in den Süden nach Phnom Penh flossen, wo sie in den Mekong mündeten, lag rund 65 Kilometer von uns entfernt auf der anderen Seite von Pursat.

Zum erstenmal seit der Evakuierung sollte ich also von der

Familie getrennt werden. Wir waren damals so mit unserer Lage zufrieden, das gute Leben in Don Ey hatte die Erinnerung an Veal Vong so weit zurückgedrängt, daß uns diese Aussicht nicht weiter irritierte. Ich umarmte zum Abschied Any und die Kinder und beruhigte sie damit, daß wir ja alle genug zu essen hatten, daß Neary eine wichtige Stütze für sie sei und daß ich bestimmt in zwei, drei Wochen wieder zurückkommen würde. Auch als wir in Phnom Penh lebten, mußte ich manchmal so lange auswärts arbeiten. Was mir bevorstand, war so etwas wie eine ganz gewöhnliche Geschäftsreise.

Die 20 Kilometer bis Pursat den Fluß entlang gingen wir zu Fuß. An Gepäck hatten wir eine Hängematte aus Jute, eine Tragetasche, die aus einem Hosenbein geschneidert war, ein Paar Ersatzhosen und ein zweites Hemd. Militärlastwagen brachten uns von Pursat ins 32 Kilometer entfernte Krakor.

Was mir unterwegs besonders auffiel, waren die Tausende von jungen Leuten, die in ausgetrockneten Reisfeldern arbeiteten. Sie legten neue, etwa 30 Zentimeter hohe Eindämmungen an, damit in der Pflanzzeit das Wasser nicht abfließen konnte. Offensichtlich wurde auf diesen Feldern schon viele Jahre Reis angebaut; dennoch oder gerade deshalb waren die jungen Leute dazu eingesetzt, ihre Umgrenzungen neu zu ziehen. Nachdem die Roten Khmer auch das bäuerliche Privateigentum abgeschafft hatten, war ihnen offensichtlich die unterschiedliche Größe der Reisfelder ein Dorn im Auge. Da alles allen gehörte, mußten auch alle Reisfelder dieselbe Größe haben. Die alten Begrenzungen, Symbole des Privateigentums, waren eingerissen worden, und die jungen Leute mußten neue aufschichten.

Die Lastwagen transportierten uns die letzten zehn Kilometer zum Seeufer, einem ausgedehnten flachen Schilfgebiet, das jedes Jahr überschwemmt wurde. Die Fläche des Sees verdoppelte sich in dieser Zeit. In Kampong Luong, einem alten Fischerdorf mit Pfahlbauten, die höher standen als das Schilfrohr der Umgebung, ließ man uns aussteigen. In einem großen, freistehenden Holzhaus, das an den Seiten offen und mit Schilf gedeckt war, quartierten wir uns ein.

Unsere allererste Mahlzeit in Kampong Luong setzte uns einen kräftigen Dämpfer auf. Man servierte uns an diesem Abend nur ein wässeriges Gemisch aus Reis und Wasser. Verblüfft sahen wir uns an. Wie das? Reissuppe beim Arbeitseinsatz, wo wir schon in Don Ey richtigen Reis bekommen hatten? Unser Gruppenleiter sah, wie wir erschraken, und beschwichtigte: »Keine Aufregung, Genossen, in Don Ey essen sie heute auch keinen richtigen Reis. Wir haben ja die einheitliche Kost eingeführt. Ihr müßt Verständnis haben. Wir haben Probleme mit unserem Transportsystem.« Wer von uns in Veal Vong gelebt hatte, war mit dieser Entschuldigung bereits vertraut. Betretenes Schweigen.

Es folgten einige Tage, die mit harter Arbeit angefüllt waren. Wir warfen vom Seeufer die Netze aus, zogen sie ein und entnahmen ihnen den Fang. Das dauerte bis in die Nacht, und danach putzten wir beim Schein des Feuers die Fische. Immer noch gab es außer Reissuppe nichts zu essen. Unser Hunger wurde von Tag zu Tag größer. Heimlich schmuggelten wir Fische aus den Netzen, versteckten sie tagsüber am Körper und hielten sie nachts über das Feuer. Das konnte natürlich keinesfalls geduldet werden. Bald mußten wir sämtliche großen Fische unseres Tagesfangs zählen. Zum Glück konnte man unmöglich jeden einzelnen Fisch registrieren, so daß wir weiter stibitzen konnten.

In der ersten Woche, als der Hunger allmählich seine ersten Opfer forderte, gewann ich neue Einsichten in die außergewöhnliche Welt der Roten Khmer. Ich stand gerade am Brunnen, um Wasser zu schöpfen (das Wasser des Tonle Sap galt als nicht trinkbar), als mich einer der einheimischen Alten Menschen in ein Gespräch verwickeln wollte. Als Neuer Mensch, der zudem nicht aus der Gegend stammte, war ich auf der Hut: Er hätte ein *Chlop* sein und mich wegen individualistischer Neigungen denunzieren können. Obwohl ich mich reserviert verhielt, ließ er sich nicht abwimmeln.

»Du magst uns Alte Menschen nicht, stimmt's?« fragte er mich, durchaus ohne Groll. »Das sieht man. Du mußt aber wissen, Genosse, nicht alle Alten Menschen sind gleich. Zu Beginn war das anders. Da waren wir mit ihnen einverstanden. Sie redeten sanft, aber in Wahrheit sind sie brutal. Wir sind hier im Dorf überzeugt, daß die Roten Khmer uns getäuscht haben. Wir kämpfen um unser nacktes Überleben.«

Ich wollte mich danach zwar noch immer nicht auf ein Gespräch einlassen, doch je länger ich hinterher darüber nachdachte, desto glaubwürdiger kamen mir seine Worte vor. Ich hatte den ersten handfesten Beweis, daß nicht nur die Neuen, sondern auch die Alten Menschen, in deren Namen die Revolution durchgeführt wurde, in der Einschätzung der Roten Khmer mit mir übereinstimmten.

Auch in den nächsten Tagen kamen uns Unmutsäußerungen und Hinweise auf Unruhen zu Ohren. Es gab Gerüchte über eine angebliche Guerilla, die jenseits der großen Seen für den Buddhismus und die Freiheit kämpfte. Ein- oder zweimal hörten wir Schüsse. In einem der Dörfer am See lagen angeblich Hunderte von Booten im Wasser, deren Besitzer irgendwo im See lebten und sich wegen der Guerilla-Aktivitäten nicht mehr sicher fühlten. Gab es wirklich eine Opposition, die im Untergrund arbeitete? Beweise dafür hatten wir nicht, doch allein der Gedanke daran war schon ermutigend.

Nachdem wir ungefähr eine Woche lang Fische im Tonle-Sap-See gefangen hatten, es war Anfang März, erfuhr ich von einem Gesundheitsdienst, der in unser Lager gekommen sei. Zum erstenmal unter der fast einjährigen Herrschaft der Roten Khmer hörte ich etwas von einer medizinischen Untersuchung. Jeder, der unter einer Krankheit litt, konnte die Mediziner aufsuchen. Das hatte sich rasch herumgesprochen.

In kürzester Zeit hatte sich jeder als krank gemeldet, um irgendein Medikament zu erhalten. Zunehmend machten uns wieder Erschöpfungszustände und die chronische Unterernährung zu schaffen. »Warum gehst du nicht auch hin?« fragte mich ein Freund. »Alle bis auf dich waren schon da. Sie geben dir ein Serum, ein Gemisch aus Heilkräutern und Kokosmilch. Das kann dir nicht schaden.«

Die Mediziner vom Gesundheitsdienst waren ausnahmslos

sehr jung, schwarz gekleidete Jungen und Mädchen, die sich durch nichts als Ärzte auswiesen. Aus der Art der Behandlung der Leute vor mir in der Schlange schloß ich, daß die Medikamententasche der Roten Khmer ganze zwei Mittelchen enthielt: eine ziemlich abstoßende braune Flüssigkeit, mit der man schmerzende Körperteile betupfte, sowie ein klares, weißliches Tonikum, das gespritzt wurde.

Als ich an die Reihe kam, fragte mich eines der Mädchen hinter dem Medikamententisch: »Tut es dir irgendwo weh? Hast du Schmerzen?«

»Nein, ich bin einfach erschöpft.«

Auf dem Tisch standen insgesamt etwa 20 Coca-Cola-, Pepsi-Cola- oder Seven-Up-Flaschen, zehn mit der braunen und zehn mit der weißlichen Flüssigkeit. Außerdem lagen da in einer Schale mit Wattebauschen vier Injektionsspritzen. Das Mädchen hielt es nicht für nötig, meinen Arm oder die Nadel zu desinfizieren, und tauchte die Spritze in eine Pepsi-Cola-Flasche. Vor meinen Augen war dieselbe Nadel bestimmt schon ein dutzendmal benutzt worden. Jeder medizinische Helfer machte es so: Er griff sich irgendeine Spritze heraus und injizierte wahllos die Leute damit. Ich befürchtete nun plötzlich, daß das »Tonikum« vor mir meiner Gesundheit nicht unbedingt förderlich sein mußte, doch für einen Rückzieher war es bereits zu spät.

Zwei Tage darauf wachte ich schweißgebadet mit hohem Fieber auf. Während der Arbeit bekam ich dann einen Schüttelfrost. Ein Freund, dem dieselbe Injektion verabreicht worden war, fühlte sich dagegen erstaunlich wohl. Als es mir auch am dritten Tag noch nicht besserging, meinte mein Freund, ich sei wohl an Malaria erkrankt. Vielleicht hatte er damit recht, auch in Veal Vong waren mehrere Malariafälle bekanntgeworden. Was für ein merkwürdiger Zufall. Ich mußte mich hüten, laut zu sagen, daß mich erst die Injektion krank gemacht habe, denn das hätte man als Kritik an Angka ausgelegt.

Mein Zustand verschlechterte sich von Tag zu Tag. Dennoch schleppte ich mich eine Woche lang zur Arbeit. Als ich dann auch zu Beginn der zweiten Woche meiner Krankheit zu arbeiten versuchte, brach ich mehrmals zusammen. Ich war nutzlos geworden und bat um die Erlaubnis, heimkehren zu dürfen. »Ruh dich erst mal aus, wir treffen dann eine Entscheidung«, sagte mein Gruppenleiter. Zwei Tage lag ich dann noch zitternd und schweißnaß im Bett, bis der Gruppenleiter einsehen mußte, daß ich so nicht mehr zu gebrauchen war, und mir für den nächsten Tag die Heimkehr erlaubte. Bloß wie? Ich fragte nach, ob mich für den Fall, daß ich unterwegs in Ohnmacht fiele, ein Freund aus Don Ey begleiten dürfe. »Kommt nicht in Frage! Du bist krank und gehst allein. Es ist ein großes Privileg, allein gehen zu dürfen. Ich erweise dir damit einen Gefallen. Stell meine Geduld nicht auf die Probe!«

Eine weitere Nacht befielen mich Schüttelfröste und Schweißausbrüche, und mir kamen Zweifel, ob ich überhaupt die Kraft für den Heimweg aufbringen würde oder ob es nicht das beste wäre, einfach zu sterben. Allein der Gedanke an Any und die Kinder brachte mich dazu, den Versuch zu wagen.

Am nächsten Morgen raffte ich mich auf und packte meine Sachen zusammen. Zehn Kilometer waren es bis zur Hauptstraße, 32 bis Pursat, etwa 60 bis nach Hause. Ohne Mitfahrgelegenheit konnte ich diese Strecke nicht bewältigen. Das war bestimmt nicht einfach, da ich außer der Heimreisegenehmigung nichts in der Hand hatte, also auch nicht befugt war, den Transport auf eigene Faust zu organisieren.

Mit unsicheren Schritten ging ich um die Mittagszeit los, mußte aber schon nach wenigen hundert Metern vor einem Haus, das auf Pfählen direkt am See stand, innehalten. Ich lehnte mich gegen einen Stützpfeiler und sah, daß es ein ungewöhnlich großes Haus war.

Über mir zeigte sich ein alter Mann, der argwöhnisch zu mir herabsah und wissen wollte, was ich da unten machte.

»Ich habe Malaria«, erwiderte ich und rang nach Luft.

»Wo wohnst du?«

»Hinter Pursat. Ich gehe heim, um wieder gesund zu werden, und brauche einen Lastwagen, der mich mitnimmt.«

»In diesem Zustand kannst du nicht weiterziehen. Du siehst ja

aus wie der Tod.« Zumindest fühlte ich mich so. »Du mußt essen, sonst schaffst du es nie bis nach Hause. Komm herein.«
Ich brauchte eine Ewigkeit, um zu ihm hinaufzusteigen. »Schnell!« drängte er. »Man darf dich nicht sehen!«
Drei weitere Personen hielten sich im Haus auf: die Frau des Mannes, ein Sohn und ein junges Mädchen. Der alte Mann wies den Sohn an, einen Schrank zu öffnen und ein Glasröhrchen mit Injektionsstoff und eine Spritze herauszunehmen. An der Art, wie er die Spritze handhabte und meinen Arm mit Alkohol reinigte, sah ich, daß er sein Handwerk verstand. Während er mir die Spritze gab, blickte ich mich um. Die Familie war, gemessen an anderen Familien des Altvolks, ziemlich wohlhabend und gehörte in der Klassifizierung der Roten Khmer zu den »Kleinkapitalisten«. Nach der Injektion brachte mir die Frau einen Teller mit trockenem Reis – Reis, keine Reissuppe – und etwas getrockneten Fisch. Ich konnte es fast nicht glauben, murmelte mein Dankeschön und schlang das Essen fast ohne zu schlucken hinunter.

Plötzlich ergriff das junge Mädchen das Wort: »Ich weiß, wie du nach Pursat kommen kannst. Mein Onkel fährt einen Lastkraftwagen Angkas und nimmt diese Route. Ich bitte ihn einfach, dich mitzunehmen.« Sie schien mir wirklich helfen zu wollen und verließ das Haus, nachdem sie mir noch das Fahrzeug ihres Onkels beschrieben hatte.

Kaum war das Mädchen einige Minuten weg, da sah ich dieses Fahrzeug am Haus vorbeifahren. Da es nicht anhielt, nahm ich an, daß etwas schiefgegangen war. Was würde Angka tun, wenn es von meinem Aufenthalt in diesem Haus erfuhr? Ich hatte Anweisung, in mein Dorf zurückzukehren und nicht nach Belieben anzuhalten und mich mit irgendwelchen Leuten zu unterhalten.

Es dauerte weitere Minuten, bis ich durch die Injektion und das Essen spürbar neue Kräfte gesammelt hatte. Das Fieber war zwar noch nicht weg, aber ich war wieder in der Lage zu gehen. »Es ist besser, ich gehe jetzt«, sagte ich daher, und die anderen nickten zustimmend. Mit einem herzlichen Dankeschön und nicht ohne noch ein letztes Stück Trockenfisch zu erhaschen, kletterte ich die Leiter hinunter.

Dann hatte ich erneut Glück. Nur wenige Meter vom Haus entfernt stand ein Militärlastwagen der Roten Khmer, dessen Fahrer mich näherkommen sah. Er fragte mich, wohin ich wollte, und nahm mich bereitwillig mit.

Einige Zeit darauf, als auch die übrigen Fischer wieder in Don Ey waren, erfuhr ich von den anderen aus meiner Gruppe, wie es der Familie, die mir geholfen hatte, ergangen war. Das junge Mädchen hatte ihren Onkel im Beisein eines Soldaten der Roten Khmer gefragt, ob er bereit sei, mich mitzunehmen. Diese freundliche Geste gegenüber einem Neuen Menschen, noch dazu von seiten einer Person, die über keinerlei Macht verfügte, war für die Roten Khmer absolut unannehmbar. Der Onkel erschrak daher und machte dem Mädchen Vorwürfe. Als die Einzelheiten bekannt wurden, bezichtigte man das Mädchen und ihre Familie konterrevolutionären Verhaltens, weil sie einem Fremden gegenüber humanitäre Gefühle gezeigt hatten. Für die Roten Khmer war es schlimm genug, wenn innerhalb der Familie oder zwischen Nachbarn Hilfsbereitschaft bewiesen wurde; um so schlimmer war sie gegenüber einem Fremden und dazu noch einem Neuen Menschen. Eine solche Handlung hatte einen Beigeschmack von Rebellion. Die ganze Familie war verhaftet und in eine andere Provinz verfrachtet worden. Was dann aus ihr wurde, weiß ich nicht.

In Pursat ließ mich mein Lastwagenfahrer aussteigen, und nach einem zweitägigen Fußmarsch war ich endlich zu Hause. Unterwegs kam ich durch mehrere neue Dörfer, die in regelmäßigen Abständen errichtet worden waren. Wenn es regnete oder wenn ich Hunger hatte, machte ich halt und zeigte meinen Passierschein. Da ich mit offizieller Erlaubnis reiste, erhielt ich überall die Standardverpflegung, die aus nichts weiter als aus einem Teller Reissuppe bestand. Ich konnte mir also ausmalen, daß auch zu Hause in Don Ey die Versorgungslage schlecht war, wie uns der Rote Khmer am Tonle-Sap-See bereits versichert hatte. Wie mochte es wohl der Familie in meiner Abwesenheit ergangen sein?

In allen Dörfern erkundigte ich mich nach Medikamenten, vor allem nach Chinin oder einem anderen Mittel, das diesen Stoff enthielt. Ich mußte die Malaria unter Kontrolle bekommen. Im zweiten Dorf wurden mir Tabletten angeboten, wenn ich dafür etwas im Gegenwert bieten konnte. Als einziges hatte ich ein wenig getrockneten Fisch, den ich von der Bauernfamilie am Tonle-Sap-See erhalten und für Any und die Kinder aufgehoben hatte. Für die Hälfte des Fisches gab man mir zwei Tabletten Flavochin, das die Malaria so weit einzudämmen schien, daß ich den Heimweg schaffte.

Je näher ich unserem Haus kam, desto größer wurde meine Angst. Ich hatte den Eindruck, als lebten jetzt weniger Menschen in dieser Gegend; zudem sah ich nur schrecklich eingefallene, hohlwangige, schemenhafte Gesichter. Es war eine Neuauflage des Lagers Veal Vong. Die Menschen mieden meinen Blick, und keiner sagte etwas.

Ich beschleunigte meinen Schritt und rief vor unserem Haus die Namen der Kinder. Keine Antwort. Ich mußte das Schlimmste befürchten, kletterte die Leiter hinauf und warf einen Blick ins Innere. Wie erleichtert war ich, als ich sowohl Sudath und Nawath als auch die beiden Kinder Nearys vorfand. Ein Lächeln huschte über ihr Gesicht, als sie auf mich zukamen, doch wie sehr hatten sie sich verändert: Es waren nur noch die gedrückten Schatten der Kinder, die ich in Erinnerung hatte. Ich nahm sie in den Arm und sah, daß Sudath einen wunden Fuß hatte.

»Ach, das ist nicht so schlimm«, meinte der Junge und versuchte zu lächeln. »Wir haben draußen im Wald Früchte gesucht, und da bin ich auf einen Stein gefallen.« Nawaths Hände und Füße waren leicht geschwollen.

Wie es der Mutter gehe, wollte ich wissen. Any gehe es gut, sagten die beiden. Sie sei bei der Feldarbeit und komme nach Hause, wenn es dunkel werde.

Als die leibhaftige Any dann tatsächlich neben Neary auf unser Haus zukam, erschrak ich zutiefst, da es mir schwerfiel, in der abgemagerten, schwarz gekleideten Gestalt mit der Sichel in der Hand meine Any zu erkennen. Ich winkte den beiden zu, worauf sie konsterniert nach oben blickten. Anys Gesicht hellte sich ein wenig auf, und sie beschleunigte ihren Schritt. »Thay! Thay! Liebster! Du bist zurück! Du bist zurück!« rief sie vor Freude.

»Ja, ich bin wieder da, aber mach langsam«, ermahnte ich sie mit einem gezwungenen Lächeln, als sie ihre spindeldürren Glieder über die Leiter nach oben quälte. »Paß auf und fall nicht runter.«

Das war auch alles, was wir nach außen an Gefühlen zeigten. Im Inneren des Hauses fiel mir Any in die Arme, drückte ihr Gesicht an meine Brust und ihre Haare gegen meine Wange. Es war erstaunlich, mit welcher Kraft sie mich noch an sich pressen konnte. Eng umschlungen standen wir eine Weile da und genossen unsere Wiedersehensfreude.

Als sich Any von mir gelöst hatte und mich genauer ansah, machte sie große Augen, wurde ganz ernst und fragte mich: »Du siehst schrecklich aus, so dürr und so bleich. Was ist passiert?«

»Du siehst auch nicht besser aus, meine liebe, kleine Any.« Da mußten wir lachen. »Und doch ist es schön, dich wiederzusehen. Du hast mir gefehlt.«

Dann erzählte ich ihnen alles über meine Arbeit, die Malaria und den Nachhauseweg.

Als ich damit fertig war, lächelte mir Any erneut zu. »Wir sollten dankbar sein für die Malaria«, meinte sie kichernd.

»Bitte?«

»Der Malaria haben wir es zu verdanken, daß du zurückgekommen bist.«

Zum erstenmal seit Wochen konnte ich wieder lachen, schlug mir aber im selben Moment die Hand vor den Mund; ein Roter Khmer hätte es nicht ertragen, aus dem Haus eines Neuen Menschen Lachen zu hören. Für die Kinder war es ein lustiger Anblick, mich dasitzen und mein Lachen unterdrücken zu sehen; für Minuten kam es zu der herrlichen Szene, daß wir alle zusammen wie die Schulkinder kichernd nebeneinander saßen und uns die Hände auf den schmerzenden Mund hielten.

Bald hatten wir uns wieder beruhigt, und Any konnte berichten, wie schlimm die Lage in Don Ey war. Überall im Umkreis litten die Menschen an Entkräftung, weil sie zu wenig zu essen bekamen und zu schwer arbeiten mußten. Schlimmer noch: Sämtliche Krankheiten, die wir von Veal Vong kannten, grassierten inzwischen auch hier: Diarrhöe, Ruhr, verschiedene Arten von Fieber und Malaria. Aufgrund der allgemeinen körperlichen Erschöpfung kamen die Krankheiten viel stärker zum Ausbruch. Die häufigsten Beschwerden rührten von Ödemen her, einer unmittelbaren Folge des Hungers und des Eiweißmangels. Es kommt dabei zu Durchblutungsstörungen, und in den Geweben sammelt sich Flüssigkeit an; Füße und Hände schwellen an. Es ist eine eigenartige Krankheit. Obwohl die Schwellungen sich ballonartig erweitern, bis die Haut durchsichtig und glatt wird, treten keine Schmerzen auf. Man wird vielmehr von allgemeiner Entkräftung und Schwäche übermannt. Die Glieder werden schwer wie Blei, und jede Bewegung kostet schließlich so viel Kraft, daß man nur noch den einen Wunsch hat, sich hinzulegen. Das Sterben hatte schon eingesetzt.

Am nächsten Morgen ging ich zum Dorfältesten und schilderte ihm meine Lage. Da ich offensichtlich nicht arbeiten könne, wolle er mich ins Krankenhaus schicken. Ich erklärte ihm jedoch, daß ich lieber zu Hause wieder gesund werden wolle.

Die Lebensbedingungen wurden immer schlechter, die Reissuppe noch wässeriger. Da wir von der Gemeinschaftsküche versorgt wurden, durften wir zu Hause keinen Reis mehr haben, eine Regelung, die um so leichter durchzusetzen war, als uns das Gerät fehlte, mit dem wir selbst hätten kochen und bei uns zu Hause essen können. Auf den Selbstkritiksitzungen, von denen ich auch während meiner Genesung nicht freigestellt war, suchte Angka selbst aus dem Nahrungsmangel politisches Kapital zu schlagen. Wie folgt mußten wir ihn in unsere Bekenntnisliste aufnehmen: »Ich esse nicht sehr gut. Angka hat nicht genug Reis auszugeben, dadurch kann ich mich an den Hunger gewöhnen, und ich werde widerstandsfähiger. Angka hilft mir, mich abzuhärten, ich danke Angka dafür.«

In den drei Wochen, die nun folgten, bemühte sich Any, einige unserer Schmucksachen gegen etwas Eßbares einzutauschen. Lebensmittel waren knapp und teuer geworden. Ein *Tael* Gold – in Veal Vong noch für 200 Dollar gehandelt und Zahlungsmittel für 40 Dosen Reis – brachte nun noch ganze drei Dosen ein. Außerdem gab es in Don Ey kaum Zwischenhändler. Das System, das sich in Veal Vong bewährt hatte, existierte in Don Ey nicht. Manche Familien verhungerten deshalb, weil sie nichts hatten, um zu handeln, oder weil sie die geforderten Preise nicht bezahlen wollten. Eine ganze chinesische Familie, in deren Haus jede Menge Schmucksachen lagerten, starb den Hungertod.

Kurz nach meiner Rückkehr erfuhr ich von Freunden, daß meine Eltern krank geworden seien, meine Mutter sogar im Krankenhaus liege. Da zu befürchten war, daß dort niemand sie pflegte, bat ich um die Erlaubnis, Medikamente für mich zu holen. Bei dieser Gelegenheit konnte ich meine Mutter besuchen und herausfinden, woran sie tatsächlich erkrankt war. Vielleicht bot sich mir sogar die Gelegenheit, auch meinen Vater zu besuchen.

Das Krankenhaus stand in dem auf Don Ey folgenden Dorf, während meine Eltern zwei Kilometer weiter entfernt wohnten. Ich ging nicht geradewegs zum Krankenhaus, sondern erst zu meinem Vater, den ich seit über einem Monat nicht gesehen hatte.

Als ich die Treppe zu seiner Hütte hinaufstieg, hatte ich ein wenig Angst, beobachtet zu werden. Mein Vater lag auf einer Matte auf dem Bambusboden. Er erkannte mich gleich, und schon hellte sich die Miene seines eingefallenen Gesichts auf. »Bewege dich bitte nicht«, sagte ich und berichtete ihm, was mir inzwischen zugestoßen war und wie es der Familie ging. Obwohl er selbst krank war, zeigte er sich besorgt um uns und wies auf drei Mangofrüchte, die er sich in der Nacht zuvor hatte beschaffen können. »Iß«, sagte er und bot mir eine der drei Mangos an. »Du mußt großen Hunger haben, Thay.«

Da ich gesundheitlich heruntergekommen war und unter großem Vitaminmangel litt, fiel ich, ohne zu zögern, über die reife Frucht her. Während ich aß, fing er an zu reden. Keng, Vuoch und Theng hätten ihn in meiner Abwesenheit oft besuchen können. »Daß ich auch dich vor meinem Tod noch einmal sehen würde, hätte ich nicht gedacht«, meinte er mit schwacher Stimme. »Ich sterbe bald, und wenn es stimmt, daß meine Seele weiterlebt, dann werde ich dir helfen.«

Ich war den Tränen nahe. Er nahm meine Hand. »Ich habe es von Anfang an gewußt, daß dieses Regime schlimm sein würde, aber du wolltest mir nicht glauben«, sagte er mit dem Schatten eines Lächelns.

»Du hast recht gehabt, Vater. Ich lasse mich zu sehr von der Vernunft leiten. Du kennst diesen Fehler an mir.«

»Wenn man zuviel denkt, kommt die Weisheit nicht zum Tragen«, hauchte er und strich mir über die Hand. »Achte darauf, daß deine Gefühle nicht verdorben werden. Um mich brauchst du dich nicht zu sorgen. Mein Tod ist eine Erlösung. Du aber mußt da unbedingt herauskommen. Stell dich dumm, rede nicht, murre nicht, streite nicht. Du mußt überleben, mein Sohn. Überleben, um zu fliehen. Fliehen, um zu überleben.«

»Ja.« Ich wischte mir die Tränen ab und ergriff seine Hand, wohl wissend, daß ich ihn nicht wiedersehen würde. Die Zeit drängte, ich mußte ja noch ins Krankenhaus. »Vater«, stammelte ich mit stockender Stimme, »ich... muß Mutter besuchen.«

»Ja.« Auch in seinen Augen glänzten Tränen, aber er machte einen gefaßten Eindruck. »Sieh dich vor, und geh jetzt. Du mußt überleben, mein Sohn, überleben.«

Wie benommen ging ich von ihm weg. Nein, er konnte jetzt nicht einfach sterben; ich war auf seinen Tod nicht vorbereitet, noch nicht soweit, leben zu können ohne das sichere Wissen, daß es ihn gab. Mir wurde auch bewußt, daß er recht gehabt hatte, als er schon in Veal Vong immer gesagt hatte: Früher oder später wird der Tod zu uns allen kommen. Der Tod ist eine Erlösung. Seine Worte klangen in mir nach, und ich hatte mich längst damit abgefunden, daß sie auch auf mich zutrafen. Irgendwie sperrte ich mich jedoch dagegen, daß sie für ihn gelten sollten.

Plötzlich fiel mir etwas Schreckliches ein: die Mangofrucht!

Wenn er wirklich im Sterben lag, hätte ich sie niemals nehmen dürfen. Der Gedanke an meinen Egoismus trieb mir die Tränen in die Augen. Er war schwächer als ich und hatte niemand, der etwas für ihn einhandeln konnte. Vielleicht hing sein Leben an dieser einen Mangofrucht. Wie hatte ich nur so rücksichtslos sein und sie annehmen können.

So erreichte ich, von meinen Gefühlen hin und her gerissen und ohne wahrzunehmen, was um mich geschah, das Krankenhaus.

Es war ein Komplex von fünf Gebäuden aus Holz und Bambus mit Wänden aus Schilfmatten, umgeben von Mangobäumen – ein Verwaltungsbau und vier Häuser für die Patienten. Diese lagen auf Holz- und Eisenbetten; ihre Decken mußten sie selbst mitbringen. Krankenpflege gab es nicht. Die Patienten mußten sich wie Parasiten vorkommen. Da sie nicht arbeiteten, verdienten sie es, grob behandelt zu werden. Eine gute Behandlung hätte ja nur die Simulanten ermutigt. Außer einem bißchen frischen Wasser und ein paar Reiskörnern zweimal am Tag konnten die Insassen nichts erwarten. Der krankhafte Drang der Roten Khmer, sich zu vergewissern, ob die Leute auch wirklich krank waren, verschlimmerte nur noch deren Zustand.

Ich hatte zwei der Krankenstationen und die dritte halb durchquert und die Patienten der Reihe nach langsam gemustert, als ich ganz überraschend meinen Namen rufen hörte: »Thay!« Die Stimme gehörte meiner Schwester Keng. Neben ihrem Bett spielte auf dem Boden ihre sechsjährige Tochter Srey.

»Keng! Was machst du hier? Bist du krank?«

»Nein, ich bin wegen Mutter hier.«

Mutter lag im Zimmer nebenan und schlief. Keng hatte sich krank gestellt, um sie versorgen zu können. Sie ging damit ein mehrfaches Risiko ein. Zum einen hätte sie als Simulantin denunziert werden können; zum andern war der Krankenhausaufenthalt an sich gefährlich, denn hier gab es noch weniger zu essen als in den Dörfern draußen.

»Sie hat Durchfall«, sagte Keng. »Seit fünf Tagen liegt sie

hier.« Dann legte Keng ihren Mund an Mutters Ohr und sagte: »Mutter! Mutter! Wach auf, Thay ist gekommen!«

Viel für sie tun konnte ich nicht, also erzählte ich ihr einfach von meinem Aufenthalt am Tonle-Sap-See und von der Unterhaltung mit meinem Vater. Keng berichtete mir von Theng und seiner Familie. Es hatte einen weiteren Todesfall in der Familie gegeben: Thengs und Laos kleine Tochter war in der Woche vor meiner Rückkehr an Durchfall gestorben. Als ich ihr mein Beileid aussprach, zuckte Keng nachdenklich die Achseln: »Sie gehört wie Staud zu den Glücklichen.« Theng war inzwischen einen Tagesmarsch vom Dorf entfernt im Deichbau eingesetzt. Lao versorgte die beiden Buben. Eine Stunde blieb ich im Krankenhaus, besorgte mir noch einige Tabletten gegen Ödeme (sie schmeckten süß und schienen absolut harmlos zu sein) und machte mich dann auf den Rückweg.

Als ich drei Tage später meine Mutter wieder besuchte, eröffnete sie mir mit einer Stimme so leise wie ein Windhauch, daß am Abend mein Vater gestorben sei.

In stummer Trauer hielten Mutter, Keng und ich uns bei der Hand. Srey machte große Augen und sah uns erstaunt an. Widerstreitende Empfindungen kamen in mir auf: Die Erleichterung darüber, daß er nun nicht mehr leiden mußte, verband sich mit der Dankbarkeit für das, was er an mich weiterzugeben versucht hatte: seine innere Stärke, die stoische Haltung, seine Lebenserfahrung – aber auch mit unsäglicher Trauer darüber, daß ich ihn nicht noch einmal hatte sehen können.

Während ich so dasaß und still für mich weinte, bemüht, meine Gefühle zu kontrollieren, bemerkte ich, wie gefaßt das Gesicht meiner Mutter war. »Ich hätte nicht gedacht, daß er vor mir stirbt«, sagte sie nach einer Minute des Schweigens. »Die Roten Khmer fanden ihn heute morgen. Er ist einfach eingeschlafen.«

»Zu mir sagte er, sein Tod sei eine Erlösung.« Ich war bemüht, abgeklärt zu wirken und mir auch jetzt wieder zu vergegenwärtigen, daß wir bald soweit sein mußten, dem Tod ruhig ins Auge zu sehen, anstatt uns länger vor ihm zu fürchten. »Seid nicht traurig. Der Tod kommt zu uns allen.«

»So ist es, Thay«, meldete sich Keng von ihrem Bett aus, »zu uns allen.« Man sah es ihren Augen an, daß es auch ihr nicht gut ging. Ihre Stirn fühlte sich fiebrig heiß an. Sie sei wohl jung und stark, wandte ich mich an sie, doch wer wisse schon, wie lange sie, ja wie lange wir alle noch durchhielten. Das große Siechtum schien unterschiedslos Männer, Frauen und Kinder erfaßt zu haben.

Durch Kengs Krankheit kamen neue Probleme auf uns zu. Ich wollte keinesfalls die beiden Frauen allein lassen und mußte mir etwas ausdenken, um regelmäßig ins Krankenhaus kommen zu können, und wenn es noch so gefährlich war.

Als ich daheim ankam, hatte ich meine Geschichte bereits fertig.

Ich ging zum Dorfältesten und beantragte, daß ich doch im Krankenhaus behandelt würde. Der gute Mann konnte natürlich nicht verstehen, warum ich mich genau dagegen vor einigen Tagen noch gesträubt hatte. »Ich kann nicht über Nacht bleiben«, erklärte ich ihm meinen Sinneswandel. »Es sind dort zu viele kranke Leute. Es ist besser, ich schlafe zu Hause und gehe morgens zur Behandlung hin.«

Der Dorfälteste, ein korpulenter Mann, der unter anderen Umständen wohl ein recht umgänglicher Mensch gewesen wäre, erhob danach keine Einwände mehr.

Nachdem ich einmal zwischen meinem Haus und dem Krankenhaus hin- und hergependelt war, wußte ich, daß ich am Spätvormittag im Krankenhaus mit Suppe verpflegt wurde und noch rechtzeitig zur Mittagsmahlzeit im Dorf zurück sein konnte. Wenn ich meine Zeit gut einteilte, konnte ich die doppelte Ration in Empfang nehmen. Für den Dorfältesten und meinen Arbeitsaufseher war ich zur Behandlung abgestellt, und was das Krankenhaus betraf, so wußte man dort, daß ich zu Hause schlief. Gefährlich wäre es nur dann geworden, wenn mich einer der Roten Khmer oder ein Alter Mensch aus dem Dorf im Krankenhaus beim Essen gesehen hätte. Sie hätten sich leicht ausmalen können, daß ich an zwei Stellen Mahlzeiten einnahm, und mich vielleicht gemeldet.

Aus diesem Grund ließ ich bei meinen täglichen Gängen zu meiner Mutter, zu Keng und Srey Rath große Vorsicht walten. Wenn ich mir ein Bild von ihrem Zustand verschafft hatte, schlang ich rasch die Reissuppe hinunter und ging in unser Dorf zurück. Mit jedem Tag nahm das Krankenhaus mehr den Charakter eines Sterbehauses an. Täglich starben bis zu 15 Menschen, und immer mehr neue Patienten strömten herein. Schließlich wurden trotz der vielen Todesfälle die Betten knapp, und immer mehr Kranke und Sterbende wurden auf den Boden und in den Hof gelegt, wo sie der Sonne und dem Regen ausgesetzt waren.

Kengs Zustand verschlechterte sich rapide.

Nach einer Woche fand ich sie keuchend und mit vor Angst weit aufgerissenen Augen vor. Noch immer klammerte ich mich aus irgendeinem Grund an die Vorstellung, daß sie bald wieder wohlauf sein würde.

»Hast du deine Suppe schon gegessen?« fragte ich sie, so fröhlich es mir eben möglich war.

Sie hauchte etwas, aber ich konnte es nicht hören.

»Laß das Fragen, Thay«, erwiderte meine Mutter an ihrer Stelle. »Sie kann nicht mehr sprechen.«

Ich sah wieder zu Keng hin und hörte, wie sie ganz leise meinen Namen flüsterte: »Thay... Thay.« Ich beugte mich zu ihrem Mund hinunter und hörte, wie sie sagte: »Es brennt, es brennt.« Darauf sprachen nur noch ihre Augen, die sie auf mich, auf unsere Mutter und die kleine Srey Rath gerichtet hielt, die neben ihr saß und ihrer Mutter die Hand hielt.

»Mutter«, begann nun Srey wehmütig zu klagen, »warum sagst du nichts zu mir?« Keng machte noch einen Versuch zu sprechen, doch vergeblich. Die Tränen traten ihr in die Augen.

Nun wußte ich, daß sie nicht überleben konnte. Die Hoffnung schwand für sie, für mich, für uns alle. Wir waren dazu bestimmt, ihr zu folgen. Als ich sie so liegen sah und erkannte, daß auch sie die Wahrheit wußte, vergaß ich die Worte, die mein Vater an mich gerichtet hatte. In dieser Hölle war der Tod dem Leben vorzuziehen. Für Keng wie für uns alle war der Tod nicht der

Feind, den man bekämpfte, sondern ein Freund, der die Erlösung vom Leiden brachte.

Meine Tränen waren inzwischen versiegt. Hatte ich in der Erwartung des Todes bereits einen Teil von mir absterben lassen?

Bei meinem nächsten Besuch im Krankenhaus lag Srey in Kengs Bett, während meine Mutter daneben schlief.

Ich fragte Srey, wo Keng sei, obwohl ich die Antwort schon wußte.

»Sie haben Mutter mitgenommen...« sagte sie. »Großmutter sagt, meine Mutter ist gestorben. Großmutter sagt, sie wird auch sterben. Werde ich sterben, Onkel?«

Mit unbewegter Miene hielt ich die Hand des Kindes. Für mich war es ein Trost, daß Kengs Leiden ein Ende gefunden hatte. Das einzig Überraschende für mich war, daß sie vor meiner Mutter gegangen war. Der Tod kam mit Sicherheit zu uns. Die Ungewißheit war nicht, ob der Tod kam, sondern wann und auf welche Weise.

»Werde ich sterben, Onkel?« Sreys erneute Frage schob sich zwischen meine Gedanken.

Ich nahm ihre Hand, die sich heiß anfühlte. Bestimmt war auch sie vom Fieber schon angesteckt. »Du darfst dir wegen des Todes keine Sorgen machen, mein liebes Kind. Sterben ist dasselbe, wie wenn du für immer schläfst. Wenn du stirbst, wirst du wieder bei deiner Mutter sein. Es ist nichts Schlimmes daran. Tod bedeutet Frieden.«

Meine Mutter war aufgewacht. Sie hatte sich wohl längst damit abgefunden, daß sie sterben mußte, zu meiner Überraschung jedoch wollte sie sich mit dem Gedanken, daß dies bald der Fall war, keineswegs befreunden. »Du mußt etwas unternehmen, Thay«, drängte sie plötzlich. »Ich habe solchen Hunger, ich muß etwas essen. Hier habe ich ein paar Sachen, die du für mich eintauschen kannst.«

Sie verwahrte ihre Wertsachen in den Kleidungsstücken, die in einem Beutel am Fuße ihres Bettes steckten. Ich fand darin ihre diamantenen Ohrringe, eine Diamantenbrosche, einen diamantenen Anhänger und ein goldenes Halsband. »Sollte mir etwas zustoßen, dann nimmst du, was von meinem Schmuck übrig ist. Du wirst es brauchen, um Any, Sudath und Nawath zu versorgen. Any ist so ein gutes Mädchen, Thay, ein liebes Mädchen. Sie liebt dich, und sie liebt Sudath wie ihr eigenes Kind. Du mußt für sie dasein. Vergiß nicht, was dir dein Vater gesagt hat. Du mußt für sie leben.«

Am Abend erzählte ich Any, was vorgefallen war. Sie hatte seit einiger Zeit die Nachricht von Kengs Tod erwartet, und nun traf sie sie doch unvorbereitet. Sie saß auf dem Boden der Hütte, schlug die Hände vors Gesicht und murmelte immer wieder unter Tränen – Keng, Keng, und ich setzte mich neben sie und legte meinen Arm um ihre Schultern. Keng und Any waren gute Freundinnen gewesen, zwei Schwestern weit eher denn Schwägerinnen. Was hatten die beiden nicht alles gemeinsam an Strapazen erdulden müssen, sie, die nicht nur die Kinder, sondern auch meine Eltern zu versorgen hatten. Über Keng war Any auch meiner Mutter nähergekommen, und Sudath und Nawath spielten gern mit Srey Rath. Any weinte in meinen Armen um Keng, und ich wußte nicht, was ich zu ihrem Trost hätte sagen können.

Am nächsten Tag lag bereits Vuoch im Bett neben meiner Mutter und hatte Srey an ihrer Seite.

»Ich bin nicht krank, Thay«, suchte sie mich gleich zu beruhigen, als sie mein erschrockenes Gesicht sah. »Ich muß mich doch um Mutter kümmern.« Noch war sie vielleicht nicht krank, dafür aber wie wir alle körperlich geschwächt und sich der Gefahren bewußt. Im Krankenhaus setzte sie ihre Überlebenschancen aufs Spiel. Als Mitglied eines Arbeitstrupps hatte sie den vollen Verpflegungssatz erhalten. Auf diesen gewiß zweifelhaften Vorzug hatte sie verzichtet, bekam jetzt nur noch die halbe Ration und lief außerdem Gefahr, als Drückebergerin denunziert und tödlich angesteckt zu werden. Bei der Krankmeldung hatte sie Magenschmerzen angegeben, ein Leiden, das schwer nachzuprüfen war. Daß sie im selben Bett wie ihre kranke Nichte Srey schlief, grenzte an Selbstmord. Mutter und Tochter standen aber einander so nahe, daß nichts sie hätte abhalten können.

Auch in der folgenden Woche machte ich meine gewohnten

Gänge, verschaffte mir die beiden Mahlzeiten und meine Medikamente, kam am Spätvormittag wieder heim, meldete mich bei Any zurück und streckte vorsichtig meine Fühler aus, ob nicht irgendwo etwas Eßbares für meine Mutter aufzutreiben war. Diamanten waren hier nahezu wertlos; man fand wenig Tauschmöglichkeiten. Von Dollargeschäften war nichts bekannt. Gold blieb als einziges eine sichere Sache.

Mit jedem Tag verschlimmerte sich Sreys Fieber. Vuoch verwickelte mich immer wieder in politische Gespräche. Nur wenn ich ernsthaft mit ihr redete, konnte ich sie bewegen, leiser zu sprechen. Zu groß war ihre Verbitterung geworden. »Du mußt zugeben, Thay, unser Vater hatte recht, was diese Leute betrifft«, klagte sie ein ums andere Mal, und in die Verzweiflung mischte sich etwas von ihrer alten Leidenschaft für politische Debatten. »Schau dich doch um, diese Fanatiker haben unser Land zerstört.«

Es dauerte eine volle Woche, bis das Fieber auch Vuoch im Griff hatte. Schon beim Hereinkommen fiel mir an diesem Tag auf, daß ihr eingefallenes Gesicht fahl geworden war. Sie sah genauso krank aus wie Srey, die schon halb bewußtlos neben ihr lag. Ich befühlte Vuochs Stirn. Sie war brennend heiß. Das Mädchen war dennoch auch heute entschlossen, mit mir zu reden.

»Die Ideologie an sich hörte sich so gut an«, meinte sie, an mich gewandt. Sie konnte nur noch im Flüsterton sprechen. »Inzwischen liefert sie nur noch den Vorwand für Zerstörung und Unterdrückung. Diese Fanatiker...«

»Du mußt ruhig liegen, Vuoch«, sagte ich, nervös um mich blickend. »Rede jetzt nicht weiter; bald wird es dir wieder bessergehen.«

»Ich möchte aber reden.« Sie zog mich zu sich hinunter und fuhr flüsternd fort: »Thay, ich weiß, daß ich sterbe. Wir alle sterben. Nun hör mir mal zu: Du hast doch immer gesagt, Vater und Mutter verstehen die Roten Khmer nicht. Ich habe dir geglaubt und war wie du voller Hoffnungen. Patrioten seien sie – und wie! Jetzt wissen wir, was sie sind. Kommunisten.« Sie machte eine Pause. »Manche sagen, dies sei nicht der wahre Kommunismus, sondern eine pervertierte Form.«

»Mag sein«, sagte ich leise.

»Nun gut, dann habe ich da noch eine Frage: Glaubst du im Ernst, daß wir auch dann in dieser Hölle wären, wenn Marx, Lenin und Mao nicht geboren wären?«

Wieder drehte ich mich ängstlich um, ob uns jemand hören konnte, und murmelte »Pst, Vuoch.«

»Also?« beharrte sie streng und erhob ihre Stimme. »Wenn diese Kommunisten nicht gelebt hätten, wären wir dann . . .?«

»Ja, genau, du hast recht«, pflichtete ich ihr hastig bei und sah, wie sie zufrieden nickte, so als könne sie nun, da die Wahrheit ausgesprochen war, in Frieden sterben.

Drei Tage später war Vuoch nicht mehr da. Allein Srey lag noch im gemeinsamen Bett, zu schwach, um zu reden.

Nach wenigen Tagen war auch Srey nicht mehr da.

»Sie haben sie heute morgen geholt«, sagte meine Mutter ungerührt, als ich mich an jenem Morgen neben sie aufs Bett setzte. »Ein gutes Mädchen. Sie hatte keine Angst und sagte, sie werde schlafen und zu ihrer Mutter kommen. Sie war ein gutes Mädchen. Warum sie wohl vor mir gegangen ist?«

Meine Mutter lag mit eingefallenen Wangen da und erwartete ruhig und gefaßt den Tod. Ich mußte annehmen, daß sie starb, ohne daß ihr irgend etwas die Last ihrer letzten Stunden erleichterte. Wie freute ich mich daher, als es mir in den nächsten Tagen gelang, eine Zuckerdose, die zu Dreiviertel mit einer zähen, braunen, melasseähnlichen Masse gefüllt war, gegen ihr Halsband einzutauschen.

»Sieh nur, Mutter«, begrüßte ich sie bei meinem nächsten Besuch.

»Oh!« Sie schnupperte und machte die Augen auf: »Zucker!« Sie strahlte, als hätte sie einen Preis gewonnen. Ich half ihr, sich aufzusetzen, gab ihr einen Löffel in die Hand, und schon hatte sie zu essen begonnen.

»Mutter, iß nicht zuviel und nicht zu schnell. Es würde dir schaden.«

»Meinetwegen. Ich sterbe so oder so. Jetzt werde ich glücklich sterben. Hier, da ist etwas für dich.«

Irgendwie hat sie recht, dachte ich bei mir und lächelte. Als ich wegging, um meine Reissuppe in Empfang zu nehmen, aß sie noch immer Zucker.

Am nächsten Tag war ihr Bett leer.

Ich blickte starr vor mich hin. Seit Tagen wußte ich, daß sie sterben würde, ich hatte ihr sogar gewünscht, daß das Leiden bald ein Ende nähme. Dennoch traf mich ihr Tod unvorbereitet. In stummer Trauer stand ich vor ihrem leeren Bett, die Tränen flossen mir übers Gesicht, da entdeckte ich die Zuckerdose. Sie war leer. Ein ganzes Pfund Zucker hatte sie aufgegessen! Das war zuviel für ihren armen, ausgezehrten Körper. Mir war bei diesem Gedanken trotz aller Tränen der Trauer zum Lachen zumute – welche Mischung aus Trauer, Erleichterung und Bewunderung! Indem sie ihren Tod beschleunigt hatte, hatte meine alte Mutter ein kleines Zeichen gesetzt, war Herr ihres Schicksals geworden und nicht, wie ihre Peiniger es bestimmt hatten, als gebrochener Mensch gestorben, sondern so, wie sie es sich gewünscht hatte: glücklich.

Ich dachte an ihr Lächeln, als sie an diesem himmlischen Zucker roch und den ersten Löffel zu sich nahm. Hoffentlich war auch mir, wenn meine Stunde schlug, solches Glück beschieden.

Es blieb mir noch, die Habseligkeiten meiner Mutter und meiner beiden Schwestern zusammenzusuchen. In jedem der drei Beutel steckten Kleidungsstücke und darin eingewickelt Schmucksachen, Uhren, Ringe und Halsbänder, lauter Dinge, die für den Überlebenskampf der Familie und hoffentlich auch für die Flucht von Nutzen waren.

Eine Woche lang ging ich noch in der gewohnten Weise vom Dorf ins Krankenhaus und wieder zurück. Ich sah, wie jeden Tag Menschen starben und wie man die Toten wegtrug, um für die Sterbenden Platz zu machen. Der Anblick war mir inzwischen so vertraut, daß ich das Kommen und Gehen schon gar nicht mehr registrierte. Eines Tages, als ich wieder dabei war, mich nach der Medikamentenausgabe und nach der Wassersuppe vom Krankenhaus fortzuschleppen, hörte ich eine wohlbekannte Stimme meinen Namen rufen.

Sie gehörte meiner Schwägerin Lao, Thengs Frau. Seit Wochen hatte ich sie nicht mehr gesehen, und nun saß sie hier auf einem Bett. Wenn sie mich nicht angesprochen hätte, hätte ich sie nicht erkannt. Lao sah aus wie eine lebende Leiche, und ihrem Gesichtsausdruck war zu entnehmen, daß sie mich für dasselbe hielt. Ich humpelte zu ihr hinüber. Ihre beiden Buben Visoth und Amap lagen neben ihr im Bett.

»Wir sind gestern gekommen«, sagte sie im Flüsterton, »Mutter, Keng und Srey Rath sollen auch hier sein, aber ich habe sie nicht gefunden.«

Ich setzte mich zu ihr ans Bett, nahm ihre Hand und berichtete ihr in allen Einzelheiten vom Tod der vier anderen.

Ihr Seufzen klang, als habe sie die Wahrheit bereits gewußt. Regungslos starrte sie die Wand an und strich Amap über das Haar.

»Wie geht es Theng?« wollte ich dann wissen. Sein athletischer Körper würde ja wohl stark genug sein, etwas länger durchzuhalten.

Anstatt zu antworten, wandte sich Lao mir zu und blickte mir starr und wortlos in die Augen.

Es war nicht nötig, daß sie etwas sagte. Es dauerte eine Weile, bis ich sie mit zitternder Stimme fragte: »Wann?«

»Letzte Woche. Er brach während der Arbeit zusammen und starb so schnell, daß er nicht einmal mehr ins Krankenhaus gehen konnte.«

Wir schwiegen und weinten beide. Wir verloren keine weiteren Worte, es gab nichts, was wir jetzt noch hätten ertragen können. Tränen blieben uns als letztes Mittel, das auszudrücken, was uns bewegte, und auch Tränen waren unserem großen Schmerz nicht angemessen. Mein Kind, meine Mutter, mein Vater, meine Schwestern, mein Bruder, alle waren sie von uns gegangen, alle bis auf Thoeun, den ich zum letztenmal in Koh Thom gesehen hatte, bevor wir in die Hölle hinabgestiegen waren. Ich hatte plötzlich das verzweifelte Bedürfnis, zu wissen, daß er und seine Familie wohlauf und Any, Lao und ich nicht die einzigen Überlebenden waren.

Schweigend saßen wir eine Weile nebeneinander, dann erhob ich mich und ging mit dem Versprechen, Lao zu besuchen, sooft ich im Krankenhaus sei.

Nach einigen Tagen fand ich sie allein vor. Mit leerem Blick starrte sie die Decke an. Ich setzte mich zu ihr ans Bett und nahm ihre Hand. Dann wandte sie sich langsam mir zu.

»Thay«, sagte sie und richtete sich mit äußerster Anstrengung auf, um gleich wieder zurückzufallen, »gestern sind sie gestorben – beide, Visoth morgens, Amap abends.« Ihre Stimme klang, als komme sie von weither, die Haut spannte sich fest über ihren Schädel, die Hand war eiskalt. Es gab nichts, was ich ihr sagen konnte, nichts, was ich hätte tun können, außer sie anzublicken. Ihre Augen bewegten sich, doch das Leben war aus ihnen gewichen.

»Ich habe nur noch den einen Wunsch: zu sterben«, flüsterte sie kaum vernehmlich, als ich aufstand und wegging. »Ich möchte so schnell wie möglich zu meinen Kindern und zu meinem Mann.«

Nach zwei Tagen lag eine Fremde in ihrem Bett. Da wußte ich, daß ihr Wunsch in Erfüllung gegangen war.

Was konnten wir tun? – Nichts. Waren wir vielleicht schon als nächste an der Reihe? Abend für Abend beschäftigten Any und mich dieselben Gedanken.

Jede Nacht rückte der Tod näher, bis er schließlich auch unser Haus erreichte. Neary, Anys Verwandte, verlor ihren Sohn. Als sie deshalb nahe am Zusammenbruch war, bekam sie die Anweisung, aufs Feld zu gehen und für einen mobilen Arbeitstrupp von Pflügern einige Kilometer weiter das Essen zu kochen. Ihre zehnjährige Tochter nahm sie mit und überließ uns allein ihr Haus. Ich habe nie herausbekommen, was danach mit Neary geschehen ist.

Als ich wieder einmal im Krankenhaus meine Suppe holte, sah ich, wie sich am Ausgang eines Raumes ein Menschenauflauf bildete; alles starrte unter dem Dach hervor ins Freie. Aus dem

Nachbargebäude kamen hintereinander etwa 40 Patienten heraus, eine stumme und gefügige Schlange des menschlichen Leidens, mißtrauisch beäugt von einem halben Dutzend Roter Khmer. Es waren Leute darunter, die kaum gehen konnten. Andere waren von Ödemen so geschwächt, daß sie sich wie Traumwandler vorwärtsbewegten. Die Stärksten mußten die Schwächsten stützen. »Was ist denn los? Was ist denn los?« wollte jeder vom anderen wissen.

Ein Mann in der Menge wußte offenbar Bescheid. »Sie fanden in diesem Raum da eine Leiche, einen kleinen Jungen, und behaupten, ein Dutzend dieser Leute habe sein Fleisch gegessen.«

So weit war es also gekommen. Ich nahm die Nachricht eher neugierig als entsetzt auf, da ich verstand, warum sie es getan hatten. Auch die Reaktion der Roten Khmer überraschte mich nicht, auch nicht, daß sie alle 40 Patienten für schuldig erklärten. Wir hatten uns an die Ungerechtigkeit gewöhnt. Entsetzt war ich über die angebliche Empörung der Roten Khmer, die das Krankenhauspersonal stellten und an ihrer schwarzen Kleidung zu erkennen waren: »Menschenfresser sind das! Menschenfresser!« In der kambodschanischen Mythologie sind fleischfressende Ungeheuer die schlimmsten Bösewichter. Diese Revolutionäre blickten voller Verachtung auf unseren »Aberglauben« – was nicht hieß, daß sie ihn nicht propagandistisch ausschlachteten.

Menschenfresser! Ihr mit euren vollen Bäuchen, dachte ich bei mir, ihr wißt ja gar nicht, wovon ihr redet. Ihr habt es so weit mit uns kommen lassen. Ihr seid die eigentlichen menschenfressenden Ungeheuer.

Jemand aus der Menge fragte die Mediziner mit unverhohlener Ironie: »Wohin gehen nun diese Ungeheuer?«

»Die Menschenfresser werden nicht mehr lange leben«, wurde ihm entgegnet. »Wir haben für sie ein spezielles Lager, wo sie höchstens noch einen Monat zu leben haben. Das ist nur recht und billig.«

Es konnte gar nicht ausbleiben, daß wir immer mehr die Eigenschaften, die uns als Menschen auszeichneten, verloren und daß unsere äußere und innere Zerstörung mit jedem Tag greifbarer wurde. So manchen Abend saßen Any und ich uns gegenüber, und unsere Tränen begannen zu fließen, ohne daß ein Wort gefallen wäre. Any war am Ende ihrer Kräfte. Während meiner langen Krankheit ruhte die Last der Hausarbeit allein auf ihr. Wenn sie am Abend nach Hause kam, mußte sie mehrmals die 300 Meter zum Fluß gehen und Wasser holen, Feuer machen, Wasser kochen und waschen.

Der nächtliche Schlaf war das einzige, was uns gegen Krankheit und Erschöpfung half. Wenn wir schliefen, mußten wir nicht an unser Elend und unseren Hunger denken. Der Schlaf bedeutete für uns eine Erleichterung, und nicht nur für uns: Die meisten Menschen, die wir kannten, erzählten uns von ihren verblüffend schönen Träumen, als würden sie im Schlaf dem Druck des Lebens bei Tage entfliehen. Dieser Gedanke hatte etwas Beruhigendes. Wenn mich nicht nur die Tage in Angst und Schrecken versetzt hätten, sondern auch noch die Nächte, hätte ich mich wohl aufgegeben.

Mit jedem Tag glich sich mein Leben mehr dem eines Tieres an. Einmal sah ich auf dem Rückweg vom Krankenhaus eine Anzahl Frösche, die bei einem Haufen frischen Ochsenmists Insekten jagten.

Ich dachte sofort: Die kann man essen.

Ich hielt nach einem Prügel Ausschau und hatte mit einigen schnellen Hieben ein halbes Dutzend Frösche erschlagen. Als Any sie sah, war sie hocherfreut. Wir grillten die Frösche über unserem Feuer und verzehrten sie, stets darauf bedacht, nicht von Roten Khmer überrascht zu werden. Von nun an griff ich schon beim Geruch von frischem Ochsenmist zum Prügel, und Frösche standen nun regelmäßig auf unserer illegalen Speisenkarte.

Nicht nur Frösche – auch Heuschrecken, Grillen, Kaulquappen, Schnecken, Eidechsen (die sich allerdings nur schwer fangen ließen) und sogar drei Schlangen brutzelten über unserem Feuer. Wenn ich auch unter Ödemen litt, konnte ich doch immerhin drei statt nur zwei Schalen Reis am Tag essen. Meinen Kindern erging es weit schlechter. Sudath, dessen Beinwunde sich entzündete und nicht verheilen wollte, blieb gelassen und war eine große Stütze, da er trotz seiner Wunde mit mir auf Nahrungssuche ging. Manchmal konnte ich mich an einen Baum heranschleichen und mit einem Stock Früchte von den Ästen schlagen, die sonst den Roten Khmer vorbehalten waren: Mangos, Guavas, Limonen, Granatäpfel. Sudath stand Wache, warf Steine oder pfiff, wenn er jemand kommen hörte. Abends teilten wir die Früchte aus; sie sorgten inmitten der rauhen Wüstenei unseres Lebens für köstliche Augenblicke eines nur zu rasch verfliegenden Wohlbehagens.

Wir verdankten solche Augenblicke wie überhaupt die Tatsache, daß wir unser Überleben sichern konnten, dem Umstand, daß wir teilten, was wir zum Leben hatten. Nur der inzwischen sechsjährige Nawath war noch zu jung, um seine unmittelbaren Bedürfnisse unterdrücken zu können. Daß man teilen mußte, konnte er niemals akzeptieren. Gab ich zum Beispiel dem größeren Sudath, der schon arbeiten mußte, etwas mehr zu essen, eine Frucht, die ich aufgespürt hatte, oder einen etwas größeren Frosch, rebellierte er und fing zu weinen an.

Eines Tages gelang es mir, auf dem schwarzen Markt etwas gekochten Reis zu besorgen. Der Familie sagte ich noch, wir würden ihn am Abend zusammen essen; dann zog ich mit Sudath los, um dazu Kleingetier zu suchen. Als Any von der Arbeit zurückkam, wollte ich den Reis hervorholen und sah, daß der Topf leer war.

Mir stockte vor Schreck das Herz, mein Gesicht verkrampfte sich, mir war nach Weinen zumute. Wo war Nawath – er als einziger hatte sich im Haus aufgehalten, während wir weg waren.

»Ja, Vater«, sagte der Junge mit flehentlicher Miene, »ich konnte es nicht aushalten. Ich hab' es ja versucht... dann wollte ich nur ein bißchen...«

Urplötzlich übermannte mich eine schreckliche Wut. Ich zerrte Nawath aus seiner Ecke hervor, nahm einen Stock zur Hand und drosch auf ihn ein. Nie zuvor hatte ich eine solche zügellose Leidenschaft in mir verspürt. Ich schlug immer weiter auf ihn ein, während der Junge unter Tränen rief: »Es tut mir leid, es tut mir leid!«, bis mich schließlich Any am Arm zog und mich wieder zur Besinnung brachte.

Kaum hatte ich von Nawath abgelassen, erfaßte mich tiefe Reue; ich drückte das Kind an mich, und wir weinten gemeinsam weiter. Solches Unheil kann der Hunger mit uns anrichten.

Einmal fand ich am Abend eine Kröte. Mit Kröten mußte man vorsichtig sein, denn ihre Galle enthielt ein gefährliches Gift. Sorgfältig entfernte ich also dieses Organ und achtete darauf, daß es nicht platzte. Der Körper der Kröte steckte voller schwarzweiß gesprenkelter Eier. Nachdem ich das Tier, so gut ich konnte, gereinigt hatte, legte ich es aufs Feuer. Any wollte nichts davon essen, da sie gehört hatte, die Kröteneier seien ebenso gefährlich wie die Galle. »Und gib ja den Kindern nichts davon!« sagte sie noch zu mir. Ich schlug ihre Warnungen aus und aß mit Genuß das ganze Tier auf. Es schmeckte vorzüglich.

In der Nacht bekam ich schreckliche Magenschmerzen. Ich schaffte es gerade noch, die Leiter hinabzuklettern und mich in die Büsche zu schlagen, bevor mich ein fürchterlicher Brechdurchfall schüttelte. Nun war ich bereits krank und abgemagert, mein Körper von Ödemen aufgebläht. Durchfall fehlte gerade noch, um mich vollends zu ruinieren.

Any zeigte sich erstaunlich wenig mitfühlend, als ich wieder ins Haus zurückkam. »Ich habe es dir ja gesagt; das hast du davon, wenn du nicht auf mich hörst.« Als jedoch der Durchfall und die Schmerzen nicht nachließen, wich die Verdrießlichkeit ihrer Sorge um mein Leben: »Wenn das so weitergeht, bist du in drei Tagen tot.« Daran bestand überhaupt kein Zweifel. Wir hatten genug Leute gesehen, die an weit geringfügigeren Gebrechen gestorben waren. Eigentlich war nichts Schreckliches an diesem Gedanken. Wir hatten uns daran gewöhnt, daß Menschen wie Hunde zugrunde gingen.

So schlimm war der Tod gar nicht mehr. Zuvor aber mußte ich wie meine Mutter unbedingt noch etwas Süßes haben.

Dieses unstillbare Verlangen nach etwas Süßem brachte mich auf einen abenteuerlichen Gedanken. Nicht weit von unserem Haus stand eine Zuckerpalme. Ich hatte beobachtet, daß jeden

Morgen ein Alter Mensch auf den Baum kletterte und den süßen Palmsaft in einem Bambuszylinder auffing.

Am nächsten Morgen erklärte ich Any, daß ich noch einmal Zuckerpalmsaft kosten wolle, und bat sie um ihr letztes Armband, mit dem sich vielleicht ein Geschäft machen ließ. Sie gab es mir, doch als sie gerade zur Arbeit losgehen wollte, kamen ihr plötzlich Zweifel.

»Ich möchte dich so nicht allein lassen«, sagte sie, während sie mir über die Augenbrauen strich und mir den Schweiß vom Gesicht wischte.

»Unmöglich, Any, du kannst nicht bleiben, das weißt du doch. Wenn sie dich hier finden, bestrafen sie dich und mich wahrscheinlich auch. Das wäre wirklich mein Ende.«

Normalerweise hätte ich aus Angst vor Denunziation nicht gewagt, mich dem Bauern zu nähern, doch jetzt siegte die Verzweiflung über die Vorsicht. Als ich ihn mit dem Saft von seinem Baum zurückkommen sah, legte ich mich im Gebüsch auf die Lauer und stand wie durch Zufall plötzlich vor ihm.

»Genosse, ich hätte gern etwas von diesem Saft«, sprach ich ihn kühn an.

Er blickte mich argwöhnisch an und sagte: »Tut mir leid, der Palmsaft gehört Angka und meinen Arbeitern in der Schmiede.«

Ich mußte nun alles auf eine Karte setzen. Da ich ohnehin nur noch wenige Tage zu leben hatte – was hatte ich noch zu verlieren?

»Ich habe Gold«, sagte ich.

»Tatsächlich? Gold?« Er war sichtlich erstaunt.

»Ja, hier ist es.« Ich zeigte ihm das Armband.

»Wieviel willst du dafür haben?«

Offensichtlich hatte er noch nie getauscht. Seine Frage bestärkte mich in der Annahme, daß er mich nicht denunzieren würde. Wenn ich geschickt vorging, konnte ich den Preis sogar selbst bestimmen.

»Wieviel würdest du mir geben?« fragte ich ihn.

Er schüttelte den Kopf. »Ich weiß nicht. Was willst du haben?«

Auf dem dörflichen Schwarzmarkt bekam ich für das Armband ganze eineinhalb Dosen Reis – für ein halbes *Tael* Gold also. Das entsprach etwa drei Zylindern mit Palmsaft. »Für fünfundzwanzig Zylinder kannst du es haben«, erwiderte ich kaltschnäuzig.

»Fünfundzwanzig? Ist das nicht ein bißchen viel?«

Immerhin hatte er schon das Prinzip unseres Tauschhandels verstanden.

»Gut. Also zwanzig.«

»In Ordnung. Zuerst mußt du mir aber das Armband geben.«

Der Handel war perfekt. 20 Zylinder, den ersten gleich an Ort und Stelle, die restlichen 19 auf die folgenden Tage verteilt. Die erste Tagesration schüttete er in zwei große Kondensmilchdosen. Glücklich machte ich mich auf den Heimweg und war ganz sicher, daß er mich nicht verriet. Er hatte sich genauso ins Unrecht gesetzt wie ich.

Und mein Schmied hielt Wort. Jeden Morgen brachte er mir seinen Zylinder mit Palmsaft. Fast drei Wochen lang wachte ich in der Morgendämmerung auf und hatte zum Frühstück Palmsaft, den ich mit Any und den Kindern teilte. Aus irgendeinem Grund, so hatte ich von anderen gehört, sei Palmsaft nicht gut bei Diarrhöe. Diese Leute lagen offensichtlich falsch, denn ich fühlte mich von Tag zu Tag besser, sah wieder gesünder aus und erholte mich von meinem Ödem. Es war der Palmsaft, der mich wiederherstellte.

Eines Tages, es war Anfang Mai, Any war bei der Feldarbeit, betrat plötzlich ein Roter Khmer unser Haus. Sudath erschrak bei seinem Anblick, lief weg und versteckte sich. Mir war nicht klar, was der Mann von mir wollte. Sudaths Verhalten erregte jedenfalls seinen Verdacht; er holte ihn aus seiner Ecke hervor und nahm ihn sich vor: Was das zu bedeuten habe, daß er einfach weglaufe. »Er mußte auf die Toilette«, fuhr ich dazwischen.

Der Mann hörte nicht auf mich, sondern drang weiter in Sudath: »Wo arbeitest du?« wollte er von ihm wissen.

Sudath erschrak noch mehr und sah sich hilfesuchend nach mir um. Wieder übernahm ich die Antwort. »Mein Sohn hat eine Wunde am Bein, er ...«

»Wenn er eine Wunde am Bein hat, warum läuft er dann so

schnell? Er sollte arbeiten. Wie ich sehe, gibt es bei euch immer noch individualistische Neigungen. Du bist krank und möchtest deinen Sohn zur Seite haben. Als Kranker solltest du für dich bleiben. Dein Sohn gehört in die Kinderbrigade.«

Ich drang in Sudath, näherzutreten, und zeigte dem Roten Khmer die wunde Stelle an seinem Bein. »Sieh selbst«, sagte ich zu ihm, »wenn er noch ein paar Tage Ruhe hätte, wäre er soweit. Das könntest du ihm doch zugestehen?«

»Nein, kommt nicht in Frage! Ihr müßt euch läutern, euch von Gefühlen freimachen. Das Kind gehört Angka. Du dürftest nicht einmal den Wunsch verspüren, ihn bei dir zu haben. Er ist stark und kann arbeiten. Erzähl mir doch nicht, daß er dazu nicht in der Lage ist. Ich habe gesehen, wie er laufen kann.«

Ich wußte nicht, was ich darauf noch sagen sollte, und es war schließlich Sudath selbst, der sich dem Unvermeidlichen beugte. »Ich werde arbeiten, Vater«, sagte er. »Ich muß arbeiten gehen. Vielleicht bekomme ich auf diese Weise sogar bessere Rationen.«

Für Any war Sudaths Weggang ein schwerer Schlag. Sie liebte den Jungen wie ihr eigenes Kind. Sudath war ein ernster, nachdenklicher Junge geworden, seitdem seine Mutter gestorben war. Er hatte Geduld und arbeitete hart, war damit eine praktische wie auch eine emotionale Stütze für uns. Wie konnten wir ohne ihn auskommen?

Die letzte Nacht nutzten wir, um ihn vorzubereiten, so gut wir konnten. Ich gab ihm den aus einem Hosenbein genähten Tornister, den ich am Tonle-Sap-See dabeigehabt hatte, und Any nähte ihm aus einem rechteckigen Stück Stoff und ein paar Schnüren eine Hängematte. Ich schärfte ihm ein, hart zu arbeiten, aber nur solange ihn die Roten Khmer überwachten. Jede Gelegenheit, sich auszuruhen, solle er nutzen. Auch solle er sich vorsehen und niemand über den Weg trauen. Mehrere Wochen würden wir uns jetzt nicht mehr sehen, und niemand könne sagen, was inzwischen geschehen würde.

Am nächsten Tag verließ er uns. Ich machte mir Sorgen um ihn, wie ich ihn, knochendürr, die Haut straff über die Schädeldecke gespannt und dazu noch mit seiner Wunde am Bein, weggehen sah. Er wirkte weit älter als ein Zehnjähriger. Tapferer Junge, dachte ich bei mir, als ich ihm mit Any zum Abschied winkte.

»In einer Woche sehen wir uns wieder!« rief Any, die nur mühsam die Tränen unterdrücken konnte, als er uns hinter dem nächsten Haus zum letztenmal zuwinkte.

Fünf Tage nach seinem Weggang war ich mit Nawath allein zu Hause, Any war noch bei der Arbeit, als ein Junge aus der Kinderbrigade zu uns kam.

»Onkel Thay«, sagte er bloß, »Sudath ist tot.«

Ich war wie vom Schlag getroffen.

Das Kind stand wortlos vor mir und sah mich an.

»Du sagst... er ist *tot*?« Das war doch nicht möglich. Ich wollte und wollte nicht wahrhaben, daß ich ihn richtig verstanden hatte. Wie konnte Sudath tot sein, wo er noch vor wenigen Tagen dabei erwischt worden war, wie er ums Haus rannte?

»Ja. Er ist heute morgen nicht mehr aufgewacht und ist tot. Im Lager liegt er.«

Ich konnte nun nicht länger in Frage stellen, was er sagte, und verspürte eine schreckliche Leere in mir, als hätte man mich betäubt.

Ich ging zu Nawath, hielt ihn fest und sagte mehrmals ruhig zu ihm: »Dein Bruder ist tot! Dein Bruder ist tot!«

Darauf hatte ich zum zweitenmal in meinem Leben einen Wutanfall. Mein Kind war tot. Irgend jemand, irgend etwas hatte Sudath getötet, und ich wußte nicht, wer oder was es war. Ich mußte die Wahrheit herausfinden, Rache üben, etwas tun, irgend etwas tun, um meinen widerstrebenden Gefühlen freien Lauf zu lassen. War mein eigenes Leid schon groß genug, was sollte ich Any sagen, wenn sie am Abend nach Hause kam? Wie konnte ich ihr mit einer solchen Nachricht unter die Augen treten, wo ich doch nicht einmal wußte, was sich zugetragen hatte?

Außer mir vor Erregung humpelte ich kreuz und quer durch das Dorf, bis ich den Ältesten gefunden hatte. »Mein Sohn! Mein Sohn!« schrie ich, nicht darauf achtend, wie aufgewühlt ich wirkte. »Ich will die Leiche meines Sohnes sehen!«

Der Dorfälteste hatte sich wohl schon an den Anblick von Menschen in meinem Zustand gewöhnt und zeigte sich nahezu ungerührt. »Aber du bist doch krank. Wie kannst du dann weggehen, um deinen Sohn zu sehen?«

»Ich gehe eben langsam. Ich möchte unbedingt meinen toten Sohn sehen. Versteh das doch. Ich bin krank und sterbe ohnehin irgendwann. Ich beraube daher Angka nicht meiner Arbeitskraft.«

Nun nickte er und schrieb etwas auf ein Papier, das mich berechtigte, in dem Lager, das etwa drei Kilometer vom Dorf entfernt war, meinen toten Sohn zu sehen.

Ich kam nur langsam voran und mußte wegen meiner geschwollenen Beine viele Pausen einlegen. Im Lager sah ich eine Menge Kinder unter dem Strohdach ihres Schlafraumes herumrennen. Ich humpelte zu ihnen hin und erkundigte mich nach jemand, der Sudath gekannt hatte und mir sagen konnte, auf welche Weise er gestorben war. Die Kinder waren nicht bereit, auf meine Fragen zu antworten, und schwiegen beharrlich.

Als der Leiter des Lagers zu mir herüberkam, wollte ich auch von ihm wissen, wie mein Sohn gestorben sei. Es klang kalt und gänzlich unbeteiligt, wie er mir die offizielle Version gab: Sudath sei bei der Arbeit in Ohnmacht gefallen. Seine Kameraden hätten ihn ins Bett gelegt, und am Morgen sei er nicht mehr aufgewacht. Weiter nichts. Nicht einmal seine Leiche konnte ich sehen, da man sie schon begraben hatte. Wie es sich tatsächlich verhalten hatte, habe ich nie herausbekommen. Was ich als einziges sicher wußte, war: Sudath starb fünf Tage, nachdem er unser Haus verlassen hatte.

Der Lagerleiter legte Sudaths Kleider, seine Schultertasche und die neue Hängematte auf einen Tisch und sagte ungerührt: »Das kannst du mitnehmen, wenn du willst.«

Ich nahm es an mich und humpelte davon.

8 Flucht aus Don Ey

Es folgten die Monate Mai bis Oktober, ein halbes Jahr, in dem Any, Nawath und ich, ausgemergelte und von Krankheit gezeichnete Gestalten, unser Überleben sichern konnten. Any überwand nach und nach den Schock des Verlustes von Sudath. Ich wußte im Grunde meines Herzens, daß ich irgendwann wieder die Arbeit aufnehmen mußte, was dann auch bald der Fall war. Vor dem Hintergrund der unerbittlich schweren Arbeit, der verzweifelten Suche nach irgend etwas Eßbarem, der gelegentlichen Tauschgeschäfte, bei denen wir uns einige Dosen Reis einhandelten, haben sich meinem Gedächtnis einige Vorfälle besonders tief eingeprägt, sei es, weil wir ein Risiko auf uns nahmen, um unser Überleben für ein paar weitere Tage zu sichern, sei es, weil wir durch eigene Anschauung einen besseren Einblick in das System der Roten Khmer gewannen. Vor allem hielt ich in dieser Zeit meine Augen offen und sammelte alles, was ich an Informationen bekommen konnte, in der Hoffnung, daß sich uns irgendwann eine Gelegenheit zur Flucht bieten würde.

An einem Nachmittag im Mai kam ein Offizier der Roten Khmer zu mir und sagte: »Thay, da drüben liegt eine Frau!« Er deutete auf ein etwa 200 Meter entferntes Haus. »Geh hinüber und begrabe sie! Du wirst dort einen zweiten Genossen treffen.«

Da während des Tages nur die Kranken im Dorf waren, hatte man ihnen die Aufgabe übertragen, die Toten zu begraben. Nun also war ich an der Reihe. Ich kannte das Haus der Toten gut. Ursprünglich hatte eine sechsköpfige Familie darin gewohnt. Drei waren gestorben, drei hatten bis am Abend zuvor noch gelebt: zwei Frauen – eine Lehrerin und ihre Schwester – sowie die kleine Tochter der Lehrerin. Die Schwester war nun auch gestorben; es blieben als die einzigen Überlebenden die Lehrerin und ihre vierjährige Tochter.

Ich ging zu ihrem Haus hinüber und stieg die Leiter hinauf. Die Lehrerin saß mit ihrer Tochter still und in sich gekehrt da. Die Leiche lag, wie eine Mumie in Stoffetzen und alte Kleidungsstücke gehüllt, auf dem Boden. Außer dem Kopf war vom Rest des Körpers auch nicht das kleinste Stück Haut zu sehen. Das kam mir seltsam vor; mein Begleiter und ich fragten aber nicht nach. Wir waren bestrebt, unsere Arbeit so schnell wie möglich hinter uns zu bringen und wieder nach Hause zu kommen. Wir trugen die Leiche über die Leiter nach unten und brachten sie in ein etwa 400 Meter entferntes Gehölz, wo wir zwischen anderen Grabhügeln eine freie Stelle fanden, ein Loch aushoben und die Frau begruben.

Ich dachte, damit sei die Sache erledigt. Am nächsten Tag – ich kam gerade bei Nieselregen vom Krankenhaus zurückgeeilt und wollte in der Dorfkantine meine Mittagsration holen – bemerkte ich, daß dort etwas vorgefallen war. Saßen die Leute sonst an den Tischen und warteten auf die Suppenausgabe, hatten sie sich heute schweigend um eine Seite der Hütte geschart. Ich ging näher hin und warf einen Blick durch die Menge.

Schluchzend lag mit der einen Hälfte des Gesichts auf dem aufgeweichten Grund die Lehrerin, die Schwester der Frau, die ich tags zuvor beerdigt hatte. Ihr halb entblößter Körper und ihr übel zugerichtetes Gesicht boten einen schrecklichen Anblick. Die Arme und die Beine wiesen schwarze und blaue Flecken auf. Neben der Frau saß ihre Tochter und blickte bleich und starr vor Schreck um sich.

»Was ist passiert?« fragte ich die Umstehenden.

Jeder wollte der erste sein, der es mir rasch zuflüsterte, während die Roten Khmer uns bereits zu den Tischen winkten. Die Frau hatte vom Fleisch ihrer toten Schwester gegessen – man hatte sie mit einem Stück Menschenfleisch im Topf angetroffen. Nun verstand ich auch, wieso die Leiche so sorgfältig abgedeckt gewesen war. Den ganzen Morgen hatten die Roten Khmer die Frau mißhandelt, mit Füßen getreten, bis sie schließlich ohnmächtig geworden war.

Es war ein entsetzlicher Anblick. Das kalte Grausen überkam

mich, nicht über die Frau und das, was sie getan hatte, sondern über die schreckliche Not, die sie so weit getrieben hatte. Lange Zeit konnte ich von der furchtbaren Szene nicht loskommen: vom Anblick einer Frau, die aus nackter Not dazu gekommen war, Menschenfleisch zu verzehren, und des verängstigten Kindes an ihrer Seite. Die Roten Khmer wurden langsam ungeduldig: »Geht endlich weiter. Mit der Menschenfresserin braucht ihr kein Mitleid zu haben!«

Als ich am Abend wieder zur Suppenausgabe kam, lag die Frau noch immer im Schlamm. Sie war tot. Was aus dem kleinen Mädchen wurde, habe ich nie erfahren.

Seit geraumer Zeit hatte ich die Befürchtung, daß die Roten Khmer, die mich ständig herumgehen sahen, mich trotz meiner stark geschwollenen Füße und Hände und obwohl ich mich nur mit Mühe bewegen konnte, zur Arbeit zurückschicken könnten. Ich war schließlich in keiner schlechteren Verfassung als alle anderen. Gesunde und kräftige Menschen gab es nicht mehr. Die ganze Arbeit wurde von Kranken geleistet.

Wenige Tage nach dem Tod der »Menschenfresserin« wurde eine Arbeitsgruppe zusammengestellt, die in den Wäldern *Prang* suchen sollte. *Prang* hieß eine große Wurzelknolle, die an sich giftig war. Wenn sie aber, in Streifen geschnitten, eine Woche lang gewässert war, konnte man sie der Reissuppe beimengen. Die Suche nach irgend etwas Eßbarem über die offiziellen Verpflegungssätze hinaus, nach *Prang*, nach Bananenwurzeln oder nach den Schößlingen von Zuckerpalmen zum Beispiel, war lebensnotwendig geworden, unsere Not damit öffentlich eingestanden. Ich wurde aufgefordert, mich der Gruppe, die nach Wurzeln suchte, anzuschließen.

Ich blieb gelassen, fügte mich in mein Schicksal und beruhigte Any und Nawath, es werde schon alles gutgehen. Ich war nicht sicher, ob ich sie überzeugen konnte, glaubte ich ja selbst nicht daran, daß es ungefährlich war, wenn ich wegging. Jede Trennung erhöhte die Gefahr einer Katastrophe. Jetzt lebten wir immerhin noch, und wenn nichts Unvorhergesehenes geschah, konnten wir noch viele Monate so weitermachen, vorausgesetzt, wir arbeiteten so, daß wir nicht auffielen. Zumindest waren das meine Worte, als ich Any zum Abschied umarmte.

Das Waldgebiet, in dem *Prang* gedieh, war etwa 16 Kilometer in Richtung der Berge vom Dorf entfernt. Da nicht genügend Wagen für den Transport von 40 Leuten vorhanden waren, mußten wir zu Fuß gehen.

Für die beiden Wochen im Dschungel sollten wir in einem 100-Kilo-Jutesack den Inhalt von 400 Dosen Reis mitnehmen. Da wir auch für den Reis keinen Wagen hatten, mußte er in 40 Portionen aufgeteilt werden. Auf jeden von uns entfiel also der Inhalt von zehn Dosen Reis, den wir in unserer Schultertasche tragen mußten.

Für einen Kranken können 16 Kilometer lang und beschwerlich sein. Wir legten viele Pausen ein, in denen ich das tun konnte, was ich von Anfang an im Auge gehabt hatte: mich in die Büsche schlagen, als folge ich einem natürlichen Bedürfnis, und außer Sichtweite der Aufseher ein bißchen Reis aus dem Beutel in meinen Schal umfüllen. Diesen versteckte ich im Bein einer Hose, die ich zum Auswechseln mitgenommen hatte. Hoffentlich würde niemand auf die Idee kommen, bei unserer Ankunft im Wald zu kontrollieren, wieviel Reis jeder bei sich hatte. Das wäre doch reine Zeitverschwendung, redete ich mir ein. »Wer wagt, gewinnt«, hieß meine Losung.

Für den Anmarsch in den Wald benötigten wir einen ganzen Tag. Als wir gegen Abend ankamen, wurden wir aufgefordert, den Reis, den wir transportiert hatten, Angka zurückzugeben. Wir stellten uns an, um nacheinander unseren Teil in den großen Sack zu schütten, den die Roten Khmer mitgebracht hatten. Zunächst kontrollierten sie die beförderte Menge, indem sie sie mit einer Kondensmilchdose in den Sack umfüllten. Zehn Dosen pro Träger, die nächsten zehn und wieder zehn. Bald würde ich an die Reihe kommen; ich überlegte hin und her, wie ich den gestohlenen Reis in den Sack bringen konnte, als ein Roter Khmer ungeduldig wurde und seinen Genossen fragte: »Warum zählst du eigentlich? Glaubst du, es wagt einer, Angka zu bestehlen? Wir vergeuden nur unsere Zeit.« Als ich den

Inhalt meines Beutels in den Sack schüttete, nahm niemand davon Notiz, wieviel es war.

Nach der Prozedur verschwand ich sofort wieder im Wald, versteckte mein kleines Reisbündel in der Aushöhlung eines Baumstumpfes und bedeckte es mit Laub. Falls es jemand fand, gab es keine Anhaltspunkte, es mit mir in Verbindung zu bringen. Und wenn es nach zwei Wochen noch nicht entdeckt war, bestand durchaus die Möglichkeit, daß ich es wieder an mich nehmen konnte.

Genauso kam es dann auch.

Zu Hause stellte ich erfreut fest, daß sich nichts verändert hatte. Any fiel mir um den Hals, und die schrecklichen Ängste, die wir ausgestanden hatten, wichen bald von uns. Als ich ihr den gestohlenen Reis zeigte, war sie doppelt glücklich, mich wiederzusehen. Sie tadelte mich zwar dafür, daß ich soviel riskiert hatte, dabei glitt aber ein Lächeln über ihr Gesicht; ihr war so klar wie mir, daß es sich bezahlt gemacht hatte. Eine Woche lang konnten Any, Nawath und ich täglich gemeinsam eine halbe Dose Reis extra zu uns nehmen, und wir entfernten uns ein wenig weiter von der Grenzlinie, die zwischen Leben und Tod verlief.

Ich kannte im Lager einen früheren Zollbeamten namens Sem, der unter Sihanouk in Phnom Penh einen ziemlich hohen Posten bekleidet hatte. Sem war ein gebildeter Mann, der hin und wieder französische Begriffe unter sein Kambodschanisch mischte, seit langem von seiner Familie getrennt war und allein lebte. Dieser hochgewachsene, starke, stets gutwillige Mann hatte sich durch seinen Arbeitseifer über Wasser gehalten. Jeder kannte ihn, da er in der Küche beschäftigt war, worum ihn viele beneideten. Seit dem Fall von Phnom Penh war jetzt ein Jahr vergangen, und die neue Verfassung war in Kraft getreten. In ihr hieß es, der Privatbesitz kleiner Gegenstände sei nun erlaubt. Über den betreffenden Artikel war auf den politischen Versammlungen ausführlich diskutiert worden, und die Roten Khmer hatten seitdem ihren Spaß daran, Armbanduhren zur Schau zu stellen. Sem fühlte sich dadurch ermutigt und holte auch seine Armbanduhr, eine schöne goldene Omega, hervor. Ein Neuer Mensch zeigte offen seine Armbanduhr! Diese Veränderung war bald jedem im Dorf aufgefallen.

Eines Tages zur Essenszeit machten drei Rote Khmer Sem den »Vorschlag«, seine Uhr Angka »auszuleihen«. Sem sträubte sich dagegen.

»Ich kann sie euch nicht ausleihen, Genossen, ich brauche sie für die Arbeit, ich muß doch pünktlich sein.«

Natürlich waren die Roten Khmer über Sems Weigerung verärgert. Ihr Anführer trat vor und sagte: »Sieh mich an, Genosse Sem, ich bin Gruppenleiter und besitze keine Armbanduhr, und ich muß die Arbeitszeit Hunderter von Arbeiter festsetzen. Du hast deine Uhr jahrelang getragen, und ich bin sicher, du kannst sie mir eine Zeitlang ausleihen.«

Sem ließ sich nicht beirren, änderte aber seine Taktik. »Entschuldige, Genosse, du mußt mich korrigieren, wenn ich mich irre, aber ist es mir unter der neuen Verfassung nicht gestattet, die Uhr zu behalten?«

Das war ein kluger Schachzug, denn da das Gespräch vor aller Augen stattfand und die Roten Khmer auf diesem Punkt so lange herumgeritten waren, mußten sie den Rückzug antreten.

Zehn Tage nach dem Zwischenfall mit der Uhr verlor Sem seinen Arbeitsplatz in der Küche und wurde zum Holzfällen in den Wald geschickt.

Eine Woche verging, in der Sem nicht wieder auftauchte. Dann konnte ich irgendwann während der Mittagsmahlzeit das folgende Gespräch einer Gruppe Roter Khmer mithören: »Oh, Genosse«, sagte da plötzlich einer, »ich sehe, du hast eine neue Uhr.«

»Stimmt.« Stolz hielt der Angeredete seine Hand hoch. »Es ist Sems Uhr«, fuhr er fort, ohne deswegen etwa leiser zu werden. »Du erinnerst dich an den Verräter, der immer imperialistische französische Wörter gebraucht hat. Als wir ihn zur Umerziehung führten, versuchte er wegzulaufen, und da erschoß ich ihn.«

»Da hast du aber Glück gehabt«, meinte sein Freund, »die Uhr ist wirklich sehr schön.«

In der letzten Maiwoche wurde meine Rekonvaleszenz plötzlich, wenn auch nicht unerwartet, beendet. Zuvor war ich eine Woche zur Arbeit in der Küche eingeteilt. Einerseits hatte ich Glück, denn beim Abräumen der Tische, beim Wischen des Bodens, oder wenn ich Essensreste von den Tellern kratzte, konnte ich doch den einen oder anderen Bissen und hie und da einen Löffel Suppe ergattern. Andererseits hatte diese Arbeit den Nachteil, daß man auf mich aufmerksam wurde. Nach jener letzten Woche meiner vermeintlichen Rekonvaleszenz kam ein Offizier der Roten Khmer in mein Haus und sagte: »Genosse Thay, du hast dich zu lange ausgeruht, ich glaube, es geht dir jetzt wieder besser.«

»Ich bin immer noch krank, Genosse, sieh dir meine Beine an«, entgegnete ich, wohl wissend, daß ich mich den Roten Khmer nicht länger widersetzen konnte. »Aber natürlich hast du recht, Genosse. Ich bin jederzeit bereit, den Anordnungen Angkas zu folgen.«

»Gut. Angka benötigt dich in Lolok Sar zum Bestellen der Reisfelder.« Lolok Sar lag vor Pursat, war also nicht weit entfernt. »Morgen früh gehst du los.«

Any reagierte entsetzt, als sie davon erfuhr. Ich erklärte ihr, daß ich keine andere Wahl gehabt hatte. Das beste war, die Zähne zusammenzubeißen und darauf zu hoffen, daß diese Trennung genauso reibungslos ablief wie die letzte. »Mach dir keine Sorgen. Ich bin ja nicht weit von hier und komme, sobald ich kann, wieder zurück.«

Oberstes Gebot war für mich, keinen Anstoß zu erregen, da man mich offensichtlich genau beobachtete.

Das einzige, was ich tun konnte, war, hart zu arbeiten und jede erdenkliche Vorsicht walten zu lassen, damit sie keinen Vorwand hatten, mich als Bourgeois zu denunzieren. Das Risiko, daß meine frühere Stellung bekannt wurde, wollte ich natürlich nicht eingehen. Ich war entschlossen, kühlen Kopf zu bewahren, mich zusammenzureißen und nicht provozieren zu lassen. Wer hier überleben wollte, mußte aus Stein sein, sich taubstumm stellen und Befehlen blindlings gehorchen.

In Lolok Sar wurde von 6 Uhr morgens bis Mittag gearbeitet. Etwa um 9 Uhr war eine viertelstündige Pause angesetzt. Zu essen bekamen wir zweimal täglich eine Schale Reissuppe.

Der Morgen war hart. Wir mußten barfuß sechs Stunden lang hinter den unermüdlichen Zugochsen durch den Schlamm waten. Nachmittags, wenn wir die weidenden Ochsen hüteten, ging es uns besser. Ein verantwortungsbewußter Revolutionär ließ seine Ochsen frei laufen, ging hinter ihnen her und achtete darauf, daß sie sich nicht verliefen und keine jungen Reissetzlinge abfraßen. Frei laufende Ochsen konnten besser weiden.

Ich hingegen nutzte die Gunst der Nachmittagsstunden zu einer Ruhepause, führte die Ochsen weit von den Reisfeldern weg und band sie an einen Pflock. Sie grasten dann ihren Standplatz ab, während ich mich hinlegte, döste und ab und zu nachsah, ob die Tiere noch fraßen und sich ihr Bauch auch rundete. Blieb er flach, mußte ich rasch den Standplatz wechseln und nach einer Stelle suchen, an der mehr Gras wuchs.

Eines Nachmittags wachte ich auf und sah, daß sich einer der Ochsen losgemacht hatte und verschwunden war. Das war eine Katastrophe, hatte ich mich damit doch gleich zweier Verbrechen schuldig gemacht: Ich war eingeschlafen, und ich hatte meinen Ochsen verloren. Der Tag neigte sich schon dem Ende zu. Vor Einbruch der Dunkelheit würde ich den Ochsen nie finden. Die Roten Khmer verziehen mir einen solchen Fehler, der bereits auf der Versammlung nach dem Abendessen zur Sprache kommen würde, niemals. Ich suchte also wie besessen, weil ich befürchten mußte, das Tier zerstöre die Gärten der hiesigen Kommune, doch ich fand es nicht.

Es wurde Abend. Panische Angst ergriff mich. Was konnte ich tun, um Angkas Zorn noch von mir abzuwenden? Nichts. Also kehrte ich mit dem zweiten Ochsen zurück, getraute mich aber nicht, dem Gruppenleiter den Verlust zu melden. Wortlos und von Angst wie gelähmt saß ich beim Essen.

Dann kam die politische Versammlung. Wie üblich setzten uns die Roten Khmer ihre wichtigsten Theorien auseinander, bevor man uns in kleine Gruppen aufteilte und aufforderte, nacheinander Selbstkritik zu üben. Jeder sollte sein eigenes Verhalten und seine Tagesarbeit beurteilen, während ein Roter Khmer entsprechende Fragen vorlegte: »Wie schätzt du deine Arbeit ein? Bist du zufrieden damit? Hast du irgendwelche Fehler gemacht? Hast du Genossen gesehen, die Fehler oder etwas Verbotenes gemacht haben?«

Die Reihe kam an mich. Nun gab es keine Ausflucht mehr. »Ich habe schwer gearbeitet«, begann ich, »doch unvorsichtigerweise schlief ich beim Hüten der Ochsen ein. Das dauerte nur fünf Minuten, doch hinterher war ein Ochse verschwunden.« Daß ich das Tier festgebunden hatte, erzählte ich natürlich nicht. »Ich habe den Ochsen den ganzen Abend gesucht, konnte ihn aber nicht finden. Ich habe einen Fehler begangen und bitte Angka sowie jeden von euch, das Urteil über mich zu fällen. Ich werde annehmen, was Angka und ihr entscheidet.«

Der Diskussionsleiter erwiderte: »Es ist gut, daß du deinen Fehler zugibst, Genosse, aber du hättest es früher tun sollen. Dann hätte ich Leute hinausschicken können, um den Ochsen zu suchen. Jetzt ist es zu spät.« Er hatte natürlich recht. Ich stand vor ihnen und hielt wie ein artiges Kind den Kopf gesenkt. »Warum hast du so lange gewartet, bis du es uns gesagt hast? Warum hast du sogar vorher gegessen? Sag – hattest du die Absicht, unsere Arbeit zu sabotieren?«

Ich zitterte innerlich, denn eine solche Kritik konnte leicht in die Anklage münden, ich sei ein Konterrevolutionär. Mancher war wegen eines solchen Vorwurfs schon in den Wald geführt worden. Meine Antwort war alles andere als gut: »Ich sehe meinen Fehler ein, ich gebe zu, es war dumm, daß ich nichts gesagt habe.« Das Beste war in solchen Fällen die Unterwerfungsgeste. »Ich bin mit jeder nützlichen Bestrafung einverstanden.«

Jeder einzelne aus der Gruppe von etwa einem Dutzend Männer mußte mich nun kritisieren. Einer nach dem anderen wiederholte, was schon gesagt worden war. Sie konnten gar nicht anders, wollten sie nicht Gefahr laufen, der Komplizenschaft mit mir bezichtigt zu werden.

Als auch das ausgestanden war, gingen alle bis auf drei Männer weg. Warum man gerade sie bestimmt hatte, zu bleiben, konnte ich nicht sagen. Ruhig zwar, doch kalt und unwiderruflich fällte der Gruppenleiter das Urteil: »Bis jetzt hat Angka freundliche Worte gebraucht – revolutionäre Worte, um dich, was deine Arbeit, deine sonstigen Handlungen sowie dein tägliches Verhalten betrifft, zu bessern. Ein ganzes Jahr war Angka bemüht, dir zu helfen, und noch immer hast du dich nicht gebessert! Dein Benehmen ist ein Angriff auf die Revolution. Angka hat versucht, mit der milden Methode der Überzeugung deinen Charakter umzuformen, doch du bist widerspenstig geblieben und zwingst uns, dich mit harter Hand zu führen, die ›heiße Erziehung‹ zu praktizieren. Ich bitte nun deine drei Genossen, dich zu züchtigen.«

Darauf ging er weg und ließ mich mit meinen drei Folterknechten allein. Diese berieten zunächst, was sie mit mir machen sollten. Es war ihnen anzusehen, daß sie es ernst meinten. Es gibt unter solchen Verhältnissen immer Leute, die sich nicht damit begnügen, das Lob der Sieger zu singen, sondern auch noch ganz begierig darauf sind, sich für die Folterung ihrer eigenen Leute herzugeben.

Die drei Männer begannen damit, mich mit Fußtritten, Schlägen und Stößen zu traktieren. Ich fiel um und lag regungslos am Boden; ich wußte, daß ich nicht reagieren durfte. Als der Leiter zurückkehrte, um nachzusehen, wie seine Befehle ausgeführt wurden, schlugen die drei noch härter zu. Man stellte mich auf die Füße, stieß mich in den Magen, ließ mich fallen und trat mit den Füßen nach mir; ich mußte mir die ganze Zeit einschärfen, daß ich mich nicht verteidigen, ja nicht einmal schreien durfte. Ich hätte damit meine Opposition gegen Angkas Entscheidung zum Ausdruck gebracht. Wenn ich vor Schmerz geweint, zurückgeschlagen oder meine Folterer angeschrien hätte, wäre meine Bestrafung noch härter ausgefallen. Ob man zu weich oder zu hart im Nehmen war, sich als Feigling oder als Rebell erwies, alles galt gleichermaßen als Vergehen. Ich mußte einfach durchhalten, um am Leben zu bleiben.

Noch während die Schläge auf mich niederprasselten, dachte

ich, daß es schlimmer hätte kommen können. Man mußte sich immer an die Vorstellung klammern, daß das betreffende Vergehen eigentlich eine weit härtere Strafe verdient gehabt hätte. Ich gab keinen Ton von mir und wich den Schlägen nicht aus. Nach vielleicht 15 oder 20 Minuten ließen sie von mir ab. Sie hatten mich zwar blutig geschlagen, mir aber keine Knochen gebrochen.

Am nächsten Tag bekam ich frei, damit ich meinen Ochsen suchen konnte. Ohne große Mühe fand ich ihn bei einem Haus, dessen Bewohner das Tier aufgespürt und festgebunden hatten, als es dabei war, ein mit Gemüse bepflanztes Stück Land zu zertrampeln. Der Ochse gehorchte mir willig.

Da ich allein auf dem Feld war, meinen Auftrag ausgeführt hatte und es noch früh am Tag war, kam ich auf den Gedanken, meinen Ochsen an einen Baum zu binden und bis Mittag zu schlafen.

Wir näherten uns der Junimitte, als meine Glieder erneut stark anschwollen. Diesmal war es schlimmer als je zuvor. Als erstes waren meine Hände, die Füße und das Gesicht geschwollen. Je mehr Flüssigkeit gebildet wurde, desto schwerer wurden mir die Beine. Mit jedem Tag wurden meine Bewegungen langsamer. Rückenpartie und Beine, Gesäß und Oberschenkel kamen mir wie abgestorben vor. Meine Beine wollten mir nicht mehr gehorchen. Es kostete mich große Mühe, mich die Leiter unseres Hauses hinaufzuziehen. Diesmal wußte ich, daß es ernst wurde, und ich dachte schon, mein Ende stehe bevor.

In dieser Verfassung konnte ich nicht mehr pflügen. Anfang Juli wurde ich zusammen mit einigen anderen Opfern nach Don Ey zurückgeschickt.

Nach fünfwöchiger Abwesenheit kam ich wieder nach Hause und war überrascht, in Don Ey so viele Menschen anzutreffen. Die meisten sahen schrecklich aus. Wieder einmal näherte ich mich dem Haus mit Hangen und Bangen. In fünf Wochen hätte einiges geschehen können. Any und Nawath hätten beide inzwischen gestorben sein können, und ich hätte allein dagestanden.

Wie erleichtert war ich daher, als ich die Leiter zum Haus

hinaufstieg und Nawath vorfand. »Vater!« rief er vor Freude und kam auf mich zu, um mich zu begrüßen. Die Freude, ihn lebend wiederzusehen, wich dem Entsetzen über sein Aussehen. Er litt unter Ödemen und konnte sich mit seinen geschwollenen Armen und Beinen nur quälend langsam fortbewegen. Man hätte ihn für einen kleinwüchsigen, gesetzten alten Mann halten können. Besorgt erkundigte ich mich nach Any. Sie war noch auf dem Feld und pflanzte Reis. Ein Seufzer der Erleichterung entfuhr mir.

Auch Any hatte schrecklich gelitten. Am Abend kam sie zur Hütte gehumpelt und schleppte sich mühsam die Leiter zu mir hoch. Es war nicht mehr die Any, die ich in Erinnerung hatte. Ihr Gesicht war von Ödemen aufgetrieben, desgleichen ihr Unterleib. Als sie mich sah, lächelte sie, doch als sie die Leiter zur Hütte hinaufgestiegen war, brachte sie nur noch die Worte hervor: »Thay, mein Liebster, du bist zurück, du bist zurück.« Wir standen bewegungslos da und hielten uns leicht umschlungen; zu einer leidenschaftlichen Umarmung reichte unsere Kraft nicht mehr.

Von Any erfuhr ich dann, was sich in Don Ey im einzelnen zugetragen hatte. In den sieben Dörfern, die sich von Don Ey am Fluß entlang nach Süden erstreckten, waren so viele Menschen gestorben, daß jetzt nur noch zwei Dörfer besiedelt waren. Die fünf Dörfer, die vor unserer Ankunft von Neuen Menschen aufgebaut worden waren, hatte man aufgegeben und die Überlebenden auf die beiden älteren Dörfer, zu denen auch Don Ey gehörte, verteilt. Offensichtlich hatten diese beiden Dörfer, die von Anfang an standen und von Alten Menschen bewohnt waren, die Hungersnot besser überstanden.

Es gab nun ein zweites Merkmal, das die schwarz gekleideten Alten Menschen von den Neuen in ihrer abgerissenen Stadtkleidung unterschied: Das Neuvolk war an seinen aufgetriebenen Gliedmaßen zu erkennen.

Im dritten Quartal des Jahres 1976 änderte sich im wesentlichen nichts. Das Sterben ging weiter. Die Alten Menschen sagten, der Reis sei gar nicht so knapp, aber die Roten Khmer wollten uns verhungern lassen. Das wurde gelegentlich sogar politisch begründet. Ich erinnere mich, daß sich ein Offizier bei einer politischen Versammlung zu diesem Punkt besonders abstoßend äußerte: »Im neuen Kampuchea brauchen wir für die Fortsetzung der Revolution nicht mehr als eine Million Menschen. Die anderen brauchen wir nicht. Es ist uns lieber, wir bringen zehn Freunde um, als daß wir einen Feind am Leben lassen.«

Wir durften also weiter sterben, und noch bevor es körperlich zu Ende ging, hielten wir das Weiterleben nicht mehr für erstrebenswert. Die Familien der Roten Khmer und der Alten Menschen bekamen zum Beispiel nach wie vor Kinder, während unter den Neuen Menschen keine Geburten zu verzeichnen waren. Bei leerem Magen stirbt die Lust ab. Seit unserem Weggang aus Phnom Penh hatten Any und ich nicht mehr miteinander geschlafen, obwohl wir früher immer den größten Spaß daran gehabt hatten, uns zu lieben. Solche glücklichen Zeiten lagen weit zurück; in Don Ey wurde ein jeder keusch. Unsere Körper waren ruiniert, und es gab nichts, was stimulierend gewirkt hätte. So etwas wie weibliche Schönheit gehörte der Vergangenheit an.

Wir beobachteten, daß unsere Gefühle füreinander davon nicht betroffen waren. Wir verfielen körperlich, und unsere Angehörigen starben dahin, doch Any und ich verschmolzen zu einer immer engeren Einheit. Wie gern hatte ich einmal ihr Haar ihren Hals umspielen sehen, ihren schlanken Körper gefühlt und ihr tief in die braunen Augen gesehen. Und heute? Anys Haare hingen glatt herunter, ihr Körper war überall geschwollen, ihre Augen vom Kranksein trübe geworden. Rein äußerlich war nichts mehr da, worauf meine Liebe sich hätte gründen können, und doch liebten wir uns mehr denn je. Unser Körper wurde immer schwächer, unsere Liebe um so stärker. Das klingt paradox, denn die Roten Khmer hatten sich doch vorgenommen, uns nicht nur körperlich, sondern auch seelisch zu zerstören, aber es zeigte sich an der Art, wie wir uns berührten, miteinander sprachen und uns gegenseitig halfen. Saßen wir zum Beispiel mit Nawath im Dunkeln und aßen gemeinsam von der verbotenen Frucht, bezogen wir Kraft aus dieser Gemeinsamkeit, aus der körperlichen Berührung und aus unseren wortlosen Tränen darüber, was aus uns beiden doch geworden war.

Ansonsten hatten wir nichts mehr: Patriotismus, die Beschäftigung mit geistigen Dingen, Unterhaltungen, Humor, all dies gehörte der Vergangenheit an, war ausgelöscht durch die teuflische Verfolgung, der wir ausgesetzt waren. Wir waren ganz davon in Anspruch genommen, unser Überleben zu sichern, und suchten Trost in den Weissagungen Puths: »Die Erlösung kommt aus dem Westen, und wenn wieder Frieden herrscht nach dem Verschwinden der *Thmils*, wird ein neues Zeitalter beginnen.«

Erlösung aus dem Westen? Es wäre uns gleichgültig gewesen, wer es sein mochte – Japan, die USA, Frankreich, China, die Sowjetunion oder gar Vietnam. Fragt ein Ertrinkender danach, wer ihn aus dem Wasser zieht?

Ohne Hilfe von außen waren wir verloren. Aus eigener Kraft konnten wir es nicht schaffen. Ein Komplott war schwer zu organisieren, eine Erhebung unvorstellbar. Reisen waren verboten, leise Gespräche untersagt, überall lauerten Spitzel. Heroische Einzelakte kamen dem Selbstmord gleich. In einem benachbarten Dorf sollen zwei junge Leute einem Roten Khmer das Gewehr entrissen haben und in den Dschungel geflohen sein, hörten wir. Einer sei erschossen worden, der andere verschwand.

Von den Aktivitäten einer Guerilla drang nichts bis zu uns vor. Wie sollten sich Guerillakämpfer ernähren können in einem Land, in dem Angka über sämtliche Nahrungsmittel verfügte? Da die Verpflegungsrationen in kleinen Mengen von den Kommunen ausgegeben wurden, war es nicht möglich, Vorräte anzulegen. Jeder, der im Dschungel leben wollte, würde verhungern. Ich sah jedenfalls keine Möglichkeit, den Widerstand zu organisieren.

Der Geist des Widerstands lebte dennoch weiter, wurde gar immer stärker. Durch ihr zerstörerisches Werk schürten die *Thmils*, die Atheisten, das, woran sie eines Tages zugrunde gehen würden: den Haß.

Den Gedanken an Flucht habe ich nie fallengelassen. Im

Krankenhaus hatte ich zwei Männer getroffen – einen Dozenten namens Roeun und einen ehemaligen Major der Armee –, mit denen ich die gemeinsame Flucht erwog. Auch die beiden hatten die Nase voll. Roeun hatte seine Frau und drei Kinder verloren, der Major drei seiner fünf Kinder.

Ein paar Wochen nachdem wir den Fluchtplan ins Auge gefaßt hatten, löste er sich schon in Luft auf. Wir hatten Erkundungen über das Gelände im Westen angestellt und überlegt, wie wir zu Vorräten kommen konnten, da wurden die beiden zu bestimmten Arbeiten abkommandiert, und ich habe sie nie wiedergesehen. Dennoch habe ich auch danach den Gedanken an Flucht keine Sekunde aufgegeben. Entweder wir konnten fliehen, oder ich fand mich mit meiner Familie mit dem sicheren Tod durch Denunziation oder durch Krankheit ab.

An einem frühen Novembertag des Jahres 1976 trat dann ein, wovor ich mich am meisten gefürchtet hatte. Wir saßen alle beim Essen an den Kantinentischen, als ich bemerkte, wie ein Roter Khmer, der mit drei anderen zusammenstand, immer wieder zu mir herüberblickte. Sein Gesicht kam mir nicht bekannt vor, und ich dachte mir nichts weiter dabei, bis der Mann zu mir herüberkam und mich ansprach: »He! Kennen wir uns nicht? Wie heißt du denn?«

»Thay. Mein Name ist Thay.« Noch witterte ich keine Gefahr.

»Bist du nicht Pin Yathay?«

Ich sah Any und meine Tischnachbarn an, von denen viele meinen vollen Namen kannten. Es wäre töricht gewesen, ihn zu leugnen. So versuchte ich, die kleine Täuschung als nicht so wichtig hinzustellen. »Stimmt, Thay oder Pin Yathay. Das ist dasselbe, ich habe die Kurzform meines Namens genommen.«

Und schon machte er gegen mich Front. »Du bist doch einer der Direktoren für Öffentliche Arbeiten gewesen, ein Ingenieur, der im imperialistischen Amerika studiert hat.«

Der Mann hatte mir einen gehörigen Schrecken eingejagt. »Woher kennst du mich?« fragte ich ihn, während mein Puls zu rasen begann.

»Ich kenne dich gut, Genosse. Kennst du mich nicht mehr? Ich habe unter Sun Yi an der Straße Pursat-Leach gearbeitet.«

Dieses Straßenbauprojekt war eines von vielen, das ich in meiner Eigenschaft als Abteilungsleiter vor dem Krieg inspiziert hatte; auch an Sun Yi konnte ich mich gut erinnern. Er war ein tüchtiger Baustellenleiter, wenn auch ein strenger Vorgesetzter.

Sarkastisch machte der Rote Khmer weiter: »So, du kennst mich also nicht? So ist das eben. Eure Arbeiter kannten euch bestens, ihr sie aber nicht. Dafür standst du wohl zu hoch oben und ich zu weit unten.«

»Ich kann doch nicht jeden einzelnen kennen, Genosse. Du wirst dich bestimmt daran erinnern, daß ich meine Mitarbeiter immer gut behandelt habe, oder?«

So leicht war der Rote Khmer nicht zu beruhigen. »Ich habe nicht gesagt, daß du irgendwelche Fehler begangen hast«, antwortete er mir verbittert, »aber du hattest die Dienstaufsicht über Sun Yi, und der hat mich von der Baustelle gejagt. Nur weil ich eine Dose Dieselöl gestohlen habe, hat er mich entlassen. Von dem geringen Lohn, den die Regierung gezahlt hat, konnte ich meine Familie nicht ernähren. Sie haben mich eingesperrt, und Sun Yi, dein Untergebener, hat gegen mich ausgesagt. Frage nicht, wie viele Dosen Dieselöl er selbst gestohlen hat. So sah es mit der Gerechtigkeit unter eurem Regime aus!«

Ich sagte, ich hätte von der ganzen Sache bis jetzt nichts gewußt.

»Aber du warst doch sein Vorgesetzter. Er hat mich davongejagt, und ich mußte mich dem Untergrund anschließen! Und dann hast du auch noch deine Identität geheimgehalten. Du hast deine frühere Stellung vor Angka verheimlicht!«

Am ganzen Tisch waren die Gespräche verstummt. Die beiden anderen Roten Khmer blickten wie gebannt zu uns herüber, während ich mich verzweifelt bemühte, die panische Angst in mir zu unterdrücken und zuversichtlich zu wirken.

»Ich habe doch meine Identität nicht verheimlicht, Genosse. Thay ist ein Teil meines Namens. Ich habe mich erniedrigt, weil wir in der Revolution alle gleich sind und ich unbedingt Angkas Willen befolgen wollte. Ich habe immer gewissenhaft gearbeitet und alle meine Pflichten als Revolutionär erfüllt.«

Mit einer Gebärde, die Ärger und Widerwillen ausdrückte, schnitt er mir das Wort ab und ging weg, so als habe er genug von mir gehört. Die Leute, die um mich herum saßen, steckten ihre Nase in den Suppenteller, flüsterten verstohlen miteinander und taten so, als wären sie unsichtbar. Anys Blick ruhte lange auf mir. Sie war offensichtlich genauso entsetzt wie ich.

Zwei Tage später kam ein Neuer Mensch, der mit mir in der Küche gearbeitet hatte, zu mir nach Hause. Das Küchenpersonal, das für alle im Dorf zuständig war, konnte viele Gespräche mithören. Der Mann war in großer Angst um mich: »Du bist in Gefahr, Thay. Ich habe gehört, wie der eine, der dich erkannt hat, mit seinen Genossen über dich geredet hat. Er hat sie gefragt, warum man dich eigentlich nicht in den Wald mitnehme. Diese meinten, er könne beruhigt sein, du seist krank und würdest ohnehin sterben. Dann einigten sie sich darauf, eine Woche zu warten. Wenn du dann noch nicht tot bist, werden sie dich mit Sicherheit mit in den Wald nehmen.«

Als er gegangen war, saß ich eine Weile regungslos da. Im ersten Moment wollte ich mich einfach der Verzweiflung hingeben und mich meinem Schicksal überlassen. Alles war verloren, ich war dem sicheren Tod geweiht. Es gab kein Entrinnen mehr, unsere Gliedmaßen würden anschwellen, wir würden sterben, einer nach dem anderen, einem unabwendbaren Gesetz der Natur folgend. Es gab kein Mittel dagegen, aber was machte das schon aus. Ich würde eben sterben, je früher, desto besser, und zwar an der Seite meiner Frau und meines Sohnes, hier in unserem Haus.

Nun wurde mir erst die Ausweglosigkeit meiner Lage voll bewußt. Nicht einmal das war mir vergönnt. Selbst diesen letzten Rest von Freiheit wollte man mir entziehen. Jenes sanfte Hinübergleiten an der Seite meiner Familie würde es nicht geben, nein, wie ein Tier wollten sie mich irgendwo im Wald abschlachten.

Ein ungeheuerlicher Gedanke! Ich spürte, wie eine andere Empfindung in mir die Oberhand gewann, wie eine Woge elementarer Energie alle anderen Gefühle zurückdrängte. Mein Selbsterhaltungstrieb erwies sich als mächtiger, und plötzlich wußte ich, daß ich unbedingt am Leben bleiben wollte. Ich schärfte mir ein: »Reiß dich zusammen! Streng deinen Kopf an! Du mußt hier herauskommen! Bis jetzt ist es dir immer gelungen! Dies ist deine letzte Chance! Unternimm etwas!«

Also überlegte ich hin und her, welche Möglichkeiten ich hatte. Allein fliehen? Und da hinten in der Ecke lag der entkräftete Nawath, den Körper voller Ödeme. Der Gedanke, ihn allein mit Any zurückzulassen, war kaum zu ertragen. Ebensowenig war an eine Flucht mit ihnen zu denken. Es war immer noch besser, die beiden konnten hier leben, als daß sie mit mir umkamen. Am besten, ich ging allein weg und sah, daß ich irgendwie weiterleben, zumindest aber selbst darüber entscheiden konnte, wie ich starb.

Im Grunde war alles ganz einfach. Meine Entscheidung war gefällt, und ich mußte nur noch Any am Abend davon in Kenntnis setzen.

Als wir uns auf dem Boden gegenübersaßen und Nawath hinter dem Tuch, das wir als Raumteiler aufgehängt hatten, bereits schlief, setzte ich zu meiner Erklärung an. Ich wußte zwar genau, welchen Kurs ich einschlagen wollte, war aber trotzdem aufgeregt. War ich nicht im Begriff, uns als Familie etwas Schreckliches anzutun und Any eine furchtbare Last aufzubürden? Als ich zu ihr aufblickte und die weichen Züge ihres von Erschöpfung gezeichneten Gesichts sah, das vom Schein des Feuers nur spärlich erleuchtet war, wußte ich, daß es keinen anderen Weg gab. Es hatte keinen Sinn, daß ich, den sicheren Tod vor Augen, bei ihnen blieb. Sie wären ohnehin bald allein gewesen.

»Liebe Any, ich muß dir etwas sagen«, begann ich also. Any sah mich an, schien aber nicht überrascht von der Anrede, vielmehr darauf vorbereitet, daß ich mich irgendwie entscheiden würde. Auch sie mußte davon ausgegangen sein, daß ich nicht einfach bleiben konnte. Ich sprach leise, um Nawath, dessen krankhaft geschwollenes Gesicht ich an der Trennwand sehen konnte, nicht zu wecken, als ich Any meine Absicht darlegte: Ich sei endgültig verloren, fing ich an. Die ehemaligen höheren Beamten seien alle verschwunden. Ich sei im Westen ausgebildet, in den Augen der Roten Khmer ein unverbesserlicher Fall. In einer Woche würden sie mich abholen und mich erledigen. »Du bist eine Frau, Any, wenn du mit Nawath allein wärst, glaube ich nicht, daß sie dir etwas antun würden.«

Sie sagte nichts, doch an ihrem starren Blick sah ich, daß meine Worte sie in großen Schrecken versetzt hatten.

»Du kannst hier mit Nawath weiterleben«, fuhr ich fort. »Es ist das einzig Richtige. Ich versuche, mich im Wald durchzuschlagen. Wenn ich es schaffe, werden wir uns wiedersehen. Bis zum Aufbruch bleibt mir nicht mehr viel Zeit. In einer Woche ist es schon zu spät.«

»Du willst also gehen?« sagte sie darauf. »Gehen und mich mit Nawath hier allein lassen?« Hier begann Any plötzlich herzzerreißend zu schluchzen.

»Ja, Liebste. Es ist das beste«, beharrte ich verzweifelt auf meinem Vorschlag, als mir bewußt wurde, daß sie zum erstenmal sich anders entschieden hatte als ich. »Was hast du dir gedacht?«

»Alles, nur das nicht.«

Es gab für uns nur noch eine weitere Möglichkeit, die wir aber unmöglich in Erwägung ziehen konnten, weshalb ich sie auch nicht erwähnte. Bestimmt würde Any in ein paar Minuten von selbst darauf kommen, daß ich recht hatte, und meine Entscheidung akzeptieren.

Doch es kam anders, als ich dachte. Stoßweise atmend redete Any mit schluchzender Stimme weiter auf mich ein: »Das kannst du nicht machen, liebster Thay... Ich will nicht von dir getrennt werden... Lieber sterbe ich mit dir, als daß ich allein hier bleibe...« Schweigend hörte ich mir an, was sie weinend im Flüsterton schluchzte, außerstande, ihr Einhalt zu gebieten, und noch immer überzeugt, daß ihr die Folgen dessen, was sie sagte, nicht bewußt waren. Sie mußte doch bald zur Einsicht kommen und verstehen, warum ich allein fortgehen mußte. »Ohne dich kann ich nicht leben!« kam es tief bewegt aus ihr heraus. »Lieber möchte ich ganz rasch und reinen Gewissens mit dir zusammen sterben.«

Vom Schluchzen heftig geschüttelt, hielt Any inne, während ich noch immer wartete, daß sie sich trotz aller Widerstände zu der Einsicht durchrang: Wenn du aber allen Ernstes glaubst, daß es so am besten ist, dann muß es eben sein. Statt dessen schweigen wir beide beharrlich.

Kein Zweifel, Any blieb unbeirrt bei ihrer Meinung, und verblüfft mußte ich zur Kenntnis nehmen, daß sie zum erstenmal, seitdem wir uns kannten, nicht bereit war, sich dem anzuschließen, was ich für richtig erachtet hatte.

Die wortlose Stille währte lange und wurde nur unterbrochen, wenn Any nach Luft rang. Wenn sie mich anblickte, konnte ich sehen, wie sich der Schein des Feuers auf ihren Wangen und in ihren Augen spiegelte. Schließlich war mir klar, daß sie mit ihrer ganzen Person hinter dem stand, was sie sagte.

Ich bekam nun auch Anys innere Stärke zu spüren. Es hatte Zeiten gegeben, da fragte sie mich sogar vor dem Kauf eines Kleides um meine Meinung. Inzwischen war sie durch Erfahrung abgehärtet. Sie wußte, was sie tat, wußte, daß sie mit Nawath in jedem Fall sterben würde, daß wir nicht mehr die Wahl zwischen Leben und Tod, sondern nur noch zwischen verschiedenen Arten des Sterbens hatten.

Sie wußte aber auch, daß ihr eine furchtbare Entscheidung noch bevorstand, wenn sie bei mir bleiben wollte. Es gab nichts, was ich hätte tun oder sagen können, um ihr diese Entscheidung abzunehmen. Es war etwas so Furchtbares, daß ich es nicht in Worte fassen konnte. Hätte ich es ausgesprochen, wäre etwas, was bislang nur als alptraumartige Furcht vorhanden gewesen war, schreckliche Wirklichkeit geworden. Ich hatte nicht das Herz dazu.

»Aber«, kam es endlich, »aber was sollen wir mit Nawath tun?«

Es waren genau die Worte, die ich nicht über die Lippen gebracht hatte.

»Sag mir doch, liebster Thay, was sollen wir mit Nawath tun?« Wieder versagten Any die Kräfte, bis sie sich dazu durchrang, den Gedanken auszusprechen: »Er kann nicht mit uns kommen; tragen können wir ihn nicht, und wenn er geht, kommt er nicht weit. Sie würden uns aufgreifen und umbringen, noch bevor...« Sie redete nicht weiter, ihr Gesicht verriet, wie sehr sie darum kämpfte, ihre Gefühle zu beherrschen. »Wir... müssen ihn zurücklassen. Doch... was sollen wir mit ihm tun, wenn er allein hier bleibt?« Erneut konnte sie vor lauter Schluchzen nicht weiterreden.

Konnte sie ernsthaft erwägen, Nawath zurückzulassen?

Für eine Mutter war eine solche Entscheidung höchst ungewöhnlich. Heute weiß ich, daß Any aus der Sicht einer Mutter das Höchste opferte. Es heißt, das größte Opfer einer Mutter sei es, für ihr Kind zu sterben. Nein – wenn eine Mutter den sicheren Tod vor Augen hat, ist es ihr größtes Opfer, ihr Kind zu verlassen, wenn sie dadurch ihr eigenes Leben verlängern kann.

Zum damaligen Zeitpunkt war mir dieser Zusammenhang noch keineswegs klar. Ich sah jedoch, daß Any sich entschlossen hatte, und mir fehlten die Worte, sie umzustimmen. Nachdem wir gemeinsam großen Gefahren ausgesetzt gewesen und durch unser gemeinsames Leiden zu einer Einheit verschmolzen waren, hätte ich niemals den Versuch gewagt, sie von ihrer Entscheidung abzubringen. Ich glaube, es stand mir einfach nicht zu. Ich mußte akzeptieren, daß die Verhältnisse sich geändert hatten.

Any schluchzte noch immer vor sich hin, und bevor sie erneut in Schweigen verfiel, fragte sie wieder: »Was soll aus Nawath werden?« Am Tonfall ihrer Stimme und an ihrem Schweigen konnte ich ablesen, daß sie die Antwort bereits wußte. Es gab nur eine Möglichkeit. Obwohl uns beiden das klar war, wollte es keiner aussprechen, denn das hätte bedeutet, es unwiderruflich zu machen.

Ich blickte zu Nawath hinüber. Der Junge schlief noch immer. Ich verspürte den Wunsch, zu ihm zu gehen und ihm den Kopf zu streicheln, ihm und mir selbst irgendwie Mut zu machen, doch ich blieb sitzen, damit er nicht aufwachte. Any hielt den Blick gesenkt. Sie dachte bestimmt, es sei an mir, das Urteil zu sprechen.

Es dauerte eine weitere Minute, die fast zur Ewigkeit wurde, bis schließlich die Last des Schweigens nicht mehr auszuhalten war. Ich empfand es als stumme Anklage gegen mich, der ich mich der Verantwortung entzog.

»Du weißt so gut wie ich, daß wir nur das eine tun können«, flüsterte ich ihr zu, »wir müssen ihn ins Krankenhaus bringen.«

Ins Krankenhaus, wohin die Menschen kamen, um zu sterben.

Ich sah Any in die Augen, um die tiefe Schatten lagen, und sagte: »Wir müssen es tun.«

Sie wußte, daß ich diesmal recht hatte. Nawaths Chancen waren in diesem Sterbehaus immer noch besser als im Wald, unsere aber im Wald besser als im Dorf. Sterben mußten wir ohnehin alle. Um aber sicher zu sein, daß wir auch alle Möglichkeiten, unser Leben zu verlängern, nutzten, mußten wir ihn zurücklassen. Wir würden wenigstens gemeinsam sterben, während Nawath ganz allein sterben würde, allein gelassen von den einzigen Menschen, die sich seiner angenommen hatten.

Am nächsten Morgen ging ich zum Dorfältesten und bat ihn um die Erlaubnis, Nawath ins Krankenhaus zu bringen. Jeder konnte sehen, daß der Junge schwer krank war: Seine Hände, Füße und Wangen waren stark aufgetrieben. Niemand konnte daran zweifeln, daß ich es mit diesem Schritt ehrlich meinte.

Zu Hause erklärte ich Nawath, was ich mit ihm vorhatte. Der Junge war einverstanden, und so schleppten wir beide unseren von der vielen Flüssigkeit schweren Körper langsam durch den Wald zum Krankenhaus.

Dort richtete ich ein Bett für ihn her. Mit den Decken und Kleidungsstücken, die ich mitgebracht hatte, konnte er im Krankenhaus allein leben. Das einzige, was Nawath sagte, war noch immer: »Hast du etwas zu essen für mich, Vater?« Ich versprach, ihm etwas getrockneten Fisch zu bringen, setzte mich neben ihn aufs Bett und half ihm, die Decken und Kleidungsstücke zu ordnen.

Eine weibliche Stimme mischte sich plötzlich in unser Gespräch. »Dieses Kind gleicht einem der meinen wie ein Ei dem anderen!« Ich drehte mich um und sah im Bett nebenan eine etwa 40jährige Frau mit chinesischen Gesichtszügen, die, obwohl sie abgemagert war, bei guter Gesundheit schien. »Wieso bringst du deinen Sohn hierher?« redete sie in anklagendem Ton weiter. »Er stirbt doch hier, alle sterben hier. Du solltest ihn zu Hause behalten.«

»Der Dorfälteste sagte, ich soll ihn hierher bringen«, log ich.

»Ein schlechter Vorschlag.«

»Ich weiß«, sagte ich traurig und hatte plötzlich eine Idee. »Vielleicht tut es ihm gut, wenn du dich ein wenig um ihn kümmerst; du sagtest doch, daß er deinem Kind gleicht.«

Darauf erzählte mir die Frau von ihren sechs Kindern, von denen keines mehr am Leben war. Auch ihr Mann sei schon tot. Ihre Einsamkeit habe sie ins Krankenhaus getrieben. Sie sei nicht krank, werde hier aber versorgt und flicke dafür die Kleidung des Pflegepersonals. Nun hatte sie also jemand gefunden, den sie selbst versorgen konnte.

»Gut«, meinte die Frau, »ich werde mich um den Kleinen kümmern.«

Unvermutet konnte ich für die Zukunft wieder Hoffnung schöpfen. »Betrachte ihn als deinen eigenen Sohn«, bestärkte ich sie, bemüht, meine vor Erregung bebende Stimme zu kontrollieren. Noch wagte ich kaum zu hoffen: Bot sich hier die Möglichkeit, daß uns die unerträglich schwere Last, die wir auf uns geladen hatten, abgenommen wurde? »Du siehst ja, ich bin krank, meine Frau ist auch krank, und es kann durchaus sein, daß meine Frau und ich unseren Sohn nie mehr sehen. Ich werde es natürlich versuchen. Nimm du dich inzwischen seiner an.«

Ich war ungeheuer erleichtert, daß ich Any am Abend von dieser Begegnung berichten konnte. »Siehst du wohl, meine Liebe, wir haben uns richtig entschieden. Nawath ist dazu bestimmt zu überleben. Er wird irgendwann wieder auf die Beine kommen.«

Die Nachricht von der Frau und meine Zuversicht verliehen Any neue Kraft, an unseren Plänen festzuhalten. Vor allem konnte sie nun ihrem sehnlichen Wunsch, Nawath noch einmal zu sehen, widerstehen. Sie befürchtete, beim Wiedersehen könnten ihre Gewissensbisse die Oberhand gewinnen und ihre Gefühle könnten den festen Willen, mit mir zu fliehen, untergraben.

Es folgten weitere drei Tage, an denen Any und ich zögerten, uns endgültig auf Flucht festzulegen. Die Zeit verrann, und wir konnten uns noch immer nicht dazu durchringen, Nawath allein zu lassen. Ich sah mich zwischen zwei Übeln hin- und hergerissen: Entweder wir vertrauten unseren Sohn der Frau an, oder aber wir revidierten unseren Entschluß. Any stand in diesem Zwiespalt Qualen aus. Sie sagte zwar, sie wolle gehen, weinte aber unaufhörlich.

Am dritten Tag besuchte ich Nawath im Krankenhaus, um uns größere Beruhigung zu verschaffen. Bei seinem Anblick hellte sich meine Stimmung sofort auf, denn er sah viel besser als beim letztenmal aus. Seit Wochen hatte ich ihn nicht mehr so lebhaft gesehen, wie er am Bettrand saß und die Beine hin und her baumeln ließ. Daß er verschmutzt war, machte mich verlegen. Ich hatte ihn nicht gewaschen, bevor wir ins Krankenhaus gingen. Die Frau im Bett nebenan blickte auf, als sie mich kommen sah. »Ah, da bist du ja wieder. Wir kommen gut zurecht miteinander. Wir mögen uns doch, Nawath, oder?«

Dieser lächelte zur Antwort und nickte zustimmend.

»Wie du siehst, braucht er etwas Besseres zum Anziehen. Von meinen Kindern habe ich jede Menge Sachen übrig. Wenn du ihn im Fluß wäschst, kann ich ihm hinterher etwas Schönes anziehen.«

Beim Auskleiden am Fluß fragte mich der Junge: »*Pouk*, wo ist *Me*? Wie geht es ihr?«

Pouk und *Me* sagten die Bauern für Vater und Mutter. Es waren also Begriffe, die im neuen Vokabular der Revolution einen festen Platz hatten, während Papa und Mutti – *Papa* und *Mek* – nicht mehr geduldet waren. Wie manche anderen Wörter galten sie als bourgeoise Begriffe, waren vom Bannstrahl der Ideologie getroffen und durften nicht mehr gebraucht werden.

Ahnte Nawath, daß er seine Mutter nicht wiedersehen würde? Es kostete mich einen schweren inneren Kampf, die Tränen zurückzuhalten, meinen Schmerz vor ihm zu verbergen und die passenden Worte zu finden: »Deiner Mutter geht es nicht gut, sie liegt zu Hause und ist zu müde, um hierherzukommen. Wenn sie nicht krank wäre, hätte sie mich begleitet.«

Ich wollte ihn auch in irgendeiner Form auf unseren Weggang vorbereiten, auf die Einsamkeit, die Trennung und die Leiden, die vor ihm lagen. Es war aber zu gefährlich für alle Beteiligten, offen mit ihm darüber zu reden. Der innere Konflikt war für mich so quälend, daß ich die Tränen nicht mehr zurückhalten konnte. Während ich Nawath liebevoll und gründlich wusch, rang ich nach Worten, mit denen ich ihm unsere Lage erklären konnte. Erst als ich mir sicher war, daß ich den richtigen Ton treffen würde, fing ich an.

»Mein lieber Sohn, du kennst unsere Not... ein Fluch ist über uns gekommen... es bleibt uns nichts anderes übrig, als diese Zeit des Elends über uns ergehen zu lassen... deine Großeltern, deine Onkel, deine Tanten, deine Kusinen, dein kleiner Bruder Staud und dein älterer Bruder Sudath, sie alle sind von uns gegangen. Sie sind jetzt in der anderen Welt und von diesem Alptraum, vom Hunger und von der Schwerarbeit errettet. Sie sind schon im Himmel. Du aber, Nawath, mußt dich erst wieder erholen. Du bist in einem Krankenhaus, um gesund zu werden. Hier hast du eine neue Tante gefunden, die dich lieb hat wie ihr eigenes Kind...«

»Das stimmt, Vater. Gestern hat sie mir Palmzucker gegeben. Er hat herrlich geschmeckt.«

»Siehst du also? Du mußt sie achten und gut zu ihr sein. Sie hat alle ihre Kinder verloren. Vielleicht... vielleicht könnte sie unseren Platz einnehmen, denn, weißt du, deine Mutter und ich sind sehr krank. Es kann sein, daß wir nicht mehr lange zu leben haben.«

»Bist du sehr krank, Vater?«

»Ja, Liebling. Der Tag, an dem wir dich verlassen müssen, ist nicht mehr weit. Du aber, du bist in unserer Familie der Stärkste. Du bist der einzige, der übriggeblieben ist. Du mußt überleben, damit unser Blut am Leben bleibt. Deine neue Tante hat Kleider, vielleicht sogar Gold und kann bestimmt Reis, Fisch und Zucker für dich finden. Du bist jetzt ihr eigenes Kind geworden, mußt sie also genauso lieben wie uns. Wenn wir uns nicht wiedersehen, liegt es daran, daß wir nicht mehr kommen konnten. Denke immer an den Namen deines Vaters – Yathay – und den Namen deiner Mutter – Any. Diese beiden Namen – Yathay und Any – darfst du niemals vergessen.«

Ich nahm meinen Hochzeitsring vom Finger, einen einfachen Metallring, der für die Roten Khmer uninteressant war, und steckte ihn in die Tasche von Nawaths Hose, die auf der Bank neben mir lag.

»Diesen Ring trägst du immer bei dir, und wenn du größer bist, steckst du ihn dir an den Finger«, schärfte ich ihm ein. Weil seine Finger noch nicht dick genug waren, konnte er den Ring nicht tragen. »Du darfst ihn nicht verlieren«, sagte ich weiter, »er wird das einzige sein, das dich an deine Familie erinnert. Wenn du uns nicht wiedersiehst, solltest du nicht nach uns suchen. Folge den Anordnungen Angkas, tu, was sie von dir erwarten, murre nicht, protestiere nicht dagegen.« Es war nun an mir, den Rat, den mir mein Vater gegeben hatte, an meinen Sohn weiterzugeben. »Vor allem aber, prüfe genau, was du sagst und was du tust. Halte mit deiner Meinung hinter dem Berg. Trau keinem Menschen. Tu so, als verstündest du nichts, stell dich taub und stumm. Nur so kannst du überleben.«

Schweigend hörte mir Nawath zu, nickte trockenen Auges und mit ernstem Gesicht – zu ernst für einen Sechsjährigen –, und doch war ich stolz auf ihn. Sein Mut war weit größer als meiner.

»Du mußt überleben. Buddha und alle guten Geister mögen dich beschützen. Und noch einmal: Überleben – du mußt überleben, mein Sohn.«

Nun hatten wir beide freie Bahn. Any überfiel mich geradezu mit Fragen. Wie sah er aus? Meinst du wirklich, es ging ihm besser? Was genau hast du zu ihm gesagt? Was hat er geantwortet? Wie fandest du die Frau? Meinst du, sie wird ihm eine gute Mutter sein? Sie war nun beruhigt. Wir beschlossen, so bald wie möglich zu gehen.

Die Seelenqualen jener Tage ließen uns kaum einen klaren Gedanken fassen. Ich erwog für kurze Zeit, unsere Flucht aufzuschieben, um vorher alle Gegenstände, die wir nicht mehr benötigten, gegen Reis zu tauschen. Etwas getrockneten Fisch und etwa zwei Dosen Reis hatte ich schon beisammen, doch das war nicht genug. So zögerten wir und brauchten einen Teil unserer Vorräte auf, bis mir der Gedanke kam, daß wir ohne Rationen auskommen würden, wenn wir sicher sein konnten, in den ersten beiden Tagen nach unserem Aufbruch an Nahrung heranzukommen. Wenn wir es sorgfältig planten, konnten wir es schaffen.

Any kannte eine junge, etwa 20jährige Frau namens Mom, die beim Bau von Bewässerungskanälen eingesetzt war. Mom hatte sich bei einem Arbeitseinsatz mit Leuten aus Leach angefreundet und erfuhr von ihnen, daß es dort, wie überhaupt in allen Dörfern des Bezirks Leach, mehr zu essen gab als in Don Ey. Sie berichtete uns, in Leach sei die Tagesration eine Dose Reis auf drei Personen.

Any hatte mir oft von ihren Gesprächen mit Mom berichtet, doch bislang hatte ich ihnen keine große Bedeutung beigemessen. Mit einemmal waren Moms Informationen für uns äußerst wertvoll. Any würde Mom aufsuchen und sie nach dem Weg, den wir einschlagen mußten, sowie nach dem Namen der Arbeitsstelle fragen, damit ich entsprechende Papiere für unsere Reise anfertigen konnte.

Noch am selben Tag ging Any bei der Kantine auf das Mädchen zu und weihte sie in unseren Plan ein. Mom versprach nicht nur, uns zu helfen, sie wollte sich uns vielmehr gleich anschließen und mit zu ihren Freunden in Leach gehen. Mom war ein intelligentes Mädchen, bei guter Gesundheit, zur Flucht entschlossen, und sie lebte seit kurzem allein, nachdem sie ihre Eltern und ihren einzigen Bruder verloren hatte und gerade einem Arbeitstrupp von Jugendlichen an einem anderen Ort zugeteilt worden war.

Wir mußten eine Zwischenstation nicht weit von Don Ey ins Auge fassen. Prompt konnte mir Mom eine nennen: einen Steinbruch, zu dem immer wieder einzelne Leute oder Gruppen geschickt wurden, die Steine zum Bau von Straßen und Brücken brechen mußten. Dieser Steinbruch würde unsere erste Anlaufstelle sein.

Um von Don Ey zum Steinbruch und von dort nach Leach zu gelangen, stellte ich uns gefälschte Papiere aus, auf denen ich die Unterschrift des Dorfältesten kopierte. Das war zwar ein Risiko, aber kein allzu großes. Mehrmals hatte man uns schon solche Dokumente ausgehändigt, wenn wir zum Angeln oder Pflügen abgestellt wurden. Der Wortlaut war mir vertraut. Auch Papier sowie meinen Kugelschreiber hatte ich noch. Diesen hielt ich sorgfältig versteckt, seitdem ich wußte, daß die Roten Khmer in Schreibzeug vernarrt waren. Sie trugen es stolz in der Außentasche ihrer Uniformen und demonstrierten damit, daß sie in der Hierarchie weit oben standen und intelligent waren. Neue Menschen besaßen in den seltensten Fällen Papier oder Stifte. Seitdem keine Post mehr zugestellt wurde, dachte niemand mehr ans Schreiben.

Obwohl auch ich seit eineinhalb Jahren nichts mehr geschrieben hatte, brauchte ich mir um die Qualität meiner Schreibkünste keine Gedanken zu machen. Viele Rote Khmer konnten kaum lesen und schreiben. Da Männer und Frauen nicht zusammen reisen durften, faßte ich jeweils zwei Dokumente für uns ab. Das erste berechtigte uns, unabhängig voneinander zum Steinbruch zu gehen, das zweite war für den Weitermarsch nach Leach ausgestellt. Mir selbst bescheinigte ich, zum Bambusschlagen in Veal Vong abgestellt zu sein, den Frauen, daß sie das Krankenhaus in Leach aufsuchen durften. Für jemand, der vom Steinbruch kam, waren das plausible Anlaufstellen.

Am Tag unserer Flucht verließen wir im Morgengrauen das Dorf. Ich ging den beiden Frauen ein Stück voraus. Mit meinem schwarz gefärbten Hemd, der chinesischen Mütze und den Ho-Chi-Minh-Sandalen konnte man mich von weitem für einen Alten Menschen halten. Dennoch gab ich unserem Plan keine großen Erfolgschancen. Daß Nawath, an den wir ständig denken mußten, überlebte, war wahrscheinlicher. Wir konnten verfolgt, unsere Papiere als gefälscht entlarvt werden. Mit unseren Vorräten würden wir nicht weit kommen, und dann wußte ich noch lange nicht, was wir machten, wenn wir glücklich in Leach gelandet wären. Weiter als bis in dieses Dorf reichte unser Plan nicht.

Ein heftiger Regenguß hatte in der Nacht den Boden aufgeweicht. Wir marschierten gleichsam durch ein seichtes Gewässer. Unser Plan war, die 16 Kilometer zum Steinbruch an einem Tag zurückzulegen. Da wir aber knöcheltief durch Schlamm und Pfützen waten mußten, kamen wir nur langsam voran. Oft mußten wir anhalten und nach Luft ringen, um wieder zu Kräften zu kommen. Ich kauerte mich dann allein für mich nieder, um neugierigen Blicken auszuweichen, und wenn jemand vorbeigekommen wäre, hätte ich erklärt, daß ich mich einfach mal in die Büsche schlagen mußte. Die beiden Frauen setzten sich an den Wegrand, und wenn sie wieder marschbereit waren, gaben sie mir ein Zeichen. Am Spätnachmittag waren wir von unserem Tagesziel immer noch zwei, drei Kilometer entfernt, kamen aber in die Nähe eines Dorfes. Dort wartete ich auf die Frauen. Wir wollten es riskieren, um eine Mahlzeit und eine Übernachtungsmöglichkeit zu bitten.

Vorsichtigerweise meldeten wir uns in einigem Abstand einzeln bei den Roten Khmer in der Gemeinschaftsküche. Der Dorfälteste beäugte mich mißtrauisch und fragte: »Wohin gehst du, Genosse?«

»Man hat mich in den Steinbruch entsandt«, antwortete ich und zeigte ihm den Passierschein. In diesem Moment tauchten hinter mir Any und Mom auf. »Ach ja, hier sind noch zwei Leute, die mit mir geschickt wurden.«

»Wo sind eure Passierscheine«, fragte der Mann und verglich die drei Papiere. Da sie dieselbe Unterschrift trugen, war er zufrieden.

»Geht in Ordnung, ihr könnt hier übernachten.«

Das Dorf schlief noch, der Tag graute, als wir uns am nächsten Morgen auf den Weg machten. Jetzt gingen die Frauen voraus. Zwei bis drei Kilometer hinter dem Steinbruch vernichteten wir unseren ersten Passierschein und zogen weiter.

Nach einer Weile war Any so erschöpft, daß ich ihr den Beutel abnehmen mußte. Wir näherten uns bereits Leach, als mir plötzlich klar wurde, daß damit die Frauen innerhalb der Ortschaft gegenüber mir im Vorteil waren. Die Roten Khmer achteten bestimmt nicht auf Leute, die ohne Gepäck umhergingen. Ich dagegen würde auffallen: Obwohl ich Schwarz trug, war meine Haut nicht so dunkel wie die der Alten Menschen, und außerdem hatte ich gleich zwei Bündel bei mir.

Wir hatten das Dorf schon fast erreicht, als ein Roter Khmer mit Fahrrad und geschultertem Gewehr zu mir herkam. Sein drohender Blick beim Absteigen verhieß nichts Gutes. Mir blieben nur wenige Sekunden Zeit zu überlegen, was ich machen sollte. »Genosse«, redete er mich recht unfreundlich an, »wohin gehst du mit deinen beiden Beuteln?«

Ich zögerte nicht lange und schimpfte los: »Ach, dieser Bursche hinkt wieder hinter den anderen her! Er verspätet sich doch immer. Er –«

»Ich habe gefragt, wohin du gehst, Genosse«, unterbrach er mich.

Nun änderte ich meinen Tonfall und tat so, als würde ich seine Autorität anerkennen. »Ich gehe zum Bambusschlagen nach Veal Vong. Kennst du Veal Vong, Genosse?« Ich redete einfach in einem fort und gab ihm keine Gelegenheit, irgendeinen Verdacht zu schöpfen. »Wir waren in der Gruppe, und einer der Genossen ist sehr langsam. Nun sind wir weit auseinandergerissen; er ist irgendwo da hinten, und die anderen sind wahrscheinlich weit voraus. Hast du etwa gestern abend oder heute morgen eine Gruppe vorbeigehen sehen?«

Mit dieser Frage hatte der Rote Khmer offensichtlich nicht gerechnet. Er antwortete nun schon weit freundlicher: »Es gibt so viele Gruppen. Woher soll ich wissen, welche eure war?«

Ich redete weiter unbekümmert drauflos und tat so, als habe er mit meinen wirklichen Problemen gar nichts zu tun: »Du kannst dir denken, wie unangenehm meine Lage ist. Da stehe ich mit zwei Beuteln und habe die Gruppe aus den Augen verloren. Ich weiß genau, warum er sich Zeit läßt; er hat ja einen Dummen, der ihm seinen Beutel trägt, warum sollte er zu mir aufschließen? Trotzdem: Falls...« Hier kam ich ins Stocken, da der Rote

Khmer offensichtlich ein Auge auf meine Mütze geworfen hatte. Sie schien ihn weit mehr zu interessieren als meine Geschichte.

»Deine Mütze ist sehr schön«, meinte er tatsächlich und hatte dabei einen ganz verklärten Blick.

Welch ein unglaubliches Glück ich doch hatte. »Ach so, ja, die ist schön, nicht? Willst du sie haben und mir deine dafür geben?« Er zögerte und antwortete nicht sofort, doch ich machte ihm Mut: »Ich würde mich freuen, wenn ich deine Mütze bekäme, so zur Erinnerung«, sagte ich und drückte ihm meine Mütze in die Hand.

Sie paßte ihm nicht, und ich konnte an seinen Augen ablesen, wie enttäuscht er war. »Macht nichts«, meinte er mit säuerlicher Miene, sagte »Auf Wiedersehen, Genosse«, nahm sein Rad und fuhr davon.

Ich holte erst einmal tief Luft und zog dann weiter. Any und Mom hatten auf mich gewartet. Ich schilderte ihnen kurz den Vorfall, bevor wir den restlichen Weg zurücklegten.

Mom ging in den Ort, um ihre Bekannten zu suchen, während Any und ich am Dorfeingang warteten und überlegten, was wir wohl tun mußten, um aufgenommen zu werden. Any war in Gedanken wieder bei Nawath: »Hat er sich nach mir erkundigt?« wollte sie mit Tränen in den Augen wissen. »Hat es ihm etwas ausgemacht, daß ich nicht mitgekommen bin? Geht es ihm auch wirklich gut, Thay?«

»Ganz sicher, liebste Any. Es war doch richtig, ihn zurückzulassen. Er ist dort gut versorgt.« Tatsächlich hatte ich nicht die geringsten Zweifel, daß Nawath noch leben würde, wenn wir vielleicht schon tot waren.

Nach einer Weile kam Mom zurück. Sie hatte ihre Freunde gefunden, die uns auch gleich zu sich eingeladen hatten. An Ort und Stelle erfuhr ich, daß unsere Aufnahme problemlos ablaufen würde: Ein wichtiger Mann in der Dorfobrigkeit, der Vorsitzende eines der Basislager von Leach, hielt gern seine Hand auf. Wir mußten ihm pro Person ein *Tael* Gold zustecken – Moms Freunde spielten die Vermittler –, und schon waren wir aufgenommen. Wir konnten also für unbegrenzte Zeit in Leach, Lager Nr. 1, bleiben.

9 Das Feuer der Feindschaft schüren

Im November und Dezember 1976, den ersten beiden Monaten in Leach, sicherten wir wie damals in Veal Vong unser Überleben durch Tauschgeschäfte auf dem Schwarzmarkt, die uns Reis, gelegentlich auch Zucker, Obst und Fisch einbrachten. Unser Vorrat an entbehrlichen Kleidungsstücken und an Schmuck ging langsam zur Neige, aber noch hatte ich ja Dollars, und mit diesen konnte man in Leach handeln (auch hier war die 100-Dollar-Note die wichtigste Währungseinheit).

Ich gehörte zu einer Gruppe von 100 Männern, die den Auftrag erhielten, Bäume zu roden. Unser erster Einsatz war typisch für die Art, wie Rote Khmer an Probleme herangingen. Wir wurden an ein Reisfeld geführt, das auch vereinzelte Bäume und Büsche aufwies. Nach meinem Eindruck war das Reisfeld vollkommen in Ordnung und hatte den Vorteil, daß es auch noch Obst abwarf, und zwar vor allem sehr schöne Mangos und Tamarinden.

Unser Gruppenleiter, Genosse Run, erklärte uns mit sichtlichem Stolz, was wir zu tun hatten. Anscheinend fielen zur Erntezeit ganze Schwärme von Sperlingen über das Reisfeld her. Diese Sperlinge aber nisteten in den Obstbäumen. Getragen vom Geist wahrhaft revolutionärer Initiative und entschlossen, gemäß der von Angka geforderten und heiliggesprochenen Autarkie zu handeln, plante Genosse Run, zum Angriff auf die Sperlinge zu blasen. Wie? Indem er ihre Nester zerstören ließ. Und wie machte man das? Man säbelte einfach die Obstbäume um. Während ein paar hundert Meter weiter die Menschen verhungerten, zogen wir aus, um Obstbäume zu fällen. Der Schaden, den die Sperlinge anrichteten, war nichts im Vergleich zu der Einbuße, die die Obsternte von Leach durch unseren Eingriff erlitt.

Nachdem wir unser wahrlich erstaunliches Werk verrichtet hatten, wurden wir in die Wälder geschickt, um zu roden und neue Anbauflächen zu schaffen. Dazu teilte man uns in zehn Gruppen ein. Ich gehörte zu einer Zwölfergruppe, die sich aus den angeblich besten Arbeitern zusammensetzte und daher als die Gruppe Nr. 1 bezeichnet wurde. Am Morgen zogen wir im Gänsemarsch zu unserem Arbeitsplatz; nach der einstündigen Pause für das Mittagessen arbeiteten wir weiter bis 18 Uhr. In hellen Mondnächten arbeiteten wir bis 22 oder gar 23 Uhr. Nach neun Tagen Arbeit im Wald durften wir für einen Tag in unser Dorf, wo wir zwar ausruhen konnten, aber auch an einer politischen Versammlung teilnehmen mußten.

Unser Leben hatte jedoch noch einen zweiten, inoffiziellen Teil. In unserem Lager draußen im Wald hängten zwei meiner Arbeitskollegen und ich unsere Hängematten immer etwas abseits von der Gruppe, weil wir hofften, dadurch etwas unbehelligter zu sein und nicht ständig das Gefühl haben zu müssen, überwacht zu sein. Wenn unsere Genossen und der Gruppenleiter eingeschlafen waren, schlichen sich zwei von uns davon und gingen ins Dorf. Der dritte im Bunde blieb in der Hängematte liegen. Wenn ein Roter Khmer in unserer Nähe herumschnüffelte, konnte er ihm versichern, die beiden anderen hätten mal austreten müssen. Bei diesen nächtlichen Ausflügen kam ich durch eine Reihe anderer Nebenlager von Leach. Diese bestanden aus Bambushütten, Pfahlbauten mit Palmblätterdächern. Ich nutzte die Gelegenheit meiner Besuche, um auch weiterhin Tauschgeschäfte abzuwickeln. Auf dem Hinweg suchte ich einen Zwischenhändler auf – diese waren wie in Veal Vong dem Neuvolk allgemein bekannt –, ging dann in unser Haus zu Any, um Kleidungsstücke, Schmuck oder Dollar zu holen, und nahm auf dem Rückweg den Reis in Empfang. Am wichtigsten war mir dabei das Zusammensein mit Any. Sie zu sehen und mit ihr zu reden war meine einzige Freude und meine einzige Kraftquelle. Wir waren füreinander das Leben selbst, die einzige Hoffnung, die uns beiden blieb.

Sich zusätzliche Nahrungsmittel zu beschaffen und zu essen

war zwar verboten, aber wir schafften es trotzdem. Wohl durften wir keinen Reis kochen, dafür aber Wasser. Wenn wir also unseren Gruppenleiter Run kommen sahen, stellten wir rasch eine Dose Wasser aufs Feuer, schnappten uns den Reistopf und ließen ihn im Gebüsch verschwinden. Immer wenn die Reihe an mir war, ins Dorf zu gehen, konnte ich daher Any gekochten Reis mitbringen. Bevor der Morgen graute und die anderen aufwachten, war ich wieder im Lager zurück, so daß meine Abwesenheit nicht bemerkt wurde.

An einem der erwähnten Ruhetage beschloß ich, in meiner Hütte zu bleiben und nicht an der politischen Versammlung im Dorf teilzunehmen. Das war ein kühnes Unterfangen. Ich mußte außer Sichtweite bleiben, bis ich den Gong hörte, der die Kinder zum Essen rief. Er ertönte etwa eine Stunde, bevor die Erwachsenen das Essen einnahmen, und zeigte zugleich das Ende der Versammlung an. Eine weitere Stunde würde es dann dauern, bis die Männer ins Lager zurückkehrten. Es hätte ein leichtes für mich sein müssen, rechtzeitig zum gemeinsamen Essen zurück zu sein.

Bevor ich von zu Hause wegging, verstaute ich in meinem Schal den Inhalt einer Dose mit frisch gekauftem Reis, den ich noch am selben Abend kochen wollte. Zu meiner Überraschung mußte ich im Lager feststellen, daß alle bis auf mich schon gegessen hatten. Anscheinend war die Versammlung kürzer als sonst ausgefallen, und meine Arbeitskollegen waren verfrüht zum Essen zurückgekehrt. Einen Moment war ich bestürzt, da ich befürchtete, leer auszugehen, bis ich entdeckte, daß die anderen etwas Reis für mich auf die Seite getan hatten. Ich war gerührt, denn unter unseren harten Lebensbedingungen war eine solche Geste keineswegs selbstverständlich. Hungrig wie ich war, legte ich gedankenlos meinen Schal mit dem Reis in die nächstbeste Hängematte und setzte mich etwa 20 Meter davon entfernt zum Essen an einen Tisch.

In diesem Moment kam der Besitzer der Hängematte, mein Freund Chorn, zurück und wollte sich hinlegen. Als er das Päckchen Reis unter sich spürte, sprang er erschrocken auf und stach in den Schal hinein. »Reis!« rief er entsetzt. Der private Besitz von Reis war nämlich eines der schlimmeren Vergehen, und er hatte gleich ein ganzes Päckchen davon in seiner Hängematte. In panischer Angst hielt er den Schal in die Höhe und schrie: »Es ist nicht meiner! Dieser Reis gehört nicht mir! Wer hat Reis in meine Hängematte getan?«

Man hätte glauben können, er halte eine Bombe in der Hand. Verzweifelt versuchte ich durch Handzeichen und durch Worte Chorn auf mich aufmerksam zu machen. Zu spät: Der Lagerleiter, der unser ganzes Projekt unter sich hatte, war schon unterwegs. Als Chorn ihn erblickte, beteuerte er nur noch lauter: »Es ist nicht mein Reis! Es ist nicht mein Reis!« Wie eine Beschwörungsformel wiederholte er diesen Satz in einem fort.

»Wem gehört er dann?« fragte der Leiter. »Und wessen Schal ist das? Ist es auch bestimmt nicht deiner?«

»Nein, ich habe ihn unter mir gefunden, als ich mich in die Hängematte gelegt habe.«

Darauf wandte sich der Lagerleiter an uns und fragte, während er einem nach dem anderen scharf in die Augen sah: »Wem gehört dieser Reis?«

Jeder wußte, daß der Schal mir gehörte; die Sache wäre also früher oder später entdeckt worden.

Ich stand also auf und sagte: »Es ist mein Reis, Genosse.«

Nun trat Run, mein direkter Vorgesetzter, der Leiter der Gruppe also, in dessen Verantwortung es lag, die Situation zu bereinigen, hervor. Im Normalfall wäre dies das Vorspiel zu meinem Tod gewesen. Glücklicherweise waren Run und ich jedoch einander nicht vollkommen fremd.

Zwei Wochen vor diesem Zwischenfall hatte ich Run völlig niedergeschlagen vor seinem Haus sitzen sehen. Auf meine Frage, was ihm denn fehle, hatte er mir erzählt, seine Frau sei sehr krank und habe solche Schmerzen, daß sie manchmal, um sich Erleichterung zu verschaffen, laute Schreie ausstoße.

»Hast du kein Medikament für sie?« hatte ich ihn gefragt.

»Ich habe unsere Mittel alle ausprobiert, sie helfen nicht.«

Er machte sich offensichtlich große Sorgen; er hatte alles unternommen, was in seiner Macht als einfacher Roter Khmer stand. Ich hatte sofort eine Gelegenheit gesehen, über Run an zusätzliche Reisrationen heranzukommen, denn ich wußte jemand, der Tetrazyklin, ein Antibiotikum, beschaffen konnte. Unter den Neuen Menschen gab es auch jetzt noch Ärzte, die uns nach Kräften halfen, indem sie auf dem Schwarzmarkt mit Medikamenten handelten wie wir mit Lebensmitteln, Kleidung, Schmuck oder Uhren. Eine Tetrazyklin-Tablette war für eine Dose Reis zu haben. Ich würde von Run zwei Dosen verlangen, eine für mich, eine für den, der die Tablette besorgte. Diesen Handel mußte ich aber vorsichtig einfädeln.

»Hast du es schon mit ausländischer Medizin versucht, Genosse?« Mit dieser harmlosen Frage konnte ich keinen Fehler machen. Selbst wenn er gegen ausländische Medizin war, hatte er nichts gegen mich in der Hand. Er sprang aber darauf an.

»Genosse, hast du zufällig welche? Weißt du, wo man etwas bekommen kann?«

»Ich? Nein«, beteuerte ich unschuldig und legte mir die Hand aufs Herz, »ich möchte mit ungesetzlichen Handlungen nichts zu tun haben. Mir ist noch nie ausländische Medizin zu Gesicht gekommen, aber ich habe im Lager davon gehört, daß es welche gibt.«

Meine Schuld oder Unschuld interessierte Genosse Run nicht im geringsten, wenn nur seine Frau von ihren Schmerzen befreit wurde. »Versuch, ob du etwas für mich tun kannst, Thay! Meine Frau weint unaufhörlich. Ich weiß nicht, was ich noch machen soll, ich bin ganz verzweifelt.«

Ich versprach ihm, mein Bestes zu tun.

Ohne daß ich etwas unternommen hätte, sagte ich tags darauf zu Run, ich hätte, obwohl es gefährlich sei, einen Mann ausfindig gemacht, der zwei Tabletten Tetrazyklin besitze. Eine vollständige Heilung könne man natürlich nicht garantieren...

»Wie bekomme ich sie?«

»Der Mann möchte für eine Tablette zwei Dosen Reis. Ich kann es für dich organisieren.«

»Komm morgen wieder zu mir. Ich werde inzwischen den Reis auftreiben. Laß mich aber ja nicht im Stich.«

Auf diese Weise waren wir Komplizen eines verbotenen Geschäfts geworden: Ich besorgte die Tabletten, er gab mir dafür den Reis. Run und ich hatten jetzt unser kleines Geheimnis. Wenn einer von uns nicht dichtgehalten hätte, wären wir in den Augen der Dorfobrigkeit beide als Schuldige dagestanden.

Genosse Run also stand nun vor mir und bombardierte mich mit Fragen. In der Anwesenheit des Lagerleiters und zahlreicher anderer Personen konnte er gar nicht anders: »Der Reis gehört also dir? Wo stammt dieser Reis her? Wieso hast du den Reis in der Hängematte deines Genossen liegen lassen? Willst du mehr essen als andere? Weil du eben ein Konterrevolutionär bist, nicht?« Meine Sache stand auf des Messers Schneide. Es lag in Runs Macht, über mein Leben zu entscheiden. Niemand hätte ihm einen Vorwurf gemacht, wenn er mich getötet hätte. Grund genug hatte er dazu: Diebstahl und Schwarzmarktgeschäfte wurden mit dem Tode bestraft. Außerdem wußte ich ja, daß er einen weiteren Grund hatte, sich als kompromißloser Revolutionär hervorzutun: Tötete er mich, gab es einen Zeugen weniger für sein eigenes Vergehen. »Wer hat dir den Reis verkauft?« schrie er. »Du mußt die Person nennen, die ihn dir verkauft hat.«

Das wollte ich natürlich auf keinen Fall. Nur wenn es mir gelang, eine plausibel klingende Geschichte zu erfinden und dem Gespräch eine Wende zu meinen Gunsten zu geben, hatte ich eine Chance. »Ein Soldat«, sagte ich daher, »ich habe den Reis bei einem Soldaten, der mit dem Fahrrad vorbeifuhr, gegen eine Hose eingetauscht. Ich habe keine Ahnung, wie er hieß, der Mann war mir vorher noch nie begegnet. Und überhaupt, Genosse, der Reis war gar nicht für mich selbst.«

Run zeigte sich verblüfft. »Das verstehe ich nicht. Warum hast du dann den Reis hierher gebracht?«

»Ich wollte versuchen, dafür Medikamente für meine Frau zu bekommen«, entgegnete ich darauf und blickte ihn fest an, um Sekunden später mit meiner Geschichte fortzufahren: »Ihr Zustand verschlechtert sich laufend, und da ihr Angkas Medikamente nicht geholfen haben, muß ich irgendwelche Tabletten für sie finden. Du kannst dich doch in meine Lage versetzen, oder?«

Und ob er konnte.

»Warum hast du dann aber den Reis zur Arbeit mitgebracht?«

»Ich habe dir doch gesagt, ich dachte, einer von uns hätte solche Medikamente.«

»Wer denn?«

»Ich habe da keinen speziell im Auge gehabt, Genosse, ich...«

An dieser Stelle schaltete sich der Lagerleiter ein: »Genossen, es handelt sich hier um ein schweres Vergehen! Du, Genosse Run, wirst darüber entscheiden, in welcher Form Genosse Thay bestraft wird.«

Run band mir die Hände auf den Rücken und führte mich ab. An den entsetzten Mienen meiner Freunde war abzulesen, daß sie nichts mehr für mein Leben gaben.

Run schubste mich von den anderen weg zu seiner Hängematte, wo er sich setzte, mich vor sich niederkauern ließ und damit begann, mir die erwartete Lektion zu erteilen. Ich senkte den Kopf und spielte ganz die mir zugedachte Rolle des Opfers, und da prasselten auch schon die Formeln des Verdammungsrituals auf mich hernieder: »Thay, du bist ein Konterrevolutionär... du bist in Tauschgeschäfte verwickelt... dir ist es nicht gelungen, deine individualistischen Neigungen abzulegen... du bringst Schande über unsere Gruppe... seit eineinhalb Jahren stehst du in der Umerziehung, doch du bist und bleibst ein Konterrevolutionär...« So machte er mindestens eine Stunde lang weiter.

Wenn er so weiterredete und ihn das Bedürfnis, sich als starker Mann zu erweisen, in seinen Bann zog, konnte er leicht verdrängen, daß ich ihm einen Gefallen getan hatte. Irgendwann würde ihm keine andere Wahl bleiben, als mich irgendwo im Wald zu Tode zu prügeln oder in ein Umerziehungslager zu verschicken. Es war wohl besser, wenn ich jetzt aktiv wurde.

Als er wieder einmal Luft holte, sagte ich leise: »Genosse, denk an deine kranke Frau und vergiß nicht, daß ich dir geholfen habe.

Wenn du mir etwas tust, werde ich dich melden.« Dabei schaute ich ihn fest an, um zu unterstreichen, daß ich es ernst meinte. »Wenn ich sterbe, stirbst du auch.«

Seine Augen wurden größer, und die Farbe wich aus seinem Gesicht. Da wußte ich, daß ich eine Chance hatte.

Sekunden später hatte er sich wieder gefaßt und, wieder ganz der unerbittlich strenge Führer, eine teilnahmslose Miene aufgesetzt. Eine weitere Viertelstunde mußte ich dann noch seine Tiraden über mich ergehen lassen, die er mit immer lauterer Stimme ausstieß. Mir war klar, daß er sich damit an diejenigen wandte, die ihn hören konnten, vor allem den Lagerleiter. Die Angst ließ nach, und ich war gespannt, wie er seine Anklagen zurücknehmen konnte, ohne das Gesicht zu verlieren.

»Thay, du bist ein Konterrevolutionär, aber zum Glück bist du ein guter Arbeiter. Aus diesem Grund mache ich eine Ausnahme und bitte den Ältesten, dich zu verwarnen und dir die Möglichkeit zu geben, dich zu läutern. Die Warnung wird sehr ernst ausfallen, Thay. Beim nächstenmal wird Dünger auf deinen eigenen Reisfeldern aus dir werden. Doch . . .« Er begann nun, noch immer mit erhobener Stimme, mich zu loben. »Doch ich habe beobachtet, daß du morgens als erster aufstehst und von allen am besten arbeitest« und so weiter. Er konnte gar nicht genug loben, daß ich ganz in meiner Arbeit aufginge, und machte damit eine so verblüffende Kehrtwendung, daß ich mir nur schwer vorstellen konnte, wie wir beide mit unserer geheimen Verschwörung ungeschoren davonkommen sollten. Bestimmt hatte selbst der eifrigste Rote Khmer, der vollkommenste Revolutionär noch nie solche Lobpreisungen auf sich vereinigt. Vor einer Stunde war ich noch krimineller Abschaum gewesen, und nun konnte Genosse Run meine Verdienste gar nicht genug rühmen.

Der Lagerleiter brauchte danach lediglich noch eine kurze offizielle Warnung auszusprechen: »Mach es nicht noch einmal! Nächstes Mal wirst du als Dünger enden« – dann war ich gerettet.

In den ersten drei Monaten des Jahres 1977, als unser Leben in Leach eine gewisse Stetigkeit angenommen hatte, kamen mir neue Einsichten in das System und die Ideologie der Roten Khmer. Gewiß, dieses System wies lokale und zeitliche Besonderheiten auf, und mein Wissen darüber war begrenzt. Ich hatte jedoch den Eindruck, daß sich die Roten Khmer in Leach eng an den Grundlagen der Theorie und an den eigentlichen Zielen der Organisation orientierten.

Organisatorisch bildeten die Kooperativen, von denen es in Leach drei gab, die Grundeinheit. Je nach Größe war eine Kooperative in drei oder vier Lager eingeteilt, die aus 50 bis 100 Häusern und der Gemeinschaftsküche bestanden. Die mobilen Arbeitstrupps errichteten ihr Lager außerhalb des eigentlichen Dorfbereichs. Den Dörfern übergeordnet waren die Bezirks- und Provinzverwaltungen, über deren Funktion wir jedoch im dunkeln gelassen wurden. Aus eigener Anschauung kannten wir nur die drei Ebenen: Lager, Kooperative und Dorf.

Zum Dorf gehörten auch mehrere Unterorganisationen, die das Essen besorgten und verteilten, die zentrale Krankenversorgung mit zwei Krankenhäusern sowie das Militärlager. In Leach kam uns selten Militär zu Gesicht. Die Soldaten bewegten sich unauffällig in der näheren Umgebung des Dorfes und bewachten uns, ohne mit uns in Verbindung zu treten.

An der Spitze einer Grundeinheit stand ein Triumvirat, bestehend aus dem Vorsitzenden, seinem Stellvertreter und dem Sekretär. Der Dorfälteste kontrollierte mit Hilfe der *Chlops*, der Sicherheitspolizei, sämtliche Lebensbereiche. Angkas Anweisungen wurden mündlich über die Spitzen der Provinz- und Bezirksverwaltungen an die Dorfältesten weitergegeben. Im allgemeinen gab es keine schriftlichen Aufzeichnungen. Die Umsetzung der Befehle von oben hing deshalb davon ab, wie der einzelne Dorffunktionär sie gewichtete, welchen Bildungsgrad er aufwies und wie gut er die einzelnen Anweisungen im Gedächtnis behalten konnte.

Einmal im Monat brachte die Zentralregierung eine Zeitung heraus, die jedoch unregelmäßig erschien und über die Ebene der Lagerleiter hinaus nicht verteilt wurde. Die meisten Roten Khmer waren ohnehin Bauern und zeigten wenig Interesse am

Lesen. Der Rundfunksender Phnom Penh bildete die wichtigste Informationsquelle. Radiogeräte waren jedoch eine Seltenheit (manche Lagerleiter hatten eines, und wenn sie es zur Arbeit mitbrachten, konnten alle anderen mithören).

Einiges gab mir Rätsel auf, oder es blieb aus Mangel an Informationen für mich im dunkeln: Wer war für die Verteidigungspolitik zuständig, für die Eisenbahn, meine Abteilung für Öffentliche Arbeiten, das Transportwesen, die Staatssicherheit? Vielleicht waren auch gar nicht mehr so viele Zuständigkeiten zu verteilen. In vielen Bereichen war einfach Fehlanzeige: Wir wußten, es gab weder Schulen noch Geld noch Telefon- und Postverkehr, Bücher und Gerichte.

Und keine Gefängnisse. Darauf waren die Roten Khmer besonders stolz. Welch ein Unterschied zur kapitalistischen Gesellschaft, in der durch Haftstrafen wertvolle Arbeitskraft und Geldmittel verlorengingen! Welch ein Unterschied auch zum Buddhismus! Er verkündete, die Strafen würden in ein vermeintliches Leben nach dem Tod verlegt, verschob die Buße auf den Sankt-Nimmerleins-Tag und ermutigte die Menschen zu neuen Vergehen. Die Revolution hatte mit alldem gebrochen. Wer ein Verbrechen begangen hatte, wurde auf der Stelle bestraft. Es gab keinen Aufschub – das war die wahre Gerechtigkeit. Die Revolution läuterte die Menschen schneller als jede Religion.

Die Arbeit in den Kooperativen war ausschließlich auf das Ziel ausgerichtet, möglichst viel Reis zu produzieren. In Leach waren 1977 die anfänglichen Massenmobilisierungen zum Bau von Böschungen, Deichen und Kanälen in Vergessenheit geraten. Alles drehte sich jetzt um die Reisproduktion. Für jede Teilarbeit wurden Gruppen gebildet, die sich auf Bewässerung, Pflügen, Düngen, Auspflanzen oder das Einbringen der Ernte spezialisierten. Andere Teams rodeten für neue Anbauflächen und bauten Hütten.

Die Arbeitskräfte wurden nach Altersstufen und nach der jeweiligen Aufgabe eingeteilt. Die Jugendlichen stellten die mobilen Arbeitstrupps. Wer verheiratet war und Kinder hatte, gehörte zum »alten Team«. Ältere Personen waren für die harte körperliche Arbeit nicht mehr geeignet. Die Frauen beaufsichtigten die Kinder, während die Männer Matten herstellten oder Bambuskörbe knüpften.

Angka hatte zwar bestimmt, daß Kinder zwischen fünf und acht Jahren die Schule besuchen müßten: In Leach war aber gar keine richtige Schule vorhanden. Den Kindern sollte Lesen und Schreiben beigebracht werden, doch statt dessen lernten sie eine Stunde lang revolutionäre Lieder auswendig und gingen anschließend aufs Feld und halfen den Erwachsenen, Holz wegzuräumen.

Man überwachte uns unausgesetzt und hielt uns selbst zur Denunziation an. Daß dies erforderlich sei, war eines der Lieblingsthemen der Redner auf den politischen Versammlungen. Man schärfte uns ein, wachsam zu sein, und forderte uns auf, Freunde zu denunzieren. »Wir alle haben unsere individualistischen Neigungen, die jederzeit zum Vorschein kommen können. Ihr müßt euch gegenseitig beobachten, damit ihr sie entdeckt und uns dabei behilflich sein könnt, euch zu läutern und die Revolution mitzutragen.« Wir, die Erwachsenen, wußten, was von solchen Anweisungen zu halten war, und ignorierten sie. Die Kinder jedoch begriffen noch nicht, welche Folgen sie haben konnten. Viele meldeten ihre Eltern, um sie zu »läutern« und im Glauben, ihnen und Angka damit einen Gefallen zu erweisen. Die Erwachsenen wiederum redeten nicht mehr offen, wenn die Kinder dabei waren.

Sämtliche Arbeiten auf der Ebene des Dorfes wurden von Teams, also kollektiv, ausgeführt. Im Krankenhaus zum Beispiel war jeweils ein Team für die Verteilung der Medikamente, für die Injektionen, für die Küche und den Fischfang zuständig. Die Funktionen des einzelnen waren beliebig austauschbar. Ein Mediziner konnte an einem Tag Injektionen verabreichen und am nächsten zum Gemüseanbau abgestellt sein.

Die Roten Khmer strebten auf allen Ebenen die Selbstversorgung an. Jedes Lager sollte für Reis, Gemüse, Wasser und den Bau von Häusern selbst sorgen. Die »Selbstversorgung und Befähigung zu allem« war eines der wichtigsten politischen Ziele der neuen Regierung. Immer wieder hörten wir im Rundfunk, Kampuchea benötige keine Hilfe von außen. Der Staat brach sämtliche Beziehungen zur Außenwelt ab und weigerte sich, selbst humanitäre Hilfe anzunehmen. Hilfe irgendeiner Art, ja sogar der Außenhandel, galt in der Theorie der Roten Khmer als Verrat am Prinzip und als Beginn der Konterrevolution.

All dies geschah im Namen der angestrebten Gleichheit aller Menschen. Innerhalb kurzer Zeit sollte aus Kambodscha ein voll ausgebautes kommunistisches Land werden, das erste, das auf Erden verwirklicht wurde, wie man uns auf vielen Versammlungen versicherte. Der einzelne hatte in dieser Utopie nur dann ein Lebensrecht, wenn er ein vollkommener Revolutionär war.

Dieser vollkommene Revolutionär unterwarf sich Angka, durfte keine Gefühle zeigen, sich weder um Ehepartner noch um Kinder sorgen und war zur Liebe unfähig. Außerdem warf er sämtliche reaktionären Vorstellungen, sprich religiöse Überzeugungen, über Bord. In die Verfassung vom Januar 1976 war das Verbot der Religionen ausdrücklich aufgenommen worden. (Genaugenommen lautete der entsprechende Paragraph, es gelte die Religionsfreiheit, es sei denn, es handle sich um reaktionäre Religionen. In der Tat galten aber sämtliche Religionen als reaktionär.)

In einer Parabel, die wir oft zu hören bekamen, wurde das menschliche Individuum mit einem Ochsen verglichen: »Seht euch den Ochsen an, Genossen. Bewundert ihn! Er frißt, was wir ihm vorsetzen. Lassen wir ihn auf diesem Feld grasen, frißt er hier. Bringen wir ihn zu einem anderen Feld, wo nicht genug Gras wächst, dann weidet er eben dort. Er kann sich nicht frei bewegen, denn wir hüten ihn. Wenn wir ihm sagen, er soll den Pflug ziehen, dann zieht er ihn. An Frau und Kinder denkt der Ochse nie.« Es kam oft vor, daß die Roten Khmer auf den Versammlungen vom »Genossen Ochs« als dem idealen Revolutionär sprachen. Genosse Ochs verweigerte nie die Arbeit. Genosse Ochs war gefügig. Genosse Ochs beschwerte sich nicht. Genosse Ochs hatte nichts dagegen, wenn seine Familie getötet wurde.

Immer wieder forderte man uns auf, »Initiative« zu zeigen –

doch nur für das Kollektiv. Wenn man etwas aus eigener Initiative tat, wertete man es als Ausdruck von Egoismus. Wenn man anfing, für seinen eigenen Bedarf Gemüse anzubauen, war dies eine Initiative, die zur Denunziation einlud. Anders war es, wenn man das Gemüse für die Kommune angebaut hatte und es selbst nicht anrührte.

Aus demselben Grund hatte man das Geld abgeschafft. Man wollte kein Mittel bereitstellen, mit dem Ungleichheit erzeugt wurde. Angka konnte zwar einheitliche Löhne bezahlen – doch wie sollte Angka kontrollieren, daß das Geld auch von allen gleichmäßig ausgegeben wurde? Manche würden mehr sparen, manche weniger. Die Ungleichheit würde mit der Zeit um ein Vielfaches größer werden.

Diese Gedanken mußten uns auf den politischen Versammlungen immer wieder eingetrichtert werden. Die Roten Khmer verglichen uns mit Messern, die man regelmäßig schleifen muß. Unser politisches Bewußtsein mußte immer wieder neu am Schleifstein der politischen Erziehung geschärft werden. Wir brauchten dieses politische Bewußtsein, und wir mußten ideologisch gefestigt sein; alles andere war unwichtig. Was wir immer unter Ausbildung verstanden hatten, war bestenfalls nutzlos und diente dazu, Überlegenheit zur Schau zu stellen. Die Haltung der Roten Khmer gegenüber Leuten mit bestimmten Qualifikationen war eindeutig: »Sie am Leben zu lassen bringt nichts. Eliminieren wir sie, geht der Revolution nichts verloren.« Schlimmstenfalls waren gebildete Leute eine Bedrohung und mußten beseitigt werden.

In der Praxis funktionierte das System nicht. Stichwort Selbstversorgung: Der auf Dorfebene produzierte Reis war nicht unbedingt für die eigenen Leute bestimmt. Viel Reis verschwand in großen Lagerhäusern und wurde von dort in andere Regionen verfrachtet. Die Menschen sahen sich auch noch um die ohnehin schon dürftigen Früchte ihrer schweren Arbeit betrogen und waren daher mit dem Herzen nicht bei der Sache, was wiederum auf Kosten der Erträge ging. Sobald uns die Aufseher den Rücken kehrten, ließen wir die Arbeit ruhen. Zur Erntezeit dachte jeder nur daran, für sich etwas auf die Seite zu schaffen. Das Konzept der Selbstversorgung verkehrte sich in sein Gegenteil: Wir wurden zu Organisatoren einer Mangelwirtschaft.

Letztendlich standen die Neuen Menschen ohne Ausnahme und viele von denen, die zum Altvolk zählten, dem System, dem wir unterworfen waren, feindselig gegenüber. Wie hätte es auch anders sein können, wo viele von uns ihre Familien hatten zugrunde gehen sehen? Die Roten Khmer wußten das sehr wohl, sie wußten, daß sie, indem sie uns »läuterten«, sich potentielle Gegner schufen. Was auch immer der ursprüngliche Sinn der Revolution war, den Neuen Menschen konnte unter keinen Umständen die Freiheit zugebilligt werden, eines Tages Teil des Altvolks zu werden. In den Augen der Roten Khmer waren wir für alle Zeiten eine Rasse von Sklaven.

Als der Widerstand stärker wurde, blieb den Roten Khmer keine andere Wahl, als die Unterdrückung zu verschärfen. Damit begingen sie an ihrer eigenen Ideologie Verrat. Sie waren angetreten, die vollkommene Aufrichtigkeit durchzusetzen, die sie nun selbst Lügen straften. Die Propaganda feierte das »Demokratische Kampuchea« als Paradies, doch in Wirklichkeit war es die Hölle. Das Ziel der Roten Khmer war die klassenlose Gesellschaft, doch mit ihrer Politik sicherten sie die dauerhafte Existenz zweier Klassen, die durch eine dritte, eben sie selbst, die Roten Khmer, unterdrückt wurden.

Einen Weg zur Versöhnung gab es nicht. Anstatt durch die Revolution »geläutert« zu werden, wurde das Neuvolk immer noch »unlauterer«. Wenn sich die Roten Khmer umdrehten, wenn sie sich locker gaben, dachten sie gleich, die Bevölkerung würde sich erheben.

Ihre Furcht war nicht unbegründet. Zahlreiche Komplotte wurden im Keim erstickt. Die Zahl derer, die flohen, stieg von Monat zu Monat. Alles deutete darauf hin, daß die Menschen das Leben unter diesem Regime nicht länger ertragen konnten. Es brachte nicht Lauterkeit und freiwillige Unterordnung hervor, sondern das Gegenteil: Es vergiftete die Beziehungen und nährte Feindseligkeit.

Die Ideale klangen hohl, politische Entscheidungen blieben folgenlos, die Umerziehung ein Mythos. Was war der Grund? Den Roten Khmer fehlte es an Intelligenz und an moralischer Integrität. Selten einmal begegnete man einem sachkundigen Funktionär. Die Alten Menschen, die sie in den Rang von Funktionären erhoben, hatten oftmals keine Ahnung von den Problemen, ihre Erklärung und Anwendung der revolutionären Prinzipien waren beliebig und ließen keinen inneren Zusammenhang erkennen. Sie sagten, sie hätten die Korruption der Lon-Nol-Leute bekämpft, und nannten zum Beispiel die Offiziere, die die Liste der Toten und der Deserteure deshalb nicht aktualisiert hatten, damit sie deren Sold kassierten. Sie selbst machten es aber genauso, wie ich in Veal Vong mit eigenen Augen gesehen hatte. Die individualistischen Neigungen wurden im Grunde nicht unterbunden, sondern wie die Korruption indirekt sogar gefördert. Jeder Funktionär war sein eigener Gott. Die Revolution war ein einziges Paradox: Ein Teil des Volkes wurde von einem anderen Teil jetzt und für alle Zeiten ausgebeutet, und beide waren sie die Gefangenen des Systems. Der Zweck heiligte die Mittel, im Namen des Ideals konnte man jedes Verbrechen begehen. Der Besitz der absoluten Macht hatte die absolute Verderbnis hervorgebracht. Unterdrückung war der einzige politische Ausweg, der wirtschaftliche Zusammenbruch die logische Folge, Rebellion die einzige mögliche Antwort.

Woche um Woche spielten sich kleine Dramen ab, die davon zeugten, wie verhaßt das System war, gegen das sich immer mehr Menschen auflehnten. Ich erinnere mich an das Beispiel einer Frau, die mit einem Roten Khmer im Bett ertappt wurde. Ihr Sohn war zuvor deportiert worden, und ihren Mann, einen Leutnant der Lon-Nol-Armee, hatte sie aus den Augen verloren. Es war nicht irgendein Roter Khmer, mit dem sie sich eingelassen hatte, sondern der stellvertretende Vorsitzende von Lager Nr. 2. Im Laufe des Verhörs gab die Frau die Namen von zwei weiteren illustren Liebhabern preis: Auch der *Chlop* und der Sekretär des Lagers hatten mit ihr geschlafen. Alle drei waren als brutale Folterer bekannt und hatten zahlreiche Verbrechen begangen.

Sie wurden mit der jungen Frau in den Wald geführt und zusammen mit ihr erschlagen. In den Augen des Neuvolks war die junge Frau eine wahre Heldin des passiven Widerstands. Sie hatte auf ihre Weise Vergeltung geübt und stellvertretend für uns alle zurückgeschlagen.

Ab Mitte Februar war in den Gesprächen, die ich führte, immer öfter von Guerillas und von Aufständen die Rede, vor allem, nachdem ich ganz unerwartet einen Verbündeten gefunden hatte. Eines Morgens fiel mir auf dem Weg zur Arbeit ein kräftiger junger Mann Ende Zwanzig mit lebhaften Gesichtszügen ins Auge. Er stand unter einer Zuckerpalme und blickte zu einem Freund hinauf, der im Baum saß und Saft zapfte.

Wer da vor mir stand, hieß Yann, war ein entfernter Verwandter und in derselben Behörde wie ich beschäftigt gewesen.

»Yann? Bist du es?« rief ich ihm zu. »Yann!«

Es kam zu einem freudigen Wiedersehen – doppelt freudig, weil ich auf der Stelle einen ganzen Zylinder mit Zuckerpalmsaft austrinken durfte. Yann lebte mit seiner Frau. seinem dreijährigen Kind und der Schwiegermutter in der Nähe im Lager. Erstaunlich war, daß wir uns nicht schon früher begegnet waren.

Von nun an sahen wir uns regelmäßig, nicht allein wegen des Zuckerpalmsafts, von dem ich auch Any etwas abgeben konnte. Über kurz oder lang waren wir in Diskussionen darüber verwickelt, wie wir Aufstände initiieren oder aber uns anderen Aufständischen anschließen konnten.

Die verschiedensten Gerüchte tauchten auf: Ein Fahrer der Roten Khmer, der häufig Lebensmittel von Leach nach Pursat transportierte, berichtete uns von einem Überfall auf Pursat, bei dem fünf Rote Khmer getötet worden seien. Zehn Neue Menschen hätten sich den Aufrührern angeschlossen und seien mit ihnen in den Wäldern untergetaucht.

Wenig später sah ich Flugblätter, die durch Cyklostyl vervielfältigt waren, auf der Straße liegen. Der handgeschriebene Text rief die Deportierten auf, sich zu erheben: »Der 17. April wird der Tag des Verderbens für die Rote-Khmer-Barbaren. Am 17. April standen wir gegen Lon Nol und seine korrupte Clique auf. Der

17. April wird auch der letzte Tag für Pol Pot und seine Clique von *Thmils*-Ungeheuern. Haltet euch bereit.« Das war der vollständige Text. Von Freunden hörte ich, solche Flugblätter seien auch auf anderen Straßen gefunden worden.

Plötzlich keimte wieder Hoffnung auf.

Ich wußte, daß Any und ich irgendwann fliehen mußten. Der Hunger und die Schwerarbeit würden uns bald den Rest geben. Nach meiner Überzeugung hätte jedoch die Flucht zum gegenwärtigen Zeitpunkt unseren sicheren Tod bedeutet. Alle Fluchtversuche scheiterten – wenigstens sagten uns das die Roten Khmer. Später, in der nächsten Trockenzeit, würde ich es vielleicht versuchen. Inzwischen lieferten mir die Meldungen von bevorstehenden Erhebungen das beste Argument, vorläufig nichts zu unternehmen. Ich sagte mir, wozu jetzt die Flucht planen? Wenn ich blieb, konnte ich mich an der Erhebung beteiligen. Zweifel daran, daß sie bevorsteht, kamen mir nicht. Überall hatte man davon gehört. Die Anzeichen mehrten sich, daß es nicht mehr lange dauerte.

In meinem Lager war ich mit einem Neuen Menschen befreundet, zu dem ein Alter Mensch kam, um Kleidung einzutauschen.

Meistens liefen solche Geschäfte umgekehrt, doch dieser Alte Mensch wollte unbedingt etwas Farbiges zum Anziehen, egal was es kostete. Ein merkwürdiger Handel. Die Roten Khmer trugen nur Schwarz, andersfarbige Sachen waren nahezu wertlos. Nur für dunkelfarbene Hosen und Hemden war etwas zu bekommen. Mein Freund war durch die Anfrage ganz verblüfft und kam zu mir, um zu sehen, ob ich noch eine farbige Hose oder ein Hemd abzugeben hatte. Auch ich war überrascht. Wie kam es, daß ein Alter Mensch an Kleidung interessiert war, die Angka ausdrücklich verboten hatte?

Mein Freund traf diesen Mann noch mehrmals und stellte ihm immer wieder diese Frage. Zunächst antwortete er ausweichend, rückte aber schließlich mit dem wahren Grund heraus: Er sei *Chlop*, gestand er, beeilte sich aber hinzuzufügen, daß er alles, was geschehen sei, sehr bedaure.

»Nicht alle Roten Khmer sind gleich. Nimm mich zum Beispiel: Ich stehe nicht hinter dieser Gesellschaft des Leidens und der Schwerarbeit. Ihr solltet nicht jeden Roten Khmer verdammen.« Das waren aus seinem Mund erstaunliche Worte. »Dir sind doch auch die Gerüchte zu Ohren gekommen«, fuhr er fort. »Dieses Regime wird nicht mehr lange Bestand haben. Was in den Flugblättern steht, ist wahr. Wir müssen uns bereithalten. Und nun weißt du auch, warum wir bunte Kleidung haben wollen: Wenn die Zeit reif ist, dann werden diejenigen, die sie tragen, auf eurer Seite stehen. Sie werden sein wie ihr, das Neuvolk. Wir alle brauchen solche Kleidung.«

Tatsächlich hatten wir nicht mehr viel Buntes. Entweder es war schon gegen Reis getauscht, gefärbt oder gar absichtlich zerrissen, weil wir demonstrieren wollten, wie arm wir seien. Der abtrünnige *Chlop* ließ sich jedoch nicht so leicht abwimmeln. Er wollte meinen Freund in ein geheimes Netz von Kontakten aufnehmen. Dieser, überaus vorsichtig, machte aber nicht mit. Der Mann versprach ihm darauf, er werde dennoch Informationen an ihn weiterleiten. »Wenn es soweit ist, werde ich irgendwie Verbindung mit dir aufnehmen«, versicherte er meinem Freund.

Im März flog ein Aufklärungsflugzeug über Leach hinweg. Es war das erste Flugzeug, das ich seit dem Fall von Phnom Penh gesehen hatte. Wir unterbrachen alle die Arbeit und fragten uns, was es zu bedeuten habe. Wahrscheinlich wurden für einen Propagandafilm der Roten Khmer Filmaufnahmen gemacht. Es konnte aber auch sein, daß das Flugzeug Guerillakämpfer aufspüren sollte. Das war die Version, an die wir uns klammerten, und dementsprechend planten wir unser Vorgehen.

Wir, das heißt die wenigen in jedem Lager, die sich darauf verständigt hatten, loszuschlagen, waren davon überzeugt, daß ein Aufstand unmittelbar bevorstand, und hatten die feste Absicht, aufs Ganze zu gehen. Es geschah jedoch überhaupt nichts. Wir konnten unmöglich ohne Lebensmittel in die Wälder fliehen. Die Reisvorräte wurden von den Roten Khmer streng bewacht, und selbst wenn wir die Bewacher getötet hätten, wäre in der

Garnison, die unweit des Dorfes untergebracht war, sofort gegen uns mobil gemacht worden. Wir hatten die Hoffnung, daß wir uns während des Angriffs der Guerilla den Aufständischen anschließen konnten, lagen auf der Lauer und warteten auf neue Informationen.

Eine Woche vor dem Jahrestag der Revolution, es war wohl der 10. April, gab der Leiter unserer Gruppe bekannt, daß unser Tagesablauf sich wie folgt ändern werde: Am Abend durften wir uns nach der Arbeit noch eine halbe Stunde waschen, und dann war Bettruhe angesagt. Sprach diese neue Regelung nicht auch dafür, daß der Aufstand ganz nach Plan stattfinden würde?

Der Jahrestag der Revolution rückte immer näher. Das Jahr zuvor war der Sieg drei Tage lang gefeiert worden, während wir diesmal nur noch einen Tag frei bekamen.

Die eigentliche Feier war dann eine jämmerliche Angelegenheit. Wir mußten zu einer Lichtung im Wald marschieren, wo Spruchbänder aufgehängt waren, auf denen die Verdienste der Kommunistischen Rote Khmer Partei gepriesen wurden (das geschah damals zum erstenmal; bis dahin hatte sich Angka nicht als kommunistisch bezeichnet). Unter militärischer Bewachung mußten wir Ansprachen des Vorsitzenden, seines Stellvertreters und des Sekretärs über uns ergehen lassen und wurden Zeuge von Tanzdarbietungen, bei denen Elemente der kambodschanischen Folklore zur mimischen Darstellung revolutionärer Allegorien verwendet wurden, während die Tanzbewegungen dem chinesischen Ballett entlehnt waren.

Auch an den beiden folgenden Tagen, dem 18. und dem 19. April, gaben wir unsere Lauerstellung nicht auf.

Es geschah aber immer noch nichts.

Dann verbreitete sich das Gerücht, die Kämpfer der Guerilla hätten sich zurückgezogen. Den Grund erfuhren wir nicht. (Später verlautete, ein allgemeiner, landesweiter Aufstand sei tatsächlich geplant gewesen, doch die Verschwörung sei blutig unterdrückt worden.) Nachdem inzwischen auch die Ernte nahezu abgeschlossen war, rückte die Möglichkeit zu größeren Aktionen in immer weitere Ferne. Bald stand nämlich kein Reis mehr auf dem Halm, von dem sich die Guerilla hätte ernähren können.

Es war fraglich, ob Any und ich die Kraft hatten, unser Überleben ein weiteres Jahr zu sichern.

Ich hatte fast nichts mehr, was ich gegen Lebensmittel eintauschen konnte. Jeden Tag hätte ich wie in Don Ey entdeckt werden können. Gesundheitlich fühlte ich mich zwar noch einigermaßen auf der Höhe, doch es war nur eine Frage der Zeit, wann ich mit meinen Kräften am Ende sein würde.

Ich beschloß daher zu handeln.

10 In die Wälder

Von jetzt an nutzte ich jede freie Minute zur Vorbereitung unserer Flucht. Wir besaßen fast nichts und waren auf jede erdenkliche Hilfe angewiesen. Eine Organisation stand bereits: Sie umfaßte die Männer und Frauen, zu denen wir in der Vorbereitung auf einen möglichen Aufstand Kontakt geknüpft hatten. Allerdings waren wir, um zu fliehen, zu viele Leute. Eine Flucht war schließlich etwas anderes als eine bewaffnete Erhebung.

Mit Yann redete ich über dieses Problem. Er gehörte zwar zu einem anderen Lager, da wir jedoch miteinander verwandt waren, schöpfte niemand Verdacht, wenn wir miteinander sprachen. Yann schlug vor, Leutnant Lang in unsere Fluchtpläne einzuweihen. Damit taten wir einen guten Griff: Lang war ein etwa 40jähriger erfahrener Offizier von kräftiger Statur, der im Bürgerkrieg eine Beinverletzung davongetragen hatte und seitdem hinkte. Sein Mut und sein Durchhaltevermögen waren ungebrochen. Lang lebte in Yanns Lager und war im Hüttenbau eingesetzt. Ich traf ein einziges Mal mit ihm zusammen, und auch das nur so lange, bis unsere Zelle gebildet war. Danach wechselte ich höchstens ab und zu ein Wort mit ihm. Yann fungierte indessen als unser Verbindungsoffizier.

Unser erstes Problem war, über die Zusammensetzung der Gruppe zu entscheiden. Zwölf hielten wir schließlich für die beste Zahl. Auch alle anderen waren damit einverstanden. Außer uns dreien bestand sie aus weiteren sechs Männern sowie drei Frauen: Any, Eng, einer Frau aus ihrer Arbeitsgruppe, sowie deren Schwester.

Jedem von uns wurden bestimmte Aufgaben übertragen. Die sechs Männer, die neu zu uns gestoßen waren, sollten herausfinden, wie viele Militärlager es gab, wo sie standen und auf welchen Wegen die Lager sowie die Patrouillen der Roten Khmer am besten zu umgehen waren. Darüber hinaus benötigten wir so viele Informationen wie möglich über das Terrain in den Bergen westlich von unseren Lagern, die den größten Teil der etwa 120 Kilometer langen Strecke bis zur thailändischen Grenze bildeten. Lang koordinierte die Fluchtvorbereitungen.

Meine Aufgabe war es, Lebensmittel zu beschaffen. Die Mitglieder unserer Gruppe überließen mir zu diesem Zweck, was sie noch besaßen. Ich wickelte meine Geschäfte so vorsichtig ab, daß wir bald große Mengen Reis gehortet hatten, ohne daß jemand Verdacht geschöpft hätte.

Die Zeit war knapp. Ende April begannen wir mit den konkreten Fluchtvorbereitungen. Bis Juni, wenn der Regen ein Vorwärtskommen in den Bergwäldern unmöglich machen würde, blieb uns gerade ein Monat. Selbst wenn wir bis dahin ausreichend Lebensmittelvorräte gehabt hätten, wäre es uns nahezu unmöglich gewesen, aufzubrechen. Der Himmel hing zu dieser Jahreszeit voller Wolken, und die Orientierung am Stand der Sonne war ausgeschlossen.

Einmal kam ich mit einem alten Mann ins Gespräch, der sich als so ortskundig erwies, daß ich ihn ins Vertrauen zog. Ob das ganze Unternehmen nicht zu gefährlich sei angesichts der vielen Rote-Khmer-Patrouillen, wollte ich wissen. »Es ist lange her, da ging ich hier immer auf Tigerjagd«, meinte er. »Hunderte von Tigern streiften durch diese Wälder, und die Zahl der Tigerjäger war bestimmt genauso hoch. Zu Gesicht bekamen wir selten einen. Die Chancen für die Roten Khmer, euch aufzuspüren, sind gering.« Er sagte mir auch, wenn er in meinem Alter wäre, würde es für ihn kein Zögern geben: Er würde es machen. Gewiß, die Wälder seien eine echte Behinderung; andererseits böten sie aber auch Schutz.

In unserem Fall war die Schutzfunktion der Wälder das Entscheidende, denn der beste Fluchtweg nach Thailand führte durch den dicht besiedelten ebenen Nordwesten des Landes im Bereich Battambang und Sisophon. Wir hofften, daß die Roten

Khmer verstärkt dieses Gebiet und nicht das Kardamomgebirge patrouillierten.

Unser größtes Problem war zunächst, den Abschnitt zwischen dem Dorf und den Bergen, in dem die Roten Khmer konzentriert waren, zu überwinden. Außer unseren Messern besaßen wir keinerlei Waffen. Wir mußten uns ganz darauf verlassen, daß wir gewitzt und nervenstark genug waren, um jede Begegnung mit Roten Khmer zu vermeiden.

Auf der Basis dessen, was wir über das Terrain wußten, bat Lang einen aus unserer Gruppe, einen möglichen Fluchtweg auszukundschaften. Der Mann war als Pflüger eingesetzt und überschritt mit seinen Zugochsen häufig die Grenze des Dorfes. Zwei Wochen nachdem wir uns zur Flucht entschlossen hatten – es war die erste Maiwoche 1977 –, sorgte unser Pflüger dafür, daß seine Ochsen »sich verliefen«. Darauf versteckte er sie und band sie an einen Pflock. Im Dorf schlug er darauf sofort Alarm und suchte um die Genehmigung nach, die »verlorenen Zugochsen« zu suchen. Nachdem ihm sein Gruppenleiter eine revolutionäre Standpauke verpaßt hatte, erhielt er einen Passierschein, mit dem er sich von seiner Gruppe entfernen und das umliegende Land durchstreifen konnte. Auf diese Weise gelang es ihm, in drei bis vier Kilometer Entfernung mehrere Militärlager ausfindig zu machen. Nach Süden hin war der Weg übersichtlicher.

Den genauen Zeitpunkt unseres Aufbruchs wollten wir noch nicht festlegen. Aus Sicherheitsgründen klärten wir lediglich ab, daß wir vor Ende Mai aufbrechen mußten.

Diese Entscheidung weckte in Any und mir neue Kräfte. Wir hatten keine andere Wahl, wir mußten etwas unternehmen, um unser Überleben zu sichern – nicht nur um unser selbst willen, sondern auch Nawaths wegen. Any redete jetzt seltener von ihm, aber aus manchen ihrer Fragen und an der Art, wie sie fragte, plötzlich verstummte und mich gequält ansah, konnte ich ablesen, daß ihr unsere Entscheidung, den Jungen zurückzulassen, immer noch genauso zusetzte wie mir. »Erzähl mir doch, wie es ganz genau war, liebster Thay«, flehte sie in Abständen, und ich mußte ihr irgendwelche Einzelheiten schildern: wie die Betten angeordnet waren, welch liebevollen Blick die Frau hatte, daß Nawath weit gesünder aussah und wie sehr mich die Ruhe bewegte, mit der er unsere Entscheidung annahm; wie er schließlich mit mir zum Fluß ging, was ich ihm dabei erzählte und wie ich ihn wusch.

Jedesmal, wenn ich über den Abschied von Nawath redete, wenn ich auch nur daran dachte, kamen mir die Tränen. Die Worte, die dabei fielen, hatten sich mir tief eingeprägt. »Ein Fluch ist über uns gekommen ... Die anderen aus deiner Familie sind alle schon in der anderen Welt. Sie sind gerettet ... Du bist der letzte ... Du hast ja jetzt die neue Tante ... Achte sie und sei gut zu ihr ... Falls du uns nicht wiedersehen solltest, denk immer an den Namen deines Vaters: Yathay, und an den Namen deiner Mutter: Any.« Und dann dachte ich daran, wie ich ihm unseren Ehering gegeben und zum Schluß gesagt hatte: »Du mußt überleben, mein Sohn.«

»Ist das alles, liebster Thay?«

»Ja, sonst war nichts.«

Immer wenn wir wieder einmal auf unseren Entschluß, Nawath zurückzulassen, zu sprechen kamen, versicherten wir uns gegenseitig, daß wir damals keine andere Wahl gehabt hatten und daß es das einzig Richtige gewesen war. Jetzt hatten wir Gelegenheit zu beweisen, daß wir ihn nicht einfach im Stich gelassen hatten. Wir mußten entkommen und leben, so lange, bis wir ihn fanden und ihm erklären konnten, warum wir ohne ihn gegangen waren. Er sollte einmal wissen, daß wir es nur aus Liebe zu ihm gemacht hatten.

In der Zeit des Wartens quälte mich vor allem die Sorge, man könne mich aus dem Dorf versetzen und mir anderswo eine Aufgabe übertragen. Um meine Tauschgeschäfte abzuwickeln und um jederzeit aufbruchbereit zu sein, mußte ich unbedingt bleiben, wo ich war. Unsere Rodungsmannschaft war indessen dabei, sich vom Dorf wegzubewegen. Es war gut möglich, daß Angka uns eine neue Arbeitsstelle weitab von Leach zuwies, noch bevor wir die Flucht antreten konnten.

Ich mußte also schnell handeln; doch was konnte ich tun?

Wie in Don Ey beschloß ich, aus dem System auszusteigen. Vielleicht konnte ich mir die Tatsache zunutze machen, daß unser mobiles Arbeitslager, mein Basislager in Leach sowie das Krankenhaus als getrennte Einheiten geführt wurden. Wenn man überall davon ausging, daß ich gerade an einem der beiden anderen genannten Standorte war, konnte ich mich versteckt halten, ohne daß es jemand auffiel. Mein einziges Problem wäre in diesem Fall gewesen, woher ich etwas zu essen bekommen konnte.

Um die Roten Khmer nicht auf mich aufmerksam zu machen, legte ich mich eine Zeitlang bei der Arbeit mächtig ins Zeug und zeigte mich als guter »Genosse Ochs«. Weil ich nicht schon vor unserem Aufbruch Raubbau mit meinen Kräften treiben wollte, machte ich das nur für eine kurze Zeit. Für die langen Märsche durch den Dschungel mußte ich mich, so gut es ging, körperlich fit halten. Was das Kranksein betrifft, galt in unserer Gruppe die Regel: Wer länger als zwei Tage krank war, mußte ins Krankenhaus gehen. Dort war er auf reduzierte Essensrationen gesetzt und lief Gefahr, angesteckt zu werden. Ich wollte die Regelung für den Krankheitsfall zu meinen Gunsten nutzen.

Eines Tages meldete ich einfach, ich verspürte im Brustkorb stechende Schmerzen, was bei unserer Arbeit ein häufig wiederkehrendes Gebrechen war. Wer ständig mit der Axt auf Baumstämme einhieb, war immer wieder von quälenden Schmerzen geplagt und hatte das Gefühl, als würde sein Körper auseinandergerissen. Der Gruppenleiter stellte mich von der Arbeit frei.

Drei Tage darauf klagte ich noch immer über dieselben Beschwerden, und um ja keinen Verdacht zu erwecken, simulierte ich diesmal zwei Tage lang. Als ich auch am dritten Tag noch stöhnte, war mir klar, welche Konsequenzen das haben mußte: »Es tut noch immer weh, Genosse«, sagte ich zum Gruppenleiter. »Kann ich noch einen Tag frei bekommen? Ich weiß, eigentlich sind an der Arbeitsstätte nur zwei Krankheitstage genehmigt, aber ich leide wirklich sehr unter den Schmerzen. Morgen geht es bestimmt besser.«

»Nein! Kommt nicht in Frage. Du mußt ins Krankenhaus.«

»Nur einen Tag noch, Chef...«

Regeln waren dazu da, eingehalten zu werden. Also erhielt ich eine Überweisung ins Krankenhaus, genau das, was ich brauchte: den offiziellen Beweis, daß ich krank war. Nur die wirklich kranken Menschen, die nicht mehr damit rechneten, noch einmal auf die Beine zu kommen, setzten sich den Gefahren eines Krankenhausaufenthalts aus.

Selbstverständlich hatte ich nicht vor, mich der Gnade der Mediziner anzuvertrauen, sondern ging statt dessen zum Leiter des Ausgangslagers und erklärte ihm, ich könne nicht im Freien schlafen und hätte die Erlaubnis erhalten, die Nächte in meinem Haus zu verbringen, wo mich meine Frau Any versorgen würde. Ihm machte das nichts aus, da ich ja tagsüber nicht dasein würde. Für ihn stand ich morgens auf und machte mich auf den Weg zu meiner Arbeitsstelle. In Wirklichkeit war es mir nun möglich, mich im Dorf ziemlich frei zu bewegen, andere aus der Gruppe aufzusuchen und Tauschgeschäfte zu machen. Der Leiter der mobilen Truppe dachte, ich sei im Krankenhaus, der des Basislagers nahm an, ich verbrächte meine Tage in den Wäldern, und wenn mir ein Genosse des Rodungsteams über den Weg lief, konnte ich immer noch sagen, ich käme gerade aus dem Krankenhaus und sei dabei, meine Familie zu besuchen. Man hatte nichts dagegen, daß Kranke, die noch gehfähig waren, frei herumliefen. Die einzigen, denen ich nicht begegnen durfte, waren die Leiter unserer mobilen Rodungsmannschaft. Da ich aber wußte, welche Wege sie vom Dorf ins Lager und wieder zurück benutzten, konnte ich einer Begegnung mit ihnen unschwer ausweichen.

Das Nahrungsproblem war mühelos zu lösen. Nach einem Tauschgeschäft brachte ich den eingehandelten Reis zu einem meiner Komplizen, deponierte einen Teil des Reises bei ihm und blieb den ganzen Tag in seiner Hütte. Niemand konnte sehen, wie ich dort etwas Reis zu mir nahm. Wenn ich abends nach Hause kam, aß ich mit Any zusammen ein zweites Mal.

Bei meinen Bemühungen, Reis aufzutreiben, kam ich weit herum. Eine meiner besten Quellen war ein Alter Mensch im Nachbardorf. Der Wechsel von einem Dorf zum anderen war zwar etwas riskant, doch es war mir ein Leichtes, mir mit Hilfe einer weiteren Unterschriftenfälschung – mein kostbarer Kugelschreiber funktionierte zum Glück noch immer – die schriftliche Genehmigung meines Lagerleiters zu verschaffen, daß ich mich frei bewegen durfte. Kaum war ich im Nachbardorf etwa vier Kilometer von Leach angekommen, begab ich mich zu dem Alten Menschen, der mit Reis handelte. Ich konnte auch einige andere Geschäfte mit ihm abwickeln. Bei einem meiner Ausflüge erwarb ich einen schönen, zweischneidigen, etwa 30 Zentimeter langen Dolch, den wir für die Flucht gut gebrauchen konnten.

Sackweise schleppte ich nach meinen Streifzügen durch die Dörfer den Reis – es war jeweils der Inhalt von 30 Dosen – in meiner Schultertasche nach Hause. Um die Patrouillen der Roten Khmer zu täuschen, sammelte ich immer ein Bündel Holz. Viele Leute wurden nämlich zum Holzschlagen mobilisiert. Das Holz diente mir als Paß, und außerdem konnte ich damit kaschieren, wie schwer ich an dem Reis trug. Für den Fall, daß mich jemand sehen sollte, den ich kannte, stellte ich ihn unweit meines Dorfes ab, denn man dachte ja, ich arbeitete nach wie vor im Rodungstrupp. Mit solchen Tricks gelang es mir, 300 Dosen Reis, die ein Gewicht von 165 Pfund hatten, sowie etwas Zucker und getrockneten Fisch auf die Seite zu schaffen. Diese Vorräte versteckten wir zu Hause bei meinen Komplizen.

Any und ich konnten aufgrund des reichen Nahrungsangebots wieder zu Kräften kommen. Wir lebten einen Monat lang, als wäre es unser letzter. Seit Phnom Penh hatten wir nicht mehr so reichlich gegessen.

Nach drei Wochen hatten wir die benötigten Lebensmittelvorräte beisammen. Ich hatte sogar noch etliche Devisen übrig: ein paar Dollar, 500 französische Franc und ein bißchen thailändisches Geld, das wir brauchen würden, wenn wir über die Grenze kamen.

Noch waren wir nicht aufbruchbereit. Lang erklärte mir, er sei sich nicht ganz sicher, welchen Weg wir einschlagen sollten, weshalb er keinen Zeitpunkt für den Aufbruch festlegen könne. Es bestand also keine Notwendigkeit, daß ich weiterhin von unseren Vorräten lebte. Außerdem mußte ich stets damit rechnen, gesehen zu werden. Je länger ich mein Spiel spielte, desto größer wurde die Gefahr. Ich mußte einen Weg finden, mich für eine Woche wieder in das System zu integrieren.

So kam es, daß ich eine weitere Notiz fälschte, die mir bestätigte, daß ich vom Rodungstrupp ins Krankenhaus geschickt worden sei, wobei ich lediglich auf dem ersten Papier das Datum ändern mußte. Ich nahm das Dokument und begab mich ins Krankenhaus. Bei der Anmeldung studierte der Mediziner die gefälschte Einweisung und sagte, er würde mich behandeln.

Durch einen glücklichen Zufall kam ich im Krankenhaus sogar noch zu Geld. Bei der Toilette entdeckte ich in einem Haufen Papierabfälle – sie lagen neben Bandagen und alten Kleidern, die man den Toten abgenommen hatte – ein paar zerknüllte Papierfetzen. Als ich sie aus Neugier aufhob, sah ich zu meinem Erstaunen, daß ich zwei Banknoten in der Hand hielt, einen 500-Franc-Schein sowie 20 Thai-*Baht*. Die Roten Khmer hatten die Scheine weggeworfen, da sie in ihrem Kampuchea wertlos waren. Dort aber, wohin ich gelangen wollte, waren sie äußerst nützlich. Ich stopfte die Geldscheine in meine Hosentasche und ging zu meinem Bett zurück.

Zwei Tage lag ich in meinem Bambusbett, wechselte hin und wieder ein paar Worte mit meinem Bettnachbarn und suchte meine Ungeduld zu zügeln. Wie durch ein Wunder machte meine Genesung so rasche Fortschritte, daß ich bald um meine Entlassung ersuchte. Das war hier ganz unproblematisch: Ich bat einfach meine Pflegerin um ein Papier, das mir die Rückkehr erlaubte und mich zu einigen zusätzlichen Ruhetagen in meinem Haus berechtigte, bevor ich mich wieder meinem Rodungstrupp anschließen mußte. Es machte der Pflegerin nichts aus, mir einen kurzen zusätzlichen Urlaub zu genehmigen, und ich kehrte mit meinem Entlassungspapier getrost nach Hause zurück.

Mein Arbeitstrupp hatte mittlerweile sein Lager verlegt und rodete nun weiter von Leach entfernt. Ich wußte nicht genau, wohin sie gezogen waren, wollte aber auf keinen Fall wieder zu ihnen stoßen; denn in diesem Fall wären unsere Fluchtpläne mit Sicherheit vereitelt worden. Ich mußte meine Ruhepause so gut wie möglich nutzen und in dieser Zeit ein Arbeitsteam in der Nähe finden.

Jedenfalls spielte ich ein gefährliches Spiel, das der Vorbereitung eines noch weit gefährlicheren diente, und lebte in der ständigen Sorge, ob auch alles klappen würde. Als ich damals vom Krankenhaus in mein Haus zurückkehrte, begab ich mich in dem Versuch, mir selbst das Rückgrat zu stärken, zu einer alten Frau, die sich als Kartenleserin betätigte und allein in einer Hütte etwa 60 Meter von der unsrigen lebte.

»*Yey* (Großmutter)«, wandte ich mich an sie, nachdem sie mich auf einer Matte hatte Platz nehmen lassen, »ich möchte wissen, was du mir für die kommenden Monate voraussagst.«

Sie holte ihre Karten hervor und ließ mich abheben. Dann breitete sie die Karten aus und drehte eine nach der anderen um, wobei sie, wie es ihre Art war, vor sich hin murmelte. Schließlich sagte sie dann zu mir: »Thay, du wirst ab dem kommenden Monat ständig unterwegs sein.«

»Aber das geht doch gar nicht! Ich darf doch gar nicht reisen!« Da ich niemand in meine Pläne eingeweiht hatte, konnte sie nichts davon wissen. »Wir können doch nicht einmal von einem Dorf ins andere gehen.«

»Was fragst du mich? Ich weiß nur, was meine Karten mir sagen, daß du ab dem nächsten Monat unterwegs sein wirst.«

»Wie wird diese Reise enden, angenommen ich mache mich tatsächlich auf den Weg?«

Noch einmal ließ sie mich abheben, und erneut legte sie die Karten aus. »Ich sehe jetzt auch nichts anderes. Die Karten sagen mir wieder dasselbe: Du wirst die ganze Zeit unterwegs sein.«

Die ganze Zeit! Das stärkte mein Selbstvertrauen erheblich.

Zunächst aber mußte ich dafür Sorge tragen, daß ich in der Nähe unseres Dorfes arbeitete, wenn es soweit war. Ich hörte mich um und erfuhr, daß die Düngergruppe Leute brauchte. Die Düngergruppe sammelte die Erde von Termitenhügeln, mischte

Viehmist darunter und streute diese Mischung auf die Reisfelder. Ich ging zum Leiter meines Basislagers und bat ihn, mich in die Düngergruppe einzuteilen.

»Bekanntlich bin ich dabei, wieder zu genesen, Genosse«, leitete ich meine Bitte ein. »Krank wurde ich infolge der Holzfällerei. Der Rodungstrupp arbeitet jetzt in den Wäldern weit von hier. Wenn ich mich ihm wieder anschließe, bekomme ich einen Rückfall. Arbeite ich dagegen bei den Düngern, bin ich nicht weit von unserem Haus und kann dort übernachten.«

Der Mann erinnerte sich offensichtlich noch an die drei *Tael* Gold, die ich vor fünf Monaten bei unserer Ankunft in Leach abgeliefert hatte, und war einverstanden. »Aber«, fügte er gleich hinzu, »ich kann für nichts garantieren. Wenn der Leiter deiner Rodungsgruppe auf deiner Rückkehr besteht, kann ich nichts mehr für dich tun.«

So also kam ich in die Düngergruppe, die nur etwa einen Kilometer vom Dorf entfernt arbeitete. Sie bestand aus 20 Leuten, die in zwei Gruppen von je zehn Arbeitern eingeteilt waren. Ich war bei denen, die die Termitenhügel umgraben mußten, während die andere Gruppe den Dünger mischte und verstreute. Die Arbeit ging mir relativ leicht von der Hand. Ich hatte genug zu essen, der Leiter war nicht allzu streng, der Arbeitsplan flexibel. Wir kamen in der Gruppe gut miteinander aus, und vor allem: Ich konnte zu Hause übernachten.

Dieses vergleichsweise gute Leben, das auf die Wochen folgte, in denen ich regelmäßig essen konnte, stimmten mich zunehmend versöhnlicher, und ohne daß ich mir dessen bewußt war, wurde meine innere Bereitschaft zu fliehen nach und nach untergraben. Ich trug mich sogar mit dem Gedanken, daß ich ja auch hier mein Überleben sichern konnte, um dann, wenn wieder bessere Zeiten anbrachen, Nawath zu finden, ohne daß wir uns den Gefahren einer Flucht über die Grenze aussetzten.

Eines Abends erschien Yann in meinem Haus, um mir zu berichten, daß alles vorbereitet und der Fluchtweg ausgearbeitet sei. Es liege nun an Lang und mir, den genauen Zeitpunkt festzulegen.

»Moment mal«, sagte ich darauf, »laß uns nichts überstürzen. Wir haben erst Mitte Mai, es bleiben uns noch zwei Wochen. Wir können ja Ende Mai aufbrechen.« Insgeheim überlegte ich sogar, ob es nicht möglich sei, bis Ende des Jahres zu warten.

Dazu sollte es nicht kommen.

Nachdem ich etwas über eine Woche in der Düngergruppe gearbeitet hatte, stand plötzlich auf dem Weg, der ins Dorf führte, einer der drei Leiter der Rodungsgruppe, der Sekretär, vor mir. Da er für die Versorgung zuständig war, kam er von Zeit zu Zeit nach Leach, um seine Vorräte aufzustocken.

»Wohin gehst du, Genosse Thay?« rief er erstaunt aus. »Ich denke, du bist im Krankenhaus.«

Es war entsetzlich, ausgerechnet ihm zu begegnen. »Nicht mehr, Genosse, ich bin entlassen und ins Basislager zurückgekehrt. Mein Lagerleiter hat mich für die Düngergruppe abgestellt.«

Der Sekretär war sichtlich gekränkt, und es war mir klar, wie seine Reaktion ausfallen würde: »So geht das aber nicht! Wie kommt er dazu, so etwas zu veranlassen! Du gehörst in die Rodungsgruppe und solltest wissen, daß du dich einer Aufgabe, die dir von Angka übertragen ist, so lange stellen mußt, bis sich entweder die Gruppe auflöst oder du nicht mehr benötigt wirst. Du bist ein guter Arbeiter und mußt wieder zu uns kommen und uns unterstützen.«

Ich suchte mich noch herauszuwinden, so gut es ging, indem ich über die Schmerzen in meinem Brustkorb klagte und behauptete, daß ich nicht im Freien schlafen könne und nun eben der Düngergruppe zugeteilt sei, aber es half alles nichts.

Zusammen gingen wir zu der Stelle, wo die Düngergruppe gerade beschäftigt war. Der Gruppenleiter wies jede Verantwortung von sich und sagte, es sei der Leiter des Lagers Nr. 1 gewesen, der mich zu ihm geschickt habe. Dieser wiederum verwies auf den Leiter des Basislagers, der, wie angekündigt, keinen Finger rührte, um sich für mich zu verwenden.

»Wozu noch weitere Worte verlieren? Ich nehme ihn gleich mit zurück zu uns«, meinte der Sekretär.

Allmählich bekam ich es mit der Angst zu tun. Die Rodungsgruppe arbeitete 13 Kilometer vom Dorf entfernt. An meine Zusatzrationen würde ich also nicht mehr herankommen. Auch konnte ich unmöglich zwischen dem Basislager und der Arbeitsstätte hin und her gehen. Wenn ich also mitkam, war alles aus. Ich wäre rasch wieder entkräftet gewesen. An Flucht war in einem solchen Zustand nicht zu denken.

»Morgen früh gehen wir los, Genosse Thay. Halte dich bereit und vergiß nicht, die Schultertasche und die Decken mitzunehmen. Vergiß auch sonst nichts. Dreizehn Kilometer zu Fuß sind ein weiter Weg. Du wirst keine Zeit haben zurückzukommen.«

Als ich wieder zu Hause war, ließ ich mir alles noch einmal in Ruhe durch den Kopf gehen. Keine Frage, wir mußten unsere Flucht auf den nächsten Tag ansetzen. Wie es im einzelnen ablaufen sollte, wußte ich auch nicht.

Das gemeinschaftliche Abendessen war kaum beendet, da machte ich mich in der Abenddämmerung auf den Weg, um Yann und einige andere Mitglieder der Gruppe aufzusuchen und ihnen zu erklären, unsere Flucht stehe unmittelbar bevor.

Yann wollte es gar nicht glauben. »Warum plötzlich so schnell? Es bleibt mir ja kaum die Zeit, die anderen zu verständigen.«

Mit aus der Luft gegriffenen Argumenten versuchte ich ihn umzustimmen. Die Regenzeit stehe unmittelbar bevor. Wenn wir jetzt gingen, hätten die Spitzel keine Chance mehr, unseren Plan zu entdecken. Feiglinge würden von vornherein dableiben. Ich würde niemals vergessen, daß die Feigheit eines einzelnen Menschen meinen ersten Fluchtversuch in Veal Vong vereitelt hatte.

Ich hatte solche Angst und war so verzweifelt, daß ich keinen Widerspruch duldete. Als einer der Männer Ausflüchte machte, er sei besorgt, da er gehört habe, vor drei Tagen sei eine Familie bei einem Fluchtversuch erschossen worden, wollte ich es ihm nicht glauben.

»Ja, ja! Solche Gerüchte streuen die Roten Khmer laufend aus!« entgegnete ich ihm und versuchte aus dem Stegreif alles, was von seiten der Roten Khmer behauptet wurde, in meinem Sinne umzudeuten. »Weißt du, warum ich gerade jetzt gehen möchte? Ich habe von jemand gehört, der davon wußte, daß gestern abend in der ›Stimme Amerikas‹ von drei Familien die Rede gewesen sei, die sich nach Thailand durchschlagen konnten.« Diese Geschichte war natürlich frei erfunden, sie war mir spontan eingefallen. »Wenn sie es können, warum nicht auch wir? Wir haben uns gründlich vorbereitet und haben an alles gedacht. Worauf warten wir noch? Drei Familien haben es geschafft, davon eine aus unserer Region. Warum sollten ausgerechnet wir scheitern? Wir haben keine Kinder dabei, die drei Frauen sind gesund –«

»Schon gut! Schon gut! Ich bin dabei!«

Nach und nach erfuhr nun die ganze Gruppe von der bevorstehenden Flucht. Am Abend des folgenden Tages wollten wir uns nach dem Essen treffen.

Nun mußte ich nur noch den lästigen Sekretär abschütteln. Wir waren um 6 Uhr vor seinem Haus verabredet, weil er mich dazu brauchte, Reis ins Arbeitslager zu tragen. Ich ging jedoch nicht hin, sondern wartete bei mir zu Hause, da ich genau wußte, daß er mich abholen würde. Mit Any sprach ich folgendes Vorgehen ab: »Wenn du den Sekretär kommen siehst, fängst du laut zu stöhnen an und windest dich, wie wenn du starke Schmerzen hättest. Tu so, als würde dir der Magen schrecklich weh tun. Jedes Mittel soll dir recht sein, ihm zu demonstrieren, wie sehr du leidest.« Da kam er auch schon auf unser Haus zu. Ich entfernte mich durch den Seiteneingang, machte einen Bogen um das Dorf und ging dann zu seinem Haus.

Any machte ihre Sache gut. Als der Sekretär auftauchte, krümmte sie sich vor Schmerzen und stöhnte laut. »Ach, Genosse, mein Magen! Thay ist unterwegs, um die Erlaubnis einzuholen, daß er noch einen Tag hier bleiben kann, um Medizin für mich zu besorgen. Oh, tut mir der Magen weh!«

Obwohl Any weiterstöhnte, blieb der Sekretär hart: »Unmöglich! Er kann nicht im Dorf bleiben! Er muß heute mit mir kommen! Ich muß ihn finden.«

»Er ist unterwegs zu dir, eigentlich hättet ihr euch begegnen müssen.«

»Also gut«, meinte er ärgerlich, »dann sehe ich ihn ja dort.«
Ganz nach Plan traf ich ihn auf dem Fußweg. Bevor er noch den Mund aufmachen konnte, überschüttete ich ihn mit einem wahren Wortschwall über Anys Schmerzen, daß ich seine Erlaubnis brauchte, um Medizin zu beschaffen, und wie hilflos sie allein sei. »Sie kann ja nicht einmal Holz holen, um Wasser heiß zu machen. Es geht doch nur um einen Tag, Genosse! Morgen komme ich dann ins Lager. Ich verspreche es dir!« Das klang so überzeugend, daß ich es fast selbst geglaubt hätte und sogar Tränen in den Augen hatte. Auch wenn meine Worte sich nicht ganz mit meinen Gefühlen deckten, so waren diese doch ziemlich echt. Ich konnte mir einfach nicht vorstellen, daß er nein sagte. »Wenn es meiner Frau morgen nicht bessergeht, vertraue ich sie Angka an und bringe sie ins Krankenhaus. Nur einen Tag noch!«

Zu meinem Entsetzen schüttelte er den Kopf. »Nein und nochmals nein, es geht nicht. Du kannst deine Lage dem Vorsitzenden draußen im Lager erklären. Und wenn es auch deine Frau ist, du brauchst die Erlaubnis des Vorsitzenden. Jetzt aber komm her und hilf mir den Reis tragen.«

Leider willigte ich ein, ihm zu folgen. Was blieb mir auch anderes übrig?

Der Sekretär bemerkte nun, daß ich nichts bei mir hatte: keine Ersatzkleidung, keine Hängematte, keine Decke. »Du hast ja deine Schultertasche gar nicht dabei«, sagte er überrascht.

»Ich gehe erst zum Vorsitzenden und bitte ihn um die Genehmigung.«

»Und wenn er sie dir verweigert, hast du nicht einmal etwas zum Schlafen.«

Bei seinem Haus luden wir den Sack Reis auf den Gepäckträger seines Fahrrads. Ich schob das Rad, er ging hinter mir, und so hatte ich unterwegs jede Menge Zeit, mir den Kopf darüber zu zerbrechen, wie ich mich herauswinden konnte. Welche Folgen hätte es gehabt, wenn der Vorsitzende meine Bitte ausschlug? Am Abend traf sich unsere Zwölfergruppe. Wenn er mir den freien Tag genehmigte, konnten wir die Nacht hindurch marschieren und uns einen Vorsprung vor unseren Verfolgern sichern. Wenn es nicht klappte, war alles aus.

Während wir gemeinsam ins Lager gingen, fiel mir auf, daß mein Begleiter eine Armbanduhr trug, und zwar eine Citizen, die hier zu den bekanntesten Marken gehörte. Auf dem Schwarzmarkt wurde mit zwei Kategorien von Uhren gehandelt: mit automatischen und nichtautomatischen, wobei man noch zwischen verschiedenen Stufen der Automatik zu unterscheiden hatte. Omega-Uhren waren am gefragtesten und natürlich entsprechend schwer zu bekommen. Etwa auf halber Strecke hatte ich plötzlich die Idee mit der Omega:

»Entschuldige, Genosse, wie spät ist es jetzt?«

»Zehn Uhr.« Noch immer ärgerlich auf mich, weil er seine Pläne meinetwegen ändern mußte, war ihm nicht nach Reden zumute. »Zehn Uhr! Wir haben wegen dir eine Menge Zeit verloren und müssen uns beeilen. Ich muß noch den Reis für das Mittagessen kochen.«

»Ich weiß, Genosse. Oh, du hast ja eine Uhr; es ist eine japanische, eine Citizen, stimmt's?«

»Nennt man sie so?« meinte er.

»Ja, es ist eine Citizen.«

»So, so, eine Citizen, eine Citizen.«

»Genauso heißt sie. Keine schlechte Uhr, aber wieso hast du dir keine Omega besorgt?«

Beim Wort Omega horchte er auf. »Ich hab' es ja versucht, aber sie sind schwer aufzutreiben.«

»Ich weiß, Genosse. Ein Freund von mir hat eine, die sei sehr teuer gewesen. Man braucht eine Menge Reis, um sie zu bekommen, meinte er.«

»Reis habe ich vielleicht sogar.«

Das war schon mal gut. Natürlich konnte auch ein Roter Khmer nicht auf legalem Wege an Reis herankommen, und ich war sicher, daß er seine Citizen vorwiegend mit unterschlagenem Reis bezahlt hatte.

»Zufällig ist mir bekannt, daß er die Uhr tauschen will«, sagte ich eher beiläufig. »Nur weil sein Sohn krank ist, verstehst du. Er ist sehr vorsichtig, aber ich bin sicher, wenn du Reis hättest, würde er sich von der Uhr trennen. Mit dem Reis könnte er sich nämlich Medikamente besorgen.«

»Ach so. Wieviel will er denn haben?«

Jetzt hatte ich ihn.

»Ich denke, so sechzig Dosen.«

»Sechzig Dosen! Das ist aber teuer.«

»Du bist der Koch, und er ist ein vernünftiger Mann. Du könntest ihm ja erst einmal zwanzig Dosen geben und den Rest in drei Raten zu je zehn Dosen irgendwann später. Wenn du willst, könnte ich mit ihm über die Sache reden. Es muß schnell gehen, damit dir kein anderer zuvorkommt.«

Es trat eine Pause ein, bevor er sagte: »Ich habe aber nicht genug Reis.«

»Ach so.«

Wieder entstand eine Pause. Dann wandte ich mich erneut an ihn und tat so, als wäre mir ein ganz neuer Einfall gekommen. »Hast du vielleicht getrockneten Fisch?«

Er bejahte meine Frage, und da ich bei seiner Hütte Kokospalmen gesehen hatte, machte ich ihm das folgende Angebot: »Also gut, Genosse, wie wär's mit dreißig Dosen Reis, zwei Kokosnüssen und etwas getrocknetem Fisch?«

»Dreißig Dosen und eine Kokosnuß. Mehr geht nicht.«

»Gut, ich werde es ihm sagen. Wenn ich bloß sicher sein könnte, daß der Vorsitzende mir den freien Tag genehmigt.«

Nachdem wir so Komplizen geworden waren, legten wir eine kurze Rast ein und kamen auf andere Dinge zu sprechen.

Gleich nach unserer Ankunft im Lager brachte mich der Sekretär zum Vorsitzenden und erzählte ihm, wie er mich gefunden hatte. Der Vorsitzende wußte, daß ich ein guter Arbeiter war und freute sich, mich wiederzusehen. »Na, Thay, was hast du dir dabei gedacht, uns einfach im Stich zu lassen«, fragte er in jovialem Ton.

»Es war der Wille Angkas, Genosse. Sie haben mich einfach der Düngergruppe zugeteilt – warum, weiß ich auch nicht.«

»Naja, die Hauptsache ist, du bist jetzt wieder bei uns. Wir lassen dich jetzt einfach nicht mehr weg.«

»Du mußt entschuldigen, Genosse, aber ich habe nichts mitgebracht, worauf ich schlafen kann. Darf ich heute abend nach Hause zurück?«

»Ach du liebe Zeit. Immer willst du dich vor der Arbeit drücken!«

»Das stimmt nicht. Es ist gar nicht meinetwegen. Meine Frau ist krank, und ich muß Medikamente für sie besorgen. Wenn sie sich nicht besser fühlt, muß ich sie ins Krankenhaus bringen. Ich verspreche dir, morgen komme ich in aller Frühe wieder.«

»Du hast doch immer eine gute Geschichte parat. Nun geh erst einmal arbeiten, dann sehen wir weiter.«

»Aber Genosse, das ist keine erfundene Geschichte. Frag den Sekretär, er kann dir sagen, in welch schlechter Verfassung sie ist.«

»Komm, Thay, deine Frau ist nicht wirklich krank, sei ehrlich.«

»Frag den Sekretär!«

Der Vorsitzende wandte sich nun dem Sekretär zu, der mir beipflichtete und zustimmend nickte. Er habe sie selbst gesehen. Schließlich wollte er seine Omega nicht aufs Spiel setzen.

»Dann kann ich also gehen?« fragte ich ungeduldig.

»Jetzt iß erst einmal zu Mittag, und laß uns dann darüber reden.«

»Heißt das, ich *kann* gehen?«

»Meinetwegen, dann geh eben«, gab der Vorsitzende schließlich sein Einverständnis und machte ein mürrisches Gesicht. »Du wartest bis nach dem Essen, und morgen bist du ganz früh hier. Es ist das letztemal, daß ich dir so etwas durchgehen lasse.«

»Ich werde ganz früh aufstehen und um sechs Uhr hier sein, das verspreche ich dir!«

Ich schlang rasch mein Essen hinunter und verschwand.

Wenn das gemeinschaftliche Abendessen im Dorf beendet war, brach die Dämmerung herein, und es gab eine Phase von wenigen Minuten, in der man frei herumgehen konnte, ohne aufzufallen. Die Arbeiter der Nachtschichten trafen ein und mischten sich unter diejenigen, die tagsüber gearbeitet hatten. Nachdem

Any von der Arbeit zurückgekehrt war, bereiteten wir in aller Eile unseren Aufbruch vor. In meiner Schultertasche – wie die meisten Taschen war es ein an beiden Enden zugenähtes Hosenbein – verstaute ich unsere Vorräte: gekochten und ungekochten Reis, zwei Feuerzeuge, die Kochutensilien, eine Kondensmilchdose zum Kochen, eine Plastikdose für Zucker und Salz, eine kleine Blechdose für den Trockenfisch, eine Wasserflasche und mein Messer. In der Jacken- und Hosentasche hatte ich meinen Kartenausschnitt, den Kugelschreiber und das Bündel Devisen. Für den Fall, daß es regnete, hatten Any und ich Kleidung zum Wechseln.

Wir bildeten drei Vierergruppen und schlichen uns heimlich zum Dorfausgang. Die Dunkelheit brach herein und präsentierte uns einen sternenklaren Nachthimmel. Als sich die beiden, die mit Any und mir eine Gruppe bildeten, zu uns gesellt hatten, zogen wir weiter durch den Wald zu unserem nächsten Treffpunkt, einem Baumriesen, den alle kannten. Als auch Yann, Lang, Eng und die anderen eingetroffen waren, zogen wir auf einem Pfad weiter in Richtung Süden. Wenn wir uns aus den Augen zu verlieren drohten, ahmten wir Vogelstimmen nach und pfiffen.

Kaum einen Kilometer von Leach entfernt war mitten im Wald der Weg zu Ende. Wir mußten uns nun durch den Urwald vorarbeiten, um uns weiter von Leach abzusetzen. Ein früherer Leutnant und ein Feldwebel, die sich uns angeschlossen hatten, waren mit der Gegend vertraut und führten uns nach Süden. Ich war guter Stimmung, innerlich zum Zerreißen gespannt. Freiheit oder Tod! Ich machte mir keine Illusionen. In meine Mitstreiter hatte ich volles Vertrauen.

Die ganze Nacht marschierten wir weiter nach Süden. Jeden Schritt sorgsam abwägend, tasteten wir uns im Dunkeln voran – das Rascheln und Flüstern der Vorausgehenden als einzige Orientierungshilfe. Wir durften kein überflüssiges Geräusch machen, jederzeit konnten wir überrascht werden. Von Veal Vong waren wir jetzt nur wenige Kilometer entfernt. Möglicherweise waren Patrouillen unterwegs. Die Soldaten der Roten Khmer benutzten nicht immer nur Straßen und Wege. Manche gingen zu Fuß, gelegentlich auch auf Elefanten mitten durch den Dschungel. Diese Leute waren mit der Gegend bestens vertraut und weit mobiler als wir. Einmal kamen wir an einen fast ausgetrockneten Fluß und mußten, um sein knochenhartes Bett zu durchqueren, ins Freie treten. Mit Hilfe des Sternenlichts konnten wir den wenigen Tümpeln im Fluß ausweichen.

Obwohl wir durch den nächtlichen Marsch erschöpft waren, setzten wir die Flucht, unterbrochen von wenigen kurzen Ruhepausen, bei denen sich die Gruppe wieder zusammenschließen konnte, auch während des ganzen folgenden Tages fort. Any fiel es am schwersten, das Tempo zu halten. Eng hielt sich an ihrer Seite; ab und zu wartete auch ich auf sie und nahm sie aufmunternd bei der Hand. Any klagte nie und schenkte mir stets ein dankbares Lächeln, wenn ich ihr mit einigen freundlichen Worten Mut zu machen suchte.

Am Abend dieses Tages hatten wir schätzungsweise 25 Kilometer zurückgelegt. Es war Zeit, Kurs nach Westen zu nehmen. Bevor wir vor Patrouillen absolut sicher sein konnten, mußten wir ein weiteres, ernstzunehmendes Hindernis überwinden: eine strategisch wichtige Straße. Am Spätnachmittag erreichten wir diesen kritischen Punkt und beschlossen zu schlafen, bevor wir unseren Weg fortsetzten. Wir fanden eine geeignete, durch hohes Gras und Laub gut getarnte Stelle, wickelten uns in unsere Decken oder hängten an den unteren Ästen großer Bäume unsere Hängematten auf. Any und ich breiteten die Hängematten auf dem Boden aus und suchten eng umschlungen den Schlaf. Es war unsere erste Nacht in Freiheit, seitdem wir Phnom Penh verlassen hatten.

»Nawath geht es doch gut, Thay, oder?« flüsterte mir Any ins Ohr.

»Aber natürlich, Any. Du wirst schon sehen.« Ich war voller Optimismus, nachdem bislang alles so gut gelaufen war.

»Und die anderen? Wie steht es um die anderen? Um meine Eltern? Um Anyung?« In ihren Worten lag eine tiefe Sehnsucht, eine Flut von Erinnerungen brach über uns herein. Es gab Zeiten, da kamen mir in solchen Situationen nur Tränen. Jetzt aber war ich zum erstenmal seit Jahren wieder zuversichtlich. »Es geht ihnen bestimmt gut, und wenn wir es geschafft haben, werden wir alles über sie erfahren.«

In wenigen Sekunden fielen wir in einen tiefen Erschöpfungsschlaf. Erfreulicherweise war unsere Schlafstätte, wie überhaupt die Wälder um diese Zeit, frei von Insekten. Allerdings war die Ecke von Anys Hängematte, an der das Seil festgemacht war, in der Nacht von Blattschneiderameisen abgefressen worden, so daß wir sie nur noch als Decke gebrauchen konnten. Als der Tag anbrach, schickten wir unseren Späher auf eine kleine Anhöhe, von der er die Straße überblicken und uns ein Zeichen geben konnte, wenn die Luft rein war. Rund eineinhalb Kilometer jenseits der Straße wollten wir eine Pause einlegen. Schon flitzten die ersten nacheinander hinüber. Ich lag mit Any und Eng als letzter auf der Lauer und konnte aus 200 bis 300 Meter Entfernung sehen, wie einige von uns auf die andere Straßenseite rannten. Wir näherten uns gerade einer Lichtung, als ein, zwei unserer Leute, die vor uns gingen, anhielten, anscheinend, um auf uns zu warten.

Plötzlich machte der letzte in der Reihe vor uns kehrt und gab uns Zeichen, deren Sinn ich aber nicht verstand. Dann vernahm ich auch seine Stimme: Er rief uns gepreßt einige warnende Worte zu, doch da wir zu weit entfernt waren, konnten wir nicht verstehen, was er sagte. Mit seinen Handzeichen machte er jedoch eindringlich genug klar, daß etwas nicht in Ordnung war. Wir rührten uns daher nicht von der Stelle.

Plötzlich hörten wir, wie vor uns mehrmals hintereinander in panischer Angst gerufen wurde: »Trennt euch! Trennt euch! Trennt euch!« Ich sah dann nur noch, wie die vor uns Postierten sich nach links in den Wald schlugen, vermutlich um sich dort zu verstecken.

Als sie aus unserem Blickfeld verschwunden waren, trat tiefe Stille ein.

Wir hielten uns zurück, spähten geradeaus und wagten kaum,

Luft zu holen. Es gab für diesen Vorfall nur eine Erklärung: Vor uns mußte eine Patrouille der Roten Khmer sein.

Ich winkte Any und Eng zu mir zurück. Verängstigt schweigend traten wir auf die Seite, wo wir uns unter einem großen Felsblock im Gebüsch versteckten, in der bangen Erwartung, Rote Khmer würden auf uns zukommen, zugleich aber auch in der Hoffnung, sie seien weitergegangen und der erlösende Ruf unserer Freunde, daß die Luft wieder rein sei, werde nun bald kommen.

Die Zeit verstrich, ohne daß sich etwas tat. Unwillkürlich mußte ich an meinen Vater und sein Gebet denken. Wenn es einen Zeitpunkt gab, wo ich dringend Hilfe brauchte, dann war er jetzt gekommen. *Neak mo puthir yak. Meak a-uk, meak a-uk.* Ich begann damit, diese Formel mir selbst vorzusprechen, ohne auch nur die Lippen zu bewegen, und dachte dabei an seinen Rat: »Die Formel wird dir helfen« – *Neak mo puthir yak* – »sei aber nicht zu kühn!« – *Meak a-uk, meak a-uk, meak a-uk* – »Sie hilft dir, am Leben zu bleiben, wenn du dir selbst hilfst.«

Neak mo puthir yak . . . neak mo puthir yak . . .

Mehr als zwei Stunden harrten wir an der feuchten Stelle aus, bis die Sonne direkt über uns stand. In regelmäßigen Abständen streckte ich den Kopf hinter dem Felsen hervor und blickte angestrengt in das Unterholz hinein. Es war nichts zu sehen und nichts zu hören außer dem Summen eines Insekts, dem schrillen Ruf eines Vogels und dem Rauschen des Winds im Blätterdach der Bäume. Was war bloß den anderen zugestoßen? Wir standen vor einem Rätsel.

Schließlich sagte ich den beiden Frauen, ich würde versuchen, herauszubekommen, was vorgefallen war; sie sollten so lange in ihrem Versteck bleiben, bis ich zurückkam. Vorsichtig streifte ich durch den Dschungel, ängstlich darauf bedacht, kein Geräusch zu machen, arbeitete mich von Baum zu Baum zu der Stelle vor, an der unsere Weggefährten zuletzt gestanden hatten. Nicht die geringste Spur, nicht einmal ein Fußabdruck, war zu sehen. Wohin waren sie gegangen? Ich konnte es beim besten Willen nicht sagen. Wenn tatsächlich Rote Khmer aufgetaucht waren: Auch von ihnen war keine Spur zu entdecken. Ich fing schließlich sogar an zu rufen, dann laut zu schreien.

Niemand antwortete. Der Dschungel lag verlassen da; wir waren ganz allein.

Ich versuchte mir zurechtzulegen, was geschehen sein konnte. Offensichtlich waren unsere Freunde einer Patrouille der Roten Khmer begegnet und hatten die vereinbarte Marschroute verlassen. Wahrscheinlich waren sie ganz von unserem Westkurs abgekommen. Vielleicht hatten sie aber auch ihre Verfolger hinter sich gelassen oder einen Bogen um sie gemacht. In diesem Fall hätten sie jetzt zwei Stunden Vorsprung. Es konnte auch sein, daß sie von Roten Khmer festgenommen worden waren. Aber ohne einen Schuß? Diese Version kam mir eher unwahrscheinlich vor. Wir hatten nicht die Möglichkeit, uns Klarheit zu verschaffen.

Ich war so angespannt, daß ich nur mit Mühe ein Feuerzeug hervorholte und ein kleines Feuer machte, auf dem wir Reis kochten. Nach dem Essen setzten wir die Suche fort, auch jetzt ohne Erfolg. Es blieb uns dreien nun nichts weiter übrig, als unseren Marsch in die untergehende Sonne hinein allein fortzusetzen.

In der Nacht schliefen wir auf unseren Decken. Am nächsten Tag waren wir noch nicht weit gegangen, als wir in der Ferne Schüsse hörten. Blitzschnell suchten wir Deckung. Es gab also tatsächlich Patrouillen in diesem Gebiet. Das sprach sehr dafür, daß Yann, Lang und die übrigen gefangengenommen oder getötet worden waren und wir auf uns allein gestellt blieben.

Der Wald wurde nun dichter, die Berge steiler. Wir behielten stur die westliche Richtung bei und gingen der untergehenden Sonne entgegen.

So zogen wir drei Tage schweigend und in ständiger Angst, entdeckt zu werden, durch die Wälder. Wenn wir ein Tier rascheln hörten – mehr als ein Eichhörnchen oder ein Reh war es bestimmt nicht –, schlugen wir uns blitzschnell in die Büsche und legten uns flach auf den Boden. Wenn es abends so dunkel wurde, daß wir unter dem Blätterdach nicht mehr die Hand vor den

Augen sahen, hielten wir an, machten ein Feuer und kochten Reis. Zum Glück waren die Regengüsse selten und meist von kurzer Dauer.

Eng, die einige Jahre älter als Any war, kam nur einmal auf das plötzliche Verschwinden ihrer Schwester zu sprechen. »Glaubst du, ich habe sie für immer verloren?« fragte sie mich ängstlich. Ihre Schwester war die einzige, die aus ihrer Familie noch am Leben gewesen war.

»Ich meine, als sie wegliefen, war sie bestimmt mit Lang zusammen, und der ist ein erfahrener Mann. Da müßte sie jetzt eigentlich in Sicherheit sein.«

Mehr wurde über diesen Punkt nicht gesprochen.

So marschierten wir tagelang weiter, mittlerweile nicht mehr ganz so vorsichtig. Es ging bergauf, dann wieder bergab, wir erreichten immer größere Höhen. Manchmal kreuzten Flüsse unseren Weg, die kaum Wasser führten, da die Regenzeit noch bevorstand. Nicht immer fanden wir gleich trinkbares Wasser, und einige Male tranken wir aus abgestandenen Tümpeln. Morgens sahen wir an unseren Schatten, welchen Weg wir einschlagen mußten, und um die Mittagszeit legten wir eine Rast ein und aßen etwas. Ich steckte mein Messer senkrecht in die Erde und verfolgte, wie der Schatten allmählich länger wurde. Dann zogen wir weiter gen Westen.

War morgens der Himmel meist klar, zogen nachmittags öfter Wolken auf, die sich vor die Sonne schoben. Ich suchte mir dann einen vereinzelt stehenden Baum und fühlte, auf welcher Seite der Stamm wärmer war. Auf diese Weise konnten wir einigermaßen sicher bestimmen, wo Westen war. Ich machte irgendwelche Bezugspunkte aus – Anhöhen, hohe Bäume oder auch Wolken, an denen wir uns orientieren konnten. Unbedingt verläßlich war das nicht, aber immerhin besser als gar nichts.

Eine Woche lang gingen wir durch die Wälder, ohne eine Spur menschlichen Lebens zu entdecken.

Unsere Reisvorräte schrumpften zusammen. Wir hatten lediglich den Inhalt von zwölf Dosen, das waren weniger als sieben Pfund, die uns bis Thailand reichen mußten. Hinzu kam etwas

Salz und ein kleiner Vorrat an Zucker. Nach meiner Schätzung konnten wir davon nicht mehr als zwei, drei Wochen zehren, und dabei stand in den Sternen, wie lange unsere Flucht tatsächlich dauerte. Nach meinem Gefühl kamen wir in der ersten Woche recht zügig voran und konnten die etwa 125 Kilometer bis zur thailändischen Grenze vermutlich in weniger als drei Wochen schaffen.

Diese Voraussage erwies sich bald als viel zu optimistisch. Das Terrain wurde immer unwegsamer, der Dschungel undurchdringlicher. Es kam vor, daß wir uns dichtem Gestrüpp von Ranken und Dornensträuchern gegenübersahen und weite, zeit- und kraftraubende Umwege machen mußten. So mancher Hang erwies sich beim Näherkommen als zu steil und zwang uns zur Umkehr. Bestenfalls schafften wir am Tag zehn Kilometer, und bei diesen stimmte nicht immer die Richtung.

Daneben bereitete mir Sorge, daß unser Reis schneller als erwartet zur Neige ging. An einem Tag verzehrten wir den Inhalt einer halben Dose. Was aber geschah, wenn wir auf eine Patrouille stießen, uns plötzlich aus den Augen verloren oder aus einem anderen Grund getrennt wurden? War es nicht wichtig, daß jeder einzelne für sich in der Lage war, sein Überleben zu sichern? Wir teilten aus diesem Grund den restlichen Reis unter uns auf.

Zu Gesprächen kam es kaum, da wir befürchteten, überflüssigen Lärm zu machen. Wir kämpften uns, jeder in seine eigenen Gedanken vertieft, mühsam voran. Nur während der mittäglichen Rast und am Abend steckten wir die Köpfe zusammen und redeten. Da auf mir die Verantwortung für unser Unternehmen ruhte, fühlte ich mich oft etwas allein gelassen. Die beiden Frauen dagegen verstanden sich sehr gut und waren in der ersten Woche voller Optimismus. Gerne und oft beredeten sie, was sie wohl machten, wenn wir die Grenze endlich überquert hatten. Eng meinte, sie würde wahrscheinlich mit ihrer Schwester zu Verwandten nach Paris fahren. Und was machten wir?

»Ach, wir wissen es noch nicht so genau, Thay, oder? Wir könnten auch nach Frankreich. Thay hat aber auch Freunde in Kanada. Vielleicht gehen wir dorthin.«

Ihre Zuversicht war wirklich erstaunlich, doch ich hatte sie ja immer darin bestärkt. Welche Ängste ich in Wirklichkeit ausstand, ließ ich mir vor ihnen nicht anmerken.

»Thay?« fragte mich Any eines Abends unvermittelt, als wir schon am Einschlafen waren, »bist du ganz sicher, daß wir es schaffen?«

»Ganz sicher. Sonst wären wir ja nicht hier.«

»Thay?« kam es nach einer Weile, »wir werden doch Nawath wiedersehen?«

Das waren die einzigen Zweifel, auf die sie zu sprechen kam. Seit unserem ersten Nachtlager am Abend unseres Aufbruchs hatte sie die jüngste Vergangenheit nicht mehr erwähnt: Weder hatte sie ein Wort über die Schrecken der letzten drei Jahre verloren noch irgendwelche Fragen zu Nawath gestellt. Ich war überzeugt, daß sie voll und ganz unserer Sache vertraute. Äußerungen von Angst angesichts unserer prekären Lage gab es von ihrer Seite nicht. Nun aber sah ich, daß sie doch ihre Zweifel hatte, die sie aber wie ich entschlossen war, nach außen nicht zu zeigen. Es herrschte zwischen uns beiden stillschweigendes Einverständnis darüber, daß wir durch irgendwelche Diskussionen unseren Optimismus nicht aufs Spiel setzen wollten.

»Ganz sicher werden wir das«, kam ich nach einer Weile auf ihre Frage zurück, »ich verspreche es dir von ganzem Herzen.«

So verstrichen die Tage, und wir drangen immer tiefer in eine Welt aus Grün. Wir streiften Laub, unsere Hosen und Hemden waren zerrissen, Arme und Beine von Dornen zerkratzt. Ein Anstieg folgte auf den anderen, immer waren es dieselben Schlingpflanzen, dasselbe hohe Gras, dieselbe dichte Vegetation, die uns zu schaffen machten, unablässig kämpften wir darum, die Marschrichtung beizubehalten, waren wir uns der Gefahr bewußt, daß wir uns im Kreise drehten. Wir überwanden Bergbäche, in denen uns das Wasser bis zu den Hüften reichte, spitzes Felsgestein, auf dem wir uns die Hände aufrissen. Dabei mußten wir noch dankbar sein, daß die Wälder wenigstens frei von Insekten waren. Überhaupt begegneten uns kaum einmal Tiere; solche gar, die uns gefährlich werden konnten, schien dieser Dschungel nicht zu kennen. Hin und wieder standen wir vor einem Bambusdickicht, mußten unter einem Gewirr von Ästen hindurchkriechen und konnten erst danach weitermarschieren. Dabei drängte die Zeit, denn es würde nicht mehr lange dauern, bis der große Regen einsetzte.

Eine weitere Woche verging, bis ich schließlich der einzige war, der das Schweigen noch brach. Es war mit Händen zu greifen, daß die beiden Frauen nicht mehr die Kraft hatten, noch Beweise für ihren Optimismus von sich zu geben. Ich nahm es daher auf mich, sie moralisch aufzurichten, damit sie weiter durchhielten.

Eines Morgens, als ihre Niedergeschlagenheit überhandzunehmen schien, ergriff ich die Initiative und hielt eine Rede. In leidenschaftlichen Worten appellierte ich an ihren revolutionären Geist, der allein uns der Freiheit und dem Leben statt der Gefangenschaft und dem Tod näherbringe. Meine pathetischen Worte verfehlten ihre Wirkung nicht, und wir machten aus solchen Reden eine Art Ritual, mit dem wir jetzt immer den Tag einleiteten. »Wie die Roten Khmer«, fing ich etwa an, »befinden wir uns auf vorgeschobenem Posten in einem Krieg. Wir marschieren zwölf Stunden, und wenn die Nacht hereinbricht, essen wir unseren Reis. Es geht uns nicht schlechter als in Leach, und wir genießen dazu den Vorteil, daß wir als freie Menschen gehen und mit jedem Tag der wahren Freiheit ein Stück näher kommen.« Immer wenn ich unterwegs bei einer der beiden Frauen ein Zeichen von Erschöpfung sah, trieb ich sie wieder an, indem ich ihr gut zuredete, ihr Mut machte und sie zum Weitermachen aufforderte.

Wir führten einen unerbittlichen Kampf gegen die Uhr. Wenn wir vorankamen, war es gut, wenn nicht, hatten wir Reis für den weiteren Kampf verloren. Der Sand unserer Lebensuhr rieselte unaufhaltsam und hatte die Form von Reiskörnern angenommen. Ob wir zu essen hatten, entschied darüber, ob uns die Flucht gelang und ob wir überhaupt am Leben blieben. Noch weniger zu uns nehmen konnten wir angesichts der großen körperlichen Strapazen nicht. Mit den Pilzen, auf die wir gelegentlich stießen, konnten wir unsere Reis- und Wassersuppe etwas strecken. Und sonst? Früchte gab es fast keine, und die Zeit, um vom Weg abzugehen und welche zu suchen, hatten wir nicht.

Es fiel mir auf, daß der Dschungel kaum etwas Lebendiges aufzuweisen hatte, mit Sicherheit nichts für uns Greifbares. Die einzigen Geräusche stammten von Vögeln. Ein- oder zweimal hörten wir, wie im Gebüsch Äste brachen. Vermutlich hatten wir ein Wildschwein aufgestöbert. Zu bestimmten Zeiten sprangen laut schreiende Affen über uns durchs Geäst, und ein einziges Mal entdeckten wir an einem Bach eine Tigerfährte. Das war auch schon alles.

Wir selbst kamen uns wie Wild vor, das sich aus Furcht, entdeckt zu werden, versteckt halten mußte. Durchquerten wir eine Talmulde, hatten wir Angst, von oben gesehen zu werden. Beim Anstieg auf einen Berg verhielten wir uns so geräuschlos wie möglich, damit uns niemand hörte. Wenn ein ungewöhnlicher Laut zu uns drang, verständigten wir uns durch Zeichen und verharrten so lange regungslos still, bis wir sicher waren, daß er von einem kleinen Tier herrührte, das wir aufgescheucht hatten, und nicht von einer Patrouille. War dasselbe Geräusch noch einmal zu hören, kroch ich durch das Unterholz und versuchte ihm auf die Spur zu kommen. Selten bekam ich etwas zu Gesicht.

Wenn die Frauen zurückblieben, setzte ich mich und wartete. Damit sie nicht in Panik verfielen, wich ich nie von unserem Weg ab und entfernte mich nicht außer Sichtweite von ihnen. Mittags machten wir unsere lange Pause, am Abend hielten wir nach einer trockenen, weichen Stelle Ausschau, wo wir geschützt waren und uns ausstrecken konnten.

Etwa am neunten Tag unserer Flucht erklommen wir den Gipfel eines Berges. Nach der Dauer und Beschwerlichkeit des Aufstiegs zu schließen, mußte unser Standpunkt wohl um die 1000 Meter hoch liegen. Wir rasteten an einer kuppelartigen Wölbung des Berges, auf der keine Bäume standen, so daß wir nach allen Seiten freien Ausblick hatten. Vor uns lag ein Tal, und dahinter erhob sich der nächste bewaldete Höhenzug. Wir wußten, wie weit wir gekommen waren und welch schwieriges Terrain wir zu überwinden hatten, und sahen nun mit Entsetzen die immensen Hindernisse, die sich uns noch entgegenstellten: Ein Höhenzug am anderen, und wie es dahinter weiterging, war nicht abzusehen.

Immerhin konnte ich auf der anderen Seite des Tals am Fuße eines Abhangs auf einem terrassenähnlichen Vorsprung einige Hütten erkennen. Sie waren so weit entfernt, daß ich außer dem Rauch, der von ihnen aufstieg, und den bescheidenen Reisfeldern in der Nähe der Hütten keine Einzelheiten sehen konnte. Vielleicht lag dort unten eine Militärstation, doch selbst wenn Soldaten aus den Hütten getreten wären, hätten wir sie nicht erkennen können. Auf jeden Fall mußten wir wachsam bleiben und unser besonderes Augenmerk auf Wildtiere richten, die von Patrouillen der Roten Khmer aufgestöbert worden sein konnten.

Da die Nacht hereinbrach, beschlossen wir, an Ort und Stelle zu schlafen, um für den Abstieg am nächsten Tag Kräfte zu sammeln. Die Stelle eignete sich gut für ein Nachtlager: Es war eine ebene Grünfläche mit Bäumen im Rücken und einem großen Felsblock, der uns Schutz bot. Im Schein der untergehenden Sonne bereiteten wir unser karges Mahl. Mit ein paar Zweigen und trockenen Holzstücken machte ich neben dem Felsblock ein kleines Feuer und überließ es Eng, den Reis abzukochen. Any und ich richteten derweil die Schlafstellen her.

Noch während wir arbeiteten, kam ein kräftiger Wind auf; Funken flogen durch die Luft. Ich bat daher Eng, das Feuer einzudämmen und es mit feuchten Blättern abzudecken, damit man im Dorf nicht plötzlich eine Flamme auflodern sah. Als Eng mit dem Kochen fertig war, nahm sie einen Ast zur Hand, löschte das Feuer und verbreitete die Glut auf dem Boden. Dann konnten wir endlich unsere Reissuppe hinunterschlingen.

Wir wollten uns gerade schlafen legen, als ich plötzlich im trockenen Gras bei der Feuerstelle Flammen aufflackern sah.

»Feuer! Feuer!« rief ich noch und war schon auf den Beinen, riß von einem Busch einen Zweig ab und schlug damit auf die Flammen ein. Der Wind fachte jedoch das Feuer an. In wenigen

Minuten hatte es sich auf die gesamte Grasebene ausgebreitet und drohte schon die ersten Bäume zu erfassen. Es war bereits außer Kontrolle geraten. Ich warf den Zweig weg und wandte mich den beiden Frauen zu, die mit wachsendem Entsetzen verfolgt hatten, wie der Brand immer weiter um sich griff.

»Schnell! Packt unsere Sachen, und dann nichts wie weg!« rief ich den beiden zu. Vor dem Feuer an sich war mir nicht angst, da der Wind die Flammen von uns wegtrieb. Es ging mir um die Bewohner des Dorfes unten, die in der Dunkelheit den Lichtschein sehen mußten. »Wir müssen weg von hier, bevor die Roten Khmer heraufkommen! Beeilt euch!«

In panischer Angst und in Rauchschwaden gehüllt, rafften wir unsere Habe zusammen, steckten sie in die Beutel und rollten die Decken ein. Dann liefen wir, ich vorneweg, den Hang entlang in den nächtlichen Wald hinein. Hinter uns die aufflackernden Flammen, tastete ich mich in der Finsternis voran, hörte hinter mir Eng und blickte mich um, ob auch Any uns folgte. Ja, in 20 bis 30 Meter Abstand sah ich sie als vagen Schatten hinter uns hereilen. »Macht schnell!« rief ich den beiden noch einmal zu und stolperte weiter.

Nach etwa 200 Metern hörte ich Any laut schreien: »Die Dose! Wir haben die Dose vergessen!«

Sie meinte die Kondensmilchdose, in der wir unseren Reis kochten. Sie war nicht nur ein wichtiges Kochutensil, sondern enthielt auch noch einen Rest Reis. Ich drehte mich um und meinte, Any zur Feuerstelle zurückeilen zu sehen. Vor dem Hintergrund der fernen Glut war lediglich eine undeutliche Schattenbewegung zu erkennen. Ich schrie zu ihr hinüber: »Nicht zurückgehen, Any! Wir dürfen nicht anhalten! Komm zurück! Wir haben keine Zeit zu verlieren!«

Selbst wenn sie mich hörte, Any reagierte nicht darauf. Sie war verschwunden, verschluckt von der dichten Finsternis.

Eng holte mich ein. »Wir setzen uns am besten hierher und warten«, sagte ich zu ihr. Vielleicht war die Idee, zurückzugehen, gar nicht so schlecht. Das Feuer bewegte sich ja weg von uns, Any würde die Dose finden und in ein paar Minuten wieder bei uns sein.

Wir warteten und warteten, aber Any kam nicht. Je länger sie ausblieb, desto besorgter wurde ich. Was war ihr bloß zugestoßen? Ich konnte mich an einen kurzen, unterdrückten Aufschrei erinnern, den sie auf dem Weg zurück von sich gegeben hatte. War sie vielleicht über einen Baumstumpf gestolpert und hatte sich verletzt?

Wir warteten weiter, und noch immer rührte sich nichts. Minute um Minute verging, und meine Sorge um Any wurde immer größer.

Es kam der Punkt, da ich nicht länger warten konnte und es nichts anderes mehr für mich gab, als Any zu suchen. Ich bat Eng, sie möge auf mich warten, und ging los. In der tiefen Finsternis um mich herum war der Lichtschein des Feuers in der Ferne meine einzige Orientierung. Langsam tastete ich mich voran, schlug mich durch Büsche, bahnte mir im Zickzackkurs vorbei an Sträuchern und Bäumen einen Weg. Schließlich erreichte ich die Stelle, an der wir gerastet hatten, und blickte angestrengt in die Dunkelheit hinein. Das Gras war niedergebrannt, der Boden schwarz wie die Schatten im Wald. Das Feuer war zwar auf das Unterholz, nicht jedoch auf die Bäume übergesprungen und inzwischen schon am Verlöschen.

Von Any keine Spur.

Ich rief ihren Namen und überlegte noch, ob man mich unten im Dorf wohl hören konnte. Dann wieder, immer lauter: »Any! Any!«

Keine Antwort.

Die ganze Welt hätte ich um Hilfe anrufen mögen, wenn ich nur Any wiederfand. Ich schrie schließlich nach ihr, so laut ich konnte. Der weite Raum um mich war leer, ich befand mich im Schoß der Dunkelheit. Keine Antwort, nicht einmal ein Echo kam zu mir zurück. Sehen konnte ich überhaupt nichts.

Ich geriet zunehmend in Panik und kam plötzlich auf die Idee, den Weg, den Any gekommen war, zurückzuverfolgen, um herauszufinden, was mit ihr geschehen war. Dazwischen rief ich immer wieder ihren Namen. Es war alles umsonst. Mühsam kämpfte ich mich durch das dichte Unterholz, Gestrüpp verfing sich in meinen Kleidern, Wurzeln und stachlige Brombeersträucher in meinen Sandalen. Ein ums andere Mal stieß ich irgendwo an und stolperte. Wütend riß ich mir die Sandalen vom Fuß und warf sie weg. Dann wieder bewegte ich mich im Kreis herum und suchte das Gelände um unseren Lagerplatz ab.

Zumindest kam es mir so vor, als drehte ich mich im Kreis. Die Zeit verrann, ich rief und rief, taumelte durch Laub und Geäst, quälte mich wie in einem Angsttraum mühsam durch ein enges Geflecht von Zweigen und riesigen Blättern, stieß mit meinen Zehen gegen Wurzeln, prallte mit den Schultern gegen Bäume, schlug mir immer wieder Kopf und Arme an. Und noch immer hatte ich kein Lebenszeichen von Any. Ich mußte das Schlimmste für sie befürchten. War sie etwa von Roten Khmer aufgegriffen worden? Das hielt ich für unwahrscheinlich, denn sie hätten dann auch mich gehört und sofort aufgespürt. Nein: Any hatte sich in der Dunkelheit im Labyrinth des Waldes verirrt. Das war die Wahrheit, der ich mich stellen mußte.

Vielleicht hatte auch sie geglaubt, sie würde auf mich treffen, und hatte doch keine Aussicht, mich zu finden. Und als sie endlich merkte, daß sie sich verirrt hatte, war das Feuer am Erlöschen und lag irgendwo unsichtbar hinter ihr.

Es blieb mir nichts weiter zu tun, als bis zum nächsten Morgen zu warten, und so beschloß ich, zu der Stelle zurückzukehren, an der Eng auf mich wartete. Sie war höchstens 200 Meter von mir entfernt.

Aber 200 Meter in welcher Richtung?

Wieder hielt ich erschrocken inne.

Dann schlug ich dieselbe Richtung ein, aus der ich gekommen zu sein glaubte, prallte erneut gegen die Bäume, schlug mich an niedrigen Ästen an, rief nun beide Namen: Any und Eng. Keine Antwort. Ich lauschte, hielt den Atem an, wollte meinen Herzschlag dämpfen und hörte noch immer nichts; nicht einmal ein Tier regte sich.

Auch ich hatte mich verirrt.

Auf einen Schlag, innerhalb nur weniger Minuten, hatte sich meine kleine Welt aufgelöst, war aus meinem Blickfeld verschwunden. Noch nie war ich so allein gewesen.

Drei Stunden mußte ich, laut nach Any und Eng rufend, umhergeirrt sein, bis ich mich entschloß, mich auf der Stelle im Dschungel schlafen zu legen und erst im Morgengrauen weiterzusuchen. Angst hatte ich vor nichts mehr, weder vor der Dunkelheit noch vor den Roten Khmer noch vor Tieren. Mein Denken und Fühlen kreiste allein um Any, meine liebste Any, mit der ich gemeinsam so vieles überstanden und diese Flucht vorbereitet hatte.

Ich floh Trauer und Erschöpfung und versank in einen tiefen Schlaf.

Noch ehe der Morgen graute, war ich wach. Als es etwas heller wurde, machte ich mich auf die Suche nach Any und Eng, rief immer wieder ihre Namen, ohne je eine Antwort zu erhalten. Ich schrie wie wild, bis meine Stimme versagte, und vernahm dennoch keinerlei Reaktion. Obwohl mir die Beine schwer wurden, setzte ich meine Suche fort und ging weiter. Allein der Schmerz um den Verlust Anys und meine große Not hielten mich aufrecht. Ich kann nicht sagen, wie viele Kilometer ich so zwischen Morgengrauen und Mittag zurückgelegt habe. Ich war außerstande, mich damit abzufinden, Any verloren zu haben unter Umständen, die mir so absurd vorkamen. Ich schleppte mich weiter, ging im Kreis herum, vor und wieder zurück, durchkämmte kreuz und quer das ganze Gebiet und rief so lange, bis meine Stimme endgültig versagte.

Zuletzt setzte ich mich, vom Schmerz überwältigt und unfähig, noch einen vernünftigen Gedanken zu fassen, in einer Lichtung auf den Boden und beschloß, hier in dem Wald, der Any und Eng von mir genommen hatte, dem Ganzen ein Ende zu setzen. Ich sah endgültig keine Hoffnung mehr und war innerlich bereit, mich der Verzweiflung hinzugeben.

Es verging geraume Zeit, bis sich mein Hunger meldete. Ich hatte noch Reis für zwei Wochen, aber außer der winzigen Dose, in der ich den getrockneten Fisch aufbewahrte, kein Gefäß, um ihn zu kochen. Ich leerte die kleine Dose und füllte sie mit Reis (mehr als ein, zwei Bissen hatte sie ohnehin nicht mehr enthalten). Jetzt zu essen würde mir zwar schwerfallen, aber ich mußte etwas zu mir nehmen, um die Fassung zurückzugewinnen und wieder klarer zu denken. Die beiden Feuerzeuge unserer kleinen Gruppe hatte ich noch bei mir. Als ich eines davon hervorholte, mußte ich an die beiden Frauen denken: Sie hatten weder Feuerzeug noch Streichhölzer bei sich, nichts, womit sie ein Feuer hätten machen können, um sich zu wärmen oder etwas zu kochen. Mit einigen Zweigen machte ich ein kleines Feuer, kochte Reis und verzehrte ihn. Währenddessen kam mir plötzlich folgender Gedanke: Warum fachte ich nicht einfach ein größeres Feuer an? Wenn die beiden den Rauch sahen, konnten sie sich unter Umständen daran orientieren und fanden mich. Daß man im Dorf unten auf mich aufmerksam werden konnte, ließ mich inzwischen kalt. Gefahr schreckte mich nicht mehr.

Also schürte ich das Feuer, das sich rasch ausbreitete. Zuerst brannte das Gras, dann die Büsche und Sträucher, schließlich auch die Bäume. Ich stand nur da und beobachtete die Flammen. Als sie immer höher schlugen, zog ich mich etwas weiter in den Wald zurück. Eine innere Stimme sagte mir: »Halte dich versteckt! Wenn Any kommt, siehst du sie. Stell dich nicht mitten auf die Lichtung. Was ist, wenn dich die Roten Khmer finden? Du wirst dann für niemanden mehr von Nutzen sein.«

Ich versteckte mich am Rand der Lichtung, während der Wald in Flammen aufging.

Niemand kam.

Eine Stunde verging, zwei Stunden, ein gut Teil des Waldes war bereits vom Feuer vernichtet. Ich sah ganze Bäume, die wie Streichhölzer abbrannten. Eine mächtige Rauchwolke, die kilometerweit sichtbar sein mußte, wenn jemand in meine Richtung blickte, stieg über mir zum Himmel.

Any war und blieb verschwunden.

Mir war jetzt nicht mehr danach zumute, zu gehen, mich überhaupt noch fortzubewegen. Ich wußte einfach nicht, was ich machen sollte. Es waren Augenblicke, in denen mir das Leben nichts mehr bedeutete. Ich kam mir vor, als wäre ich in ein Loch gefallen und als seien alle Erinnerungen durch diesen letzten, furchtbaren Schlag aus meinem Gedächtnis gelöscht. Nawath spielte plötzlich in meinen Gedanken keine Rolle mehr. Alles, was ich ihm und uns versprochen hatte, machte nun keinen Sinn mehr.

Den ganzen Nachmittag blieb ich bei der Lichtung und verfolgte die Flammen.

Als die Sonne langsam hinter dem Horizont versank, rief mich meine innere Stimme in die Wirklichkeit zurück. »Warum willst du hier bleiben?« sagte sie zu mir. »Hier stirbst du. Deine Zeit ist knapp bemessen, verlorene Stunden kannst du nicht so schnell wieder aufholen. Zurückkommen wird niemand. Du kannst jetzt nichts mehr unternehmen. Geh weiter.«

Die innere Stimme ließ mir keine Ruhe mehr, doch ich zögerte noch immer. Ich konnte doch unmöglich gehen, unmöglich Any allein lassen. Die innere Stimme sagte aber, daß ich nicht bleiben könne. Hier im Wald wartete der sichere Tod auf mich. Meine Überlebenschancen, so gering sie sein mochten, waren jedenfalls besser, wenn ich mich fortbewegte. Bewegung, weitergehen, war mein einziger Gedanke. Es ist besser, der Tod ereilt dich, wenn du dich bewegst, als wenn du irgendwo sitzt. Der Gedanke, daß ich überleben konnte oder gar Nawath wiederfinden würde, kam mir nicht. Solche Möglichkeiten waren in allzu weite Ferne gerückt.

Nun denn, was blieb mir für den Überlebenskampf? Ein Paar Hosen und ein Hemd; in meiner Schultertasche ein Ersatzhemd, drei Dosen Reis und eine winzige Blechdose, in der ich einen lächerlichen Mundvoll Reis abkochen konnte. In meiner Hosentasche steckten mein Kugelschreiber, zwei Feuerzeuge, der Kartenausschnitt und das Devisenbündel. Um die Hüfte gebunden hatte ich meine Wasserflasche und das Messer, meinen schönen zweischneidigen Dolch. Mit diesen wenigen Habseligkeiten im Dschungel einen erfolgreichen Überlebenskampf führen zu wollen war schon ein äußerst kühner Gedanke.

Nach einer weiteren Stunde, das Feuer knisterte noch immer

und hatte sich nach und nach 200 Meter tief in den Wald hineingefressen, faßte ich den Entschluß, weiterzugehen.

Ich war leer. Mein Körper existierte nicht mehr. In mein tiefes Leid versunken, fühlte ich mich von den Sorgen dieser Welt, von Erschöpfung und Krankheit, abgehoben. Selbst meine Sinneswahrnehmung schien auszusetzen. Ich ging barfuß, hatte Kratz- und Rißwunden und spürte dennoch keine Schmerzen mehr.

So marschierte ich wieder der untergehenden Sonne entgegen, entschlossen, dem Tod ins Auge zu sehen und ihn zu begrüßen, wenn er mich holen wollte, um endlich die Fesseln des Irdischen abzustreifen und wieder mit meiner Familie vereint zu sein.

11 Allein

Eine tote Seele, allein von meiner inneren Stimme angetrieben, bewegte ich mich wieder nach Westen. Ich fühlte mich eigenartig leicht; jede Hoffnung, aber auch jede Angst war mir genommen. Ich, der ich einmal so ehrgeizig und zuversichtlich gewesen war, stand vor dem Nichts. Zwei meiner Kinder hatte ich nicht retten können, das dritte allein zurückgelassen, und nun traf mich auch noch der Verlust meiner Frau. Ich hatte nichts mehr zu verlieren. Wovor hätte ich noch Angst haben können? Indem ich meinen Tod nicht mehr fürchtete, war ich unzerstörbar geworden.

Wie eine Maschine ging ich drei Tage lang durch den Dschungel, schlief während der Nacht, aß jedoch nicht. Das Dorngestrüpp, das spitze Gras und die Steine, auf die ich mit bloßen Füßen trat, konnten mir nichts mehr anhaben, ich spürte keine Schmerzen, war bei Tage zum Nachtwandler geworden.

Am Nachmittag des dritten Tages lief mir eine große, etwa 30 Zentimeter lange Bergschildkröte über den Weg. Bei ihrem Anblick merkte ich erst, wie hungrig ich war. Der Hunger war die Kraft, die mich in die Wirklichkeit zurückführte. Noch immer erwartete mich zwar der sichere Tod, aber wenigstens wollte ich nicht sterben, ohne darum gekämpft zu haben, mein Ziel zu erreichen. Ich nahm also die Schildkröte unter den Arm und gedachte sie am Abend zu verspeisen.

Dazu machte ich zunächst ein Feuer, ohne darauf zu achten, daß die Flammen klein blieben, und legte das Tier mit dem Panzer nach unten hinein. Es wurde so sein eigener Kochtopf. Nach einer Weile zerschlug ich mit einem Stein die Schale und holte mit dem Messer den Leib der Schildkröte hervor. Es war ein feines Fleisch und schmeckte vorzüglich. Ich aß reichlich davon und hatte dennoch die Hälfte der Schildkröte für die folgenden Tage übrig. Das restliche Fleisch schnitt ich in drei große Stücke, die ich in Schulterbeutel und Hosentasche verstaute.

Am nächsten Morgen machte ich mich im Morgengrauen auf den Weg; ich wollte erst um die Mittagszeit eine Pause einlegen, damit ich die Orientierung nicht verlor. Der Duft des gegrillten Fleisches in meiner Tasche regte jedoch meinen Appetit so stark an, daß ich schon früher in der Nähe eines Baches anhielt, mich erfrischte und etwas aß. Am Ufer des Baches streckte ich meine Glieder aus, nahm den Beutel von der Schulter, holte ein Stück Schildkrötenfleisch hervor und kaute es durch. Nach einer kurzen Ruhepause trank ich noch etwas Wasser und setzte meinen Weg fort.

Mit einemmal fühlte ich mich wieder besser. Auch hatte ich den Eindruck, daß ich plötzlich schneller ging, und war verwundert, wie rasch ich auf die thailändische Grenze zusteuerte. Kaum hatte ich ein paar hundert Meter in diesem flotten Tempo zurückgelegt, als mich ein seltsames Gefühl, eine unerklärliche innere Unruhe überkam. Es war einfach nicht normal, wie leicht mir das Gehen fiel. Für kurze Zeit dachte ich, das Fleisch der Schildkröte habe mir ungeahnte Kräfte verliehen, als ich gerade wieder erstaunlich zügig einen ziemlich steilen Hang hinaufstieg und nicht einmal keuchen mußte.

Da durchfuhr es mich wie ein Blitz: Ich hatte meine Schultertasche am Bach liegenlassen. Normalerweise legte ich sie bei einer kurzen Rast nicht ab und hatte beim Aufbruch einfach nicht an sie gedacht.

Nun, eine Katastrophe war es nicht, denn die Stelle am Bach, an der die Tasche lag, war nur etwa 300 Meter entfernt. Ich ging den Weg zurück, den ich gekommen war, um die Tasche zu holen.

Wenigstens dachte ich, es sei derselbe Weg, fand sogar gleich einen Bach, ging an ihm entlang und mußte feststellen, daß es ein anderer war. Offensichtlich war ich nicht imstande, die Stelle, an der ich gerastet hatte, zu finden. Bei so und so vielen

Biegungen, an unzähligen Bäumen, unendlich vielen Auf und Abs dachte ich, ich wisse ganz genau, wo ich sei, aber jedesmal erwies sich meine Intuition als falsch. Es war ein beängstigender, unglaublicher Vorgang, daß ich nicht in der Lage sein sollte, eine Strecke von 300 Metern zurückzuverfolgen, und gezwungen war, meine Tasche schließlich aufzugeben.

Das bedeutete: Mein Reis, meine Ersatzkleidung, die Dose und die Tasche selbst, die ich als Kissen gut hatte gebrauchen können, waren weg. Nun war mir fast nichts mehr geblieben. Mein ganzer Besitz bestand aus einer Wasserflasche, zwei Feuerzeugen, dem Messer, Hemd, Hose und Unterhose, dem Kugelschreiber in meiner Tasche, meinen letzten Geldreserven: drei 100-Dollar-Noten, dem 500-Franc-Schein und 20 Thai-Baht sowie dem Kartenausschnitt, den ich noch von Sramar Leav hatte. Außerdem hatte ich noch das letzte Stück Schildkrötenfleisch.

Meine innere Stimme sagte mir: »Du mußt auch ohne deine Tasche weitergehen, oder du bist erledigt! Ohne die Tasche kommst du schneller voran.«

Erneut setzte ich also, ohne an irgend etwas zu denken, einen Fuß vor den anderen und lenkte meine Schritte der Nachmittagssonne entgegen.

Am Abend verzehrte ich, bevor ich in einen tiefen Schlaf versank, das letzte Stück Schildkrötenfleisch.

Am nächsten Morgen machte ich mich mit dem Gedanken vertraut, daß ich nun davon leben mußte, was der Dschungel hergab. Ich machte mich auf den Weg und sah wenig später neben mir Pilze. Vorsichtig nahm ich einen in die Hand, denn sofort dachte ich an Veal Vong, wo manche Leute an Pilzvergiftung gestorben waren. Mir blieb gar nichts anderes übrig, als den Pilz zu versuchen. Es gab nämlich an dieser Stelle eine Menge solcher Pilze, die mich, falls sie eßbar waren, einen ganzen Tag ernähren würden. Geruch und Aussehen ließen auf einen gewöhnlichen Speisepilz schließen. Natürlich war es riskant hineinzubeißen, aber wie hätte ich mich sonst vergewissern können, daß er nicht giftig war. Der Pilz war offensichtlich in Ordnung. Ich aß ihn ganz auf und steckte die anderen in die Tasche.

Diese Erfahrung lehrte mich einige Grundregeln der Nahrungssuche. Von nun an nahm ich von jeder wilden Frucht und von jeder Gemüsepflanze, die ich fand und die in nennenswerten Mengen vorhanden waren, so daß sich das Risiko lohnte, einen kleinen Bissen zu mir. Ich stellte die Rechnung auf: Wenn mein Körper in den ersten Minuten nicht reagierte, würden mir diese Wildpflanzen auch in der nächsten Zeit nicht schaden. Und ob irgend etwas langfristig negative Folgen hatte, war mir gleichgültig. Was die ferne Zukunft brachte, kümmerte mich nicht.

Am nächsten Tag kam ich an einer Anzahl abstoßend aussehender Pflanzen mit riesigen Blättern und weichen, schwammartigen Stengeln vorbei, die mir schon bei früheren Gelegenheiten aufgefallen waren. Ich biß in einen dieser Stengel hinein – roh. Schmeckte nicht schlecht; ich pflückte also ein Bündel davon und grillte sie am Abend über meinem Feuer. Einige hob ich für den nächsten Tag auf. Beim Feuermachen mußte ich feststellen, daß das Benzin in meinem ersten Feuerzeug aufgebraucht war. Ich warf es weg und holte mein zweites aus der Hosentasche.

Das Glück schien auf meiner Seite zu sein, denn nur einmal, einige Tage später, machte ich eine unangenehme Erfahrung. Kaum hatte ich in eine harmlos aussehende, birnenähnliche grüne Frucht gebissen, hatte ich das Gefühl, mein Mund stehe in Flammen. Ich spie alles sofort aus und versuchte, meinen Mund auszuschaben, doch der brennende Schmerz hielt an. Ich konnte mich nicht erinnern, jemals etwas so Scharfes im Mund gehabt zu haben. Es schmeckte nicht wie Pfeffer oder Chilischoten, weit schlimmer, es brannte wie Säure. Den ganzen Tag über ging ich mit offenem Mund und versuchte keuchend, den Schmerz zu lindern.

Ich war inzwischen zum Skelett abgemagert. Nur mein starker Wille ließ mich den Weg fortsetzen. Mein Denken hatte ich ganz bewußt abgeschaltet, um nicht schwermütig zu werden und alles, was mein Weiterkommen behindert hätte, von mir fernzuhalten. Mein einziger Gedanke war: Du mußt weiter, immer weiter nach Westen gehen. Alles andere zählte nicht. Ich war programmiert wie ein Roboter.

Die Früchte zu sammeln dauerte nur ein paar Sekunden; ich aß sie im Gehen. Die Zeit, vom Weg abzugehen und nach Eßbarem zu suchen, wollte ich mir nicht nehmen. Der Zeitverlust hätte mich Kraft gekostet und wäre damit eine größere Bedrohung als die Roten Khmer für mich gewesen. Jeder Zeitgewinn bedeutete, dem Tod Leben abzuringen.

Um mir Mut zu machen, verglich ich mich mit den Tieren. Wenn sie so geschickt waren, ihr ganzes Leben im Dschungel zu verbringen, müßte ich, der ich mit Intelligenz ausgestattet war, es doch einen Monat lang schaffen. Dieser Gedanke bestärkte mich darin, nicht aufzugeben. Mein Leben war wie das der Tiere vom Sonnenaufgang und Sonnenuntergang bestimmt. Allerdings ließen meine Kräfte sichtlich nach.

Die Frage, ob ich es schaffen würde, beschäftigte mich nun stärker. Jeden Abend schrieb ich auf, wie weit ich schätzungsweise vorangekommen war. 18 Tage nach unserer Flucht aus Leach und neun Tage nach Anys Verschwinden kam ich auf eine Strecke von über 150 Kilometern. Das war weiter als die Entfernung von Leach bis zur Grenze. Ich war aber ganz sicher, daß ich noch nicht in Thailand war. Wie oft war ich bergauf und bergab gegangen und gezwungen gewesen, einen Zickzackkurs einzuschlagen. Es hätte gut und gerne die zwei- und dreifache Strecke sein können. Wer weiß, vielleicht war ich nicht einmal in Grenznähe.

An jenem Nachmittag – neun Tage, nachdem ich Any verloren hatte – schlug ich mich durchs Unterholz und zwischen Bäumen hindurch einen Abhang hinunter, als ich plötzlich im hellen Sonnenlicht auf einem Weg stand. Es war eine unbefestigte Straße mit deutlich erkennbaren Fahrzeugspuren. Erstaunlich, daß ich ausgerechnet mitten in diesem Dschungel zum erstenmal seit drei Wochen auf menschliche Spuren stieß. Der Weg verlief in südwestlicher Richtung; würde ich ihm folgen, wäre meine Fluchtroute sehr viel länger geworden. Schade, dachte ich. Um jedoch zu sehen, wohin die Straße führte, folgte ich ihr eine Weile und genoß sehr den Luxus, einmal wieder unbehindert von Blättern und Ästen auf festem Grund ausschreiten zu können.

Am Wegrand lag ein halbes Dutzend Samenkerne von Jackbaumfrüchten. Die Jackbaumfrucht ist groß und gelb, schmeckt süß, und ihr Samen enthält eine Art Mehl, das in gekochtem Zustand eßbar ist. Es war ein echter Glücksfall, sie zu finden. Wenn es an dieser Straße noch mehr davon gab, hatte ich einen weiteren Grund, noch ein Stück auf ihr zu gehen.

Als ich auf dem Weg unbehindert und zügig geradeaus gehen konnte, wurde mir bewußt, daß ich den Zustand tiefer Hoffnungslosigkeit überwunden hatte. Trotz der körperlichen Erschöpfung und meiner akuten Schwäche, trotz des Verlusts von Any war mein innerer Wille auf mir unerklärliche Weise jetzt wieder ungebrochen. Ich führte es darauf zurück, daß ich nichts mehr zu verlieren hatte. Würde ich durchhalten, hätte mich das Leben wieder, und wenn ich umkam, hatte ich meine Familie wieder. Der Gewinner war in jedem Fall ich. Die körperliche Angst hatte ich überwunden. So war es mir möglich, mich ganz auf den Kampf mit der Zeit zu konzentrieren. Eine neue, unbekannte Kraft, von der ich mir noch vor Wochen nicht hätte träumen lassen, trieb mich an und schenkte mir Lebensenergie. Rein äußerlich war ich ein Wrack, eine barfüßige Vogelscheuche in zerlumpten Hosen und zerrissenem Hemd. Meine innere Verfassung war davon jedoch nicht berührt. Am Abend entfernte ich mich etwas von der Straße und richtete mein Lager für die Nacht. Zuvor machte ich meine Jackbrotfruchtsamen heiß. Das Feuer brauchte ich auch dazu, um mich in der feuchten Bergluft warm und trocken zu halten.

Am nächsten Morgen ging ich sehr früh los und kehrte zu meinem Weg zurück, ohne an Gefahr zu denken. Ich war kaum 100 Meter von meinem Schlafplatz zur Straße zurückgegangen, als ich Geräusche vernahm.

Schritte.

Ganz in meiner Nähe ging jemand auf der Straße. Ich kniete nieder und sah durch das Laub der Bäume eine Patrouille der Roten Khmer vorbeigehen.

Die sechs Soldaten standen kaum 50 Meter von mir entfernt; ihr Anführer, der den Kopf gesenkt hielt, zündete sich gerade eine Zigarette an. Ganz behutsam und geräuschlos zog ich mich wieder in den Wald zurück und wartete im Gras zwischen Sträuchern. Die Patrouille kam mir so nahe, daß ich im Vorbeigehen hören konnte, wie die Männer atmeten.

Ich ließ einige Minuten verstreichen, bis ich mich wieder rührte. Welch ein Glück hatte ich doch gehabt! Wenn ich ein paar Sekunden früher die Straße erreicht hätte, wäre ich ihnen praktisch in die Arme gelaufen. Diese Straße mußte ich meiden. Das Risiko war zu groß. Ab jetzt mußte ich wieder durch die Wälder.

Ich suchte die Morgensonne und ging dann genau in die entgegengesetzte Richtung. Der Dschungel war hier dicht und abwechslungsreich. Oft mußte ich mich durch Brombeergestrüpp und Bambus vorarbeiten, doch war das Terrain immerhin eben. Vielleicht durchquerte ich gerade eine Ebene oder ein breites Tal zwischen zwei Bergzügen. Um durch Umwege keine Zeit zu verlieren, kroch ich manchmal unter dem Gestrüpp hindurch. Das war weniger beschwerlich als der Anstieg zu manchen Bergen. An Abhängen kam ich leichter ins Straucheln und riß mir an Steinen die Knie auf.

Meine einzige Nahrung bildeten auch jetzt Wildpflanzen. Meine Taschen waren bald mit Pilzen und Blättern vollgestopft. Irgendwann im Laufe der folgenden Tage – wie viele es genau waren, kann ich nicht sagen, denn ein Tag war für mich wie der andere, eine Summe vereinzelter Vorfälle vor dem Hintergrund eines nicht enden wollenden Marsches – stieß ich auf drei weitere Schildkröten, die mir wahrscheinlich das Leben retteten, denn jedesmal, wenn ich eine fand, war ich kurz davor, zusammenzubrechen. Einmal wäre ich fast über einen Fasan gestolpert. Er flog direkt vor mir auf – ich hatte das Tier beim Eierlegen überrascht. Es dauerte keine Sekunde, bis ich das Ei aufgeschlagen und verschlungen hatte. Es schmeckte köstlich.

Ein anderes Mal hörte ich ein Summen und entdeckte im hohen Stumpf eines abgestorbenen Baumes einen Wespenschwarm. Die Wespen und ihr Nest konnte ich natürlich nicht essen, aber vielleicht lagen Wespenlarven in der Aushöhlung. Ich machte also im Baumstumpf ein Laubfeuer, das die Wespen vertrieb. Als es nach einer Stunde niedergebrannt war, entfernte ich mit dem

Messer das verkohlte Holz und die Asche, und schon hatte ich vor mir die Larven. Diejenigen, die ganz oben lagen, waren zwar verkohlt, aber darunter lagen Dutzende von kleinen gekringelten Larven, die, jede einzeln verpackt, mich an Ajacounüsse erinnerten und gut durchgebraten waren. Ich aß reichlich davon und füllte mit dem Rest meine Taschen, um später davon zu zehren.

Wieder vergingen Tage; es regnete immer öfter, und es wurde immer schwerer für mich, ein Feuer zu machen. Anfangs kratzte ich noch mit dem Messer die feuchte Rinde von den Ästen und Zweigen und brachte die trockenen Teile darunter zum Brennen, oder ich verwendete zum Anzünden zusammengerollte Bambusblätter. Als dann die Regenzeit voll einsetzte, war alles bald so durchnäßt, daß nichts mehr brannte. Eines Abends zündete ich sogar die Hälfte des verbliebenen Kartenausschnitts an, um ein Feuer in Gang zu setzen. Den Rest behielt ich, um zu verfolgen, welche Fortschritte ich auf dem Weg zur Grenze machte. Dann kam der Tag, an dem auch mein zweites Feuerzeug leer war und ich die Wärme meines allerletzten Feuers noch einmal richtig auskostete.

Als ich mich am nächsten Tag auf den Weg machen wollte, sah ich am Himmel drei große, geierähnliche Vögel, die als dunkelbraune Punkte über mir schwebten. Mittags legte ich wie immer meine Rast ein und beobachtete, wie sie sich ganz in meiner Nähe auf Ästen niederließen und mich mit matten, ausdruckslosen Augen ansahen, als warteten sie nur auf mein Ende. Einfach ignorieren konnte ich sie deshalb nicht, weil sie immer wieder eigenartige, beunruhigende Schreie ausstießen, die mich an Hundegebell erinnerten. Kläfften sie mich an, weil sie es nicht erwarten konnten, bis ich endlich tot war? In der Nacht wachten die Vögel über mich. Als ich bei Tagesanbruch die Augen aufschlug und unter meiner feuchten Blätterdecke hervorblickte, sah ich, daß die Geier noch näher an mich herangerückt waren und auf einem Ast saßen. Von nun an störte ich mich nicht weiter an ihnen, im Gegenteil, ich war sogar froh über ihre Gesellschaft.

Die weißköpfigen Geier waren nicht meine einzigen Begleiter.

In den Wäldern, durch die ich jetzt kam, lebten offenbar mehr Tiere. Vielleicht lag es daran, daß sie sich unten im Tal wohler fühlten oder daß weit und breit keine menschliche Siedlung war. Häufiger sah ich jetzt Affen, beigefarbene Tiere mit einer weißen Brust, deren lärmende Kolonien die stolpernde Gestalt offenbar ziemlich irritierte. Aufgeregt sprangen die Tiere von Baum zu Baum und warfen, wie um mich zu erschrecken, mit dürren Ästen nach mir. Wie sie da oben in luftiger Höhe saßen, Mütter und Babys glücklich vereint, beneidete ich sie um ihr zufriedenes Familienleben, und doch wußte ich genau: Wenn eines der Affenbabys der Mutter entglitten und heruntergefallen wäre, ich hätte es mit Genuß in rohem Zustand verschlungen.

Eines Tages stöberte ich ein Wildschwein auf. Ich schlug mich gerade wieder einmal durch die Büsche, als mir plötzlich ein stattlicher alter Keiler mit furchterregenden Stoßzähnen, offensichtlich ein Einzelgänger, Auge in Auge gegenüberstand. Wir erschraken beide und blickten uns lange an. Es war zu sehen, wie der Keiler die Hinterbeine in den Boden stemmte, als wollte er zum Sprung ansetzen. Ich bewegte mich trotzdem keinen Millimeter von der Stelle und gab ihm nicht zu erkennen, welche Ängste ich ausstand. Nach einigen Sekunden, die mir sehr lang vorkamen, machte er kehrt und zog von dannen. Ich hörte noch, wie die Blätter unter seinen Füßen raschelten. Ich hatte unbewußt das Richtige getan, Entschlossenheit vorgetäuscht und wußte nun, wie ich mich zu verhalten hatte, wenn mir unerwartet große Tiere begegneten.

Die bewaldete Ebene lag nun hinter mir, und ich kam in bergiges Land. Hier begegnete ich einem Wildhund sowie zwei Füchsen, die bei meinem Anblick erschrocken das Weite suchten. Natürlich hatte ich keine Chance, sie zu fangen.

Als die Berge wieder höher wurden, hatte ich mehr Glück mit der Nahrungssuche. In einem Tümpel entdeckte ich ein paar Süßwasserkrebse und einen kleinen Fisch, den ich mit der hohlen Hand angelte.

Wenig später, ich war gerade dabei, mir die Fischgräten zwischen den Zähnen hervorzuholen, entdeckte ich meine nächste

Schildkröte. Ich versuchte sie auf der Stelle mit dem Messer zu töten und wollte ihre Schale durchtrennen. Das ging aber beim besten Willen nicht. Dann wollte ich ihr den Kopf abschneiden und machte mich an ihrem Hals zu schaffen. Wieder nichts. Das Tier war nicht totzukriegen. Die Schneide des Messers reichte nicht weit genug unter die Schale. Schließlich nahm ich die Schildkröte und warf sie gegen einen Felsen, wo nach fünf oder sechs Versuchen der Panzer wie eine Nußschale zerbrach. Nun konnte ich das Tier töten und das Fleisch herausschneiden. Ich schlang es roh hinunter und hob die vier Füße für den folgenden Tag auf. Heute denke ich mit Schrecken daran, was ich diesem unschuldigen Lebewesen antat. Damals kam mir so etwas nicht in den Sinn.

Noch am selben Nachmittag, es kann aber auch erst am nächsten Tag gewesen sein, gelang es mir, eine kleine grüne Schlange von der Länge etwa meines Unterarms zu töten. Der Dschungel war hier bestimmt voller Schlangen, doch bislang war mir noch nicht eine begegnet. Ich sah, wie sie sich um die unteren Äste eines Baumes wand, nahm einen dürren Ast zur Hand und traf sie damit hinter dem Kopf. Ich zog der Schlange die Haut ab und aß ihr Fleisch – wiederum roh. Einige Schlangenarten gelten in Kambodscha als Delikatesse. In Don Ey hatten wir Schlangenfleisch über dem Feuer gebraten und gegessen. An dieser grünen hier war nun wahrlich nichts Delikates. Sollte jemals rohes Schlangenfleisch bei den Gourmets in Mode kommen, ich würde dankend auf solche Genüsse verzichten.

Die weißköpfigen Geier begleiteten mich mit ihrem heiseren Schrei eine ganze Woche lang. Dann war ihnen wohl klargeworden, daß ich doch keine so leichte Beute für sie war, und sie flogen davon. In jenem Abschnitt des Dschungels herrschten bis hinauf in die Höhenregionen die Affen. Wenn sie erschraken, machten sie einen Höllenlärm und gaben bellende Laute von sich. Geschickt sprangen sie von Ast zu Ast und kämpften spielerisch miteinander. Das unbekümmerte Verhalten der Affen versetzte mich in Erstaunen. Während mir unten das Leben zur Hölle wurde, bewegten sich die Tiere um mich in ihrer vertrauten und sicheren

Welt, ein Gedanke, der irgendwie beruhigend auf mich wirkte und mich daran erinnerte, daß ich hier in der Wildnis weniger bedroht war als im »Demokratischen Kampuchea«.

Etwa um die gleiche Zeit mehrten sich die Anzeichen, daß es bis zur thailändischen Grenze nicht mehr weit sein konnte. Auf meiner Karte lag sie in der Nähe des Flusses Me Tuk (»Mutter Wasser«). Mehrere kleine Flüsse hatte ich bereits überquert. Damit die Karte und das Geld trocken blieben, hatte ich sie in meine Wasserflasche gestopft. Da ich dem Meer immer näher kam, wurden die Flüsse immer breiter und führten jetzt auch mehr Regenwasser. Jedesmal dachte ich, es müsse der Me Tuk sein, ging weiter und stand vor dem nächsten Fluß.

Drei oder vier Tage nachdem ich wieder in die Berge gekommen war – an die genaue Reihenfolge der Ereignisse kann ich mich beim besten Willen nicht mehr erinnern –, stieß ich unweit eines Flusses auf einen verlassenen Lagerplatz, zu erkennen an der Asche und dem nicht aufgebrauchten Brennholz, die herumlagen. Zuerst dachte ich, es sei ein Militärlager der Roten Khmer – denn wer außer ihnen würde sonst in dieser Grenzregion kampieren –, doch dann stutzte ich; ich könnte ja auch schon in Thailand sein. Vielleicht hatte ich die Grenze schon überschritten, ohne es zu bemerken. Ich untersuchte den Lagerplatz, um mir Klarheit zu verschaffen, wo ich war. Limonadenflaschen der Marken »Green Spot« und »Coca Cola« lagen am Boden, doch sie hatten kambodschanische Etiketten. Es handelte sich wohl um vorrevolutionäre Ware.

Ich hob eine Flasche auf und kippte sie um, um zu sehen, ob sie noch ein paar Tropfen hergab. Als ich sie an den Mund setzte und den Kopf zurücklegte, ließ ich in meiner Phantasie die Genüsse vergangener Tage wiederaufleben: Ein eisgekühltes Getränk zischte durch meinen vor Verlangen brennend heißen Hals. Mehrere Sekunden konnte ich in meinen Erinnerungen schwelgen, bis endlich der fade Tropfen einer geschmacklosen Flüssigkeit meine Zunge erreichte. Ernüchtert warf ich die Flasche wieder weg, blickte mich um und starrte in den Dschungel.

Ich hatte keinerlei Anhaltspunkte, wie weit ich noch zu gehen hatte, und wußte nur das eine: Ich mußte sehr auf der Hut sein, wollte ich nicht jetzt, da ich der Grenze schon so nahe gekommen war, noch einer Patrouille in die Arme laufen.

Wie jeden Nachmittag, so regnete es auch an diesem Tag wieder. Ein heftiger Regenguß hatte mich bald völlig durchnäßt. Ich zitterte vor Kälte. Da auch das tropfende Blätterdach keinen Schutz bot, zog ich einfach weiter und suchte mich auf diese Weise warm zu halten. Bald klarte der Himmel wieder auf.

Als der Abend dämmerte, ging es wieder bergauf. Vielleicht konnte ich vom Gipfel aus erkennen, wo ich mich befand. Der Himmel war sternenklar, und als der Mond aufging, war es so hell, daß ich mir zwischen den hoch aufragenden Bäumen einen Weg durch die Nacht bahnen konnte.

Ich hatte fast schon den Gipfel erklommen, als ein unheimliches Geräusch an mein Ohr drang. Es hörte sich wie ein schwaches, weit entferntes Gelächter an, war dabei so durchdringend, so diabolisch, daß mir die Haare zu Berge standen. Es war, als würden verzerrte menschliche Stimmen von den Bäumen auf einer Seite zu mir nach unten dringen. Wie gebannt stand ich da und lauschte, war weniger entsetzt denn fasziniert, denn wohl hatte ich mich inzwischen an absonderliche, unerklärbare Geräusche gewohnt, aber so etwas hatte ich noch nie erlebt. Ich bewegte mich auf die Geräuschquelle zu, da ertönten noch mehr Schreie, noch lauteres berserkerhaftes Gelächter, das mich bei irgendeinem teuflischen Zeremoniell willkommen zu heißen schien. Plötzlich sah ich über mir deutlich vor dem Hintergrund des mondbeschienenen Himmels Schattenfiguren herumspringen. Es waren ganz sicher keine Affen, jedenfalls keine solchen, die mir irgendwo schon begegnet waren.

Ich hielt an. Sofort verstummten die Schreie. Dann tat ich wieder einen Schritt, und erneut ertönte das diabolische Gelächter. Es konnte einfach kein Zufall sein: Die Geräusche waren eine Reaktion auf meine Bewegungen. War es etwa jenes wunderliche Gejohle und Gezeter, von dem ich in Geistergeschichten und Legenden gelesen hatte? Unter normalen Umständen wäre ich vor Angst erstarrt. Nun aber hatte ich gleich erkannt, daß ich nicht unmittelbar bedroht war.

Ich hielt es für besser, die Marschrichtung zu ändern, und wandte mich nach links, wo mich keine Schreie verfolgten. Plötzlich war alles wieder normal. Der mondbeschienene Dschungel war still geworden.

Ich ging 30 oder 40 Schritte weiter und fand unter einem umgestürzten Baum eine sichere und geschützte Stelle für die Nacht. Noch ganz im Banne des rätselhaften Erlebnisses schlief ich ein. Fast schien es mir, als hätten mich die seltsamen Stimmen davon abhalten wollen, in eine bestimmte Richtung weiterzugehen. Ihretwegen hatte ich einen anderen Kurs eingeschlagen.

Wieder erhob ich mich, sobald der Morgen dämmerte, mußte auch jetzt wieder bergauf, bergab gehen und kam nochmals an zwei Plätze, an denen Soldaten kampiert hatten. Das waren eindeutige Hinweise darauf, daß ich mich der Grenze näherte. Neben dem ersten der beiden Plätze, der schon vor langer Zeit verlassen worden war, gediehen ein paar Maispflanzen. Fünf dünne Maiskolben konnte ich hier an mich nehmen.

Ich setzte meinen Marsch durch den dichten Wald fort, bis ich das Ufer eines weiteren Flusses erreichte, der breiter und tiefer war als alle, die ich bislang durchquert hatte. Es herrschte eine starke Strömung, und wenn ich hineinging, bestand die große Gefahr, daß ich von den Strudeln erfaßt und auf einen Felsen zugetrieben wurde. Ich fühlte mich zwar schwach, war jedoch immer ein guter Schwimmer gewesen. Also ging ich ein Stück flußaufwärts und hielt nach einer übersichtlichen Stelle ohne Felsen und Wasserwirbel Ausschau, watete hinein, stieß mich ab und ließ mich zum anderen Ufer hinübertreiben.

Nachdem ich das felsige Ufer erklommen hatte, stand ich vor einem zweiten Lagerplatz, der erst vor kurzem verlassen worden war, denn zwischen der Asche und dem übriggebliebenen Brennholz lagen Essensreste. Ich fand ein paar Gräten, an denen noch etwas Fleisch hing, sowie einige Körner gegorenen Reises. Ich wusch den Reis sorgfältig im Fluß, lutschte an den Gräten und zog weiter.

Sobald die Sonne hinter den Wolken hervorkam, beobachtete ich den Stand meines Morgenschattens und kämpfte mich erneut durch Buschwerk bergan. Auf dem Gipfel der nächsten Anhöhe stieß ich auf einen Fußweg. Zunächst dachte ich nicht an irgendwelche Vorsichtsmaßnahmen, denn ich kam mir in meiner Ausgestoßenenwelt inzwischen völlig verlassen vor, vorwärts getrieben allein von dem einen übermächtigen Wunsch, so schnell wie möglich die Grenze hinter mich zu bringen. Dann aber entdeckte ich Fußspuren und frisch gewendetes Laub und erhöhte meine Vorsicht. Es war denkbar, daß dies ein Weg war, den sowohl die Menschen zur Flucht nach Thailand als auch die Patrouillen der Roten Khmer benutzten. Falls der Weg nach Thailand führte, war ich hier genau richtig. Ich schwenkte auf den Pfad ein und war darauf gefaßt, beim erstbesten Geräusch auf die Seite zu springen.

Plötzlich verspürte ich in der Leistengegend ein merkwürdiges Gefühl. Ich kratzte mich durch die Hose hindurch und spürte einen weichen Gegenstand. Als ich ihn herausziehen wollte, fiel er schon durch das Hosenbein auf den Boden. Das kleine, schwarze, glitschige Ding war ein Blutegel, wahrlich eine überraschende Entdeckung, denn ich kannte bislang nur Blutegel, die im Wasser zu Hause sind. Als typischer Großstadtmensch hatte ich keine Ahnung von Blutegeln, die an Land lebten. An meinem linken Fuß hatte sich bereits ein zweiter Blutegel festgesetzt und war dabei, mein Blut zu saugen. Angeekelt nahm ich mein Messer und schnitt ihn weg.

Kaum hatte ich meinen Weg fortgesetzt, da mußte ich feststellen, daß der ganze Wald von diesem widerlichen Getier nur so wimmelte. Ich wußte nicht, ob das für dieses Gebiet typisch war; ob es an der Regenzeit lag oder aber am Fortpflanzungszyklus der Tiere. Jedenfalls hatten sie sich verschworen, mich bei jeder sich bietenden Gelegenheit anzugreifen. Wenn ich nicht aufpaßte, würden sie mich leer saugen. Sie setzten sich an meinen Füßen fest, kletterten mir unter die Hose, in die Unterhose hinein an die Leiste. Nach etwa einer Stunde war mir klar, daß ich alle paar Minuten anhalten mußte, um Blutegel von den Beinen zu entfernen und zwischen den Zehen hervorzuholen, wenn ich nicht wollte, daß sie weiter nach oben vordrangen. Es war unmöglich, ihnen auszuweichen; sie waren allgegenwärtig und lauerten im Gras, unter dem Laub und an den Büschen. Und wie schnell sie größer wurden! Innerhalb weniger Minuten hatten sie den Umfang eines kleinen Fingers und hingen, bis zu einem halben Dutzend auf einmal, schlaff an meinen Füßen und Beinen. Mir blieb nichts anderes übrig, als sie immer wieder wegzureißen, wegzuschneiden und sie zu zerquetschen. Als der Tag zu Ende ging, verspürte ich keinen Abscheu mehr vor den Blutegeln. Es wurde zu einer lästigen Gewohnheit, sie wegzureißen und von meinem Körper zu entfernen.

Der Weg führte mich auf eine bewaldete Hochebene, die sich in der Abenddämmerung auf eine grasbewachsene Lichtung mit einem Teich öffnete.

Plötzlich, als ich gerade dabei war, von der Grasebene ins Gebüsch überzuwechseln, hörte ich jemand husten. Ich blickte auf und sah etwa 20 Meter von mir entfernt hinter einem Baum einen Roten Khmer stehen.

Instinktiv duckte ich mich, machte mich so klein wie möglich und versuchte, mich im Gebüsch zu verstecken. Der Soldat hatte einen Schal, ein schwarzes Hemd und schwarze Shorts an und ein chinesisches Maschinengewehr geschultert. Er bewegte sich in meine Richtung. Mein Herz ging heftig; ich wollte, ich hätte die Schläge verstummen lassen können.

Die Grenzwache ging im Abstand von einem Meter an dem Busch vorbei, in dem ich kauerte. Durch die Blätter konnte ich sein Gesicht erkennen. Der Mann war nicht mehr jung, vielleicht 40 bis 45 Jahre alt, und wirkte sehr stark, ein dunkelhäutiger Bauer von gesundem Aussehen. Er kam mir so nahe, daß ich ihn mit ausgestrecktem Arm hätte berühren können, und mein Pulsschlag war so laut, daß ich befürchtete, er könne ihn hören. Der Mann ging aber geradewegs an mir vorbei in Richtung Westen, wo auch ich hin wollte.

Als er außer Sichtweite war, kroch ich heimlich, still und leise auf dem Weg, den ich gekommen war, wieder zurück und ging bei einbrechender Dunkelheit in südwestlicher Richtung weiter.

An einem großen Baum mit dichtem Blätterdach legte ich mich schlafen. In der Nacht wurde ich von zwei Schüssen, die ganz in der Nähe abgegeben wurden, geweckt. Die Roten Khmer sind auf der Jagd, dachte ich, der Mond schien nämlich sehr hell. Möglicherweise war mein Nachtquartier nur ein paar hundert Meter von einer Grenzpatrouille oder einem Lager entfernt. Wenn im Morgengrauen eine Patrouille vorbeikäme, würde sie mich aufgreifen. Mein Lagerplatz war gefährlich, ich mußte ihn aufgeben, auch wenn es mitten in der Nacht war. Überaus behutsam stieg ich im Mondlicht über Äste und bahnte mir einen Weg durch die Bäume hindurch.

Die ganze Nacht und den ganzen folgenden Tag ging ich, ohne einer Menschenseele zu begegnen. Ich wußte nun, daß ich zwar noch nicht die Grenze überschritten, wohl aber mit mehr Glück als Verstand ein Gebiet durchquert hatte, das von Roten Khmer nur so wimmelte.

Entschlossen, meine Chancen nicht aufs Spiel zu setzen, tauchte ich wieder in die Wälder ein, und der Dschungelalltag hatte mich wieder: Blutegel entfernen, immer auf dem Sprung sein, um auf seltsame Geräusche zu reagieren, und unablässig nach etwas Eßbarem Ausschau halten. Auch wenn Blätter und Pilze keinen hohen Nährwert hatten, halfen sie mir, mich wenigstens auf den Beinen zu halten. Zwei Jahre unter den Roten Khmer hatten mich offenbar so weit abgehärtet, daß mein Körper jetzt auch Unverträgliches, worunter er früher sehr gelitten hätte, hinnehmen konnte: Hunger, Durchfall, Ruhr, Fieber, Parasiten. Nur so konnte ich mir erklären, daß mein Magen auch brutalen Angriffen standhielt.

Am Nachmittag dieses Tages sah ich zwei Schwarzbären. Der eine glitt gerade einen Baumstamm hinunter, der andere wartete unten. Die Tiere waren etwa so groß wie ich und rund 30 Meter von meinem Standort entfernt. Ich hatte sie dabei überrascht, wie sie nach Bienennestern Ausschau hielten.

Süßer Honig.

Der Gedanke daran machte mir Beine. Ohne lange zu überlegen, ging ich auf die beiden Bären zu, die sich bald darauf in den Wald hinein trollten. Obwohl ich eine Weile auf und ab ging, erfüllte sich meine Hoffnung, Honig zu finden, nicht. Wenn es hier irgendwo ein Nest gab, dann hatten es auch die Bären nicht gefunden.

Am Abend suchte ich nach einer geschützten Stelle für die Nacht, denn Wolken zogen auf, und es würde voraussichtlich bald regnen. Aus lauter Verzweiflung darüber, daß ich nichts Geeignetes fand, legte ich mich schließlich unter einen schräg stehenden Baum. Dieses Nachtlager erwies sich als ungünstig, denn als etwa eine Stunde nach Einbruch der Dunkelheit der Regen einsetzte, war der Boden unter mir in kürzester Zeit überschwemmt. Ein, zwei Minuten saß ich dann, ein triefendes Häuflein Elend, in einem richtigen Wasserlauf, und auch von oben tropfte es von den Blättern des Baumes auf mich herab. Ich tastete mich daher in die Finsternis hinaus, ohne zu wissen, wohin ich ging und was ich eigentlich suchte. Mit den Armen fuchtelte ich vor mir her und tastete mich von einem Baum zum anderen voran.

Überraschend stieß ich plötzlich an einen Baumstumpf mit einem tiefen Riß, der vermutlich von einem Blitzschlag herrührte. Ich betastete den Stamm ringsum. Er stand noch immer aufrecht und machte einen stabilen Eindruck. Der Spalt war so groß, daß ich fast hineingehen konnte. Mit meinem Messer stocherte ich im morschen Holz und hatte die Aushöhlung in wenigen Minuten so vergrößert, daß ich hineinschlüpfen konnte. Der Spalt hatte ungefähr meine Größe, war etwa 1,60 Meter lang und 30 Zentimeter breit. Er bot mir Schutz gegen den Regen, und gleich fühlte ich mich wieder besser. Von den Seitenwänden der Baumhöhle aufrecht gehalten, schlief ich ein. Im Stehen zu schlafen, war für mich kein Problem mehr. Ich hätte inzwischen in jeder Lage schlafen können.

Ich weiß nicht, wieviel Zeit verstrichen war, bis ich an einem Geräusch, das aus dem Inneren des Baumes über mir drang, erwachte. Irgendein Tier wollte wohl ins Freie. Ich streckte meine Hand nach oben, und schon waren meine Finger von kleinen Klauen zerkratzt. Als ich zugriff, hatte ich etwas Schlaffes, das sich wie Leder anfühlte, in der Hand: eine Fledermaus. Ich hielt das Tier fest, riß es los, drehte ihm den Hals um und steckte es mir in die Tasche.

Die Fledermaus war ein guter Fang. Vielleicht gab es mehr davon in der Baumhöhle. Jedenfalls war ich hellwach geworden und wartete auf eine weitere Gelegenheit zuzugreifen. Tatsächlich hörte ich durch den platschenden Regen das Schwirren von Flügeln und fuchtelte mit meinen Armen in der Luft herum in der Hoffnung, eine Fledermaus zu fangen – eine verrückte Idee: Natürlich erwischte ich nichts. In kürzester Zeit war ich wieder eingeschlafen, als hätte mich jemand abgeschaltet.

Als ich aufwachte, dämmerte bereits der Morgen. Ich kletterte aus meiner Baumhöhle hervor, holte die Fledermaus aus der Tasche, schnitt ihr die Flügel ab, häutete sie und verzehrte sie zum Frühstück. Sie schmeckte gut, ihr Fleisch war dem der Schildkröte vergleichbar. Zum damaligen Zeitpunkt hätte mir wohl jedes Fleisch gut geschmeckt, selbst das der Schlange. Die Fledermaus sicherte mein Überleben für einen, vielleicht sogar für zwei Tage.

Den nächsten Tag habe ich in guter Erinnerung. Zuerst fand ich einen Krebs und dann eine Schildkröte. Den Krebs aß ich auf der Stelle, und so konnte ich es mir leisten, die Schildkröte für später aufzuheben. Bis zum Einbruch der Dunkelheit, als ich unter einem Felsen eine geschützte Stelle fand, trug ich sie mit mir herum. Ein heftiger Regenguß und ein Schüttelfrost ließen mich nicht einschlafen. Ich kam daher auf die Idee, noch etwas zu essen, tastete nach einem Felsen und zerschmetterte daran den Panzer der Schildkröte, deren Fleisch ich in Stücke schnitt und aß. Nun war ich gestärkt und konnte bis zum nächsten Morgen durchschlafen. Die vier Beine der Schildkröte steckte ich für später in meine Tasche.

Als es zu dämmern begann, marschierte ich ohne Nahrungssorgen für den Tag zügig los. Wohl die einzige Kraft, die mich noch antrieb, war eine wilde, verbissene Entschlossenheit. Mein

Leben war auf wenige grundlegende Dinge reduziert: Nahrung, Zeit, Energie, Flucht. Es war mir jedoch bewußt, daß ich so nicht mehr allzulange weitermachen konnte. Jeden Moment konnte mir mein Körper die Gefolgschaft verweigern. Schon war ich nicht mehr in der Lage, steile Hänge zu erklimmen, und sagte mir immer wieder: Der Countdown hat begonnen. Jenes teuflische Gelächter im Mondschein, hatte ich es mir nur eingebildet – war es eine Wahnvorstellung, die von meiner Erschöpfung herrührte? Ich hatte damals eine große Strecke zurückgelegt, war aber, anstatt zu rasten, als es dunkel wurde, immer weitermarschiert. Handelte so jemand, der kurz davor war, an Erschöpfung zu sterben? Warteten mit dem nahenden Ende weitere Halluzinationen auf mich?

Bewaffnet mit meinen vier Schildkrötenfüßen, war ich gewillt, noch an diesem Tag nach Thailand zu kommen. An diese Hoffnung mußte ich mich klammern, die Hoffnung zu überleben und frei zu sein. Sie war es, die mich vorwärtstrieb. Auf jedem Bergkamm, in jedem Tal dachte ich: Jetzt ist es soweit, das sind deine letzten Hindernisse. Dann durchquerte ich noch einen Fluß, kletterte wieder auf einen hohen Berg und hoffte darauf, endlich das Meer vor mir zu sehen.

Aber nein: Vor mir lagen noch mehr Gipfel, noch mehr Berge, die ich zu besteigen hatte. Hinter mir erstreckte sich das Land, das ich schon hinter mich gebracht hatte: eine ununterbrochene Folge von Bergen, die mit undurchdringlichen Sumpfwäldern bedeckt waren. Ich konnte es kaum fassen, daß ich sie alle überwunden hatte; daß ich die Kraft haben sollte, noch mehr zu schaffen, konnte ich mir einfach nicht vorstellen.

Nicht weit von meinem letzten Gipfel taumelte ich noch einmal in einen Lagerplatz der Roten Khmer, auf dem eine halbvolle Flasche mit Fischsoße zurückgeblieben war. Ich setzte die Flasche an den Mund und nahm einen Schluck davon. Die Soße schmeckte wunderbar und war ein echtes Stärkungsmittel, das sofort Wirkung zeigte. Ich untersuchte den Platz nach Hinweisen auf meinen tatsächlichen Standort. Konservendosen lagen am Boden, und ich sah nach, was auf den Etiketten stand.

Die Beschriftung war thailändisch.

Thai-Schrift! Es war nicht zu fassen. Der letzte Fluß, den ich durchquert hatte, mußte der Me Tuk gewesen sein. Ich stand eine Weile regungslos da, um zu begreifen, was dieser Fund für mich bedeutete.

Thailand! Freiheit! Ein Lächeln spielte um meinen Mund, als mir zu Bewußtsein kam, daß ich es geschafft hatte.

Mit einem Freudenschrei warf ich die Dose in die Luft, und kaum war sie durch das dichte Laub wieder zu Boden gefallen, drängte ich, noch immer breit lächelnd, weiter. Jeden Moment mußte ich doch in ein thailändisches Dorf kommen oder einem thailändischen Soldaten in die Arme laufen.

Erneut setzte Regen ein, und bald war ich tropfnaß. Es wehte ein eiskalter Wind, der meinen geschwächten Körper wie Espenlaub zittern ließ. Meine Hochstimmung trug mich weiter. Wie würde ich den Thais gegenübertreten? Es war unwahrscheinlich, daß die Grenzwachen Kambodschanisch verstanden, aber möglicherweise gab es Offiziere, die Englisch oder Französisch sprachen.

Ich kauerte mich unter einen Baum nieder und versuchte noch einmal mit Hilfe meines feuchten Kartenausschnitts, die Entfernung, die ich zurückgelegt hatte, zu errechnen. Ich kam auf 230 Kilometer, die zweifache Strecke von Leach bis zur Grenze. Das war der Beweis: Ich war in Thailand.

Ich nahm meine letzten Kräfte zusammen. »Du mußt weitermachen! Los! Komm!« trieb ich mich selbst vorwärts. Die Angst zu sterben hatte ich abgelegt, aber auf keinen Fall wollte ich jetzt, da ich praktisch schon in Freiheit war, zusammenbrechen. Allmählich dämmerte es mir, welch ein Wunder geschehen war. Nur in Zeiten großen Hungers kann man sich wirklich darüber freuen, ausreichend zu essen zu haben; der Schmerz über den Verlust eines geliebten Menschen erst enthüllt einem die wahre Liebe, und nur wer gefangen ist, kann ermessen, welchen Segen die Freiheit bedeutet. Ich mußte jetzt einfach gehen, immer weitergehen und durfte an nichts anderes mehr denken.

Der Gedanke, daß ich frei war, trieb mich weiter an. Bald

würde ich mich wieder satt essen können. Gut. Aber aus welchem Grund wollte ich eigentlich frei sein und essen? Was konnten mir diese Dinge noch bedeuten, was hatte mich vorwärtsgetrieben, was hatte dieses Leben noch für einen Sinn, nachdem mir meine Familie, meine Kinder, meine Frau genommen waren? Das alles mußte doch einen Sinn haben, Gründe, die weiter reichten als meine unmittelbaren kleinen Überlebensnöte. Ich mußte überleben, nicht nur für mich, sondern genauso für Nawath, für meine Eltern, für Any, für die beiden anderen Kinder. Nur durch mein Überleben hätte auch ihr Leben seinen Sinn behalten. Du mußt überleben, mein Sohn – hatte mein Vater zu mir gesagt, und jetzt wußte ich, warum: In mir lebte auch er weiter. Durch mich würden auch die Toten wieder leben.

Auch aus einem anderen Grund war es wichtig, weiterzuleben: Meine Freiheit war nun in greifbare Nähe gerückt, und es drängte mich, der Welt mitzuteilen, was geschehen war. Ich wollte aussagen über den kambodschanischen Holocaust, aussagen darüber, daß die Roten Khmer den Tod mehrerer Millionen Männer, Frauen und Kinder zu verantworten, daß sie ein schönes, wohlhabendes Land ruiniert, in Armut gestürzt und der Folter unterworfen hatten. Ich wollte leben, um die Welt aufzurütteln, um den Überlebenden meines Volkes zu helfen, der vollständigen Ausrottung zu entgehen.

Ich würde es schaffen, davon war ich mehr und mehr überzeugt. Und ich hatte sogar einen triftigen Grund für meine Zuversicht, der Außenstehenden seltsam anmuten mag. Am Morgen hatte mein linkes Auge nervös zu zucken begonnen. In Kambodscha ist der Aberglaube verbreitet, daß ein solches Zucken des Auges Glück bedeutet. Was mich betrifft, so hatte er sich bis jetzt immer bewahrheitet. Mehrmals war einem beruflichen Erfolg oder einer erfreulichen Begegnung jenes Zukken vorausgegangen. Das Zucken der beiden Augen ist unterschiedlich zu gewichten: Zuckt nämlich das rechte Auge, ist einem besonders viel Glück beschieden. Mein rechtes Auge verhielt sich noch normal, aber auch das Zucken des linken war schon gut. »Und ich bin jetzt in Thailand«, frohlockte ich innerlich, »heute noch werde ich Reis essen. Mein Auge lügt nicht.«

Während ich mich noch mit solchen Gedanken trug, stellte sich mir ein neues Hindernis in den Weg: ein ziemlich breiter Fluß mit einer starken Strömung. Ich ging flußaufwärts und suchte eine Stelle, an der das Ufer nicht allzu felsig war. Diesmal schwamm ich nicht in voller Kleidung hinüber, zog mich vielmehr bis auf die Unterhose aus, stopfte wie immer die Karte und das Geld in meine Wasserflasche und ging ins Wasser. Meine Kleider hielt ich über dem Kopf.

Vom anderen Ufer ging ich weiter in Richtung Westen. Bald mußte das erste thailändische Dorf auftauchen. Ich stieß auf einen Fußweg, der zu einer breiten Hochebene führte. Sie war begradigt, da offensichtlich viele thailändische Holzfäller und Forstleute auf ihr verkehrten. Sorgen, entdeckt zu werden, brauchte ich mir jetzt keine mehr zu machen. Ich war gerade dabei, Hemd und Hose auszuwringen, als ich plötzlich angerufen wurde.

Ich blickte mich um.

Drei junge Soldaten, kaum älter als 15 oder 16 Jahre, standen kaum 20 Meter vor mir und richteten ihre Gewehre auf mich. Sie trugen schwarze Uniformen.

Es waren Rote Khmer.

12 In Freiheit

Warum mich in dieser Lage nicht die nackte Angst befiel, ich vielmehr ein Lächeln aufsetzte, wundert mich noch heute. Damals konnte ich einfach nicht anders.

Die Soldaten mußten aus meiner Reaktion geschlossen haben, daß ich als Köder diente, um sie in einen Hinterhalt zu locken. Alle drei zogen sich blitzschnell ins Unterholz zurück, duckten sich in Kampfposition und richteten ihre Gewehre auf mich.

Ich gab ihnen zu verstehen, daß ich allein sei.

»Keine Bewegung! Stehenbleiben!« befahl mir der älteste der drei jungen Leute, kam vorsichtig auf mich zu und durchsuchte mich. Das Messer und die Wasserflasche nahm er an sich. Als er merkte, daß letztere ein Geräusch von sich gab, fragte er mich, was in der Flasche sei.

»Amerikanisches Geld.«

Die Antwort machte ihn neugierig. Er zog die eingerollten Banknoten, drei 100-Dollar-Scheine, die 500-Franc-Note und die 20 Thai-Baht, die in den Kartenausschnitt gewickelt waren, aus der Wasserflasche. Die Karte, die mich sehr belastet hätte, warf er weg, ohne sie eines Blickes zu würdigen. Das war gut für mich, denn nun hatte ich freie Hand, mir eine Geschichte zu konstruieren.

Etwa 300 Meter wurde ich dann durch den Dschungel abgeführt, bevor wir das Ufer eines noch breiteren Flusses erreichten. Am Fuße einer Böschung war, vom Fluß durch eine Baumreihe getrennt, ein weiteres Lager errichtet, das offenbar schon einige Zeit bewohnt war. Die Hängematten der Soldaten waren durch Kunststoffplanen geschützt; aus anderen Planen hatte man zeltartige Behausungen für jeweils 20 bis 30 Mann errichtet.

Ich kam also, flankiert von zwei Roten Khmer, in dieses Lager und stand eine Weile herum und wartete. Was sie wohl mit mir vorhatten? Ich war auch jetzt wieder erstaunlich ruhig. Ein etwa 30jähriger Mann trat aus einem Zelt und gab meinen Bewachern zu verstehen, sie sollten mich in ein Zelt mit mehreren Bettstellen bringen. Dort mußte ich mich auf ein Bett, genauer, eine aus Bambusstangen gezimmerte Bank, setzen. Der Offizier, zumindest hielt ich ihn dafür, setzte sich mir gegenüber und fragte: »Du bist aus Thailand gekommen, oder?«

Wahrscheinlich hielt er mich für einen kambodschanischen Widerstandskämpfer, der von Thailand aus operierte.

»Nein, ich bin unterwegs *nach* Thailand, Genosse. Ich komme aus Kambodscha.« Ich sagte nur das Nötigste, zeigte keine Gefühle, wußte nicht, wie ich zusammenhängend antworten sollte. Wo war der Hinweis, die Andeutung, die mir half, mein Vorgehen zu bestimmen?

»Also nicht aus Thailand?« hakte er nach.

»Sieh mich doch an, Genosse. Wäre ich so abgemagert, wenn ich aus Thailand kommen würde? Ich bin doch nur noch Haut und Knochen und möchte deswegen nach Thailand, weil ich gehört habe, daß es dort noch so ist, wie es in unserem Land früher war. Man lebt dort frei und glücklich. Es ist nicht so wie jetzt bei uns.«

Unter Umständen war so zu reden ein selbstmörderischer Akt, aber was kümmerte es mich noch. Sie würden mich in jedem Fall erschießen. Meine Offenheit schien größeren Eindruck auf ihn zu machen als irgendwelche feindseligen Äußerungen. Er war höflich, doch diese Art Höflichkeit, die einen in Sicherheit wiegt und die Wachsamkeit untergräbt, kannte ich schon.

»Von wo in Kambodscha kommst du, Genosse?«

»Am Anfang waren wir zwölf, drei Frauen und neun Männer«, antwortete ich ausweichend, denn aus irgendeinem Grund wollte ich den Namen Leach nicht fallenlassen. »Ich komme aus Krakor, einem Dorf in der Nähe des großen Sees Tonle Sap.«

»Hat es dir dort nicht gefallen? Hast du nicht genug zu essen gehabt? In diesem Gebiet gibt es doch jede Menge Fische?«

»Doch, Genosse, ich habe gut gegessen, aber da meine Familie gestorben ist, beschloß ich wegzugehen.« Dann berichtete ich kurz von unserer Gruppe und wie ich im Dschungel von ihr getrennt wurde. »Da mußte ich also allein durch den Dschungel und habe mich hoffnungslos verlaufen. Ich kannte weder die Gegend, in der ich war, noch wußte ich den Weg nach Thailand.« Wie von selbst schlüpfte ich in die Rolle des unwissenden Idioten. Bei den Roten Khmer mußte man immer so tun, als sei man absolut unwissend. Sie mochten keine arroganten Typen. »Drei Wochen war ich unterwegs, ohne Reis zu essen. Du kannst mich durchsuchen. Außer einem Stück Schildkröte in meiner Hosentasche wirst du nichts finden. Ich habe die Schildkröte roh gegessen.«

Mit dem Schildkrötenfleisch als Beweisstück erzählte ich ihm dann die Geschichte meiner Flucht. »Wie du siehst, möchte ich tatsächlich nach Thailand, Genosse«, sagte ich zum Schluß, »aber leider weiß ich nicht, wo es liegt. Ist es irgendwo in der Nähe? Wo sind wir hier überhaupt?«

Noch während ich redete, dachte ich an den Fluß beim Lager. Er war breiter als alle Flüsse, die ich bis jetzt gesehen hatte, bestimmt 200 Meter breit. Es war ganz sicher der Fluß Me Tuk. Das wollte ich zunächst einmal herausfinden, ohne daß sie Verdacht schöpften. »Wo sind wir hier?« fragte ich ihn erneut. »Wie heißt diese Region?«

Der Offizier ging auf meine Frage nicht ein. »Wir sind nirgendwo. Man hat uns zu dieser Stelle abkommandiert, und nun sind wir eben da.«

»Was ist das für ein Fluß, der Pursat?«

»Aber nein! Der Pursat ist doch niemals so breit. Hast du nicht gesehen, wie breit dieser Fluß ist? Er heißt Me Tuk, ›Mutter Wasser‹«, erklärte er mir geduldig, als habe er es mit einem Kind zu tun. Unwillkürlich gebrauchte er den vor Ort eingeführten Namen des Flusses, den – was er natürlich nicht wissen konnte – auch die Kartographen meiner Karte verwendet hatten.

Nun hatte ich die Gewißheit, daß auf der anderen Seite des Flusses, vielleicht auch ein Stück entfernt, Thailand lag.

»Wie dem auch sei«, fuhr ich fort, »ich habe diesen Pfad gefunden und bin deinen Genossen begegnet. Darüber bin ich glücklich, denn jetzt kann ich wieder essen. Danach kannst du mit mir machen, was du willst. Wenn du mich erschießen willst, dann erschieße mich eben! Aber gib mir vorher noch zu essen. Ich bin sehr hungrig, und mir ist sehr kalt.«

Er mußte mich für geistesgestört halten. Einer, der auf der Flucht war und so offen und ehrlich redete, war ihnen bestimmt noch nicht begegnet. Ich wußte nichts über die Roten Khmer, nichts über irgendwelche Grenzen, war hoch erfreut, daß ich einer Patrouille in die Hände gelaufen war und nahm bereitwillig alles hin, wenn sie mir nur etwas zu essen gaben. Ich war ganz glücklich, ihnen meine Wunden zu zeigen: die Bisse der Blutegel, die Kratzer und Schnittwunden. Sie wunderten sich, daß ich überhaupt noch am Leben war, und daß ich auf ihre Neugier so gut ansprach, entwaffnete sie. Daß ich gar nicht so schwach war, wie ich aussah, auf jeden Fall besser bei Kräften, als mein langes Wehklagen vermuten ließ, hielt ich vor ihnen verborgen.

Nach dem Verhör gaben sie mir ein paar Bananen, die ich wie ein gefräßiges Kind sofort hinunterschlang. Sie gaben mir den Rat, langsam zu essen, als rechneten sie damit, daß ich jeden Moment tot umfiel. Während ich die Bananen aß, gesellten sich weitere Soldaten zu uns, von denen sich einer nach mir erkundigte. Für ihn wurde meine Geschichte wiederholt. »Drei Wochen!« hörte ich einen aus der Gruppe voller Bewunderung sagen.

Nachdem ich auch die dritte Banane verschlungen hatte, wollte ich Reis haben. Ich hatte wieder zu essen angefangen, und mein Körper verlangte, wie unter einem inneren Zwang stehend, immer noch nach mehr. »Es gibt keinen Reis mehr. Wir haben schon gegessen. Es ist drei Uhr nachmittags. Warte bis zum Abendessen und iß so lange Bananen.« Also stopfte ich die restlichen Bananen in mich hinein und erklärte ihnen danach, ich hätte noch immer Hunger. Sie konnten es zwar kaum glauben, waren aber bereit, ein paar grüne Bananen für mich heiß zu machen.

Dazu mußten sie ein Feuer machen. Ein Feuer – nach zwei

Wochen zum erstenmal! Zitternd starrte ich in die Flammen, und mich verlangte sehnlichst danach, mich neben das wärmende Feuer zu stellen, während der für mich zuständige Rote Khmer die grünen Bananen kochte. »Wer hat dir gesagt, daß wir dich erschießen?« fragte er unvermittelt.

Anscheinend hatte ich meine Rolle doch nicht vollkommen glaubwürdig gespielt. Wenn ich wußte, daß die Roten Khmer Menschen erschossen, dann mußte ich mehr über ihre Methoden wissen, als ich zu erkennen gegeben hatte.

»Ich weiß, ich bin auf der Flucht, also ein... ein... Konterrevolutionär«, stotterte ich und machte dabei ein einfältiges Gesicht. Es klang, als würde ich nachäffen, was ich von anderen gehört hatte. »Ich habe zu fliehen versucht, deshalb werden mich deine Genossen erschießen.«

Instinktiv wußte ich, was ich zu tun und zu sagen hatte, um Spuren zu verwischen. Vielleicht rief ich damit Fähigkeiten in mir wach, die ich von meinem Vater geerbt hatte. Er hatte sich weniger auf das verlassen, was die Vernunft sagte, als auf eine Art instinktive Weisheit. Es kann aber auch sein, daß ich wirklich davon ausging, sie würden mich töten, und daß mir deshalb alles gleichgültig geworden war. Wenn sie mich töteten, wäre ich doch wieder bei meiner Familie gewesen. Im Moment hatte ich nur den einen Wunsch, mich satt zu essen, bevor ich starb.

»Aber Genosse, im ›Demokratischen Kampuchea‹ erschießen wir doch keine Menschen. Uns fehlt es an Arbeitskräften, an Menschen, die unser Land wiederaufbauen. Du hast also schlecht gedacht über uns und wolltest deshalb Kambodscha verlassen. Dabei weißt du nicht einmal, wo die Grenze ist! Nun, bis zur Grenze sind es gut und gern zweihundert bis dreihundert Kilometer, und ich könnte dir nicht einmal sagen, in welche Richtung du gehen müßtest. Dich erschießen? Nein, nein. Wer hat dich bloß auf diese Idee gebracht?«

Ich zeigte mich nicht überrascht, sondern schaute ihn mit großen Augen und offenem Mund an, als glaubte ich ihm aufs Wort.

»Du hast wirklich Glück gehabt, uns zu treffen. Wir geben dir zu essen, und Angka wird dir kein Haar krümmen. Die Imperialisten haben das Gerücht in die Welt gesetzt, daß wir Flüchtlinge erschießen.«

»Ach so ist das?« sagte ich. Seine Worte kamen nicht überraschend für mich. Die Roten Khmer wiegten sich stets in dem Glauben, daß es niemand gab, der ihr Töten bezeugen konnte. Sie gingen davon aus, daß es immer im verborgenen geschah und daß man leichtes Spiel habe, Berichte über Morde als imperialistische Gerüchte abzutun. »Ich sage nur, was ich gehört habe. Man sagte mir, Angka erschieße Flüchtlinge, und das habe ich geglaubt.«

»Schon klar. Ich gebe dir mein Wort, wir erschießen dich nicht«, meinte er und drückte mir eine gekochte Banane in die Hand. »Wir benötigen Arbeitskräfte. Du mußt bereit sein, bei uns zu arbeiten, das ist alles. Damit kannst du dich rehabilitieren.«

Ich ertappte mich dabei, daß ich wider besseres Wissen seinen Worten Glauben schenken wollte. Erstaunlich: Zwei Jahre des Terrors hätten mich doch aller Illusionen über den Wert von Versprechungen der Roten Khmer berauben müssen. Sie sagten jetzt eben, was ich hören wollte. Immerhin gaben sie mir zu essen. Fürs erste war ich beruhigt, verdrückte in diesem Gefühl meine Banane und beobachtete das Feuer.

Ich fror noch immer sehr und brauchte unbedingt Wärme. Der Mann redete weiter auf mich ein. »Du bist Kambodschaner. Wir brauchen dich. Du bist unser Genosse, unser Bruder!« In meinem tiefsten Inneren wollte ich ihm glauben, denn er schien mich als einzelnen Menschen wirklich ernst zu nehmen.

Vielleicht getraute ich mich deshalb auch aufzustehen und ein paar Schritte auf das wärmende Feuer zuzugehen. Nach seinen beruhigenden Worten hätte dies die natürlichste Sache der Welt sein müssen. Doch kaum hatte ich mich vom Fleck gerührt, hörte ich hinter mir schon, wie der Hahn einer Schußwaffe gespannt wurde. Als ich mich umdrehte, sah ich einen Soldaten, der sein Gewehr auf mich gerichtet hielt.

»Wohin willst du?« fragte er knapp.

»Ich will mich am Feuer wärmen, Genosse.«
»Kommt nicht in Frage. Geh wieder in dein Bett zurück und rühr dich nicht vom Fleck.«
Der führende Funktionär, der das Gespräch mit mir führte, sagte nichts dazu und schien an diesem Vorfall nicht im geringsten interessiert. Die Worte des Bewachers brachten mich mit einem Schlag wieder auf den Boden der Tatsachen zurück: Ich war weder Bruder noch Genosse, sondern ein Gefangener, der nicht einmal aufstehen und seinen frierenden Körper am Feuer wärmen durfte.
Nachdem ich eine weitere Banane gegessen hatte, blickte mein Gesprächspartner auf und fragte ganz ruhig: »Was ist denn das, was du in deiner Wasserflasche versteckt hast?«
Er schwenkte die Geldscheine vor meinem Gesicht.
»Das ist Geld. Amerikanisches Geld. Hundert-Dollar-Noten. Sie sind ein bißchen feucht geworden, aber du kannst sie ja trocknen.«
»Was sind hundert Dollar?«
»Damit kannst du in Thailand zwei automatische Uhren kaufen, und für die dreihundert Dollar würdest du sechs Uhren bekommen.«
»Und dieser Kopf, dieses Gesicht da, wer ist das?«
»Das ist der Präsident von Amerika, das heißt einer ihrer Präsidenten.«
»Präsident? Was ist das denn?«
»Das ist so eine Art König. Eine Person, die so bedeutend wie der König ist.«
»Oh, lauter Imperialisten! Und das, was ist das?«
»Französisches Geld. Fünfhundert Franc.«
»Wer ist das?«
»Ich weiß nicht. Wahrscheinlich ein König in Frankreich.«
»Oh, noch mehr Imperialisten. Sie haben noch immer Klassen. Hohe Menschen, niedrige Menschen. Und das da?«
»Das ist thailändisches Geld. Damit kannst du dir etwas kaufen. Essen zum Beispiel. Die fünfhundert Franc haben denselben Wert wie diese hundert Dollar.«

»Ach so, du meinst, dieses große Stück Papier ist soviel wert wie dieses kleine da?«

»Ja. Auf jeden Fall kannst du damit machen, was du willst. Sie gehören dir.«

Der Funktionär ging kurze Zeit weg und besprach sich mit einem anderen Roten Khmer. Ich hörte, wie er »anderer Lagerleiter« sagte. Anscheinend wurde die Wache zum befehlshabenden Offizier geschickt, der sich gerade auf der anderen Flußseite an der Grenze nur wenige Kilometer vom Lager aufhielt. Der Mann, der mich verhörte, war sein Stellvertreter.

Ich legte mich auf mein Bambusbett und deckte mich mit einem Jutesack zu. So sehr ich mich auch bemühte und nach allen Richtungen Ausschau hielt, ich hatte die Orientierung verloren. Der Himmel war bedeckt. Der Me Tuk floß 20 Meter unterhalb des Lagers vorbei und war nur durch einzelne Bäume und Büsche von unseren Hütten getrennt. Der Wasserstand stieg offensichtlich, und es herrschte eine starke Strömung. Ich war gespannt zu sehen, wie die Roten Khmer über den Fluß setzten. Durch die Bäume konnte ich ein Nylonseil erkennen, das über den Fluß gespannt, und ein kleines Floß, das mit Seilen am Ufer befestigt war. Die Bewacher setzten sich auf das Floß und zogen sich an dem Seil über den Fluß. Das sah nicht ungefährlich aus. Wenn der Fluß weiter stieg und die Strömung stärker wurde, konnte das Seil unmöglich halten.

Am Abend bekam ich wieder zu essen. Jetzt gab es Reis. Seit bald drei Wochen hatte ich keinen Reis mehr gegessen. Gierig fiel ich über ihn her und schlang ihn hinunter. So schnell ich konnte, schob ich ihn mir löffelweise in den Mund. Als die Roten Khmer meinen Heißhunger sahen, boten sie mir sogar etwas Fischsuppe an, die ich ebenso schnell hinunterschüttete. Danach kam in der üblichen freundlichen Art der Koch herüber und fragte, wie es mir geschmeckt habe. Ich bedankte mich und fragte ihn, ob er nicht noch eine Schale Reis für mich habe.

»Leider nicht! Sieh dir die anderen an. Sie haben alle nur eine Schüssel gehabt.«

»Ich habe aber immer noch Hunger.«

Mit der Erlaubnis des Stellvertreters bekam ich dann meine zusätzliche Schale Reis.

Trotz der Aussicht, daß auf diese Verbesserung meiner Lage mein baldiger Tod folgen konnte, legte ich mich an diesem Abend zufrieden auf meinem Bett zurück.

Die Nacht brach an. Was der Lagerleiter wohl für ein Mensch war? Mein Leben hing von seiner Einstellung und von seinem Charakter ab. Er mußte, gemessen am Alter seines Stellvertreters, in der militärischen Hierarchie ziemlich weit oben stehen.

Während ich so vor mich hin döste, kam ein junger Soldat zu mir und sagte: »Genosse, ich muß dich für die Nacht festbinden. Angka will es so.«

»Wieso denn? Ich laufe schon nicht weg«, beteuerte ich. »Warum sollte ich fliehen? Hier bekomme ich gut zu essen, und außerdem will ich mich doch nicht im Dschungel verirren. Es ist nicht nötig, mich festzubinden.«

»So ist das nun einmal geregelt, ich muß mich daran halten. Wenn du austreten mußt, bittest du deine beiden Bewacher mitzukommen.«

»Aber warum muß ich festgebunden werden?«

»Es ist zu deinem eigenen Vorteil«, erklärte er mir in freundlichem Ton. »Wenn wir dich nicht festbinden, würdest du vielleicht allein und ohne es den Bewachern zu sagen, auf die Toilette gehen und könntest dabei auf eine Mine treten. Die Gegend hier ist stark vermint, und wenn du dich zu weit von unserem Lager entfernst, könnten dich andere Wachen, die dich nicht kennen, für einen Feind halten. Nun verstehst du mich, oder?«

Besser sich ins Unvermeidliche fügen als Aufsehen erregen. »Schon gut, so wichtig ist es ja nicht«, erwiderte ich, ganz wie er vernünftig abwägend. »Wenn du willst, kannst du mich festbinden.«

Ich hatte noch nicht ausgeredet, da machte sich der junge Mann schon an die Arbeit und zog mir die Ellbogen so straff auf dem Rücken zusammen, daß mir die Nylonschnur ins Fleisch schnitt. Dann zwang er mich, so auf dem Bambusbett zu liegen, daß mein Rücken über die Ellbogen gekrümmt war. Er drückte mich aufs Bett, zog das Ende der Schnur nach unten und fesselte mich an den Bettpfosten, und zwar so fest, daß ich in den Armen einen dröhnenden Schmerz verspürte. Nach kaum einer Minute lag ich wie ein Paket verschnürt bewegungsunfähig da. Nur meine Beine konnte ich noch rühren.

Die beiden Bewacher setzten sich auf das Bett daneben und beteuerten, sie würden gar nicht *mich*, sondern das Lager bewachen. Mehrmals bat ich sie, die Fesseln zu lockern, und erklärte ihnen, ich könne vor Schmerzen nicht schlafen. Sie waren die Höflichkeit selbst, rührten jedoch keinen Finger. Leider, meinte der eine, seien sie nur für die Bewachung zuständig. Ein anderer Genosse sei dazu da, die Fesseln anzulegen und wieder abzunehmen. Einer legte mir immerhin meine Wasserflasche als Kissen unter den Kopf. Mehr könnten sie nicht für mich tun. Meine Verzweiflung wurde immer größer, und schließlich flehte ich sie geradezu an, meine Schmerzen zu lindern. »Das verstößt gegen unsere Regelungen, Genosse, schlaf jetzt. Morgen früh wird Angka sehen, was sich machen läßt.«

Es war eine schmerzerfüllte, quälend lange Nacht, in der ich Zeit hatte, mein ganzes bisheriges Leben vor meinem inneren Auge vorbeiziehen zu lassen, meine sämtlichen Freunde und alle Menschen, die ich mochte. Ich hatte das verzerrte Gesicht meines Vaters vor mir, hörte, wie er murmelte: »Du mußt überleben, mein Sohn!« Ich sah meine Mutter, wie sie im letzten glücklichen Augenblick ihres Lebens die ganze Dose Zucker, die ich für sie besorgt hatte, in sich hineinschlang. Ich sah auch die Gesichter meiner verlorenen Kinder Sudath und des kleinen Staud; Keng zog vorüber, die Sanftmütige – außer wenn es um die Verteidigung ihres Mannes ging –, auch Vuoch, die sich so sehr darum bemühte, ihr weiches Herz vor ihren Mitmenschen zu verbergen, sowie Theng, meinen athletischen Bruder, der so schnell gestorben war, daß ich nicht einmal wußte, daß er krank war. Von uns allen war Staud der Glücklichste gewesen, der erste, der sterben und damit dem Leiden entrinnen durfte und an der Seite seiner Eltern sanft eingeschlafen war. Dagegen der arme Sudath: Sie hatten ihn von den Eltern weggeholt, und er war allein unter schrecklichen Umständen umgekommen; Nawath schließlich, den wir im Krankenhaus allein zurückgelassen hatten und der ohne seine Eltern bestimmt ein elendes Dasein führte. Daß er lebte, davon war ich fest überzeugt, aber der bloße Gedanke, daß wir ihn allein gelassen hatten, quälte mich nach wie vor. Und dann auch noch Any, die, dem Hunger, den wilden Tieren und den Roten Khmer ausgeliefert, durch die Wälder geirrt und in jedem Fall auf eine schreckliche Art zu Tode gekommen war. Noch einmal führte ich mir meine Entscheidung vor Augen: Hätte ich mich geweigert, Any mit auf die Flucht zu nehmen, wäre sie noch am Leben und könnte sie sich Nawaths annehmen? Ich dachte auch an den Mut meiner Eltern, die mich von der Verantwortung für ihr Leben freigestellt hatten, damit ich mich ganz auf die Flucht konzentrieren konnte. Sie hatten mir alles geschenkt, was sie noch besessen hatten, damit ich weiterleben konnte. Und: Sie hatten mir das Geschenk des Lebens überhaupt gemacht.

Jede Hoffnung war zunichte geworden. Es blieb mir nur der fragwürdige Trost, daß ich im Kampf für meine Freiheit starb, vor meinem Tod noch einmal richtig essen konnte und das Menschenmögliche unternommen hatte. Und das alles sollte umsonst gewesen sein? Ich war fast bis zur Grenze gekommen. Wie gerne hätte ich sie auch noch überquert, um zu leben, Nawath zu finden und für die vielen Toten zu sprechen, Zeugnis zu geben von dem, was in Kambodscha geschah, um meiner Kinder, meiner Frau, meiner Eltern, meiner Brüder und Schwestern und aller meiner toten Landsleute willen.

Nun aber lag ich mit gefesselten Armen hilflos da, hatte die Tasche über dem gekrümmten Körper, den Kopf auf der Wasserflasche und beobachtete unter meinen traumähnlichen Erinnerungen meine Umgebung. Die Bewacher wechselten alle zwei Stunden. Sie hatten die Armbanduhr ihres Funktionärs, die sie jeweils den Nachfolgern übergaben. Licht gab es, abgesehen vom gelegentlichen Aufleuchten eines Feuerzeugs, nicht.

Am nächsten Morgen banden mich die beiden Bewacher los. Ich setzte mich auf, konnte mich aber kaum rühren. Beide Arme waren oberhalb der Ellbogen abgestorben, weiß, blutleer, die Unterarme zu Eis erstarrt. Es dauerte eine Weile, bis das Blut wieder floß, meine Arme Farbe annahmen und warm wurden. Währenddessen kamen Soldaten zu mir her und starrten mich an. Ich war offenbar die große Attraktion des Lagers, vielleicht sogar der erste, den sie hier gefangengenommen hatten.

Den Morgenbetrieb im Lager verfolgte ich nur mit halbem Interesse. Mehrere Soldaten spitzten Bambusstäbe zu, die, mit Laub getarnt, im Grenzbereich in den Waldboden gerammt wurden und an den Füßen flüchtender Menschen schwere Verletzungen verursachen sollten. Andere Uniformierte bereiteten das Essen zu, während wieder andere mit Gewehr und Rucksack auf Patrouille gingen. Ein Dutzend Männer setzte über den Fluß und marschierte in Richtung Thailand. Noch am Vormittag kam der Stellvertreter des Lagerleiters zu mir herüber und erkundigte sich, wie es mir gehe.

»Nun, alles in Ordnung? Hast du gut geschlafen?«

»Wie kannst du denken, daß ich so festgezurrt überhaupt geschlafen habe. Die Fesseln waren viel zu straff gezogen. Siehst du, meine Hände sind ganz taub, absolut eiskalt.«

Er sah sich meine Arme an und nickte, hatte offenbar Verständnis für meine Beschwerden, sagte aber kein Wort und ließ mich wieder allein.

Seltsamerweise begann ausgerechnet jetzt mein rechtes Augenlid zu zucken. Als ich es bemerkte, schien die Zuckung besonders lang anhaltend; mein rechtes Lid zuckte unaufhörlich. Was war der Grund? Etwas Großartiges kündigte es bestimmt nicht an. Vielleicht hatten sich im Rahmen der allgemeinen Umkehrung aller Werte meine guten Vorzeichen in schlechte verwandelt. Als mein linkes Auge gezuckt hatte, war ich wenig später gefangengenommen worden, und das Zucken im rechten Auge bedeutete wohl, daß ich jetzt gleich hingerichtet würde. Schade, nun war es wohl soweit.

Den ganzen Morgen blieb ich teilnahmslos sitzen und ließ meinen Blick über den Fluß und die Wälder um mich schweifen. Ich hatte viel Zeit, mich innerlich auf mein bevorstehendes Ende vorzubereiten. Ohne daß ich es mir eigens vorgenommen hätte, kam mir plötzlich das Sanskritgebet meines Vaters über die Lippen: *Neak mo puthir yak. Meak a-uk, meak a-uk, meak-uk.* Wie es mir mein Vater gesagt hatte, wiederholte ich diese Gebetsformel siebenmal still für mich.

Wenn aber nun mein Auge mir etwas mitzuteilen versuchte? Wenn es mir etwa sagen wollte: Warum fliehst du nicht, deine Stunde hat ohnehin geschlagen; und wenn sie dich dabei töteten, einen Versuch wäre es doch wert?

Stunden später verspürte ich plötzlich einen schrecklichen Schmerz in der Magengegend. Der viele Reis und die Bananen, die ich verschlungen hatte, forderten ihren Tribut. Ich sagte den Bewachern, daß ich austreten müsse und daß sie sich um alles in der Welt beeilen sollten. Sie drückten mir einen Spaten in die Hand und führten mich vom Fluß weg zu einem Hang außerhalb des eigentlichen Lagers. Dort gingen wir ein paar Schritte in den Wald hinein. »Grab hier ein Loch und verrichte dein Geschäft«, sagten meine Begleiter.

Ob dies der richtige Zeitpunkt für die Flucht war? Wenn ich weglief, konnten sie mich auf der Stelle töten. Andererseits: Mein Tod war ja ohnehin beschlossene Sache. Warum also nicht jetzt den Versuch wagen? Grimassen schneidend hob ich rasch ein Loch aus und bemühte mich krampfhaft, den Darminhalt zurückzuhalten, während mein Blick von oben nach unten über den Wald schweifte. Wenn die Gewehre nicht durchgeladen gewesen wären, hätte ich vielleicht eine Gnadenfrist von ein paar Sekunden gehabt. Im selben Moment hörte ich, wie der Verschluß klickte, als sie ihre Gewehre durchluden. Sie standen direkt neben mir und rührten sich auch nicht von der Stelle, als ich mich über dem Loch niederkauerte. Ich wäre keine zehn Meter weit gekommen.

Ganz in unserer Nähe ging eine Gruppe von fünf Soldaten vorbei.

»Wie geht's, Genosse Chuon?« rief einer der Bewacher zu einem der Soldaten hinüber.

»Ganz gut. Und dir? Duftet fein, was? Muß das schön sein, Feindesscheiße im Auge zu behalten.« Alles lachte.

Feind! Bei diesem Wort durchfuhr mich ein gehöriger Schrekken. Bei unseren politischen Versammlungen war »Feind« immer jemand gewesen, der getötet wurde. Meine Befürchtungen wurden durch das, was folgte, bestätigt.

»Jetzt kannst du noch lachen, Freund«, sagte der Bewacher im Scherz, »als nächster bist du selber dran.«

»Ich? Geht ja gar nicht. Heute abend kommt der Chef zurück, und morgen ist es vorbei.«

Nun hatte ich also endgültig die furchtbare Gewißheit, daß ich binnen 24 Stunden ein toter Mann sein würde. Ich erhob mich, schaufelte das Loch zu und ging, links und rechts die Bewacher, zu meinem Bett zurück.

Mittags gab es wieder eine Schale Reis zu essen. Anschließend wurde ich noch einmal vom Stellvertreter des Lagerleiters verhört. Ich erzählte ihm wieder die bekannte Geschichte: Ich wisse nicht, wo Thailand liege. 200 Kilometer entfernt? Dann müsse ich wohl in die falsche Richtung gegangen sein. Ich sei sehr froh, daß ich jetzt im Lager sei und endlich wieder zu essen habe.

Den Rest des Tages verbrachte ich damit, daß ich in den Dschungel ringsum hineinstarrte. Obwohl ich dem Tod nahe war, dachte ich immer nur ans Essen. Es gab Phasen, da träumte ich davon, was ich alles hätte machen können, wenn es mir gelungen wäre, mich nach Thailand durchzuschlagen. Die meiste Zeit jedoch war ich der Gefangene, der nur den einen Wunsch hatte, sich nach Herzenslust satt zu essen.

Kurz vor Einbruch der Dunkelheit sah ich, wie auf dem Weg, der aus dem Wald herausführte, der Lagerleiter zurückkehrte. Der stattliche, etwa 35jährige Mann machte einen sehr gesunden Eindruck und streckte beim Gehen demonstrativ die Brust heraus, was ihm ein autoritäres Aussehen verlieh. Mehrere Soldaten bildeten seine Begleitung. Beim Näherkommen entdeckte ich die beiden Kugelschreiber in seiner oberen Jackentasche, die für seinen hohen Rang in der Roten-Khmer-Hierarchie sprachen. Er grüßte mich mit einem Kopfnicken und ließ sich beim Feuer nieder, während ihm sein Stellvertreter schilderte, wer ich war. Ab und an blickte er interessiert und beifällig zu mir herüber.

Auch jetzt hatte ich wieder den Eindruck, daß ich der erste Gefangene des Lagers war. Ich hörte noch, wie er sagte: »Paßt gut auf ihn auf. Wehe euch, wenn er flieht«, und dann kam auch schon das Abendessen: eine Schale Reis und eine kräftige Fischsuppe. Ein Festmahl. Wohl mein letztes.

Als es dunkelte, kam ein anderer Bewacher als tags zuvor, um mich ans Bett zu fesseln. Der Stellvertreter hatte ihn offensichtlich angewiesen, die Fesseln nicht so fest anzulegen. Um meine Lage weiter zu verbessern, klagte ich laut und stemmte mich gegen die Fessel.

»Zieh nicht so fest zu, Genosse«, stöhnte ich vor Schmerz, »du tust mir weh.«

Er wollte nicht brutal erscheinen und fragte: »Ist es gut so? Du mußt sagen, wenn es gut ist.«

Als er sein Werk verrichtet hatte, waren mir wie in der ersten Nacht die Hände auf den Rücken gefesselt, und mit einem zweiten Strick war ich am Bettgestell festgebunden. Diesmal konnte ich wenigstens meine Arme ein bißchen bewegen. Wie durch ein Wunder schlief ich auch gleich ein. Alle Angst war von mir abgefallen. Ich schlief wie ein Kind, schlief den Schlaf des Gerechten.

Mitten in der Nacht wurde ich von einem Donner geweckt. Ein Gewitter war im Anzug. Am Himmel über dem Wald zuckten Blitze. Ich hörte, wie einer der Bewacher die Uhrzeit sagte: 11 Uhr. Es war absolut finster. Nur wenn es direkt über dem Lager blitzte, waren für Sekunden die beiden Bewacher, die Kunststoffzelte und der umliegende Dschungel zu erkennen. In Abständen machte einer der beiden einen Kontrollgang. Mit seinem Feuerzeug leuchtete er mir dabei ins Gesicht. Ansonsten hatte ich bemerkt, daß sie nie zu mir herblickten. Wenn ich hustete und mich bewegte, um eine bequemere Position zu finden, nahmen sie keine Notiz davon. Warum sollten sie auch? Sie wußten, ich lag gefesselt da und konnte nichts machen.

Plötzlich hatte ich wieder Bauchkrämpfe und verspürte den gleichen stechenden Schmerz wie am Morgen. Von einer Sekunde zur anderen hatte ich das Gefühl, als würde mir der Magen herausgerissen. Der Schmerz war so heftig, daß ich die Knie an die Brust zog und auf die Zähne biß. Trotzdem sperrte ich mich dagegen, deswegen die Bewacher zu behelligen, und hoffte, daß ich mich bis zum Morgen zusammenreißen konnte. Ich krümmte mich vor Schmerzen und redete mir ein, sie würden schon von selbst wieder weggehen.

Doch das war leider nicht der Fall. Ich mußte die Wachen rufen, bevor es in die Hosen ging.

»Genossen, ich habe Bauchschmerzen. Kommt schnell!«

«Was? Schon wieder? Du bist doch erst heute morgen in die Büsche gegangen.«

»Ich weiß, Genosse. Es tut aber so weh, daß es nicht auszuhalten ist. Beeilt euch, sonst mache ich mir in die Hose.«

»Wir kommen ja schon, reiß dich zusammen!«

Das Donnergrollen rückte immer näher, und wenn es blitzte, war das Lager sekundenlang in helles Licht getaucht. Das Laub der Bäume rauschte im stürmischen Wind. Ein Bewacher band mich vom Bett los, ließ jedoch meine Arme auf dem Rücken gefesselt, während der andere inzwischen drei Meter neben dem Zelt ein Loch aushob. Sein Genosse führte mich wie einen Hund an der Leine zum Loch. Mit meinen gefesselten Armen konnte ich jedoch kaum etwas machen.

»Genosse, könntest du die Fessel an meinen Armen etwas lokkern?« rief ich ihm durch das Donnergrollen zu. »Ich kann so die Hose nicht herunterlassen.«

Der Soldat lockerte darauf die Fessel so weit, daß ich die Knöpfe meiner Hose erreichen und dann endlich mein Geschäft verrichten konnte. Die zweite Fessel ließ er die ganze Zeit nicht los.

Während ich mir gerade die Hose zuknöpfte, begann es plötzlich zu gießen. Den ersten dicken Tropfen folgte ein wahrer Wasserfall, und obwohl wir alle drei sofort unter einem Dach Schutz suchten, waren wir in wenigen Sekunden bis auf die Haut durchnäßt.

Unter dem schützenden Dach zog einer der beiden die Fessel meiner auf den Rücken gebundenen Arme fest zu. Um mir einen möglichst großen Bewegungsspielraum zu erhalten, drückte ich dagegen. Im Dunkeln merkte man nicht, wie ich mich anstrengte. Dann wurde ich auch wieder ans Bett gefesselt und zugedeckt. Er ging dabei ganz nach Gefühl vor oder orientierte sich an den immer häufiger aufleuchtenden Blitzen. Anschließend nahm er wieder seinen Wachposten ein. Meine Welt schrumpfte zusammen zu einem Konglomerat aus blendend hellen Blitzen, ohrenbetäubenden Donnerschlägen und Wassermassen, die auf das Laub der Bäume und das Kunststoffdach über mir niederprasselten.

Ich versuchte meine Arme zu bewegen und wurde aufmerksam, als ich so weit damit über meinen Brustkorb greifen konnte, daß ich mit den Fingern an die Knoten bei den Ellbogen herankam. Mit großer Geduld und Ausdauer rieb ich nun an der Fessel, ohne einen genauen Plan zu verfolgen. Das Material war im Regen anscheinend etwas elastischer geworden. Wie ein wildes Tier lotete ich die Grenzen meines Käfigs aus.

Plötzlich war der Knoten an meinem linken Arm gelöst. Mein Herz schlug heftiger, und zum erstenmal, seitdem ich im Lager war, überkam mich das prickelnde Gefühl großer innerer Erregung. War ein Entkommen etwa doch möglich?

Langsam und diesmal systematischer tasteten meine Finger den Strick ab, fanden das Ende und verfolgten ihn durch einen Knoten wieder zurück, zogen hier einmal, da einmal, und siehe da, das Unglaubliche geschah: Ich spürte, daß mein linker Arm losgebunden war. Wenige Sekunden brauchte ich dann noch, bis ich auch den Knoten an meinem rechten Ellbogen aufgelöst und die Fesseln abgestreift hatte und mich unter meinem Jutesack wieder frei bewegen konnte.

Ich war von der Schönheit dieses Augenblicks, der kostbaren ersten Andeutung von Freiheit so überwältigt, daß ein Lächeln der Freude über mein Gesicht huschte. Plötzlich war ich geistig wieder hellwach. Ich kam mir vor, als sei ich mit einemmal zum Wächter eines Schatzes geworden, der um jeden Preis zu bewahren war. Wenn die Bewacher zu mir kamen, würde ich mir schnell die Fesseln um die Arme binden und, über meine Ellbogen gekrümmt, in Denkerpose unter meiner Decke liegen. Um den Rhythmus von Geräusch und Bewegung einzuhalten, hustete ich und veränderte etwas meine Lage.

Die Bewacher konnten jedoch nichts hören, da der Regen mit unverminderter Heftigkeit auf die Hüttendächer prasselte. In regelmäßigen Abständen – mir kamen sie wie eine halbe Ewigkeit vor, dabei waren sie kaum länger als eine halbe Minute – flammten Blitze über dem Lager auf, und ich konnte die Umrisse meiner beiden Bewacher erkennen, die sich mit gekreuzten Beinen auf ihrem Bett gegenübersaßen; aufgrund des starken Regens und des Donners war nichts von ihnen zu hören. Ein Licht war nirgends zu sehen. Das Lager schlief tief und fest. Ich ließ mir Zeit. Bei jedem Blitzschlag drehte ich den Kopf von einer Seite auf die andere und versuchte, durch den wolkenbruchartigen Regen die verschwommenen Gestalten zu sehen, rief mir die Position der Zelte ins Gedächtnis zurück, den Hang, der zum Dschungel weiter oben führte, die baumbestandene Böschung, die am Fluß endete, die Felsen, die das untere Ende des Lagers bildeten, die genaue Position der Wachen und der Betten.

Ich verging jedesmal fast vor Ungeduld, bis der nächste Blitz zuckte, und überlegte schon, was ich mitnehmen sollte: etwas Reis vielleicht und ein Stück Kunststoff als Schutzhülle? Nein, das war zuviel. Außer der Wasserflasche, die mir als Kissen diente, würde ich nichts mitnehmen. Vielleicht konnte ich Zeit gewinnen, wenn es mir gelang, meinen Jutesack so aufzubauschen, daß er wie ein Mensch aussah.

Sonst blieb mir nichts mehr zu tun; es gab keinen Grund, die Flucht aufzuschieben.

Kaum hatte der nächste Blitz grell aufgeleuchtet und pechschwarze Dunkelheit uns wieder umhüllt, löste ich mich von der Fessel, griff nach der Wasserflasche und legte mich sofort wieder unter die Decke. Als es nach dem nächsten Blitz wieder finster wurde, stieg ich aus dem Bett, ergriff hastig meinen Beutel und kauerte mich neben der Bettstelle nieder. Wieder blitzte es. Die Bewacher hatten ihre Position nicht verändert. Ich hustete zum Zeichen, daß ich noch da war, dann blitzte es erneut, und schon war ich weggetaucht und strebte dem Fluß zu.

Halt – mir kam noch eine bessere Idee. Ich kehrte um und ging zu dem Weg zurück, auf dem sie mich tags zuvor geführt hatten. Beim nächsten Blitz stand ich bereits zwischen den Bäumen. Mitten auf dem Fußweg trat ich fest auf den Boden und hinterließ kräftige Spuren im schlammigen Grund. Auf allen vieren kroch ich weiter und drückte Füße und Hände fest in den Schlamm, bis ich sicher sein konnte, daß am Morgen meine Spuren deutlich sichtbar waren.

Mit Hilfe des nächsten Blitzes konnte ich mich vom Fußweg zum Hügel über dem Fluß zurück orientieren. Auf dem nassen Laub und der überschwemmten Wiese schlidderte ich hinunter in der Hoffnung, der Regen würde die Spuren meines Fluchtwegs restlos auslöschen.

Den Aufbau des Lagers hatte ich genau im Kopf. Den nächsten Blitzschlag nutzte ich, um zu den Bäumen am Fluß unten vorzustoßen. Die Bewacher hatte ich schon vergessen, denn jetzt ging es allein darum, möglichst schnell den Hang hinunterzukommen. Als er steiler wurde, rutschte und rollte ich auf direktem Weg durch die Bäume hindurch zum Ufer des Flusses.

Als nächstes mußte ich das Kabel finden, das über den Fluß gespannt war. Also wartete ich auf den folgenden Blitzschlag. Er ließ nicht auf sich warten, aber trotzdem sah ich nur schwarze, drohend aufragende Bäume, den gazeartigen Regenschleier und die Fluten des schwarzen Flusses. Selbst im Schein des Blitzes konnte ich unmöglich erkennen, wie das Kabel verlief. Ich fuchtelte mit den Armen und taumelte im Dunkeln flußaufwärts, wieder zurück, und noch immer war kein Kabel zu sehen. Panik befiel mich, denn wenn sie im Lager meine Flucht entdeckten und sich mir auf die Fersen hefteten, war ich verloren. Warten konnte ich auf keinen Fall und mußte daher wohl oder übel die Flucht auf dieser Seite des Flusses fortsetzen.

Kaum hatte ich mich aufgemacht, als ich mit dem Schienbein gegen etwas stieß und ins Stolpern geriet. Direkt vor mir sah ich das Floß, das man aus dem Wasser gezogen hatte. Ich raffte mich wieder auf, streckte meine Arme aus und tastete nach dem Kabel. Genau über der Stelle, an der ich stand, war es festgemacht. Meine Panik ebbte ab, denn das war meine Rettung.

Sollte ich mit dem Floß übersetzen? Nein. Ich mußte die Roten Khmer auf die falsche Spur führen. Wenn sie das Floß nicht vorfanden, würden sie übersetzen und mich am anderen Ufer verfolgen. Auch wollte ich keine Zeit mit dem Losbinden des Floßes verlieren, mich vielmehr ans Seil hängen und durch den Fluß waten.

Ich griff nach dem Seil, spannte meine Muskeln und stieg in die pechschwarzen Fluten. Schon nach wenigen Schritten verlor ich den Boden unter den Füßen. Eine Hand vor die andere setzend, arbeitete ich mich am Seil hängend bis in die Mitte des Flusses voran. Meine Brust wurde von Wasserstrudeln erfaßt, die Finger schmerzten allmählich. Die Strömung wurde noch stärker. Das Kabel vibrierte stark, wenn ich es ergriff. Dann brach das Wasser über mich herein und mein Körper trieb hilflos wie eine Fahne im heftigen Wind stromabwärts.

In der Flußmitte, wo das Kabel am schlaffsten war, wurde ich überflutet. Nur durch kräftiges Abstoßen der Beine konnte ich meinen Kopf ab und zu aus dem Wasser strecken und nach Luft schnappen. Jeden Moment konnte das Kabel meinen Händen entgleiten. Mit letzter Kraft stemmte ich mich nach oben und preßte mir das Kabel unter die Achselhöhle. Jetzt war ich wenigstens sicher, daß ich nicht von den Fluten fortgerissen wurde.

Ich kann unmöglich sagen, wie lange ich brauchte, bis ich den Fluß überquert hatte, es kam mir aber wie eine Ewigkeit vor. Erschöpft und völlig außer Atem spürte ich schließlich wieder festen Boden unter den Füßen. Die Strömung nahm etwas ab. Ich kroch auf allen vieren ans Ufer, da ich mich nicht auf den Beinen halten konnte. Da lag ich dann, als fast freier Mensch, und wäre schon zufrieden gewesen, an dieser Stelle, an der Schwelle zur Freiheit, zu sterben.

Ich blickte zum anderen Ufer hinüber und sah immer dann,

wenn einer der grellen Blitze aufleuchtete, die Umrisse des Regenwaldes. Vom Lager unter den Bäumen war nichts zu sehen, denn es gab ja keine Lampen.

Noch immer lag ich keuchend im Regen und dachte mir: Welch ein Glück, daß sie mich aufgegriffen haben. So ausgehungert und schwach, wie ich damals war, hätte ich diesen Fluß niemals überqueren können, vor allem nicht ohne das Seil der Roten Khmer. Woher hätte ich ohne das Essen und die Zwangsruhe der letzten beiden Tage die Kraft für diese Überquerung nehmen sollen? Ich hatte unglaubliches Glück gehabt.

15 Minuten dauerte es bestimmt, bis ich wieder aufstand, auf meinen wackeligen Beinen die Uferböschung hinaufstieg und in den Dschungel tauchte. Noch immer regnete es in Strömen, und da es dunkel war, kam ich nur langsam voran. Unter dem dichten Blätterdach der Bäume spendeten selbst die Blitze kein Licht. Doch gewährten mir der Regen und die Dunkelheit auch Schutz.

Ich konnte nun in zwei verschiedene Richtungen weitergehen. Im Westen und Südwesten erstreckte sich hügeliges Gelände mit keiner allzu dichten Vegetation. Soviel hatte ich schon vom Lager aus erkennen können. Würden mich die Roten Khmer auf dieser Seite des Flusses vermuten, verfolgten sie mich bestimmt auf der Route, die am schnellsten und leichtesten nach Thailand führte.

Aus diesem Grund wollte ich mich lieber in die Berge des Nordwestens absetzen, da ich davon ausgehen konnte, daß sie mir einen so beschwerlichen Fluchtweg nicht zutrauten. Die schwierigere Route bot einen weiteren Vorteil: In der Dunkelheit wäre es mir auf ebenem Gelände schwergefallen, die Richtung einzuhalten. Die Berge dagegen boten Fixpunkte, an denen ich meine Flucht orientieren konnte. Es war ganz einfach: Wenn ich die Nacht hindurch aufstieg, stimmte die Richtung; ging ich bergab, lag ich falsch. Selbst wenn ich mich im Dunkeln durch den Regen vorwärts tasten mußte, hatte ich die Gewähr, daß ich nicht der Freiheit den Rücken kehrte.

Plötzlich wurde ich wieder von einer Welle spontaner Freude erfaßt, und diesmal gab es nichts, was mich davon abhalten konnte, sie laut hinauszuschreien. »Frei! Frei!« brach es aus mir heraus, und dann begann ich aus vollem Hals zu singen, und zwar jenen vorrevolutionären Schlager »Ich rud're ein Boot«, den Sim in Veal Vong so gern gepfiffen hatte. »Ich rud're ein Boot, rud're ein Boot!« sang ich gegen den Donner, den Regen und die aufleuchtenden Blitze an: »Ich rud're ein Boot und werd' gleich Lotusblumen pflücken.« Über Stock und Stein torkelte ich mehr, als daß ich ging, Äste klatschten gegen meinen Körper und zerkratzten mich, doch nichts hielt mich ab, den freudigen, wenn auch etwas trivialen Refrain des Liedes »*Aeu! Aeuy!*« wie ein vor Freude verrückt Gewordener hinauszuschreien.

Ich wollte mir unter allen Umständen einen sicheren Vorsprung verschaffen und stieg daher die ganze Nacht durch die Dunkelheit immer höher hinauf und erreichte bei Tagesanbruch den Gipfel. Meine ausgelassene Freude war längst der Erschöpfung gewichen. Mühsam mußte ich nach Luft ringen. Gleich unterhalb des Gipfels sah ich einen senkrecht vorspringenden Felsblock, wankte auf ihn zu, und da verließen mich auch schon die Kräfte; ich versank in einen tiefen Schlaf.

Den ganzen Tag und die folgende Nacht schlief ich durch.

Als ich aufwachte, regnete es noch immer. Ich setzte meinen Weg fort, entfernte mich immer weiter von Fluß und Berg, bis ich auf eine weite Hochebene kam. Die Wälder waren hier zwar nicht so dicht, doch da der Himmel bedeckt war, wußte ich nicht, ob ich etwa in die falsche Richtung ging. Es bestand die Gefahr, daß ich mich verlief, mich im Kreis bewegte oder gar zurückging, ohne daß ich es bemerkte. Und wenn ich wartete, riskierte ich, von Hunger übermannt und aufgegriffen zu werden. Was tun?

Als ich in der Ferne zwei Schüsse hörte, war ich noch mehr erpicht darauf, nur ja keine Zeit zu verlieren.

Obwohl es weiterhin regnete, brach zu meinem Glück an einer Stelle die Sonne durch die Wolken und brachte mir die rettende Hilfe. Jetzt konnte ich mich wieder eindeutig nach Westen orientieren. Eine Zeitlang watete ich durch einen Bergbach; es war ein beschwerlicher Aufstieg, der aber dafür sorgte, daß meine Spuren verwischt wurden. Immer wieder rutschte ich auf den

Kieselsteinen aus, schlug mir einmal sogar die Fußsohle blutig, doch mein Drang, endlich nach Thailand zu kommen, war zu groß, als daß ich mich darum kümmern wollte.

Vielleicht war ich auch schon auf der anderen Seite. Das Glück hatte mich doch nicht verlassen, wie ich im Lager vorübergehend gedacht hatte. Das Zucken des linken Auges hatte bedeutet: Du kannst dich ausruhen und bekommst zu essen, auf das Zucken des rechten Auges war meine erfolgreiche Flucht gefolgt. Noch ließ ich es nicht darauf ankommen, sondern tastete mich vorsichtig von Baum zu Baum weiter und sah mich ständig um. Bald hörte es zu regnen auf, und die Sonne schien. Ich beschleunigte meinen Schritt und ging, begleitet allein von der Sonne, immer geradeaus nach Westen.

Ich hatte mein Ziel fast erreicht und fühlte doch eine eigenartige Beklommenheit, ein Gefühl, das sich nur schwer beschreiben läßt: hinter mir die ekstatische Freude über die gelungene Flucht, vor mir der letzte und diesmal endgültige Schritt in die Freiheit. Es war die Vorahnung eines höchst bedeutenden Ereignisses, und entsprechend groß war die Angst, daß ich in letzter Minute noch scheitern könnte. Wie ein Pendel schwang meine Stimmung zwischen Vorfreude und innerem Zweifel hin und her.

Als ich gerade wieder einen der für die hügelige Landschaft typischen Hänge hinunterkletterte, drang von ferne plötzlich ein beständiges Dröhnen an mein Ohr. In tieferen Lagen war nichts mehr zu hören; wenn ich weiter hinaufstieg, kehrte das Geräusch wieder. Es schien direkt von vorne zu kommen, also aus dem Westen, und ich befürchtete schon, in meinem erschöpften Zustand hätte ich zu halluzinieren begonnen. Aber nein: Dieses unausgesetzte, durch große Entfernungen gedämpfte Dröhnen, es existierte wirklich.

Der Wald war abrupt zu Ende, und ich stand am Rand der Hochebene, wo sich mir eine wunderschöne Aussicht bot: Ich genoß den Blick, von dem ich seit langem geträumt und den ich so sehnlichst herbeigewünscht hatte. Über 1000 Meter unter mir verlief am Fuße eines Berges hinter bewaldeten Hängen eine Fernstraße, und ich hörte das Dröhnen der Motoren, sah vereinzelt am Rand der Felder winzige Häuser und in der Ferne das Meer.

Thailand.

Noch hatte ich es nicht geschafft. Ein letzter Anstieg stand mir bevor.

Zunächst ging es bergab. Nach einer halben Stunde verspürte ich seitlich an meinem Fuß einen stechenden Schmerz, hielt an und entdeckte einen jener zugespitzten Bambusstäbe. Es war ein glücklicher Zufall, daß der Stab meinen Fuß nur an der Seite aufgerissen und nicht durchbohrt hatte. Vor mir sah ich Laub auf dem Weg ausgebreitet und dazwischen immer wieder die tödlichen weißen Punkte, die Wind und Regen freigelegt hatten. Ich war also noch gar nicht in Thailand, sondern befand mich, daran bestand kein Zweifel mehr, an der Grenze selbst.

In einer Breite von 150 Metern waren auf einem von mir aus gesehen diagonalen Streifen solche spitzen Bambusstäbe in den Boden gerammt. Ich überlegte, ob ich weiter diesem Streifen folgen sollte, bis ich eine Lücke entdeckte, verwarf aber diesen Plan; denn an einer solchen Stelle wäre bestimmt etwas noch Schlimmeres, eine Tretmine zum Beispiel, installiert gewesen. Am besten durchquere ich den Streifen mit den Bambuspfeilen, sagte ich mir. Behutsam zog ich jeweils eine der gefährlichen Spitzen heraus und setzte meinen Fuß auf die frei gewordene Stelle, zog weiter vorne die nächste heraus, um mit dem anderen Fuß auftreten zu können, und so weiter.

Eine Stunde brauchte ich, um mich Schritt für Schritt bis zur Mitte des mit Bambusspitzen gespickten Grenzstreifens vorzuarbeiten. Wenn mich jetzt jemand sah, war ich ihm hilflos ausgeliefert wie eine Ratte in der Falle. Als ich meine Umgebung prüfte, kam es mir eher unwahrscheinlich vor, daß man mich entdeckte. Nach allen Seiten war ich von Bäumen abgeschirmt. Wer mich sehen wollte, mußte fast ebenso weit in den gefährlichen Grenzstreifen vorgedrungen sein wie ich. Vorsichtig bückte ich mich wieder und tastete nach dem nächsten spitzen Pfahl.

Eine Stunde nahm dieses langwierige und nervenaufreibende Geschäft noch in Anspruch. Dann hatte ich endlich freie Bahn.

Nach den ersten vorsichtigen Schritten war ich sicher, daß ich von nun an ungehindert ausschreiten konnte. Unmittelbar hinter dem Grenzstreifen kam ich an einen Bach. Ich ging ins Wasser und folgte dem Wasserlauf bergab. Um etwaigen Fallen auszuweichen und keine Spuren zu hinterlassen, trat ich im Bachbett von einem glitschigen Stein auf den anderen.

Es mögen auf diese Weise zwei oder drei Stunden vergangen sein – ich war zu erschöpft, um noch auf Zeiträume zu achten –, da ließ die Strömung des Bergbachs nach, und ich betrat ebenes Gelände. Ich wankte geradewegs zwischen den wenigen Bäumen hindurch, kam an einer Gummiplantage vorbei und näherte mich der Fernstraße. Ich stolperte und fiel in einen wasserlosen Graben, arbeitete mich auf allen vieren auf der anderen Seite nach oben und hatte dann tatsächlich schon die Straße vor mir. Ich kroch vor bis zum Straßenrand und sah, noch immer auf dem Boden kniend, ein Auto vorbeifahren. Aus der anderen Fahrtrichtung kam ein Lastwagen und fuhr an mir vorbei.

Ich lag erschöpft und zu keiner weiteren Bewegung mehr fähig auf dem Rücken. Den Kopf der Straße zugewandt, starrte ich wie gebannt auf den Straßenverkehr: Motorräder, Taxis, Privatautos, Lastkraftwagen. Ich fühlte mich wie neugeboren, glücklich wie einer, der im Paradies gelandet ist.

Es war der 22. Juni 1977, und ich war endlich in Freiheit.

Epilog

Mit der Arbeit an dieser Version meiner Geschichte begann ich im ruhigen, behaglichen Oxford in England. Von meinem Schreibtisch sah ich gepflegte Hausgärten, in denen bald die Knospen sprießen würden. Ich kam mir vor wie nach einer Reinkarnation. Es war mir fast nicht mehr möglich, in mir die Person zu erkennen, die neun Jahre zuvor über die thailändische Grenze gewankt war.

Eine Zeitlang blieb ich unbeachtet liegen, bis dann zwei junge Thais auf Fahrrädern ein Taxi herbeiriefen, das mich zur zuständigen Gebietsverwaltung nach Mai Rut brachte. Dort wurde ich von einem amerikanischen Missionar auf Englisch ausgefragt. Man wollte sichergehen, daß ich kein Roter Khmer war.

Ich war dann zwar als Flüchtling anerkannt, formal hatte ich mich jedoch der illegalen Grenzüberschreitung schuldig gemacht und mußte dafür eine symbolische Gefängnisstrafe von einem Monat absitzen. Darauf wurde ich einer Polizeistation überstellt, wo ich in einer Zelle auf den Weitertransport in ein Flüchtlingslager warten mußte.

Während meines Aufenthalts in der Polizeistation führten die Beamten eines Tages drei Landsleute zu mir, die soeben an der Grenze aufgegriffen worden waren. Man bat mich, zu dolmetschen und ihre Geschichte für einen der Polizisten ins Englische zu übersetzen. Wie erstaunt war ich, als ich mich plötzlich meinem Neffen Yann sowie zwei anderen Männern gegenübersah, die mit uns aus Leach geflohen waren. Die drei waren ebenfalls in einem erbärmlichen Zustand. Auch Yann und die beiden anderen Männer konnten sich nicht erklären, aus welchem Grund die Gruppe damals plötzlich auseinandergerissen worden war. Sie hatten genauso schnell wie Any, Eng und ich den Rest der Gruppe aus dem Blickfeld verloren und waren einfach weitergezogen. Schließlich waren auch sie von einer Patrouille der Roten Khmer gestellt worden. Zwei Männer wurden dabei festgenommen, während Yann und seine beiden Freunde rechtzeitig fliehen konnten.

Einige Tage nach dieser Begegnung brachte man mich in das Flüchtlingslager Mai Rut, wo mehrere Journalisten zu mir kamen und ich das Ziel zu verfolgen begann, meine Geschichte einer breiten internationalen Öffentlichkeit zugänglich zu machen.

Am 13. Oktober flog ich nach Paris, wo ich eine Anzahl Pressekonferenzen organisierte, auf denen ich vor westlichen Journalisten schilderte, was sich in Kambodscha abspielte. 1978 trat ich öffentlich in Paris, Brüssel, Montreal, Ottawa und in Washington auf und forderte den Westen auf, gegen die Roten Khmer etwas zu unternehmen.

Die westlichen Staaten zeigten sich jedoch ratlos und griffen nicht ein. Schließlich waren es die Roten Khmer selbst, die die Bedingungen ihres Sturzes schufen. Außerstande, die eiserne Disziplin zu lockern, auf allen Seiten nichts als Feinde witternd, gefangen in der Falle, die sie selbst gestellt hatten, gab es für sie nur die eine Lösung: töten und immer noch mehr töten, bis sie schließlich auch das sogenannte Altvolk und viele ihrer eigenen Leute gegen sich aufbrachten. Die Schätzungen über die Zahl der Toten variieren zwischen zwei und dreieinhalb Millionen. Nach meiner eigenen Schätzung sind zwischen 1975 und 1979 etwa drei Millionen Kambodschaner umgekommen. Es bleibt einer Volkszählung vorbehalten, das wahre Ausmaß dieses Holocaust zu ermitteln.

Im Januar 1979 brauchte Vietnam nur die reife Frucht zu pflücken und übernahm die Macht in Kambodscha. Seitdem wird das Land von Heng Samrin, einem abtrünnigen Roten Khmer und Statthalter Vietnams, regiert. Seit Juni 1982 sehen sich Vietnam und das Heng-Samrin-Regime einer oppositionellen Dreierkoalition gegenüber, der die radikale Fraktion der Roten Khmer, Sihanouks Nationale Einheitsfront von Kampuchea sowie die Nationale Befreiungsfront des Khmer-Volks mit Sonn Sann, Sihanouks ehemaligem Ministerpräsidenten, an der Spitze angehören. Diese drei Gruppen des Widerstands haben ihr Hauptquartier im Ausland. Ihre Guerillakämpfer arbeiten in Kambodscha am Sturz des vietnamhörigen Regimes.

Ich finde es erstaunlich, unbegreiflich, um nicht zu sagen unerträglich, daß diese Opposition, die den Befreiungskrieg gegen Vietnam zu führen beansprucht und von den Vereinten Nationen als legitime Vertreterin Kambodschas anerkannt wird, unter der von den Roten Khmer geschaffenen Bezeichnung »Demokratisches Kampuchea« operiert und jene Handvoll führender Roter Khmer einschließt, die für die Politik des Völkermords die Verantwortung tragen. Die Tatsache, daß diese Ungeheuer sich dem Widerstand zurechnen, liefert Vietnam die Rechtfertigung für seine Besatzungspolitik und schwächt die Sache der nationalen Kräfte Kambodschas.

Kambodscha muß sich aus der Gewalt des vietnamesischen Kolonialismus befreien, oder es muß davon befreit werden. Die Erleichterung meiner Landsleute angesichts der Vertreibung Pol Pots durch die Truppen Hanois kann nicht die dauerhafte Kolonisierung Kambodschas durch Vietnam rechtfertigen. Genausowenig darf unser Land jemals wieder in die Hände des Wahnsinnsregimes der Roten Khmer fallen. Die Großmächte sollten sich nach Kräften bemühen, die Rahmenbedingungen für eine politische Lösung zu schaffen, die es uns ermöglicht, eines Tages unsere Wunden zu behandeln und unsere Wiedergeburt als friedliebendes, unabhängiges und neutrales Land zu erleben. Warum sollte Kambodscha nicht wieder ein Hort der Stabilität werden, dessen Wohlstand auf die gesamte Region ausstrahlt?

Die kambodschanische Tragödie hat noch kein Ende gefunden und wird auch das Leben der kommenden Generationen beeinflussen. Millionen sind umgekommen, eine Kultur ist ausgelöscht. Die Folgen einer solchen Tragödie sind nicht abzuschätzen und vergleichbar allenfalls den Verheerungen, die in

Europa der Schwarze Tod, der Holocaust des jüdischen Volkes und der stalinistische Gulag angerichtet haben.

Ich gehöre zu den glücklichen Überlebenden. Nach meiner Flucht arbeitete ich wieder in meinem Beruf als Ingenieur, zunächst in Frankreich, später für eine internationale Organisation mit Sitz in Manila auf den Philippinen. Die Wahrsagerin von Leach hat recht behalten: Ich bin tatsächlich »die ganze Zeit« unterwegs gewesen. Inzwischen habe ich auch wieder geheiratet und bin Vater von wiederum drei Söhnen geworden.

Außer mir haben noch einige andere aus meiner Familie überlebt. Thoeun, mein zweiter Bruder, der sich entschieden hatte, in Koh Thom zu bleiben, gelang mit seiner Frau, deren Eltern sowie seinen beiden Kindern die Flucht. Im Jahre 1982, also nach der Invasion Vietnams, gingen sie über die Grenze nach Thailand und leben heute in Australien. Auch Anys Mutter sowie ihre Schwester Anyung haben überlebt und sind in Kambodscha.

Außer den Familienangehörigen, deren Tod ich persönlich miterlebt habe, sind noch viele andere ums Leben gekommen. Von Anys Vater und Oan fehlt jede Spur. Mein Großonkel, der Patriarch Huot Tat, wurde wenige Stunden nach meiner Abreise von der Pagode festgenommen, in unseren Geburtsort Oudong verbracht und getötet. Zahlreiche Freunde, allesamt Intellektuelle, die sich den Roten Khmer angeschlossen hatten, sind verschwunden, oder man weiß von ihnen, daß sie umgebracht wurden. Nach der Invasion Vietnams tauchten die Namen vieler von ihnen auf einer der Listen von Opfern des Folterzentrums Tuol Sleng in Phnom Penh auf. Viele andere haben in den Massengräbern geendet, auf die man in allen Teilen des Landes stieß.

Die Tragödie meines Landes wird für immer eine offene Wunde für mich sein. Noch heute quälen mich wegen bestimmter Entscheidungen Skrupel und Zweifel: Hätte ich zum Beispiel darauf bestanden, daß Any in Leach blieb, wären ihr der Irrweg durch den Dschungel und der Tod erspart geblieben, hätte sie unter Umständen zusammen mit Nawath überlebt. Auch Yann war allein losgegangen, und seine Frau und seine Kinder blieben in Kambodscha am Leben. Manchmal sind es noch düsterere

Gedanken, die mich heimsuchen. War Anys Verschwinden für uns beide vielleicht die Strafe dafür, daß wir Nawath allein zurückgelassen haben? Oder aber für mich die Strafe dafür, daß ich sie mit mir kommen ließ? Oder: Hat Anys Tod gar mein Überleben erst ermöglicht? Weil es auf diese Fragen keine sicheren Antworten gibt, quälen sie mich noch heute und werden es tun, solange ich lebe.

Besonders tief sitzt in mir der Schmerz darüber, daß ich Nawath verloren habe. Ich bin ganz sicher, daß er noch am Leben ist. Mit allen erdenklichen Mitteln habe ich die Suche nach ihm aufgenommen, habe mit den Überlebenden aus der Familie geredet und in den Flüchtlingslagern sein Bild herumgereicht. Es war alles vergeblich.

Ich bete darum, daß Nawath eines Tages meinen Bericht lesen kann und auf diese Weise von meinem Überleben und von der blutigen Geschichte unseres Landes erfährt und daß wir uns eines Tages wiederfinden werden.

Danksagung

Ich möchte auf diesem Wege allen nationalen und internationalen Institutionen, die sich der Flüchtlinge Südostasiens angenommen haben, meinen Dank aussprechen: den religiösen und humanitären Organisationen, dem Internationalen Roten Kreuz, dem Hochkommissar für Flüchtlinge der Vereinten Nationen, der thailändischen Regierung sowie allen Staaten, die Flüchtlinge aus Indochina aufgenommen haben.

Mein besonderer Dank gilt den Vertretern der Medien, die durch ihre Berichte über die kambodschanische Tragödie die internationale Öffentlichkeit wachgerüttelt und die Veröffentlichung der Berichte der Überlebenden ermöglicht haben. Was mich persönlich betrifft, so bin ich insbesondere den folgenden Organisationen, Vereinigungen und Publikationsorganen, die meine Hilfsappelle aufgegriffen haben, zu Dank verpflichtet: Amnesty International, International Federation of the Rights of Man (Internationale Vereinigung für die Menschenrechte), Koordinationsausschuß der Vereinigungen und Gruppierungen der Khmer in Frankreich, Vereinigungen der Khmer in den USA, Europäisches Hilfskomitee für Khmer-Flüchtlinge in Brüssel, International Institute of Cooperation (Universität von Ottawa), Research Center on East Asia (Südostasien-Forschungszentrum) der Universität von Montreal, Sicherheitsrat der USA in Washington, Bulletins und andere Veröffentlichungen über Kambodscha in Frankreich, Veröffentlichungen der Khmer in Kanada, *Cambodian Appeal* in Washington, Agence France-Presse (Joseph de Rienzo), *Le Monde* (Roland-Pierre Paringaux); *L'Aurore* (Denise Dumoulin), *Les Temps Modernes* (Pierre Rigoulot); *Le Soir* (Brüssel), *Daily Telegraph* (Michael Field), *Bangkok*

Post, Sankei Shimbun in Tokio (Seki Tomoda); *Le Devoir* von Montreal (Georges Vigny und Clément Trudel), *Le Droit* in Ottawa (Fay La Rivière), Radio Canada (Radio and Television); NBC News (Jack Reynold), »Good Morning America« (Jack Anderson), *Washington Star*, Associated Press (Robert B. Cullen), *TV Guide* (Patrick Buchanan), *National Review* in New York (J. D. MacHale).

Mein Dankeschön gilt meinem Verleger Charles Ronsac und Lucien Maillard, die tatkräftig die Veröffentlichung der ersten Version meines Berichts in französischer Sprache unterstützt haben.

Die bekannten und weniger bekannten Freunde des kambodschanischen Volkes, die ich hier nicht namentlich aufführen konnte, bitte ich um Verständnis.

Diese überarbeitete Version meines Buches verdanke ich meinem Verleger Iradj Bagherzade, der unschätzbaren Hilfe John Mans sowie Sophie Clarke-Jervoise, die das Manuskript getippt hat. Schließlich möchte ich mich auch bei den vielen Freunden bedanken, ohne deren Hilfe und Ermutigung die Veröffentlichung dieser Ausgabe meines Buches in England nicht möglich gewesen wäre.

Winfried Scharlau: Nachwort

Pin Yathay hat im Juni 1977 die Grenze nach Thailand überschritten, erschöpft und ausgelaugt von der unerhörten Strapaze einer Flucht durch das Kardamom-Gebirge, angetrieben von dem Wunsch, der Welt zu berichten, welches Leid die Herrschaft der Roten Khmer über sein Land gebracht hat.

Ganz direkt hat Pin Yathay in Pressekonferenzen und Vorträgen dafür plädiert, durch Intervention von außen dem Volk der Khmer zu Hilfe zu kommen. Allein der amerikanische Senator George McGovern hat damals gewagt, öffentlich den Gedanken zu äußern, eine internationale »Polizeiaktion« zu starten, um hilflose Völker von Terrorregimen zu befreien, um Monster wie Pol Pot in Kambodscha und Idi Amin in Uganda zu Fall zu bringen.

McGovern, der in Idealen, nicht nur in den Kategorien des Machbaren, sondern auch des Wünschbaren dachte, ist dafür mit Kritik und Hohn bedacht worden. Aber exakt einen solchen Plan zur Rettung seines Volkes hatte Pin Yathay voranbringen wollen. In der ersten – unter dem Titel »L'Utopie Meurtrière« erschienenen – Fassung dieses Buches hat Pin Yathay seine Enttäuschung darüber ausgedrückt, daß er mit seinen Berichten über die Verbrechen der Roten Khmer auf Unglaube, Skepsis und Gleichgültigkeit gestoßen ist. Niemand, so hat er damals geklagt, sei am Schicksal seiner sterbenden Nation wirklich interessiert gewesen.

Dieses Buch gibt Veranlassung, erneut zu fragen, warum der Terror der Roten Khmer das ansonsten empfindliche Gewissen der Weltöffentlichkeit fast unberührt gelassen hat. Warum hat es keine Demonstrationen, keine Proteste, keine Debatten in der UNO gegeben, nicht einmal eine breite Diskussion in der Presse?

Erst als die Roten Khmer sich im Sommer 1978 in einen Grenzkrieg mit Vietnam verwickelten, als nach dem diplomatischen Bruch die Roten Khmer und die Regierung in Hanoi auf einen bewaffneten Konflikt zustrebten, als die Propagandamaschinerie Vietnams, unterstützt von jener des gesamten Ostblocks, die Greueltaten der Roten Khmer anzuprangern begann, erst dann nahm auch die Öffentlichkeit im Westen von der Lage in Kambodscha wirklich Kenntnis.

Die Frage, warum keine Kampagne den Khmer zu Hilfe geeilt ist, als ihnen vielleicht noch hätte geholfen werden können, jedenfalls bevor Vietnam, das bis dahin solidarisch trotz besserem Wissen geschwiegen hatte, die Verbrechen der Roten Khmer thematisierte, diese Frage verdient eine ehrliche und selbstkritische Antwort, die gewiß schmerzhaft ist.

Stellvertretend für viele Linke, die sich gegen Amerika engagiert und den Sieg der Revolution in Kambodscha begrüßt haben, hat der amerikanische Historiker Michael Vickery eine Antwort gegeben, die allerdings im Trotz beharrt und sich jeder besseren Erkenntnis verschließt: »Die Entwicklung der Revolution nach 1975 hat mich wie alle anderen auch überrascht; aber ich fand die erste Welle der Greuelgeschichten in den nächsten Jahren suspekt, und ich glaubte, daß angesichts der schlimmen Taten unseres eigenen Landes in Vietnam alle Amerikaner, die die neue Entwicklung nicht zumindest mit qualifiziertem Optimismus beobachten konnten, besser daran täten, den Mund zu halten.«

An dieser Antwort erstaunt und erschreckt die Mißachtung der von Mord und Hunger bedrohten Khmer. Eine kleine asiatische Nation wird geopfert, um »Trauerarbeit« zur eigenen Gesundung zu leisten.

Hätte die westliche Öffentlichkeit die Augen vor dem Terror der Roten Khmer verschlossen, so muß man fragen, wenn Pol Pot ein Faschist gewesen wäre oder wenn die Khmer Christen oder doch wenigstens Weiße gewesen wären?

Dabei enthüllt Pin Yathay nur einen Teil der schrecklichen Wahrheit über das Mordregime der Roten Khmer. Bis zum Sommer 1977, als der Autor nach Thailand floh, waren die Verhältnisse in den meisten Provinzen noch »erträglich«, verglichen mit dem Hunger, den Morden und den »Säuberungen«, die im Frühjahr 1978 in den Ostprovinzen Kambodschas ihren Höhepunkt fanden.

Dennoch gehört der bewegende Bericht von Pin Yathay zu den Schlüsseldokumenten, die helfen, die jüngste Geschichte Kambodschas zu verstehen.

Sein Rückblick auf die Jugendjahre in Phnom Penh offenbart einige der Gründe, warum Sihanouk 1970 gestürzt wurde, und wie das Feld bereitet wurde für den Sieg der Roten Khmer im April 1975.

Pin Yathay, der offenbar mit einem staatlichen Stipendium in Kanada studiert hatte, gehörte zu jener großen Mehrheit der Elite Phnom Penhs, die ahnungslos von den delikaten internationalen Verflechtungen, die Kambodschas Neutralität und Frieden bislang garantiert hatten, sich von dem Regime des Prinzen Sihanouk entfernte und gemeinsam mit dem rechten Teil des Offizierscorps darauf hinarbeitete, die verschwenderische, gewiß auch korrupte, paternalistische und undemokratische Herrschaft des königlichen Hofstaats zu Fall zu bringen.

Pin Yathay und seine Freunde haben allerdings nur die Fehler Sihanouks gesehen. Sein politisches Talent, seine schlafwandlerische Sicherheit, die Balance zwischen den Supermächten zu halten, um sein Land aus dem sich verschärfenden Indochinakrieg herauszuhalten, haben sie damals nicht erkannt.

Den Sturz Sihanouks am 17. April 1970 und die Ausrufung der Khmerrepublik durch den mystischen, einem romantischen Nationalismus anhängenden, ganz und gar korrupten General Lon Nol am 7. Oktober des gleichen Jahres hat die privilegierte Bevölkerung Phnom Penhs mit einem Jubel und einer Begeisterung gefeiert, die ahnen ließen, welche utopischen Hoffnungen an das neue Regime geknüpft wurden.

Die Studenten, die Geschäftsleute und Akademiker erhofften sich politische Mitsprache, Teilnahme an der Macht und breitere Verteilung der Korruptionsgewinne, die der Hofstaat, mit stiller

Duldung Sihanouks, monopolisiert hatte. Statt Demokratie lieferte Lon Nol allerdings den Krieg, in den sich Kambodscha mit tatkräftiger Hilfe Nixons und Kissingers in Monatsfrist nach dem Sturz Sihanouks verstrickte.

Pin Yathay, das macht dieser Bericht nur am Rande deutlich, ist als Teil der bürgerlichen Elite vom Wechsel der politischen Verhältnisse in Phnom Penh materiell begünstigt worden. Als Direktor des »Public Works Departments« war Pin Yathay gut plaziert, um sich und seine Familie ohne Not durch die folgenden Kriegsjahre zu bringen.

Von einer Bevölkerung von 500 000 wuchs Phnom Penh bis zum Frühjahr 1975 auf 2,5 Millionen Einwohner. Die Hauptstadt verwandelte sich in ein Elendsquartier, in dem die große Mehrheit der Flüchtlinge Not und Hunger litt, wovor Amerika, fast schuldbewußt, die Augen verschloß. Die Elite Phnom Penhs hat sich allmählich von Lon Nol abgewandt, hat Kapitalreserven für den Notfall gebildet und am Ende gehofft, die Roten Khmer würden Sihanouk an die Macht zurückbringen und die Verhältnisse im Land so wiederherstellen, wie sie vor dem Prinzensturz 1970 einmal gewesen waren.

Auch für diese überwältigende Naivität und Realitätsferne der Elite Phnom Penhs ist Pin Yathay ein glänzender Zeuge. Er setzt neue Hoffnungen auf die Roten Khmer. Die Evakuierung der Städte und die »Revolution« der »Angka«, der »Organisation«, wie Pol Pot bis zum Herbst 1977 die Kommunistische Partei nennen ließ, trafen ihn unerwartet. Er läßt in seinem Bericht sogar eine gewisse Bereitschaft erkennen, durch eine Phase der »Reinigung« zu gehen, bevor er ein neues, normales Leben beginnen möchte.

Pin Yathays Schilderung der Evakuierung Phnom Penhs stellt bewegende Szenen vor die Augen der Leser. Ein Sohn trägt seinen kranken Vater auf dem Rücken, Ärzte im weißen Kittel, die die Roten Khmer aus den Krankenstationen und Operationssälen auf die Straße getrieben hatten, begleiten den Elendsstrom auf dem Weg in die Provinz. Mütter tragen neben den Kleinkindern noch die gesamte Ausrüstung der Küche. Familien schieben ihre Krüppel und Kranken in Rollbetten vor sich her. Alle versuchen zusammenzubleiben, gemeinsam im Chaos zu überleben.

In diesem Meer von Elend, Not und Verzweiflung fährt Pin Yathay, wie der Rest der bürgerlichen Elite Phnom Penhs, in einem Auto, ganz auf sich und auf seine Familie konzentriert. Drei Autos bilden den Familienkonvoi. Pin Yathay hat Schmuck und 3000 US-Dollar in bar zur Hand, um für alle Fälle gewappnet zu sein.

Allein diese Szene mag erklären, warum Beobachter, die das Bürgertum Phnom Penhs unter Lon Nol erlebt und sich mit Empörung abgewandt hatten, nach 1975 Schwierigkeiten hatten, den Berichten der städtischen und bürgerlichen Flüchtlinge über die Greueltaten der Roten Khmer Glauben zu schenken. Die »Neuen Menschen«, wie die städtische Bevölkerung im Gegensatz zu den Bauern, die schon vor 1975 im Herrschaftsbereich der Roten Khmer gelebt hatten, genannt wurden, waren denn auch die ersten, die an Flucht dachten und danach in den Lagern Thailands als Kronzeugen gegen die Revolution der Roten Khmer aussagten. Ihre Vergangenheit und ihre Interessenlage machten sie verdächtig, minderten ihre Glaubwürdigkeit.

Dennoch rührten die Berichte an den Kern der Wahrheit. Pin Yathay mag in der asiatischen Konsequenz, die eigenen und die Interessen der Familie über alles zu stellen, (»nur an die eigene Familie denken, alle anderen übersehen, würde ein Schlüssel zum Überleben sein«) viele Leser im Westen befremden. Dennoch bleibt es Tatsache, daß vor allem die gebildeten und daher privilegierten Khmer imstande waren, präzise zu beobachten, zu memorieren und am Ende die Erlebnisse nachzuerzählen und aufzuschreiben, um die Welt über die Wirklichkeit im Reich Pol Pots zu informieren.

So wie Pin Yathay sind viele Khmer immer wieder umgesiedelt worden. Der Exodus aus Phnom Penh war nur der Anfang einer Binnenwanderung, die offenbar das Ziel hatte, die »Neuen Menschen«, die Städter, die am stärksten vom Geist der Modernität und vom Einfluß des westlichen Auslands geprägt worden waren, an die schlimmsten Stellen zu bringen, wo ihre Chancen zu überleben gering waren.

Die »Alten Menschen«, jene, die schon vor dem Sieg im April in

»befreiten Gebieten« gelebt hatten, scheinen ein leichteres und besseres Leben geführt zu haben als die Städter. Die »Alten Menschen« waren freilich mehrheitlich Bauern, denen die Arbeit im Feld und das Leben in selbstgezimmerten Hütten vertraut war, während die gehobene Klasse der Städter, die privilegiert gelebt hatte, auf eine ihr unbekannte, nicht zuträgliche Existenzform zurückgeworfen wurde, die sie alle an den Rand des Todes brachte. Durch Hunger geschwächt, von schwerer körperlicher Arbeit beim Dammbau oder in den Reisfeldern erschöpft, Sonne und Regen fast schutzlos ausgesetzt, sind die »Neuen Menschen« zu Tausenden gestorben. Pin Yathay hat das Sterben seiner Söhne ergreifend geschildert. Die Liquidierung der »Neuen Menschen« durch Zwangsarbeit, Unterernährung und Verweigerung moderner medizinischer Hilfe macht den Hauptteil einer »Revolution« aus, die nicht mit dem Wort »Völkermord«, wohl aber mit »Klassenmord« gekennzeichnet werden kann. Pol Pot und die Führung der Roten Khmer wollten die Nation »reinigen« von den »parasitären« Städtern, die bis zum Schluß an der Seite Lon Nols geblieben waren und nichts zur »Befreiung« des Landes beigetragen hatten.

Sehr viel kleiner ist die Zahl jener, die von den Roten Khmer aktiv, zumeist mit der Hacke, ermordet worden sind. Wer als Mitglied der »Elite« enttarnt wurde, mußte damit rechnen, an einer abgelegenen Stelle, den Blicken von Beobachtern entzogen, liquidiert zu werden. Wirklich bezeugen können solche Morde aber nur wenige Khmer. Auch dieser Umstand hat dazu beigetragen, daß die ersten Berichte vom Terror in Kambodscha auf große Skepsis gestoßen sind.

Weil die regionalen Kommandeure der Roten Khmer erstaunliche Handlungsfreiheit besaßen, waren die Lebensverhältnisse in den Provinzen des Landes ganz unterschiedlich. Im Südwesten, im Umkreis der Stadt Takeo, wo Pin Yathay die ersten Wochen nach dem Exodus verbracht hatte, und in den Ostprovinzen, die an Vietnam grenzen, sind die Menschen besser versorgt worden als im Nordwesten und im Norden, wo die Roten Khmer besonders blutig und brutal herrschten.

Aus diesen Gebieten, nahe der Grenze, sind die ersten Flüchtlinge nach Thailand gekommen. Ihre Berichte ließen keine Schlüsse zu auf die Gesamtlage in Kambodscha. Erst nach der Flucht Pin Yathays im Sommer 1977 verschlechterten sich die Verhältnisse auch in den Grenzprovinzen zu Vietnam. Im Ostteil Kambodschas haben die Roten Khmer 1978 eine »Säuberung« der eigenen Organisation begonnen, der am Ende wohl hunderttausend Menschen zum Opfer gefallen sind.

Das Bild, das Pin Yathay von den zumeist jungen Soldaten der Roten Khmer zeichnet, mag viele Leser überrascht haben. Beim Einmarsch in Phnom Penh wirkten sie wie geräuschlos funktionierende Automaten, ganz diszipliniert, unfähig zu lächeln. Die Wachsoldaten, die Pin Yathay später in den Provinzen und Dörfern trifft, achten allesamt auf einen höflichen Umgang. Nie werden sie laut, selten heben sie die Stimme.

Das Prinzip zu überleben hieß, im Familienverband zu bleiben, die Regeln strikt einzuhalten, keinen Widerstand zu leisten, am besten gar nicht aufzufallen. Selbst geringfügige Verstöße gegen die Disziplin wurden mit dem Leben bezahlt. Die Betroffenen »verschwanden«, Pin Yathay hat nur durch Zufall die Leiche eines so Ermordeten im Gebüsch gefunden.

Die Führer der Roten Khmer, Pol Pot, Ieng Sary oder Khieu Samphan, die Verantwortlichen für das Elend und den Tod von Hunderttausenden, hat Pin Yathay nie zu Gesicht bekommen. Die Kommunistische Partei tarnte sich noch bei seiner Flucht mit dem Begriff »Angka«, der Organisation, in deren Namen alle Befehle erteilt wurden.

Aus den Erfahrungen Pin Yathays sind denn auch keine Erkenntnisse zu filtern, die den revolutionären Plan der Roten Khmer erklären könnten. In den Propagandareden der Dorffunktionäre ist das Ziel definiert worden, »Selbstversorger« zu werden, alle Bedürfnisse durch eigene Anstrengungen zu befriedigen, das Land wiederaufzubauen und so weit zu entwickeln, daß die Khmer der Gegenwart an die Größe und Macht des mittelalterlichen Reiches von Angkor Wat anknüpfen könnten.

Für die von Hungerödemen gezeichneten Menschen, die

kaum mehr die Kraft besaßen, ihre Toten zu begraben, waren das Visionen, die das Verständnis überforderten. Hätten die Roten Khmer den Begriff der »Selbstversorgung« nicht auch noch dogmatisch ausgelegt, indem sie auf jede Hilfe aus dem Ausland verzichteten und der Bevölkerung sogar moderne Medizin verweigerten – viele tausende, wenn nicht hunderttausende von Leben hätten gerettet werden können. Die Krankenstationen überall im Lande waren Sterbehäuser, die keine Heilung und keine Hilfe versprachen, die letzte Station vor dem Tod, wie Pin Yathay hat erleben müssen.

Die »Neuen« und die »Alten« Menschen haben nie erfahren, daß Pol Pot und die Regierung in Phnom Penh humanitäre, auch medizinische Hilfe abwiesen, daß sie Teil einer Revolution waren, die sich von den Ideen Mao Tse-tungs hat inspirieren lassen und einem utopischen, romantischen Nationalismus anhing, der die tragische Post-Angkor-Geschichte der Khmerrasse korrigieren und umkehren wollte.

So wie Lon Nol von neuer Größe der Khmernation geträumt und sogar die Rückeroberung der an Vietnam verlorenen Mekong-Provinzen für wünschbar und möglich gehalten hatte, so wollten auch Pol Pot und seine Fraktion das Land zurückführen zum Glanz und zur Größe Angkor Wats, das vom 9. bis zum 15. Jahrhundert geblüht und ein Gebiet beherrscht hatte, das weit nach Zentralvietnam, Laos, Siam und Malaya reichte. Ein extremer, wirklichkeitsfremder, romantischer Nationalismus, der aus psychischen Verwundungen gespeist wurde, bewirkt durch den stetigen Niedergang des Landes seit dem 15. Jahrhundert, beseelte die Linken und die Rechten in Phnom Penh, die denn auch die pragmatische, auf Selbsterhaltung und Anpassung zielende Außenpolitik des Prinzen Sihanouk nie begriffen haben und nie begreifen wollten.

Die Strategie zur nationalen Wiedergeburt hatte Pol Pot aus China entliehen. Der »große Sprung vorwärts« – die in Wahrheit katastrophale Dezentralisierung der Produktion, eine abenteuerliche »Durchlauferhitzung« des revolutionären Prozesses – hat Pol Pot inspiriert, ein ähnliches Experiment zu wagen, um mit einem einzigen großen Schritt den Sozialismus zu erreichen und in wenigen Monaten einen Zustand aufzurichten, für den andere kommunistische Parteien Jahre und Jahrzehnte benötigt hatten. Pol Pot hat etwa eine Million Menschen oder mehr geopfert, um der Welt zu beweisen, daß die Khmer bei der Ausführung der sozialistischen Revolution etwas erreichen könnten, von dem andere Parteien und ihre vorsichtigeren Führer nur geträumt hatten. Mit goldenen Lettern, so hat Prinz Sihanouk diesen zentralen Punkt der revolutionären Konzeption beschrieben, wollte Pol Pot sich in den Annalen der Weltrevolution verewigen. Die radikalste Revolution sollte die Welt erstaunen, sollte sie mit Bewunderung erfüllen für die Größe und Leistungskraft der Khmer.

Pol Pot hat eine Revolution begonnen, die Mao Tse-tung, zu dessen Füßen der Führer der Roten Khmer 1966 in den Jahren der Kulturrevolution gesessen hat, nur als Vision geschaut, aber nie verwirklicht hat. Als Richard Nixon im privaten Gespräch dem greisen Mao schmeicheln wollte mit dem Hinweis auf die durch ihn bewirkten Umwälzungen in China, wies der müde Revolutionär und Träumer das Kompliment entschieden zurück. Er habe, so bekannte Mao, nur ein paar Dörfer in der Umgebung von Peking verändert. Eine höhere Meinung von seiner Revolution mochte er nicht gelten lassen.

Es bedarf geringer Phantasie, um sich den Zuspruch vorzustellen, den Pol Pot bei seinen zum Teil geheimen und zum Teil öffentlichen Besuchen in Peking vom »großen Steuermann« und der damals noch machtvollen »Viererbande« erfahren hat. China hat Pol Pot auch erhebliche materielle Hilfe gewährt, ohne die das Regime in Phnom Penh nicht die Kontrolle über die Bevölkerung hätte wahren können. Etwa 20 000 militärische und zivile chinesische Berater haben von 1975 bis 1978 in Kambodscha gearbeitet. Kein anderes Land hat mehr Informationen besessen, um sich ein wirklich zutreffendes Bild von der Lage der Menschen in Kambodscha zu machen, als die Volksrepublik China. Die Führung in Peking hat nicht nur das Ausmaß der Verbrechen an den Khmer einschätzen können, sie hat sogar tatenlos hingenommen, daß die Roten Khmer die mehr als hunderttausend Personen starke Minderheit der Auslandschinesen in Kambodscha systematisch liquidierte, gemeinsam mit den muslimischen Cham in den Ostprovinzen. Die etwa eine halbe Million Menschen umfassende vietnamesische Volksgruppe hat sich zum Teil über die Grenze nach Vietnam in Sicherheit bringen können.

Die Staats- und Parteiführung in Peking muß mit einem erheblichen Teil der Schuld für die Verbrechen der Roten Khmer belastet werden. Aber auch Vietnam, das neben China über die besten Kenntnisse der Lage verfügte, hat die Greuel geschehen lassen, ohne Protest und ohne öffentliche Kritik zu äußern. Als Vietnam im Dezember 1978 Kambodscha angriff und in einem Blitzfeldzug besetzte, geschah dies im Sicherheitsinteresse des eigenen Landes, nicht aus Anteilnahme am Schicksal der Khmerbevölkerung. Die Roten Khmer standen damals im engen Bündnis mit China, dem die Hanoier Regierung im Herbst 1978 den Fehdehandschuh hingeworfen hatte. Um Chinas Einfluß auf Kambodscha zu beenden, um die Gefährdung der eigenen Westgrenze zu eliminieren, hat die vietnamesische Armee Kambodscha besetzt und das Regime der Roten Khmer gestürzt.

Die Einführung des Begriffes »Holocaust« für die Ereignisse in Kambodscha verhüllt und vertuscht den wahren Sachverhalt. Die Führer der Roten Khmer gehören nicht in das faschistische Umfeld, sondern eindeutig zu jenen menschenverachtenden sozialistischen Ideologen, die die ganze Macht des Staatsapparats dafür eingesetzt haben, um eine Utopie zu verwirklichen, notfalls auch mit den Gebeinen von Millionen. Pol Pot in die Nähe von Hitler zu rücken, dient den Zwecken der Propaganda, nicht der Aufklärung. Pol Pot hat seinen Platz neben Josef Stalin, und sein Kambodscha erinnert vor allem an den Archipel Gulag. Massenmord im Namen eines höheren Ideals ist eine der schrecklichen Erfahrungen des 20. Jahrhunderts.

Im thailändisch-kambodschanischen Grenzbereich sind die Urheber der Greuel noch heute zu besichtigen. Pol Pot, Ieng Sary, mit zwei Schwestern verheiratet und ganz zutreffend die »Viererbande« genannt, Khieu Samphan, Son Sen, der die Verantwortung für das Foltergefängnis Toul Sleng trägt, in dem etwa

20 000 Menschen, zumeist Mitglieder der eigenen Parteiorganisation, gequält und liquidiert worden sind, und dann Ta Mok, der Schlächter unter den Militärführern, der den Khmer noch immer als der brutalste von allen erscheint, sie alle sind Partner einer politischen Koalition gegen Vietnam, die China und die ASEAN-Staaten zustande gebracht haben unter Duldung oder sogar stiller Mitwirkung der USA und der westlichen Staaten.

Sihanouk ist ein zweites Mal genötigt, gepreßt worden, einer Koalition mit den Roten Khmer Respekt zu verschaffen. Pol Pot und seine etwa 40 000 Guerilleros sind das stärkste Element einer von außen bewaffneten und gelenkten Militärmacht, die Vietnam zwingen will, die Besetzung Kambodschas zu beenden und seine Truppen zurückzuziehen.

Der »bürgerliche« Teil dieser Allianz, die »Befreiungsfront des Khmervolkes« (KPNLF) knüpft an die unheilvolle Tradition der alten Elite von Phnom Penh an, die, unwillig und unfähig zu kämpfen, dennoch genügend Kraft hat, sich zu zerstreiten und selbst zu zerfleischen. China manipuliert ein zweites Mal die Roten Khmer, deren Präsenz im Grenzgebiet Vietnam eine dubiose, aber propagandawirksame Rechtfertigung der fortdauernden Besetzung Kambodschas liefert.

ASEAN und die Westmächte möchten Vietnam zum Rückzug veranlassen, zugleich aber eine Rückkehr der Roten Khmer an die Macht in Phnom Penh vermeiden. Niemand wüßte allerdings zu sagen, wie dies geschehen soll.

Auch die andere Seite im Khmer-Bürgerkrieg, die von Vietnam inspirierte und getragene Phnom-Penh-Regierung von Heng Samrin, besitzt keine wirkliche Legitimation und wenig Handlungsfreiheit. Vietnamesische Berater geben die Richtung an und führen den Khmer-Funktionsträgern die Hand.

Die Revolution Pol Pots, die den historischen Niedergang Kambodschas beenden und die Nation in eine neue Blütezeit führen sollte, hat die Khmer in Wahrheit in die schwerste Krise ihrer Geschichte gestürzt. Vor 100 Jahren hat das Dazwischentreten der französischen Kolonialmacht verhindert, daß Kambodscha von den Thais und den Vietnamesen aufgeteilt und aufgesogen wurde. Heute sind die Khmer Objekte in einem regionalen Machtkonflikt, der viele Motive hat, am wenigsten aber den Interessen Kambodschas dient.

Die traurige Erkenntnis ist unabweisbar, daß die Khmer nicht mehr die Kraft haben, allein zu handeln, allein zu stehen, und daß sie dennoch nicht davon lassen wollen, vom Glanz und von der Macht des großen Angkor-Reichs zu träumen.